Streit um die Weltwirtschaftsordnung

Europäische Hochschulschriften
Publications Universitaires Européennes
European University Studies

Reihe V
Volks- und Betriebswirtschaft

Série V Series V
Sciences économiques, gestion d'entreprise
Economics and Management

Bd./Vol. 2912

PETER LANG
Frankfurt am Main · Berlin · Bern · Bruxelles · New York · Oxford · Wien

Jörg Hilpert

Streit um die Weltwirtschaftsordnung

Muss die WTO Umwelt- und Sozialstandards in ihrem Regelwerk verankern?

PETER LANG
Europäischer Verlag der Wissenschaften

Die Deutsche Bibliothek - CIP-Einheitsaufnahme

Hilpert, Jörg:

Streit um die Weltwirtschaftsordnung : muss die WTO Umwelt- und Sozialstandards in ihrem Regelwerk verankern? / Jörg Hilpert. - Frankfurt am Main ; Berlin ; Bern ; Bruxelles ; New York ; Oxford ; Wien : Lang, 2002
(Europäische Hochschulschriften : Reihe 5, Volks- und Betriebswirtschaft ; Bd. 2912)
Zugl.: Würzburg, Univ., Diss., 2001
ISBN 3-631-39136-6

D 20
ISSN 0531-7339
ISBN 3-631-39136-6

www.peterlang.de

Widmung

Für Britta, Dagny, Enya und Kay-Hendrik

Vorwort

Die vorliegende Arbeit ist in meiner Zeit als wissenschaftlicher Mitarbeiter am Lehrstuhl für Volkswirtschaftslehre, Wirtschaftsordnung und Sozialpolitik der Bayerischen Julius-Maximilians-Universität Würzburg entstanden. Die nun anstehende Veröffentlichung ist für mich eine willkommene Gelegenheit, all jenen zu danken, die mich auf dem langen Weg zum Entstehen dieser Dissertation begleitet und vorangebracht haben.

Zunächst möchte ich dabei meinem Doktorvater Professor Dr. Norbert Berthold danken, der dieses Dissertationsvorhaben konstruktiv-kritisch in die richtigen Bahnen gelenkt hat. Er hat mir Gelegenheit gegeben, die wissenschaftlichen Aussagen dieser Arbeit zur Diskussion zu stellen. In vielen Gesprächen wurden die Inhalte durch wertvolle Hinweise ergänzt und untermauert. Dank gebührt auch Professor Dr. Peter Bofinger, der sich als Zweitgutachter dieser Arbeit angenommen hat.

Meine Lehrstuhl-Kollegen Dr. Cornelia Schmid, Dr. Martín Donges, PD Dr. Rainer Fehn und Eric Thode haben viel zum „Feinschliff" der Dissertation beigetragen. Mit großer Sorgfalt und Umsicht haben sie das Manuskript Korrektur gelesen, was eine Fülle inhaltlicher und gestalterischer Tipps erbrachte. Danken möchte ich auch den wissenschaftlichen Hilfskräften des Lehrstuhls, die den Umgang mit Bergen wissenschaftlicher Literatur wesentlich erleichterten.

Danken möchte ich schließlich all jenen, die mir den Rücken gestärkt, Wege geöffnet und stets auf ein gutes Ende dieser Arbeit gedrängt haben – meinen Eltern, die mir das Studium ermöglicht und die Promotion unterstützt haben; meiner Frau Britta, die mich immer wieder motiviert und damit ein Gutteil zu dieser Veröffentlichung beigetragen hat.

Ransbach-Baumbach, im April 2002 Jörg Hilpert

Inhaltsverzeichnis

Abbildungsverzeichnis

Abbildungen Teil II:

Abbildungen Teil III:

Tabellenverzeichnis

Tabellen Teil II:

Tabellen Teil III:

Teil I

Einleitung

Die Weltwirtschaft wächst immer stärker zusammen. Schon heute ist die Rede vom „Global village", von einer Welt, die durch ihre wirtschaftliche Verflechtung zum Dorf wird. Wie in jedem Dorf beäugen sich die neuen Nachbarn mißtrauisch. Beim Blick über den Gartenzaun mißfällt den Wohlfahrtsstaaten der nördlichen Hemisphäre, um im Bild zu bleiben, zweierlei: Die Nachbarn im Süden oder auch Osten sparen sich die Müllgebühren und deponieren ihre Abfälle hinter dem Haus; den Hausangestellten gönnen sie kaum einen freien Tag.

Das Verhalten der ungleichen Nachbarn ist das Thema dieser Arbeit - denn unterschiedliche Umwelt- und Sozialstandards sorgen für Konflikte in einer stark integrierten Weltwirtschaft. Die Befreiung der Weltwirtschaft von handelspolitischen Fesseln ist sogar selbst ein wichtiger Grund dafür, daß diese Standards in den Mittelpunkt des Interesses rücken. Mit dem Abbau der traditionellen Handelshemmnisse, vor allem der Zölle, gewinnen interne Politikmaßnahmen relativ an Bedeutung für den internationalen Wettbewerb. Höchst umstritten ist, ob dies so bleiben soll. Ist es „richtig", daß Länder mit gut ausgebautem Sozialstaat und umfassender Umweltpolitik plötzlich die Konkurrenz anderer Länder hinnehmen müssen, die nichts von alledem kennen?

Manche befürchten, daß diese ungehinderte Konkurrenz zum Niedergang der Wohlfahrtsstaaten führen wird. Wie groß die Angst ist, hat im Dezember 1999 die Konferenz der Welthandelsorganisation (WTO) in Seattle gezeigt. Die Delegierten wollten in Seattle eine weitere Verhandlungsrunde, die sogenannte Millenniumsrunde, starten. Ihr Ziel: Der Welthandel soll weiter liberalisiert werden. Die Konferenz begann aber mit Verspätung - weil Zehntausende Demonstranten auf den Straßen von Seattle unterwegs waren und lautstark, teilweise sogar gewaltsam, gegen den freien Welthandel demonstrierten. Zu ihren zentralen Forderungen gehörte, Mindeststandards im Umwelt- und Sozialbereich in der Welthandelsordnung zu verankern. Die Proteste zeigen, wie wichtig das Thema dieser Arbeit ist. Die Demonstranten müssen ernst genommen werden. Denn sie stellen nur die Spitze des Eisberges dar - das Unbehagen gegenüber der immer freieren Weltwirtschaft ist weit verbreitet.

Unbehaglich fühlen sich viele, weil sie glauben, die entwickelten Volkswirtschaften seien vom Verlust ihrer „Wettbewerbsfähigkeit" bedroht. Um konkurrenzfähig zu bleiben, so der nächste Schritt in der gedanklichen Kette, müssten die reichen Nationen auf ihre sozialen Errungenschaften in einem sogenannten Race to the bottom nach und nach verzichten. Damit dieses Schreckensszenario nicht wahr werde, gelte es, weltweit verbindliche Mindeststandards festzulegen. Die Unterschiede in der Umwelt- und Sozialpolitik sollten also wenigstens teilweise abgebaut werden. Damit ist die Kette noch nicht zu Ende: Weil nicht ohne weiteres zu erwarten sei, daß sich alle Länder an diese Mindestnormen halten, müsse es außerdem möglich sein, Handelssanktionen gegen renitente Nachbarn zu verhängen.

Die vorliegende Arbeit trennt diese gedankliche Kette, die ja auf den ersten Blick sehr stabil aussieht, in ihre einzelnen Glieder auf. Jedes Glied wird genau geprüft. Schon die Vorstellung, Nationen könnten ihre „Wettbewerbsfähigkeit“ verlieren, wirkt merkwürdig. Nicht Länder, sonder Unternehmen konkurrieren auf den Weltmärkten. Die Frage ist also, wie sich national unterschiedliche Standards auf die Produzenten auswirken - und ob es für die Volkswirtschaft insgesamt ein Nachteil ist, wenn diese Standards bestimmte Anbieter belasten. Dazu muss zunächst geklärt werden, welche Ziele die Umwelt- und Sozialpolitik überhaupt verfolgt. Im Mittelpunkt dieser Arbeit steht das nächste Glied: Wie wahrscheinlich ist es, dass sich die Länder ein zerstörerisches Race to the bottom liefern? Vieles spricht dafür, daß national sinnvolle Standards auch in einer integrierten Weltwirtschaft sinnvoll bleiben. Allerdings werden bestimmte Regelungen unter starken Druck kommen, wie diese Arbeit zeigt. Müssen deshalb Mindeststandards wenigstens in Teilbereichen vereinbart werden? Auch dieses Glied wird kritisch untersucht, vor allem im Hinblick darauf, daß im Umweltbereich einige Probleme selbst globalen Charakter haben. Sobald aber internationale Regelungen nützlich erscheinen, rückt das letzte Glied in den Vordergrund: Können diese internationalen Standards mit Hilfe von Handelssanktionen durchgesetzt werden? Gibt es direktere Wege zum Ziel?

Ein Teil der Demonstranten in Seattle forderte Mindeststandards allerdings nicht aus Angst vor der Billig-Konkurrenz, sondern aus moralischen Gründen. Robert B. Reich, ehemaliger Secretary of Labor des US Department of Labor, hat dies so auf den Punkt gebracht: „As economies become increasingly interwoven with each other, we must either actively accept some share of responsibility for how our economic partners conduct their affairs, or else passively accept complicity“ (Reich 1994: 1). Dieser moralische Appell entzieht sich einer ökonomischen Kritik. Trotzdem hätten auch Mindeststandards, die aus rein moralischen Erwägungen auferlegt werden, selbstverständlich ökonomische Folgen. Viele Entwicklungsländer wehren sich deshalb energisch gegen diese Klauseln, egal ob sie nun ökonomisch oder moralisch begründet werden. Ihrer Ansicht nach würde es sich so oder so lediglich um eine neue Form des altbekannten Protektionismus handeln. Jagdish Bhagwatis Theorem vom konstanten Protektionismus würde einmal mehr bestätigt. Auch dieses Problem wird in der vorliegenden Arbeit untersucht. Ein politökonomischer Teil gibt darüber Aufschluß, welche Interessen sich hinter der Forderung nach internationalen Mindeststandards verbergen.

1. Ein aktuelles Thema mit langer Tradition

1.1 Aktualität

Die Diskussion um internationale Umwelt- und Sozialstandards zählt zu den sogenannten New new issues der GATT/WTO-Ordnung. Während die New issues (Handel mit Dienstleistungen, handelsbezogene Investitionsmaßnahmen und geistiges Eigentum) bereits Eingang in die Abkommen der Uruguay-Runde fanden, kam es bei diesen New new issues noch nicht zu entsprechenden Beschlüssen. Allerdings einigten sich die Verhandlungsparteien bei der abschließenden Sitzung im April 1994 in Marrakesch darauf, ein Committee on Trade and Environment (CTE) einzurichten, das am 1. Januar 1995 seine Arbeit aufgenommen hat (WTO 1995, No. 1). Das CTE untersucht in einer breit angelegten Tagesordnung die Beziehungen zwischen Handel und Umwelt und möglichen Reformbedarf für die GATT/WTO-Ordnung[1].

Insbesondere die USA setzen sich vehement dafür ein, in der WTO auch über Sozialstandards zu diskutieren. Gegen Ende der Uruguay-Runde schlugen die USA vor, soziale Mindeststandards in das neue GATT aufzunehmen. Vor allem die Vertreter von Entwicklungsländern wehrten sich dagegen. In Marrakesch wurde aber vereinbart, weiter zu untersuchen, welche New new issues in das WTO-Arbeitsprogramm einfließen sollten (Stückelberger 1996: 79f.). Bei der ersten WTO-Ministerkonferenz im Dezember 1996 in Singapur entzündete sich der Streit erneut. Die Ansichten der Vertreter der USA und Pakistans waren einander beispielsweise diametral entgegengesetzt (Golub 1997: 4): „The WTO should, in cooperation with the International Labor Organization, examine in greater detail the important nexus between trade and labor standards. (...) Trade liberalization can only occur with domestic support; that support, and support for the WTO, will surely erode if we do not address the concerns of working people" (Charlene Barshefsky, Handelsbeauftragte der USA) - „A discussion of labor standards at the WTO will merely encourage protectionist lobbies to resist the competitive advantage of low wage countries through self-serving campaigns disguised as concern for the promotion of labor standards in developing countries" (Muhammad Zubair Khan, Pakistanischer Handelsminister). Die abschließende Ministererklärung von Singapur ist als eine kaum verhüllte Nieder-

---

[1] Folgende Punkte stehen auf der Tagesordnung des CTE: Auswirkung von umweltpolitisch begründeten Handelsmaßnahmen (insbesondere der Sanktionen, die in multilateralen Umweltschutzabkommen vereinbart wurden); Streitschlichtungsmechanismen; Ökolabelling; Transparenzerfordernisse; Export von im Inland verbotenen gefährlichen Gütern; Handelsliberalisierung und nachhaltige Entwicklung; Beziehung zu den „New issues" der Uruguay-Runde (vgl. WTO 1995, No. 2)

lage der Befürworter zu verstehen. Zuständig für Sozialstandards sei die Internationale Arbeitsorganisation (International Labor Organization, ILO). Das WTO-Sekretariat arbeite gern mit der ILO zusammen. Im gleichen Atemzug wird aber betont, daß die komparativen Vorteile von Niedriglohnländern keinesfalls in Frage gestellt werden dürften (vgl. Adlung 1997: 170/ Fußnote 2). Die Proteste in Seattle 1999 haben aber gezeigt, daß das Thema damit noch lange nicht vom Tisch ist.

Parallel zu diesen Vorstößen auf der multilateralen Ebene gibt es Versuche einzelner Länder, Sozialstandards unilateral durchzusetzen. Auch hier sind vornehmlich die USA zu nennen. Die „Caribbean Basin Initiative“ von 1983 bildete den Auftakt einer ganzen Serie von Gesetzen, die Handelsliberalisierung an die Einhaltung bestimmter Mindeststandards koppeln. Das Allgemeine Präferenzsystem der USA (Generalized System of Preferences, GSP) von 1984 setzt die Einhaltung „international anerkannter“ Arbeitnehmerrechte voraus. Die bekannte Section 301 in der Fassung des Trade and Competitiveness Act (1988) erlaubt schließlich, Präferenzen zurückzunehmen oder Handelsbeschränkungen aufzuerlegen, sobald der US-Handelsbeauftragte das Verhalten eines beklagten Landes als unfair ansieht. Als unfair bzw. „unangemessen“ gilt dabei auch ein Verzicht auf eine Mindestlohnregelung (Lempp 1995, Kap. III und IV).

Die Europäische Union berücksichtigt Sozial- und Umweltstandards in der neuen Auflage ihres Allgemeinen Präferenzsystems (APS), das am 1. Januar 1998 in Kraft trat. Zwei unterschiedliche Maßnahmen sind vorgesehen. Erstens behält sich die EU vor - völlig analog zum GSP der USA -, Präferenzen wieder zurückzunehmen, falls ein begünstigtes Land überführt wird, Sklaverei oder Zwangsarbeit zu erlauben. Zweitens können auf der Grundlage eines Kommissionsberichts aber auch zusätzliche Präferenzspannen gewährt werden, wenn sich Länder durch eine „fortschrittliche Sozial- und Umweltschutzpolitik“ auszeichnen (EU-Kommission 1996: 15).

Diese unilateralen Vorstöße der großen Handelsblöcke sind zum Teil eine Antwort darauf, daß eine Einigung im Rahmen der WTO unwahrscheinlich erscheint. Die USA bemühten sich schon 1953 vergeblich, innerhalb des GATT einen breit angelegten Artikel zu Arbeitsstandards durchzusetzen, der Strafmaßnahmen erlauben sollte. Auch in der Tokio-Runde brachten sie ihr Anliegen erfolglos ein (Brown, Deardorff, Stern 1996: 232). Nun scheint die Geduld erschöpft zu sein. Zugleich zwingt das einseitige Vorgehen die WTO dazu, sich gründlich mit diesem Themenkomplex auseinanderzusetzen. Das zeigt die Entwicklung der Diskussion über Handel und Umweltschutz. Beispielhaft sei der sogenannte Thunfisch-Delphin-Streit zwischend den USA und Mexiko erwähnt. Beim Fang von Thunfisch im östlichen Pazifik werden unbeabsichtigt Delphine getötet, weil die Delphinschulen oberhalb der Thunfischschwärme schwimmen. Das US-amerikanische „Marine Mammal Protection Act“ (MMPA) begrenzt die

Quote der mitgefangenen Delphine und erfordert damit den Einsatz bestimmter „delphinsicherer“ Fangtechniken. 1990 setzte die Umweltschutzorganisation Earth Island Institute gerichtlich durch, daß Thunfisch aus Mexiko (und vier weiteren Ländern) nicht mehr in die USA importiert werden dürfe, weil beim Fang die Vorgaben des MMPA mißachtet würden. Mexiko drängte deshalb auf die Einrichtung eines Streitschlichtungs-Panels des GATT, da es seine Handelsrechte grundlos verletzt sah. Das Panel entschied völlig im Sinne Mexikos und betonte, inländische Umweltstandards dürften nicht mit Hilfe von Handelsbeschränkungen auf andere Länder ausgedehnt werden. Mexiko verzichtete 1991 allerdings darauf, über diese Panel-Entscheidung im GATT-Rat abstimmen zu lassen - schließlich stand die Ratifizierung des NAFTA-Vertrages in den USA bevor. Dennoch kam es zu einem zweiten Streitschlichtungs-Panel. Die USA hatten nämlich inzwischen das Importverbot auch auf weiterverarbeiteten Thunfisch aus einigen Drittstaaten ausgeweitet. Schließlich, so das Argument, könne nicht ausgeschlossen werden, daß in diesen Drittländern auch Thunfisch aus Mexiko in den Dosen landet. Die EU (weil Frankreich und Italien als potentielle „Blockadebrecher“ unter Beschuß standen) und die Niederlande (als Vertreter der Niederländischen Antillen) pochten auf die Einrichtung des zweiten Panels. Und auch dieses Panel entschied gegen das Vorgehen der USA (Knorr 1997: 64ff.). Ähnlich hartnäckige Dispute wie im Thunfisch-Delphin-Fall und einigen weiteren umweltpolitisch motivierten Konflikten sind künftig auch auf der Ebene der Sozialstandards zu erwarten. Offenbar trifft das Handelssystem auf neue Herausforderungen.

1.2 Tradition

Das Thema hat zugleich eine lange Tradition. Vor allem Steve Charnovitz hat versucht, in einer Reihe von Veröffentlichungen die Kontinuität aufzuzeigen (Charnovitz 1987, 1992, 1995). Er datiert die ersten Überlegungen in dieser Richtung auf Anfang des 19. Jahrhunderts: „(...) a few visionaries began to recognise that foreign competition made it difficult for nations to regulate alone“ (Charnovitz 1992: 339). Als 1881 in den USA der Gewerkschaftsverband American Federation of Organized Trade and Labor Unions (Vorläufer der American Federation of Labor, AFL) gegründet wurde, verlangten die Delegierten vom Kongreß „to give ‘American industry full protection from the cheap labour of foreign countries’“ (Charnovitz 1987: 568). 1890 verbot der US-Kongreß den Import von Produkten aus Sträflingsarbeit.

1905 kam es mit den Berner Konventionen zur ersten multilateralen Vereinbarung gemeinsamer Standards. Unter anderem wurde vereinbart, den Import von Steichhölzern zu verbieten, die mit dem hochgiftigen weißen oder gelben Phosphor hergestellt wurden. Stand bei diesem Abkommen der Gesundheitsschutz der Arbeitnehmer im Vordergrund, so gibt es doch auch ähnlich frühe Vereinbarungen zum Umweltschutz. 1911 einigten sich Großbritannien, Japan, Rußland und die USA darauf, den Import von Seehunden und Seeottern zu beschränken.

Nach dem Ersten Weltkrieg kam es zu einer weiteren Welle entsprechender Abkommen. Der Friedensvertrag von Versailles brachte die Internationale Arbeitsorganisation (ILO) auf den Weg. Den nächsten Aufschwung erlebte die Diskussion um internationale Standards schließlich, als in der Folge des Zweiten Weltkriegs die Statuten der geplanten International Trade Organization (ITO) verfaßt wurden. Die Mitglieder sollten sich dazu bekennen, daß unfaire Arbeitsbedingungen Probleme im internationalen Handel verursachen würden und daß sie derartige Bedingungen deshalb unterbinden würden. Falls die ITO mit entsprechenden Klagen konfrontiert werde, solle sie den Streit in Kooperation mit der ILO schlichten. Bekanntlich kam die ITO jedoch nicht zustande, weil sich der US-Kongreß gegen die Mitgliedschaft der USA aussprach.

Ohne die Vielzahl weiterer Verträge weiter zu betrachten, fällt doch auf, wie stark die Parallelen zur heutigen Diskussion gerade im Bereich der Sozialstandards sind. So sagte US-Präsident Woodrow Wilson vor der Ratifizierung des Versailler Vertrages: „all through the world the one central question of civilisation is: What shall be the conditions of labour?“ (Charnovitz 1992: 340). Ein konjunkturelles Auf und Ab des Themas ist erkennbar (Anderson 1996: 33). Jeder große Schritt zur Liberalisierung des Welthandels heizt diese Konjunktur an. Zu einem echten Boom kommt es, wenn zeitgleich die Lage auf den Arbeitsmärkten schlecht ist. Beide Faktoren sind auch heute vorhanden.

Allerdings könnte der Konjunkturausschlag diesmal noch größer sein als in der Vergangenheit. Das hat viel mit jenen Phänomenen zu tun, die unter dem Modewort Globalisierung aufgezählt werden. Die technischen Handelshemmnisse in Form von Transport- und Kommunikationskosten sinken beständig. Ebenso sind Zölle und andere institutionelle Hemmnisse des internationalen Handels in den GATT-Runden erheblich reduziert worden. Kapitalbewegungen sind weltweit immer ungehinderter und rascher möglich. Zudem entstanden multinationale Unternehmen, die nicht mehr an einzelne Länder gebunden sind. Weil die freie Weltwirtschaft in absehbare Nähe gerückt ist und Schranken zwischen den Ländern gefallen sind, rückt das interne Verhalten der beteiligten Länder in den Mittelpunkt. Abweichendes Verhalten anderer gilt als verdächtig, wenn es (scheinbar) zu Kostenvorteilen führt (vgl. Bhagwati 1996).

Weitere Motive verstärken die Konjunktur des Themas. In den reichen Industrienationen der Welt wuchs in den vergangenen Jahren das Umweltbewußtsein, also das generelle Interesse der Bevölkerung an Umweltschutz. Zwar hat auch dieses Bewußtsein eine eigene Konjunktur, und noch dazu eine gegenläufige: Bei hoher Arbeitslosigkeit und wirtschaftlichem Abschwung sinkt die Nachfrage nach Umweltschutz. Dennoch bleibt ein relativ hohes Niveau an Umweltbewußtsein erhalten. Außerdem befürchten manche, der als „Take off“ bezeichnete Wachstumsprozeß in Entwicklungs- und Schwellenländer bringe erhebliche zusätzliche Belastungen der weltweiten Ressourcen mit sich. Während die Weltbevölkerung und das Pro-Kopf-Einkommen der Menschen in vielen Ländern steigen, bleiben die Vorräte der meisten natürlichen Ressourcen und die Verarbeitungskapazität der Umwelt begrenzt. Es kommt hinzu, daß auch die wissenschaftlichen Erkenntnisse über einige Umweltprobleme gewachsen sind und zumindest teilweise keine Entwarnung signalisieren (Anderson 1996: 8 ff.).

2. Begriffsklärungen

Die aktuelle Diskussion um Sozial- und Umweltstandards in der Welthandelsordnung tritt unter verschiedenen Schlagworten auf. Die häufigsten Begriffe werden vorab kurz erläutert, um sie auf einen ökonomisch gehaltvollen Punkt zu bringen. Im Lauf der Arbeit ist dann zu prüfen, ob die begrifflich erfaßten Forderungen oder Befürchtungen überhaupt ökonomische Relevanz besitzen.

2.1 Sozial- und Umweltdumping

Gerade im deutschsprachigen Raum hat der Vorwurf des Sozial- bzw. Umweltdumpings Konjunktur. Die Absicht, eine Analogie zum üblichen Dumping-Begriff herzustellen, ist offensichtlich, aber nicht überzeugend. Im Rahmen der GATT/WTO-Ordnung gilt (räuberisches) Dumping als aggressive Preisunterbietung mit dem Ziel, ausländische Märkte zu erobern. Die gebräuchliche Dumping-Definition bezieht sich also immer auf Güterpreise. Dumping ist als Verkauf zu einem (Güter-)Preis unterhalb des „normalen Wertes“ definiert. Als normaler Wert wird dabei der Preis des Gutes im Heimatmarkt des Exporteurs angesehen. Verkauft der Exporteur das Gut nicht in seinem Heimatmarkt, so ist der Preis auf einem anderen Exportmarkt ausschlaggebend. Schließlich kann der „normale Wert“ auch als Summe von Produktionskosten inklusive Gemeinkostenanteil und Gewinnaufschlag „konstruiert“ werden (Hauser/ Schanz 1995: 76f.).

Von diesen ohnehin schon sehr interpretationsfähigen Definitionen sind die Begriffe Ökodumping und Sozialdumping weit entfernt. Es sei dahingestellt, daß Dumping normalerweise einem exportierenden Unternehmen vorgeworfen wird, in diesem Fall aber der Regierung eines Landes. Problematisch ist aber, dass nicht direkt die Güterpreise, sondern die darin eingehenden Faktorpreise der Arbeit und der Umweltnutzung angeblich „gedumpt“ sein sollen. Nach der GATT/WTO-Ordnung reicht dies nicht aus, um den oben beschriebenen Dumping-Tatbestand zu erfüllen. Niedrigere Faktorpreise und damit niedrigere Produktionskosten führen zu einem niedrigeren „konstruierten" Normalwert. Solange der vom Exporteur verlangte Preis diesem niedrigeren Normalwert entspricht, kann keine Rede von Dumping sein.

Der Vorwurf des Sozial- und Umweltdumpings erfordert also Hilfskonstruktionen. Im folgenden sei deshalb akzeptiert, daß diese Art von „Dumping" eine Stufe tiefer angesiedelt sein müßte, bei den Faktorpreisen. Unverzichtbar ist dann immer noch das Diskriminierungselement: Die Faktorpreise, die bei der Produktion eines Exportgutes zu bezahlen sind, müßten niedriger sein als die sonst im gleichen Land üblichen Faktorpreise. Dies dürfte sehr selten der Fall sein. Wenn in Entwicklungsländern - den Hauptadressaten des Vorwurfs - überhaupt zwischen Produktion für den Inlandsmarkt und für den Export diskriminiert wird, so geschieht dies meist in der Form von sogenannten Exportförderungszonen (EFZ). Zwar gibt es wohl einzelne Beispiele dafür, daß offizielle Arbeitnehmerrechte in EFZ eingeschränkt werden (Charnovitz 1992: 343), aber auch an Gegenbeispielen fehlt es nicht (Brand/ Hoffmann 1994: 27f.). Auch so definiert ist Sozial- und Ökodumping demnach weitgehend bedeutungslos. Man kann daraus die Schlußfolgerung ziehen: „The existence of widespread ecodumping purposely perpetrated by governments is definitely myth" (Stevens 1995: 180).

Wer sich über Sozial- oder Ökodumping beklagt, hat aber vielleicht noch weiter gefaßte Definitionen im Sinn. Werden die beiden bisher diskutierten Kriterien „Produktpreis" und „Preisdiskriminierung" aufgegeben, ergeben sich andere Definitionsmöglichkeiten, die freilich mit dem klassischen Dumping kaum mehr etwas zu tun haben:

- Real auftretende soziale Kosten der Produktion (beispielsweise in Form von Ausbeutung oder Umweltschäden) gehen nicht in den Faktorpreis ein (Siebert 1996a: 3).
- Kosten der Nutzung von Arbeit und Umwelt werden systematisch externalisiert, um Wettbewerbsvorteile bei Gütern zu erlangen, die diese Faktoren besonders beanspruchen (Langhammer 1997: 179).
- Die sozialen Kosten in der Produktion sind „unterdurchschnittlich" hoch, wobei der Durchschnitt am „natürlichen Wettbewerbsvorteil" eines Landes gemessen wird (Brand/ Hoffmann 1994: 26).
- Der Preis eines Exportgutes liegt unterhalb der Produktionskosten bei Einhaltung internationaler Arbeitsstandards (Charnovitz 1995: 170). Damit wird allerdings das Pferd von hinten aufgezäumt.
- Es handelt sich um eine Situation, in der die Standards eines Landes niedriger sind als die anderer Länder (Rauscher 1992: 3).

Spätestens an diesem Punkt ist aber völlige Beliebigkeit erreicht. Die Begriffe Öko- und Sozialdumping lassen sich offenbar kaum auf einen ökonomisch gehaltvollen Punkt bringen. Was bleibt, ist in bezug auf Umweltdumping ein interessantes Wortspiel: „At first sight, the term 'dumping' seems to have finally returned to its roots in the ecological connection: The dumping of cheap goods on foreign markets is preceded by real dumping, of pollutants on the environment, due to cheaper methods of production“ (Kuhn/ Thivig 1996: 5).

2.2 Level playing field

Beliebt ist auch das Bild vom „ebenen Spielfeld“, das gesichert sein müsse. Die Analogie zum Sport erscheint überzeugend - schließlich wäre es unfair, eine Mannschaft ständig bergauf rennen zu lassen. Schon innerhalb des Bildes ergeben sich aber bei näherer Betrachtung Risse. Drei Merkmale kennzeichnen das Bild vom ebenen Spielfeld (Cass/Boltuck 1997): Erstens halten die Fürsprecher des „Levelling the playing field“ den Welthandel offenbar für einen Wettbewerb zwischen Nationen. Zweitens hängt das Ergebnis dieses Wettbewerbs nicht nur vom Können der Spieler ab, sondern auch von den Regeln des Spiels und einigen Randbedingungen (Wetter, Zustand des Spielfeldes usw.). Drittens sollte ein Schiedsrichter darüber wachen, daß alle Spieler respektive Mannschaften gleich behandelt werden.

Alle drei Elemente sind problembehaftet. Erstens legt die Analogie zum Spiel nahe, daß ein Land verliert, während ein anderes auf seine Kosten gewinnt. Internationaler Handel verspricht jedoch grundsätzlich allen beteiligten Ländern Gewinn. Zweitens bedarf der internationale Handel gleicher Regeln für alle Teilnehmer. Diese Regeln setzt multilateral die GATT/WTO-Ordnung. Allerdings wären es seltsame Spielregeln, die verlangen würden, alle Spieler müßten identisch sein und das gleiche können (Castro 1995: 5). Genau daran erinnert aber die Forderung, alle Teilnehmer am internationalen Handel müßten gleiche (Mindest-)Standards erfüllen, um das Spielfeld zu ebnen. Drittens stellt sich die Frage, wer Schiedsrichter sein soll, wenn Sozial- und Umweltstandards eines Landes angeblich die Spielregeln verletzen. Zudem wird die Idee des ebenen Spielfeldes auch dem Prinzip eines Handels auf der Basis komparativer Vorteile nicht gerecht. Komparative Vorteile bringen notwendigerweise mit sich, daß Gefälle zwischen den Ländern bestehen: Land A steht bei der Produktion eines Gutes „oben“, Land B bei der Produktion eines anderen Gutes. Wäre die ökonomische Landschaft geglättet, gäbe es keinen Handel mehr. Letztlich trifft das Bild vom „Level playing field“ die Realität also nur insofern, als der Welthandel gewisser Spielregeln bedarf.

2.3 Fairness

Die Vorstellung, voneinander abweichende Sozial- und Umweltstandards seien im internationalen Handel „unfair“, ist vor allem in den USA verbreitet. Die bereits erwähnte Section 301 im Trade Act der USA steht unter dem Titel „Relief from Unfair Trade Practices". Seit mittlerweile 25 Jahren setzen sich Politiker und Wissenschaftler damit auseinander, was als „unfair" anzusehen ist. Schon seit Jahren geht es dabei nicht nur um Maßnahmen an der Grenze bestimmter Länder, sondern auch um deren internes Verhalten. Typisch dafür waren die Auseinandersetzungen mit Japan über angebliche „strukturelle Behinderungen" von US-Exporteuren. Der Begriff „Fairneß" bleibt allerdings auch in Section 301 selbst noch auslegungsbedürftig.

Nur ein Fairneß-Kriterium ist nicht umstritten: Länder sollten sich an die von ihnen unterzeichneten internationalen Abkommen halten (Abbott 1996). Dieses Kriterium läßt sich auf die Diskussion über Sozial- und Umweltstandards übertragen. Soweit internationale Umweltabkommen existieren, wäre es unfair, wenn sich die Unterzeichner nicht an die Vereinbarungen hielten. Zu prüfen bleibt dann aber noch, ob sich bei „unfairem" Verhalten eines Vertragspartners unilaterale Strafen à la Section 301 empfehlen. Auch im Bereich der Sozialstandards scheint es mit den ILO-Konventionen, die von vielen Nationen unterzeichnet wurden, ein Äquivalent zu geben. Allerdings ist zur Unterzeichnung der ILO-Konventionen anzumerken: „However, not all have done so, fewer have ratified the conventions, and most certainly did not agree to them knowing that non-compliance would result in trade sanctions" (Cable 1996: 241).

Schon erheblich umstrittener ist es, ob es als unfair anzusehen ist, wenn ein Land seine eigenen Gesetze nicht wirkungsvoll durchsetzt. Beispiele dafür gibt es im Bereich der Umwelt- und Sozialstandards genug. So wird Indien vorgeworfen, Kinderarbeit nur auf dem Papier abgeschafft zu haben. Deshalb Handelsbeschränkungen zu verhängen, wäre aber auf jeden Fall ein starker Eingriff in die Souveränitätsrechte eines Landes. Die Geschichte der Section 301 zeigt sogar Versuche, den Fairneßbegriff noch erheblich breiter zu fassen. Zum einen ging es darum, andere Länder auch dann zu strafen, wenn sie Gesetze verletzen, die lediglich in den USA gelten. Noch extremer sind Fälle, in denen überhaupt kein Gesetz gebrochen wurde, sondern amerikanische Firmen ganz einfach den Wettbewerbsdruck als „unfair" empfanden.

Ein so weit gefaßter Fairneßbegriff ist gefährlich. Wirtschaftlich mächtige Länder könnten alles als unfair definieren, was ihren eigenen Interessen zuwiderläuft. Unfair ist dann, „if you do something different, and especially if you do what appears to be less (...) than I do" (Bhagwati/Srinivasan 1996: 161). Der etablierte Anbieter hat im übrigen sicherlich einen anderen Begriff von Fairneß als der aufholende Wettbewerber (Langhammer 1997: 4). Dem Etablierten erscheinen weitgehende Schutzklauseln als fair, dem Wettbewerber dagegen aggressiver Preiswettbewerb. Da Fairneß subjektiv definiert werden muß und kaum meßbar ist, eignet sich auch diese gedankliche Welt schlecht für eine Analyse der Folgen unterschiedlicher Umwelt- und Sozialstandards.

2.4 Race to the bottom

Erheblich trennschärfer zu fassen ist die Idee eines „Race to the bottom" (oder, wie Jagdish Bhagwati nicht müde wird zu betonen, besser: Race towards the bottom) der Sozial- und Umweltstandards. Gemeint ist damit, daß die im weltweiten Wettbewerb stehenden Volkswirtschaften ihre Ansprüche an soziale Sicherung und Umweltqualität Zug um Zug gegenseitig herunterdrücken. Wäre dies so, dann könnte sich zwar langfristig keine Regierung einen Vorteil verschaffen, weil der niedrige Standard eines Landes sofort von einem anderen Land noch unterboten würde. Allerdings würden die Standards allgemein auf ein ineffizient niedriges Niveau sinken (Revesz 1994: 379). Ähnliche Befürchtungen trugen schon zur Gründung der ILO bei, wie aus der Präambel der ILO-Satzung hervorgeht. Dort heißt es: „(...) the failure of any nation to adopt humane conditions of labour is an obstacle in the way of other nations which desire to improve the conditions in their own countries". Dieses Szenario ist nicht von der Hand zu weisen und wird deshalb im Rahmen dieser Arbeit sorgfältig geprüft.

Die Frage nach dem Race to the bottom taucht immer dann auf, wenn Regierungen ihre Sozial- und Umweltstandards gezielt strategisch einsetzen. Theoretisch könnte also beispielsweise eine Art Race entstehen, wenn die Regierungen großer Länder ihre Terms of trade verbessern möchten, indem sie ihre Standards manipulieren, und dabei in einen „Standardkrieg" verfallen. Meist wird die Analyse des Race jedoch mit der Mobilität von Produktionsfaktoren verknüpft. Diesen Ansätzen ist ein eigenes Kapitel gewidmet. Ausgangspunkt ist dabei die unbestreitbare Tatsache, daß Kapital und Unternehmen immer ungehinderter über Ländergrenzen hinweg wandern. Sie reagieren schon auf kleinere Unterschiede in den realen Bedingungen, die ihnen ein „Gastland" bietet. Das bedeutet aber im Umkehrschluß, daß nationale Regierungen um Kapital und Unternehmen miteinander konkurrieren müssen, um ihre wirtschaftliche Basis zu sichern. Traditionell rückte die Ökonomik dabei die Bedeutung der Steuern als Lockmittel in den Vordergrund. Schon länger gibt es Modelle des fiskalischen Wettbewerbs um Kapital (Oates 1972; Überblick z.B. bei Devereux 1995). In den letzten Jahren wurde aber immer mehr Ökonomen bewußt, daß Regierungen auch andere Politikvariablen einsetzen könnten, um Kapital und Unternehmen anzuziehen. Grundsätzlich kommt die Sozialpolitik dazu ebenso wie die Umweltpolitik in Frage.

3. Gang der Untersuchung

Aus dem bisher Gesagten wird deutlich, daß die vier bekanntesten Schlagworte der politischen Diskussion über internationale Mindeststandards nur teilweise operational faßbar sind. Sie beschreiben eher diffuse Ängste vor dem Wettbewerb mit Ländern, deren Umwelt- und Sozialpolitik deutlich schwächer ausgeprägt ist als in den etablierten Volkswirtschaften. **Teil II** dieser Arbeit soll klären, inwieweit diese Befürchtungen theoretisch begründet sind, soweit die Länder mit ihren Standards nationale Probleme regeln. Eingangs wird untersucht, woraus sich eine bestimmte Höhe der effizienten Umwelt- und Sozialstandards ergibt. Diese Analyse konzentriert sich auf den Autarkiefall, um mögliche Rückwirkungen aus dem Verhalten anderer Länder zunächst auszublenden. Nachdem auf diese Weise ein Referenzrahmen hergeleitet wurde, kommt der Außenhandel ins Spiel. Im ersten Schritt wird auf das Konzept der komparativen Vorteile zurückgegriffen, um grundsätzlich darzustellen, wie sich voneinander abweichende Standards bei offenen Volkswirtschaften auswirken. Im zweiten Schritt wird geprüft, ob sich nationale Standards im Sinne der Strategischen Handelspolitik ausnutzen lassen. Im dritten Schritt wird Mobilität in die Betrachtung eingeführt.

Teil III befasst sich mit grenzüberschreitenden Problemen. Wie wir sehen werden, stellen sich völlig andere Fragen, wenn schon die Probleme, die mit Standards gelöst werden sollen, einen internationalen Charakter haben. Daß in diesem Fall meist gemeinsame Anstrengungen nötig sind, leuchtet unmittelbar ein. Damit steht in Teil III nicht mehr so sehr im Vordergrund, ob eine internationale Koordination sinnvoll ist - sondern, welche Gestalt sie sinnvollerweise haben sollte. Der in Teil II aufgestellte Referenzrahmen wird zunächst entsprechend erweitert. Dann wird der Einfluß komparativer Vorteile, strategischer Ansätze und der Mobilität beleuchtet. Es schließt sich eine spieltheoretische Betrachtung der Koordinationsmöglichkeiten an, die weit über das Instrument Mindeststandards hinausgehen.

In **Teil IV** wird der bisher normative Blickwinkel aufgegeben. Stattdessen geht es darum, die Forderung nach Mindeststandards aus einer positiven Sicht der Dinge zu erklären. Zu diesem Zweck werden einige empirische Studien präsentiert, die untersuchen, welche Rolle voneinander abweichende Standards in der Weltwirtschaft wirklich spielen. Es folgt ein politökonomischer Abschnitt, der das vielschichtige Interesse an Mindeststandards erläutert und begründet, warum dieses Interesse so vehement verfochten wird.

Teil V faßt die Ergebnisse zusammen und bietet einen Ausblick.

Teil II

Sind internationale Mindeststandards notwendig, um national begrenzte Probleme in einer freien Weltwirtschaft zu lösen?

1. Referenzmaßstab: Die Korrektur von Marktunvollkommenheiten

Es ist eine unbestreitbare Tatsache, daß sich Sozial- und Umweltstandards weltweit stark unterscheiden. Auch vehemente Befürworter von Sozial- und Umweltklauseln in der Welthandelsordnung akzeptieren, daß nicht alle Unterschiede aus unfairem Verhalten oder Dumping-Absichten entspringen. Andererseits ist genauso unwahrscheinlich, daß die Unterschiede willkürlich oder nur historisch zufällig entstanden sind. Als A-priori-Vermutung liegt nahe, daß Länder auch dann unterschiedliche Standards setzen würden, wenn sie sich in völliger Autarkie befänden. Experimentell überprüfen läßt sich diese These naturgemäß nicht. Auf einer theoretischen Ebene ist sie aber zugänglich. Dieser Abschnitt entwickelt theoretische Begründungen für voneinander abweichende Standards bei Autarkie. Im ersten Schritt wird geklärt, warum Sozial- und Umweltpolitik aus Effizienzgründen sinnvoll sein kann. Im zweiten Schritt geht es dann darum, weshalb die auslösenden Motive unterschiedlich stark auftreten.

Aus diesen Überlegungen destilliert das Kapitel einen Referenzrahmen für das weitere Vorgehen. Da es - wie im folgenden gezeigt wird - schon bei Autarkie ökonomische Gründe dafür gibt, wieso Länder effiziente Standards in unterschiedlicher Höhe setzen, ergibt sich eine grundsätzliche „Unschuldsvermutung". Allein die Existenz unterschiedlicher Standards ist noch kein Beweis für ein absichtlich „unfaires" Verhalten in den weltwirtschaftlichen Beziehungen. Nur wenn die Differenzen über das bei Autarkie begründete Maß hinausgehen, ist eine weitergehende Analyse notwendig. Schließlich ist auch dann, wenn ein Land seine Standards infolge der Integration in die Weltwirtschaft anders setzt als bei Autarkie, anhand des Referenzmaßstabs zu prüfen, ob dies unbedingt ein beklagenswertes Race to the bottom sein muß. Möglicherweise handelt es sich um eine effiziente Anpassung an eine neue Situation.

1.1 Die Funktionsweise von Umwelt- und Sozialstandards

1.1.1 Umweltstandards

Umweltpolitik ist ein Instrument, das Allokationsverbesserungen anstrebt. Distributive Ziele sind üblicherweise nicht mit ihr verknüpft, wobei allerdings umweltpolitische Maßnahmen durchaus distributive Wirkungen entfalten können. Ein Beispiel dafür sind die Auswirkungen einer umweltpolitisch motivierten Benzinpreiserhöhung, die selbstverständlich besonders die Vielfahrer trifft. Umweltprobleme in einem weiten Sinne spielen erst seit relativ kurzer Zeit eine wichtige Rolle. Dies ist ökonomisch leicht erklärbar. Die natürliche Umwelt war seit Menschengedenken ein freies Gut und zugleich ein öffentliches Gut. Sie stand im Übermaß zur Verfügung, so daß keine Rivalität im Konsum herrschte. Deshalb bestand auch gar kein Interesse daran, den Ausschluß einzelner Konsumenten durchzusetzen.

Bevölkerungswachstum und wirtschaftliches Wachstum haben jedoch den Gutscharakter der Umwelt spürbar verändert. Sie ist heute ein knappes Gut und deshalb ein Gegenstand der Ökonomik. Verschiedene Nutzungen konkurrieren um die Allokation dieses Gutes (Siebert 1995: 10-14). Die Umwelt liefert Ressourcen, die als Produktionsfaktoren in verarbeitete Güter einfließen. Sie nimmt die Rückstände von Produktionsprozessen auf und kann sie zum Teil assimilieren, also unschädlich machen. Sie dient direkt unterschiedlichsten Konsumnutzungen, stellt beispielsweise Wasser und Luft, aber auch ihre Schönheit zur Verfügung. Und schließlich ist sie Standort für alle ökonomischen Aktivitäten; als Produktionsfaktor Boden ging dieser Aspekt schon in die Theorien der Klassiker ein. Offenbar trat die Knappheit der Umwelt zunächst als Knappheit der Landfläche auf (Ostmann et al. 1997: 107).

Obwohl Rivalität bei der Nutzung der Umwelt längst ein Alltagsphänomen ist, wird sie aber weiterhin häufig als freies Gut behandelt. Deshalb bilden sich häufig trotz Knappheit keine Preise für dieses Gut. Die Allokation der Umwelt erfolgt nicht durch den Marktmechanismus, sondern durch spontanen Zugriff. Wer zuerst kommt, mahlt zuerst und verhindert womöglich sogar, daß andere nach ihm überhaupt noch mahlen können. Bekanntestes Beispiel dafür ist das Oberlieger-Unterlieger-Problem: Die Abwässer eines Industriebetriebs am Oberlauf eines Flusses vergiften das Wasser so sehr, daß die Fangerträge eines Fischers am Unterlauf dieses Flusses stark sinken. Der Unternehmer entschädigt den Fischer jedoch nicht im geringsten für dessen Ertragseinbußen - der Markt ist unvollkommen.

Als in den 60er Jahren Umweltprobleme in das öffentliche Bewußtsein rückten, verwiesen die Ökonomen gelassen darauf, sie hätten für diese Klasse von Marktunvollkommenheiten längst ein geeignetes Konzept (Cropper/ Oates 1992: 675). Tatsächlich handelt es sich ökonomisch betrachtet um negative Externalitäten (oder: negative externe Effekte, beide Ausdrücke werden hier synonym verwendet)[2]. Externe Effekte haben stets zwei Seiten. Ein Individuum *verursacht* eine Externalität, wenn seine Handlung eine Auswirkung auf ein oder mehrere andere Individuen hat, diese Auswirkung aber nicht in einer Markt-

[2] Das Konzept externer Effekte wird häufig auf Pigou zurückgeführt; Cheung (1970) betont aber, daß Pigou selbst weder den Begriff „Externalität“ noch einen ähnlichen Ausdruck verwendet hat.

transaktion entgolten wird. Ein Individuum *ist betroffen* von einer Externalität, wenn seine Produktions- oder Nutzenfunktion F einen Parameter enthält, den es selbst nicht (vollständig) kontrollieren kann. Also gilt

$$F = F(P_i, E),$$

wobei die P_i alle von diesem Individuum selbst gewählten Parameter symbolisieren und E für den von außen gesetzten Parameter steht. In der Literatur werden drei Arten von Externalitäten unterschieden (Fritsch/ Wein/ Ewers 1996: 74ff.):

- Die technologischen externen Effekte sind zentral. Es bestehen Auswirkungen physischer Art, die keinen Preis haben - klassische Marktunvollkommenheiten.
- Die pekuniären externen Effekte dagegen sind gar keine Externalitäten im hier relevanten Sinn. Sie treten auf, wenn Angebot oder Nachfrage eines Marktteilnehmers Preise auf Güter- oder Faktormärkten verändern. Dies kann natürlich das Verhalten anderer Marktteilnehmer beeinflussen. Eine Marktunvollkommenheit liegt aber nicht vor, weil es sich ja gerade um marktliche Abläufe handelt. Deshalb existiert hier auch kein Allokationsproblem, allenfalls könnten die distributiven Folgen unerwünscht sein.
- Die psychologischen externen Effekte werden von der obigen Definition ebenfalls erfaßt, sind aber erheblich umstrittener als die technologischen. Es mag zwar durchaus sein, daß sich jemand in seinem Wohlbefinden (und damit: Nutzen) beeinträchtigt fühlt, weil ihn das Verhalten eines anderen stört, obwohl er keine direkten physischen Auswirkungen spürt. Problematisch ist jedoch, daß die Stärke eines psychologischen externen Effektes letztlich nur der Betroffene selbst angeben kann. Strategisch motivierte Äußerungen erscheinen dann sehr wahrscheinlich, weil kein anderer die Psyche des Betroffenen verläßlich einschätzen oder gar quantifizieren kann.

Externalitäten können grundsätzlich sowohl bei der Produktion als auch beim Konsum eines Gutes auftreten. In dieser Arbeit steht die Betrachtung der Produktionsseite im Vordergrund. Tritt im Lauf eines Produktionsprozesses ein externer Effekt auf, so kann der Produzent entweder nicht alle Erträge seiner Anstrengungen auf sich vereinigen (positiver externer Effekt), oder er muß nicht alle entstehenden Kosten selbst tragen (negativer externer Effekt). Der zweite Fall erfaßt den Charakter von Umweltproblemen, wie das Oberlieger-Unterlieger-Beispiel verdeutlicht. Die negative Externalität im Produktionsprozeß läßt sich nun in einem einfachen Gütermarktdiagramm in der Tradition von Pigou erfassen (Abb. 1-1). Nur ein Teil der bei der Produktion des Gutes X anfallenden Kosten wird vom Anbieter des Gutes X getragen. Die PGK-Kurve in Abb. 1-1a) gibt an, wie hoch die privaten Grenzkosten jeder Einheit sind, die der Anbieter selbst trägt. Die Kurve der sozialen Grenzkosten (SGK) berücksichtigt demgegenüber auch die negativen externen Effekte der Produktion als Kosten für die Gesellschaft.

Abbildung 1-1: Mengen- und Preiswirkung eines negativen externen Effekts

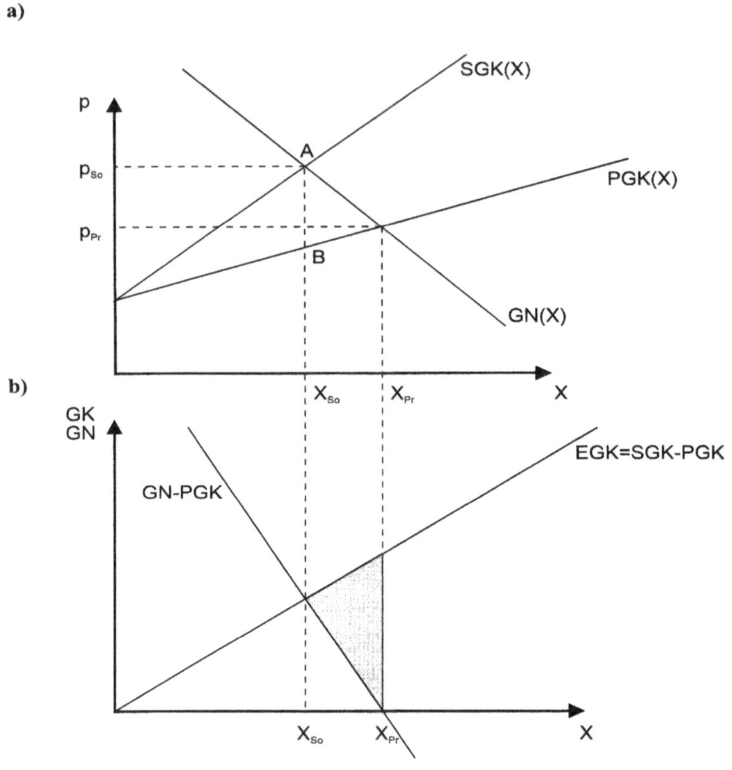

a): Fritsch/ Wein/ Ewers 1996: 79, b): eigene Darstellung

Die externen Effekte entsprechen also für jede X-Einheit der Differenz zwischen SGK und PGK. Die Angebotskurve entspricht der Funktion der privaten Grenzkosten der Produktion PGK(X), die Nachfragekurve wird durch die Funktion der Grenznutzen des Konsums GN(X) angegeben. Das Marktgleichgewicht stellt sich bei (abgesehen von der Externalität) vollkommenem Wettbewerb im Schnittpunkt der Angebotskurve PGK(X) mit der Nachfragekurve GN(X) ein und führt zu einem Preis in Höhe von P_{Pr} und einer Gütermenge X_{Pr}. Das fiktive soziale Gleichgewicht und damit eine optimale Allokation wäre dagegen mit einem Preis P_{So} und einer Menge X_{So} verbunden. Die Marktunvollkommenheit zeigt sich also in einem „zu niedrigen“ Preis und einer „zu großen“ Menge[3].

Die Korrektur der Externalität folgt einem Optimierungskalkül, das in Abb. 1-1b) dargestellt ist. Die Kurve der externen Grenzkosten EGK(X) ergibt sich als Differenz von SGK und PGK in Abb. 1-1a). Außerdem ist die Differenz aus dem Grenznutzen GN und den privaten Grenzkosten PGK als Indikator für den gesellschaftlichen „Netto-Grenznutzen“ dargestellt. Folgende Ergebnisse sind dank dieser abgeleiteten Kurven im unteren Quadranten gut erkennbar: Sinkt die Menge von X_{Pr} auf X_{So}, so gehen die externen Grenzkosten zurück. Gleichzeitig treten aber gesellschaftliche Opportunitätskosten auf, weil auf einen Teil des Güterkonsums verzichtet werden muß. Diesen negativen Effekt verdeutlicht die Kurve der Netto-Grenznutzen GN-PGK. Insgesamt gewinnt die Gesellschaft die Fläche unter der EGK-Kurve zwischen X_{So} und X_{Pr}, sie verliert jedoch die Fläche unter der GN-PGK-Kurve im gleichen Bereich, so daß sich ein Wohlfahrtsgewinn in Höhe des grau unterlegten Dreiecks ergibt.

Es ist also in der Regel keineswegs optimal, den gesamten externen Effekt abzubauen. Links von X_{So} sind die Opportunitätskosten in Form entgangener Nettonutzen größer als die Lasten aus dem verbleibenden externen Effekt. Wesentlich ist aber, daß dieser nicht länger extern ist, sondern in das Entscheidungskalkül mit einbezogen wird. Es gibt unterschiedliche Möglichkeiten, diese Internalisierung zu erreichen. Eine (Pigou-) Mengensteuer mit dem Satz AB erfüllt den Zweck, ebensogut könnte die erwünschte Menge oder der erwünschte Preis direkt vorgegeben werden. Wäre da nicht ein großes Problem: Auf jeden Fall muß der Verlauf aller eingezeichneten Kurven bekannt sein (Fritsch/ Wein/ Ewers 1996: 78ff.).

Diese gängige Darstellung betont die Verursacherseite der Externalität - wo die externen Grenzkosten anfallen, ist hier nicht ersichtlich. Zugleich überführt sie die bisher mikroökonomische Perspektive in eine Gesamtschau der Gesellschaft oder Volkswirtschaft. Dahinter verbergen sich heroische Annahmen. Externe Effekte, auch solche physischer Art, sind häufig schwer identifizierbar oder gar quantifizierbar, insbesondere wenn sie zu Nutzeneinbußen führen. Zudem müssen die Auswirkungen auf individuelle Betroffene aggregierbar sein. Das ist bei Einflüssen auf die Produktionsfunktion noch vorstellbar, sofern ausreichende wissenschaftliche Erkenntnisse vorliegen. Nutzen dagegen sind bekanntlich nicht nur kaum kardinal meßbar, sondern schon gar nicht einwandfrei aggregierbar. Allerdings gilt auch: „Heroic or not, such valuations are made explicitly or implicitly all the time, for example, when it is decided to build a road in one location rather than another“ (Snape 1992: 76).

Die Darstellung ist nur exemplarisch zu verstehen. Die privaten Grenzkosten könnten auch konstant, fallend oder exponentiell steigend verlaufen. Das

---

[3] Im Spezialfall einer vollkommen elastischen Nachfrage wäre kein Preiseffekt, dafür aber eine stärkere Mengenabweichung zu beobachten.

gleiche gilt für die externen Grenzkosten. Die Lücke zwischen privaten und sozialen Grenzkosten muß also nicht eine sich öffnende Schere sein, sie kann auch konstant bleiben oder wie ein sich abflachender Keil verlaufen. Die SGK-Kurve ist stets das Ergebnis der jeweiligen Kombination von privaten und externen Grenzkosten. Entscheidend ist die Erkenntnis, daß zwischen privaten und sozialen Grenzkosten zumindest bereichsweise eine Lücke klafft.

Es scheint so, als ob eine Verringerung der externen Grenzkosten immer eine geringere Güterproduktion verlange. Auf längere Sicht ist der Zusammenhang zwischen Produktion und Umweltverschmutzung aber keineswegs starr. Der Unternehmer reagiert möglicherweise auf die Internalisierung der Externalität, indem er weniger schädliche Inputs verwendet oder Filteranlagen installiert. Dann gehen die externen Grenzkosten pro Gütereinheit zurück; die Lücke zwischen PGK und SGK schrumpft zumindest ein Stück weit. In Abb. 1-1b) verlagert sich die EGK-Kurve dann nach unten. Dies hat wiederum zur Folge, daß der Pigou-Steuersatz ständig angepaßt werden müßte, um das Optimalitätskriterium zu erfüllen (Blankart 1991: 415ff.). Ein weiteres Manko der Darstellung: Sie verschleiert den Mechanismus, der von der Entstehung einer Externalität zu ihrer Wirkung führt. Bei Umweltproblemen handelt es sich um das Verhältnis von Emission und Immission. Der Verursacher emittiert eine bestimmte Menge schädlicher Stoffe und löst mit dieser physischen Externalität den Mechanismus aus. Innerhalb des Mechanismus' kann diese Menge nun sehr unterschiedliche externe Grenzkosten bewirken. Deren Höhe am Ende des Mechanismus' hängt davon ab, wie stark die Produktionstechnologien von Betroffenen reagieren oder wie sehr sie sich in ihrem Nutzen beeinträchtigt fühlen. Das gleiche gilt für die psychischen externen Effekte von sozialen Mißständen - solange sich niemand davon „betroffen“ fühlt, gibt es kein Externalitätenproblem.

Abb. 1-2 berücksichtigt diese Überlegungen und erweitert die Perspektive. EGK beschreibt nach wie vor die Grenzkosten der Externalität. Allerdings werden diese Grenzkosten EGK nun im Sinne des „Mechanismus'“ direkt in Abhängigkeit von der Gesamtmenge der externen Effekte E dargestellt, nicht mehr in Abhängigkeit von der Gütermenge X. Auch die Vermeidungsgrenzkosten VGK hängen vom Ausmaß der Externalität E ab. Diese Kosten sind sehr breit definiert. VGK umfaßt die bereits beschriebenen Opportunitätskosten eines teilweisen Verzichts auf die Güterproduktion. Daneben gehören die Kosten technischer Anlagen zur Verringerung der Externalität, Aufwendungen für Forschung und Entwicklung und vieles mehr zu den VGK. Im Ausgangspunkt E_{Pr} hegt das Unternehmen keinerlei Vermeidungsambitionen, weil die von ihm verursachten negativen Effekte nicht in sein Entscheidungskalkül einfließen. Sobald es jedoch gezwungen ist, die EGK-Kurve zu berücksichtigen, setzt erneut ein Optimierungsprozeß ein. Völlig analog zur bisherigen, statischen Betrachtung ergibt sich die optimale Allokation beim Ausgleich von Grenzkosten der Vermeidung und Grenzkosten der negativen Externalität. Der Wohlfahrtsgewinn wird durch die Fläche $AE_{Pr}B$ bestimmt. Soll der Optimalpunkt durch Besteuerung erreicht werden, muß nun nicht mehr die Gütermenge besteuert werden, sondern direkt die Schadensmenge aufgrund des negativen externen Effekts mit der Mengensteuer AE_{So}.

Abbildung 1-2: Allokationsoptimale Reduzierung eines negativen externen Effekts

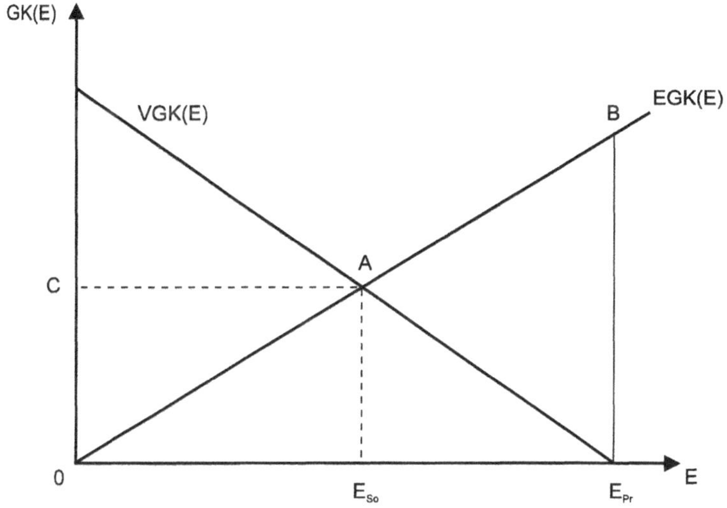

Für das Unternehmen lohnt es sich dann, die Schadensmenge von E_{Pr} auf E_{So} zurückzuführen, weil die damit verbundenen Vermeidungsgrenzkosten für jede Einheit niedriger sind als der Steuersatz, der andernfalls entrichtet werden muß. Es wählt dabei den kostenminimalen Weg, der sich aus einer Reduktion des Outputs und Verbesserungen des Produktionsprozesses zusammensetzt. Insofern ist diese direkte Besteuerung der Emissionen auch langfristig effizient (Lloyd 1992). Eine Reduktion über E_{So} hinaus lohnt sich nicht. Das Unternehmen verursacht also weiter negative externe Effekte im Umfang von E_{So} und entrichtet dafür die Emissionssteuer im Umfang $CAE_{So}0$.

Diese Darstellung eignet sich besonders, um als grundsätzliche Alternative die Coase-Lösung vorzustellen. Der Ansatz von Coase steht insofern im Gegensatz zur Pigouschen Tradition, als er Staatseingriffe weitgehend ablehnt (Bonus 1996). Bekannt wurde vor allem das Coase-Theorem, das als Verhandlungslösung in die umweltökonomische Literatur einging. Das Coase-Theorem ist positiv formuliert und hält fest, daß externe Effekte gar nicht entstehen (deshalb ist auch bloß von „harmful effects“ die Rede), sobald Eigentumsrechte ausreichend definiert sind und durchgesetzt werden (können). Dabei ist völlig gleichgültig, welche der beteiligten Parteien die Eigentumsrechte erhält. Verfügt der Verursacher externer Effekte in Abb. 1-2 über das Eigentum, so stellt sich zunächst ein Schadensniveau E_{Pr} ein. Der Betroffene des externen Effekts ist bereit, das Unternehmen mit einer Geldleistung zu kompensieren, die marginal unter dem Grenzschaden $E_{Pr}B$ liegt, wenn es eine Einheit des schädlichen Effekts vermeidet. Das Unternehmen wiederum ist dazu bereit, solange die Kompensation auch nur marginal positiv ist. Der Verhandlungsprozeß und die Reduktion des Effekts setzt sich fort, bis die höchste gebotene und die mindestens verlangte Kompensation exakt übereinstimmen - und dies ist in E_{So} bei einer Kompensation für die letzte Einheit in Höhe von AE_{So} der Fall. Beide Parteien haben ein Interesse daran, zu diesem Pareto-optimalen Gleichgewicht zu gelangen. Wie die Gewinnsumme $AE_{Pr}B$ verteilt wird, ist eine Frage der Verhandlungsmacht. Es gibt theoretisch unendlich viele Verteilungsergebnisse.

Verfügt dagegen der potentiell Betroffene über das Eigentum, so tritt der Effekt im Ausgangspunkt gar nicht auf. Das Unternehmen muß nun eine Kompensation bieten, um die Schäden verursachen zu dürfen. Erneut ergibt sich im Lauf der Verhandlungen das Gleichgewicht A. Die Zuordnung des Eigentumsrechts ist also vollkommen allokationsneutral. Die Verteilung der Gewinne ist auch hier unbestimmt, aber der Betroffene schneidet auf jeden Fall besser ab als bei der ersten Variante, wie sich leicht zeigen läßt. Hat der potentiell Betroffene das Eigentumsrecht, so erreicht er auch im schlechtesten Fall etwas mehr als die Kompensation der ertragenen Schäden $0E_{So}A$. Ist dagegen das Unternehmen Eigentümer, so muß der Betroffene auch im günstigsten Fall den Schaden $0E_{So}A$ hinnehmen und noch dazu eine Kompensation bezahlen, die marginal über den Vermeidungskosten $E_{So}E_{Pr}A$ liegt.

Aus dem Coase-Theorem ergibt sich allenfalls eine ordnungspolitische Aufgabe für den Staat. Er hat dafür zu sorgen, daß Eigentumsrechte klar definiert und durchsetzbar sind, indem er eine entsprechende Rahmenordnung setzt. Gegen die „Coase-Welt“ wird routinemäßig eingewandt, sie sei eine rein fiktive Welt, weil sie die Existenz von Transaktionskosten verleugne. Sobald viele Verursacher vielen Betroffenen gegenüberstehen, mindern Informations-, Verhandlungs- und Kontrollkosten, um nur Beispiele zu nennen, den potentiellen Gewinn einer Vereinbarung. Diese Transaktionskosten können prohibitiv hoch sein, so daß die negativen Effekte eben doch den Charakter externer Effekte annehmen, die von den Betroffenen (faktisch) nicht beeinflußbar sind. Die Vernachlässigung der Transaktionskosten erscheint umso merkwürdiger, als Coase selbst die Bedeutung dieser Kosten beschrieben hat. Nach Ansicht von Bonus (1996) ist die Inkonsistenz jedoch nur eine scheinbare. Coase selbst hat darauf hingewiesen, daß es bei Auftreten von Transaktionskosten darauf ankomme, das geeignete soziale Arrangement zu finden, um schädlichen Effekten zu begegnen. Das logische Vorgehen sieht dann so aus: In einer „Coase-Welt“ existieren keine externen Effekte. Treten in der Realität aber externe Effekte auf, so ist dies die Folge von Transaktionskosten, sofern Eigentumsrechte definiert sind. Dann muß nach den blockierenden Transaktionskosten gesucht werden, um anschließend Institutionen schaffen zu können, die diese Kosten verringern.

Die beiden gegensätzlichen Vorgehensweisen nach Pigou und nach Coase fließen heute in eine Vielzahl verschiedener umweltpolitischer Instrumente ein. Pigou-motivierte Steuerlösungen finden sich ebenso wie beispielsweise die Schadenshaftung, die eher Coase-inspiriert den potentiell Betroffenen das Eigentumsrecht an einer ungefährdeten Gesundheit zuweist. Dominierend sind allerdings direkte Staatseingriffe in Form von Verboten, Geboten und Auflagen, die ein grundsätzliches Mißtrauen gegenüber Marktmechanismen bezeugen. Es würde den Rahmen dieser Arbeit sprengen, auf die Instrumente im einzelnen einzugehen. Der hier verwendete Begriff „Umweltstandard" soll deshalb nicht ein bestimmtes Instrument beschreiben (wie etwa den Standard-Preis-Ansatz), sondern alle staatlichen Bemühungen, die Lücke zwischen privaten und sozialen Grenzkosten zu schließen. Ein Umweltstandard soll externe Effekte internalisieren, also eine Marktunvollkommenheit korrigieren, so daß im Ergebnis eine optimale Allokation der Ressourcen erreicht wird. Referenzmaßstab für den weiteren Verlauf der Arbeit ist demnach, ob die weltwirtschaftliche Verflechtung dazu führt, daß bei nationaler Autonomie allokativ suboptimale Umweltstandards gesetzt werden.

1.1.2 Sozialstandards

Auch Sozialstandards haben allokative Auswirkungen. Im allgemeinen wird die Sozialpolitik zwar weit seltener als die Umweltpolitik unter einer allokativen Perspektive betrachtet. Meist stehen distributive Ziele im Vordergrund. Egal welches Ziel eine sozialpolitische Regelung aber anstrebt, hat sie immer auch allokative Auswirkungen, weil sie mit Eingriffen in die marktliche Allokation der Ressourcen verbunden ist. Schon von daher erscheint es geboten, den Einfluß von Sozialstandards auf die ökonomische Effizienz zu prüfen. In der Diskussion um internationale Mindeststandards in der Weltwirtschaft kehrt sich das Verhältnis zwischen distributiven und allokativen Erwägungen sogar um. Niemand strebt ernsthaft an, über eine Sozialklausel in allen Ländern der Welt die gleichen distributiven Ziele vorzugeben. Vielmehr geht es darum, die Einhaltung bestimmter Mindestnormen zu sichern, die positive allokative Wirkungen entfalten können (Castro 1995). Als absolutes Minimum gilt ein Katalog von fünf Standards:

- Verbot der Zwangsarbeit; dieses Verbot umfaßt sowohl alle Formen der Sklavenhaltung als auch die Zwangsarbeit in Straflagern.
- Verbot der Diskriminierung in Beschäftigungsverhältnissen; darunter fällt die Diskriminierung beispielsweise nach Geschlecht, Rasse oder Religion.

- Verbot der Kinderarbeit; aufgrund der immanenten Probleme bei der Definition von Kinderarbeit, die noch detaillierter angesprochen werden, sprechen manche Autoren von einem Verbot ausbeuterischer Kinderarbeit.
- Recht auf freie Vereinigung in Gewerkschaften.
- Recht auf kollektive Verhandlungen über Beschäftigungsbedingungen.

Diese fünf Standards gelten teilweise als Menschenrechte und entziehen sich damit scheinbar einer ökonomischen Betrachtung. Es ist aber lohnend, ihre allokativen Wirkungen zu untersuchen. Wenn sich die Einhaltung dieser Normen schon aus Effizienzgründen empfiehlt, erscheint ihre internationale Sanktionierung nämlich ökonomisch merkwürdig. Dann ist vielmehr zu fragen, ob es nicht - analog zu den Umweltproblemen - letztlich Marktunvollkommenheiten sind, die verhindern, daß sich ein effizientes Ergebnis einstellt. Die Analyse beginnt indirekt, und zwar mit der Frage, ob die inkriminierten Verhaltensweisen zu ökonomisch effizienten Ergebnissen führen (Swinnerton 1997).

Zwangsarbeit: Im Unterschied zu einer freien Allokation der Arbeitsmöglichkeiten bedeutet Zwangsarbeit, daß eine übergeordnete Instanz bestimmte Personen einer bestimmten Tätigkeit zuweist. Im Sinne der indirekten Beweisführung sei unterstellt, daß dieser Zwang eine effiziente Allokation hervorbringt. Implizit heißt das: Es kam gegenüber einer Situation ohne Zwangsmaßnahmen zu einer Pareto-Verbesserung; Mindestens eine Person hat sich besser gestellt, ohne daß irgendeine andere benachteiligt wurde. Darin liegt aber schon der offene Widerspruch der Unterstellung. Denn mindestens eine Person hätte sich *auch freiwillig* für ihre Verbesserung entschieden, während alle anderen nichts dagegen einzuwenden gehabt hätten. Die erzwungene Allokation - oder eine andere, ebenfalls effiziente Allokation - wäre ohne Zwang zustandegekommen. Zwangsarbeit kann nie notwendig sein, um Effizienz zu erreichen.

Schlimmer noch, Zwangsarbeit entfernt eine Volkswirtschaft sehr wahrscheinlich sogar von einer effizienten Allokation. Zwangsweise Einteilung zur Arbeit verletzt eine Bedingung für vollkommenen Wettbewerb, die freie Entscheidung aller Eigentümer von Faktoren über den Einsatz dieser Ressourcen. Ganz eindeutig stellt dieser Zwang also eine klassische Marktunvollkommenheit dar. Die Entscheidungsfreiheit jedes Individuums ist Voraussetzung dafür, daß jedes Individuum seinen Eigennutz maximieren kann. Die unsichtbare Hand des Marktmechanismus' bündelt das eigennützige Verhalten aller Akteure zur maximalen gesamtwirtschaftlichen Wohlfahrt. Ein Sklave oder Häftling kann sich nicht im Eigeninteresse entscheiden, wo, wieviel und unter welchen Bedingungen er arbeitet. Stattdessen trifft ein anderer diese Entscheidung für den Zwangsarbeiter - aber nicht in dessen Interesse, sondern (lediglich) zur Maximierung seines Nutzens. Sehr wahrscheinlich gelingt es demjenigen, der die Verfügungsmacht hat, seine Stellung auf Kosten des ihm unterstellten Arbeiters zu verbessern. Ob die gesamtwirtschaftliche Wohlfahrt dabei sinkt, ist ihm absolut gleichgültig. Zwangsarbeit ist also nicht nur niemals notwendig, um Effizienz zu erreichen, sondern sie verursacht sogar wie jede Marktunvollkommenheit Ineffizienzen.

Diskriminierung: Betrachtet man Zwangsarbeit als ein „Bildpositiv", so ist Diskriminierung das dazugehörige „Negativ". Sie bedeutet den zwangsweisen Ausschluß von bestimmten Tätigkeiten, Arbeitsbedingungen oder Einkommenserzielungschancen, der nicht durch die Arbeitsfähigkeit des Individuums begründet ist. Die Argumentation verläuft bei Zwangs-Nichtarbeit analog zur Zwangsarbeit. Zum einen: Wäre eine durch Diskriminierung gelenkte Allokation effizient, so hätten sich die diskriminierten Individuen auch freiwillig gegen die ihnen versagte Arbeit entschieden. Zum anderen: Diskriminierung beschränkt die freie Entscheidung der Faktoreigentümer ebenso wie Zwangsarbeit und stellt damit eine Marktunvollkommenheit dar. Möglicherweise könnten diskriminierte Arbeitnehmer in jenen Bereichen, die ihnen verwehrt sind, eine höhere Produktivität erreichen als auf alternativen Arbeitsplätzen. Also führt auch Diskriminierung nicht zu Effizienz, sondern beeinträchtigt sie.

Kinderarbeit: Die bisherigen Ergebnisse liegen auf der Hand; Kinderarbeit jedoch ist ein erheblich komplexeres Phänomen. Bereits die Definition bereitet große Schwierigkeiten. Weit verbreitet ist in Konventionen zur Kinderarbeit, ein bestimmtes Mindestalter für die Beschäftigung junger Menschen festzulegen. Aber kann dieses Mindestalter universal gelten? Zudem ist unklar, wann ein Kind bei der Arbeit ausgebeutet wird - immer dann, wenn es das Mindestalter noch nicht erreicht hat? Oder nur, wenn die Arbeitsbedingungen zu hart sind? Diese Fragen bieten zudem wenig ökonomische Ansatzpunkte.

Brauchbar erscheint dagegen die Definition von Swinnerton (1997: 82). Ausbeuterische Kinderarbeit liegt dann vor, wenn die Entscheidung, Kinder arbeiten zu lassen, oder die Entscheidung über ihre Arbeitsbedingungen, nicht die gleichen sind, als wenn die Kinder in der Lage gewesen wären, die möglichen Alternativen zu prüfen und dann in ihrem Eigeninteresse zu entscheiden. Diese Definition ist so komplex wie das beschriebene Phänomen, aber sie enthält die ökonomisch wesentlichen Kriterien. Ein besonderes Problem stellt sich aus ökonomischer Sicht, weil Kinder aus der Freiheitsbedingung des vollkommenen Wettbewerbs „herausfallen": Sie treffen üblicherweise nicht selbst die Entscheidung, arbeiten zu gehen, sondern werden von anderen bevormundet. Die Parallele zur Zwangsarbeit drängt sich auf, ist aber zu kurz gedacht. Vielmehr sind Fragen zu beantworten, die alle mit „Was wäre, wenn" beginnen. Zunächst: Was wäre, wenn das Kind dazu fähig wäre, sich (in seinem Eigeninteresse) selbst zu entscheiden? Lautet die Antwort, es hätte sich gegen seine derzeitige Arbeit entschieden, so handelt es sich tatsächlich um eine Parallele zur Zwangsarbeit. Offenbar handelte der Agent (beispielsweise die Eltern) in seinem Interesse, nicht im Interesse des Kindes. Dann sind aber auch die Effizienzbetrachtungen zur Zwangsarbeit nahtlos zu übertragen - und zwar ganz unabhängig vom Entwicklungsstand eines Landes.

Die Frage nach dem Eigeninteresse des Kindes zieht sofort eine weitere nach sich: Was wäre, wenn das Kind nicht arbeiten würde? Es ist die Frage nach den möglichen Alternativen, die in jeder ökonomischen Entscheidung geklärt werden muß. Zwei Ebenen sind besonders relevant. Die unterste Ebene anzusprechen, könnte als zynisch gebrandmarkt werden, sie ist aber deswegen nicht minder real: Wenn die einzige Alternative der Hungertod ist, ist Kinderarbeit immer gerechtfertigt. Die zweite Ebene ist viel vertrauter; sie betrifft die Entscheidung zwischen Arbeit und Ausbildung. Besteht keine Möglichkeit, sich ausbilden zu lassen, muß Kinderarbeit nicht ausbeuterisch sein. Könnte das Kind dagegen auch eine Schule besuchen, sind die Gewinne der schulischen Ausbildung abzuwägen gegen deren Kosten, wozu auch die Opportunitätskosten eines entgangenen Arbeitsentgeltes zählen. Wird das Kind zur Arbeit geschickt, obwohl der Gewinn weiterer Ausbildung positiv wäre, liegt ein Fall ausbeuterischer Kinderarbeit vor.

Ist Kinderarbeit nach der hier gegebenen Definition ausbeuterisch, trägt sie nicht zur Effizienz bei. Ausbeutung impliziert, daß die freie (Was wäre, wenn-) Entscheidung des Kindes von Interessen anderer Akteure verfälscht ist; also haben wir es mit einer Marktunvollkommenheit zu tun. Eine effiziente Allokation setzt im Gegensatz dazu voraus, daß ein Agent *im besten Interesse* des Kindes entscheidet. Wirft die schulische Ausbildung eines Kindes einen positiven Gewinn ab, so profitiert auch die Gesellschaft durch einen erweiterten Humankapitalbestand und damit ausgeweitete Produktionsmöglichkeiten. Diese Schlußfolgerungen sind zugleich ein ernster Hinweis darauf, daß Kinderarbeit, wenn überhaupt, dann sehr sorgfältig reguliert werden muß. Ein schlichtes Verbot schränkt die Zahl der Alternativen für das Kind (oder dessen Agenten) merklich ein. Falls Arbeit jedoch bisher die beste Alternative war, ist die Regulierung selbst höchst ineffizient und im Interesse des Kindes abzulehnen (Swinnerton 1997: 84).

Gewerkschaftsrechte: Die Rechte auf kollektive Organisation und kollektive Verhandlung gelten gemeinsam als Gewerkschaftsrechte. Ihre allokativen Auswirkungen sind keineswegs eindeutig. Im Unterschied zu den bisher diskutierten Mindeststandards geht es nicht darum, ob existierende Aktivitäten verboten werden sollen, sondern ob es effizienzsteigernd ist, diese Aktivitäten zuzulassen. Bei vollkommenem Wettbewerb auf dem Arbeitsmarkt lassen sich keine allokativ begründeten Argumente für Gewerkschaften finden. Arbeitnehmer finden ihren Einsatz in der produktivsten Verwendung und werden mit ihrem Grenzprodukt entlohnt. Also muß bereits eine vorgelagerte Marktunvollkommenheit existieren, damit gewerkschaftliche Aktivitäten überhaupt potentiell effizienzsteigernd sein können. Diese Marktunvollkommenheit ist regelmäßig darin zu suchen, daß der Arbeitsmarkt zum Nachteil der Anbieter vermachtet ist. Das kann der Fall sein, wenn einer großen Menge von Arbeitnehmern lediglich ein oder wenige Unternehmen gegenüberstehen, also zumindest tendenziell monopsonistische Verhältnisse herrschen. Unternehmen könnten sich dann abstimmen und bestimmten Berufsgruppen höchstens einen festgelegten Lohn bieten. Diese Situation mag in manchen kleinen Exportförderzonen (EFZ) von Entwicklungsländern vorliegen, in denen bloß einige wenige Unternehmen angesiedelt sind (Maskus 1997: 29). Es gibt daneben möglicherweise noch subtilere Effekte (OECD 1996: 81):

- Kommt es zu Rechtsstreitigkeiten, so verfügt ein Arbeitgeber in der Regel über größere juristische Kapazitäten und hat deshalb mehr Aussicht auf Erfolg vor Gericht.
- Arbeitnehmer erkennen möglicherweise, wie ein Produktionsablauf effizienter ablaufen könnte, verschweigen dieses Wissen aber, weil sie befürchten, an den erwarteten Produktivitätsgewinnen nicht beteiligt zu werden.

Es ist durchaus vorstellbar, daß sich ein Unternehmen in einem begrenzten Gebiet nur deshalb monopsonistisch verhält, weil die Mobilität der Arbeitnehmer zu gering ist, um ausbeuterischen Praktiken auszuweichen. Geringe Mobilität spielt auch dann eine Rolle, wenn Arbeitnehmer bereit sind, zu Subsistenzlöhnen zu arbeiten, weil sie keine Beschäftigungsalternative (in ihrem Heimatland) haben. Dabei läßt sich allerdings streng ökonomisch schon kaum mehr von einer Marktunvollkommenheit sprechen, weil die Situation durch eine vollkommen elastische Arbeitsangebotskurve auf Höhe des Subsistenzlohns gekennzeichnet ist und die Arbeitnehmer durchaus in großer Zahl beschäftigt und nach ihrer Grenzproduktivität entlohnt werden.

Wann immer jedoch tatsächlich starke Marktmacht der Arbeitsnachfrager existiert, könnten kollektive Organisation und Verhandlung grundsätzlich effizienzsteigernd wirken. Konzentrierter Nachfragermacht wird konzentrierte Anbietermacht entgegengesetzt. Der große Unterschied zu den bisher diskutierten Verboten (Zwangsarbeit, Diskriminierung, Kinderarbeit) ist aber offenkundig: Die Marktunvollkommenheit wird nicht beseitigt, sondern bestenfalls ihre Symptome. Mit gewerkschaftlicher Organisation auf die Nachfragermacht zu reagieren, stellt ein typisches Second-best-Vorgehen dar (Swinnerton 1997). Ursachenadäquat wäre dagegen ein Abbau der Nachfragermacht. Der Vergleich mit den Verbotslösungen verdeutlicht dies. Auch im Fall von Zwangsarbeit, Diskriminierung und Kinderarbeit spielen ungleiche Machtverhältnisse eine große Rolle. Ein angemessenes Verbot dieser Aktivitäten nimmt den bisher Mächtigen ihren Einfluß - es wird eine First-best-Lösung erreicht.

Gewerkschaftsrechte führen deshalb nicht zur optimalen (First-best)-Allokation, auch wenn sie effizienzsteigernd gegenüber der Ausgangslage wirken. Bringt die kollektive Organisation schließlich eine Monopolisierung des Arbeitsangebots hervor, verursacht sie sogar selbst Ineffizienzen. Starke Gewerkschaften können hohe Lohnforderungen im Interesse ihrer Mitglieder durchsetzen und damit Arbeitslosigkeit verursachen. Während also starke Macht der Arbeitsnachfrager ohne Zweifel eine Marktunvollkommenheit darstellt, ist trotzdem unwahrscheinlich, daß gewerkschaftliche Organisation regelmäßig eine bessere Allokation hervorbringt (Großmann/ Koopmann 1995: 14f.).

Als vorläufiges Ergebnis ist festzuhalten, daß jeder der fünf Mindeststandards Marktunvollkommenheiten korrigieren kann. Es ist unerheblich, ob die Standards verteilungspolitisch motiviert sind, solange sie im Ergebnis eine allokative Aufgabe erfüllen, nämlich Marktunvollkommenheiten korrigieren. Diese Aussagen lassen sich über das Spektrum der fünf Mindeststandards hinaus verallgemeinern. Zum einen ist die Argumentationsweise übertragbar auf weitere sozialpolitische Bemühungen, die implizit oder explizit auf andere Marktunvollkommenheiten reagieren. Als Beispiel seien Anforderungen für Sicherheit und Gesundheit am Arbeitsplatz genannt. Bei vollkommenem Wettbewerb müßte ein Arbeitgeber eine Risikoprämie für besonders gefährliche Tätigkeiten bezahlen. Tut er dies nicht, so ist dies ein starkes Indiz dafür, daß etwa Informationsasymmetrien vorliegen, der Arbeitnehmer also die Gefahren nicht einschätzen kann und der Arbeitgeber ihn auch nicht freiwillig darüber informiert. Außerdem können Unvollkommenheiten auf anderen Märkten auf die Arbeitsmärkte ausstrahlen. Möglicherweise sind die Kapitalmärkte in Entwicklungsländern nicht in der Lage, kurzfristige Kredite anzubieten, die armen Familien eine Rückfallposition bei vorübergehend ausfallenden Einkommen sichern würden. Dann sind diese Familien auch aus einem Versicherungsmotiv heraus dazu gezwungen, ihre Kinder zur Arbeit statt zur Schule zu schicken. Schließlich kann der Markt für Bildung und Ausbildung so unvollkommen sein, daß die privaten Erträge einer Investition in Humankapital unter den sozialen Erträgen liegen und Kinderarbeit deshalb als attraktivere Alternative erscheint (Maskus 1997: 22). Auch breiter angelegte sozialpolitische Maßnahmen können zu Allokationsverbesserungen führen. Das gilt insbesondere für die Sicherung des Existenzminimums über umverteilungspolitische Maßnahmen. Eine gesicherte Rückfallposition erhöht die Risikobereitschaft der wirtschaftlichen Akteure. Sie reduziert andererseits kriminelle Aktivitäten aus purer Armut heraus und sichert damit die individuellen Eigentumsrechte als Basis einer wettbewerblichen Ordnung.

Sozialstandards im hier relevanten Sinne sollen deshalb im folgenden völlig analog zu Umweltstandards betrachtet werden - sie korrigieren Marktunvollkommenheiten. Diese Unvollkommenheiten mögen im Bereich der Sozialpolitik mehr Facetten haben als im Bereich der Umweltpolitik. Dennoch ist das charakterisierende Merkmal von Umweltproblemen auch bei sozialen Problemen allgegenwärtig: Der negative externe Effekt. Brown, Deardorff und Stern (1996) führen diese Perspektive mit der Bemerkung ein, der negative externe Effekt sei „a measure of the societal opprobrium associated with, say, employing children". Die Autoren heben also auf eine psychische Externalität ab. Eine „soziale Schande" zu konstatieren, ist aber nicht die einzige Möglichkeit, sich den

Externalitätencharakter sozialer Probleme zu vergegenwärtigen. Daneben existieren nämlich handfeste physische Effekte. Besonders drastisch verdeutlichen dies Beispiele wie Sklaverei oder ausbeuterische Kinderarbeit. Die Betroffenen müssen harte Arbeit ausführen, die nicht ihren Fähigkeiten entspricht oder sie ihrer Zukunftschancen beraubt. Ihre Einkommenserzielungschancen (die „Produktionsfunktion") sind ebenso beeinträchtigt wie die Nutzenfunktion. Sie können sich diesen negativen Effekten nicht entziehen. Und sie werden schließlich auch nicht vom Verursacher für die erlittenen Einbußen kompensiert.

Erneut klafft eine Lücke zwischen privaten Grenzkosten und sozialen Grenzkosten einer Aktivität. Die Darstellung in Abb. 1-1 gilt deshalb auch für soziale Standards. Allerdings ist zu berücksichtigen, daß die grundlegenden Standards zum Teil als Verbote formuliert sind. Zwangsarbeit, Diskriminierung und ausbeuterische Kinderarbeit sind unter keinen Umständen allokativ sinnvoll. Offenbar handelt es sich in diesen Fällen um prohibitiv hohe externe Grenzkosten. Schon die Produktion der ersten Einheit des Gutes X ist dann gesamtwirtschaftlich gesehen nicht lohnend.

Der Referenzmaßstab „Internalisierung externer Effekte", vor allem im Zusammenhang mit Umweltstandards vertraut, ist also im Rahmen dieser Arbeit auch für die Beurteilung von Sozialstandards einzusetzen. Als „unfair" oder „gedumpt" wären Sozialstandards demnach nur dann anzusehen, wenn eine Regierung sie bewußt unter das allokativ optimale Niveau drückt, um Vorteile im Außenhandel zu erlangen. Es sei an dieser Stelle nochmals darauf hingewiesen, daß Verteilungsüberlegungen damit nicht völlig ausgeblendet sind. Solange die angestrebte Umverteilung zu Effizienzgewinnen führt, liegt sie innerhalb dieses Referenzrahmens. Steve Charnovitz (1995: 168) stimmt dieser Sicht als Befürworter von internationalen Sozialklauseln zu: „In any good labour standard, the social benefits of the regulation exceed the social costs". Starke Umverteilungsbemühungen können dagegen allokative Verluste mit sich bringen. Da sich kein Grund erkennen läßt, warum von jedem in die Weltwirtschaft integrierten Land derlei Aktivitäten im Sinne eines „fairen" Verhaltens verlangt werden sollten, fallen sie nicht in den Referenzrahmen. Sie sind deshalb nur am Rande Thema dieser Arbeit.

1.2 Determinanten von negativen Externalitäten

Der hier aufgestellte Referenzrahmen legt nahe, daß sich alle Länder bei Autarkie, normativ betrachtet, gleich verhalten: Sie identifizieren Marktunvollkommenheiten, also die Lücken zwischen privaten und sozialen Kosten, und schließen diese Lücken mit Hilfe geeigneter Sozial- und Umweltstandards. Nun wäre es aber ein grobes Mißverständnis, aus diesem gleichartigen Verhalten zu schließen, auch die optimalen Standards seien gleich. Wie hoch der jeweils gewählte Standard ausfällt, hängt davon ab, wie groß die zu schließende Lücke ist. Die folgenden Determinanten sind dafür entscheidend.

1.2.1 Ausstattung mit Ressourcen

Die Ausstattung einer Volkswirtschaft mit Ressourcen entscheidet über ihre Produktionsmöglichkeiten. Weil die Ressourcen knapp sind, spielt ihre Allokation eine zentrale Rolle. Die maximal mögliche Produktion setzt eine optimale Allokation dieser Ressourcen voraus. Die oben skizzierte Geschichte des Umweltproblems stellt eine anschauliche Interpretation dieser Grundaussagen ökonomischer Theorie dar. Weil die Pro-Kopf-Ausstattung mit natürlichen Ressourcen schrumpfte, entwickelte sich die Umwelt zum knappen Gut. Bei der Nutzung dieses nun knappen Gutes treten die externen Effekte auf, die ein Umweltstandard internalisieren soll.

Aus nationaler Perspektive liest sich diese Geschichte so: Steht die Ressource Umwelt sehr reichlich zur Verfügung, so stellt sie auch nur in Ansätzen oder Teilbereichen ein knappes Gut dar. Entsprechend geringer sind die Allokationsprobleme - negative externe Effekte treten nur sehr begrenzt auf. Private und soziale Grenzkosten sind weitgehend deckungsgleich, der Umweltstandard deshalb niedrig. Eine reiche Ausstattung mit der Ressource Umwelt ist an einigen physischen Indikatoren zu erkennen, so zum Beispiel: Größe der Landfläche im Verhältnis zur Bevölkerungsgröße; Assimilationsfähigkeit von Luft, Wasser und Boden, gemessen an deren Belastung.

Auch die „soziale Qualität“ einer Volkswirtschaft ist eine Art Ressourcenausstattung. Gesellschaftlich gewachsene Institutionen von Kultur, Religion oder Familienzusammenhalt können beispielsweise Ungleichheit und damit auch den Hang zur Kriminalität begrenzen. Wenn diese sozial unerwünschten Aktivitäten in geringerem Umfang auftreten, ergibt sich weniger Notwendigkeit zum Eingreifen mittels politisch gesetzter Sozialstandards. Die „soziale Qualität“ ist allerdings kein fixer Bestand: Sie kann sich über die Jahre hinweg verbessern oder verschlechtern.

1.2.2 Technologien

Abb. 1-1 unterstellt stets eine bestimmte Produktionstechnologie, die externe Grenzkosten genau in der skizzierten Höhe verursacht. Nun ist ein Gut X aber in der Regel mit unterschiedlichen Produktionstechnologien herstellbar. Die Höhe der externen Effekte schwankt stark in Abhängigkeit von der gewählten Technologie. Ein Produkt der Chemischen Industrie läßt sich möglicherweise unter Inkaufnahme riesiger Mengen Abwässer produzieren - aber auch weitgehend ohne diese Abwasserbelastung. In der Umweltökonomie weckt der Begriff „Vermeidungsgrenzkosten“ häufig Phantasien dieser Art: der Übergang auf eine umweltfreundlichere Technologie ist möglich, aber kostspielig. Analoge Beispiele existieren im Zusammenhang mit Sozialstandards. Hochwertige Teppiche werden in Indien traditionell von Kindern geknüpft. Die gleichen Teppiche könnten jedoch auch von erwachsenen Arbeitern produziert werden.

Der Vollständigkeit halber sei auf einen Aspekt hingewiesen, der in der Literatur keine große Rolle spielt. Wirkt ein externer Effekt der Produktion auf eine andere Produktionsfunktion, so bestimmt selbstverständlich auch deren Gestalt das Gewicht dieses Effekts mit. Eine gewisse Menge schädlicher Emissionen hat umso höhere externe Grenzkosten zur Folge, je empfindlicher die in anderen Bereichen angewandten Technologien auf diese Umwelteinflüsse reagieren. Auch die Struktur der wenig beachteten „Gegenseite" der Betroffenen prägt die Lücke.

1.2.3 Präferenzen und Nutzenfunktionen

Das große Gewicht der Nutzenaspekte wird schon in der Definition externer Effekte klar. Neben Auswirkungen auf die Produktionsfunktion von Betroffenen sind ausdrücklich Auswirkungen auf deren Nutzenfunktion mit eingeschlossen. Wer Externalitäten messen will, muß deshalb immer die Nutzenfunktion respektive die Präferenzen der Betroffenen kennen. Die Nutzenfunktionen repräsentativer Bürger in verschiedenen Ländern können sich aber unterscheiden. Gängig ist es, nicht den negativen Effekt, sondern sein positives Gegenbild in die Nutzenfunktion einzuführen, d.h. die erreichte Umweltqualität oder soziale Qualität. Gewichtet der repräsentative Einwohner eines Landes A diese Güter stets höher als ein Einwohner des Landes B, so kann der folgende formale Ausdruck als einfaches Beispiel dienen:

$$U_A = x_A^{0.5} y_A^{0.5}$$

$$U_B = x_B^{0.4} y_B^{0.6}$$

Dabei steht x für den Güterkonsum und y für die Umweltqualität. Die zugehörigen Grenznutzenfunktionen lauten:

$$\frac{\partial U_A}{\partial y_A} = 0.5 x_A^{0.5} y_A^{-0.5}$$

$$\frac{\partial U_B}{\partial y_B} = 0.6 x_B^{0.5} y_B^{-0.4}$$

Für jedes Niveau der Güterproduktion $x_A = x_B$ und $y_A = y_B$ gewichtet Person B den Grenznutzen der Umweltqualität höher als Person A. Selbst wenn die Nutzenfunktionen der beiden Individuen völlig identisch sind, müssen sie nicht in jedem Zeitpunkt die gleiche Präferenz für Umweltqualität haben; dieser Sachverhalt sei mit einer leichten Modifikation der formalen Darstellung demonstriert:

$$U_A = x_A^{0.5} y_A^{0.5}$$
$$U_B = x_B^{0.5} y_B^{0.5}$$
$$\frac{\partial U_A}{\partial y_A} = 0.5 x_A^{0.5} y_A^{-0.5}$$
$$\frac{\partial U_B}{\partial y_B} = 0.5 x_B^{0.5} y_B^{-0.5}$$

Setzt man $x_A \neq x_B$ bei $y_A = y_B$, folgen unterschiedliche Grenznutzen der Umweltqualität bzw. sozialen Qualität (Feess 1995: 151). Der Bürger jenes Landes, das die bessere Versorgung mit gewöhnlichen Gütern erreicht hat, besitzt aktuell eine stärkere Präferenz für Umwelt und Soziales als der Bürger des anderen Landes. Theoretisch ist sogar durchaus möglich, daß die Person B in ihrer Nutzenfunktion diesen nicht-konventionellen Gütern stärkeres Gewicht beimißt als Person A (wie im vorherigen Beispiel) und dennoch zum derzeitigen Zeitpunkt eine geringere Präferenz für zusätzliche Umweltqualität hat, weil die Versorgung mit gewöhnlichen Konsumgütern dürftig ist.

1.2.4 Wirtschaftliche Entwicklung

Die drei betrachteten Determinanten haben ein gemeinsames Merkmal - sie sind eng mit dem Stand der wirtschaftlichen Entwicklung eines Landes verknüpft. Dies gilt sicherlich für die Ausstattung mit Umweltressourcen oder sozialer Qualität. Eine unterentwickelte Volkswirtschaft erfreut sich häufig des Vorteils einer noch relativ geringen Umweltbelastung - von den häufig stark verschmutzten Metropolen abgesehen. Den Wandel der Umwelt vom schier unbegrenzt verfügbaren zum knappen Gut haben die heutigen Industrieländer im Zuge ihrer wirtschaftlichen Entwicklung erlebt. Die Knappheit der Umwelt ist teilweise ein Ergebnis historisch akkumulierter Umweltschäden.

Für die Ausstattung mit „sozialer Qualität" gilt ähnliches. Sie ist in traditionell festgefügten Gesellschaften häufig besser, weil intakte Strukturen sozialer Absicherung bestehen. Staatliche Umverteilung ist dann weniger notwendig, weil externe Effekte erst gar nicht auftreten. Dagegen spricht, daß gerade Kinderarbeit untrennbar mit dem Bild einer unterentwickelten Volkswirtschaft verknüpft ist. Es ist aber an das oben beschriebene Kriterium für ausbeuterische Kinderarbeit zu erinnern: Wenn keine im ureigensten Interesse des Kindes besseren Alternativen existieren, so ist Arbeit kein Ausdruck einer Marktunvollkommenheit. Im Lauf der wirtschaftlichen Entwicklung eines Landes kommen mehr und mehr Alternativen hinzu. Bisher notwendige Kinderarbeit ist an diesen neu hinzukommenden Alternativen zu messen und wird deshalb ab einer kritischen Schwelle beispielsweise des Pro-Kopf-Einkommens der Eltern zur schlechteren Wahl - also zu ausbeuterischer Kinderarbeit.

Bezüglich der Produktionstechnologien ist das Ergebnis weniger klar. Tendenziell werden in nachholenden Ländern eher Technologien eingesetzt, die anderswo ausgemustert wurden und häufig umweltbelastender als der neueste Stand der Technik sind. Allerdings können sich rascher Veränderungen ergeben, als bei den Determinanten Ausstattung und Präferenzen. Zudem dominieren die beiden letzteren Faktoren vermutlich die Rolle der Produktionstechnologien.

Zentral ist die Einkommensabhängigkeit der Präferenzen. Trotz gleicher Ausstattungen, gleicher Produktionstechnologien und gleicher Nutzenfunktion öffnet sich die Schere zwischen privaten und sozialen Grenzkosten mal mehr und mal weniger. Bestimmend ist die Versorgung mit anderen Gütern, oder allgemeiner das Pro-Kopf-Einkommensniveau in einer Volkswirtschaft, also das Niveau ihrer wirtschaftlichen Entwicklung.

Die systematische Abweichung der Standards zwischen Entwicklungs- und Industrieländern ist in Abb. 1-3 stilisiert dargestellt. Im Laissez-faire-Ausgangspunkt entsteht die Externalität im Entwicklungsland in geringerem Umfang (E_{Pr}^{EL}) als im Industrieland (E_{Pr}^{IL}). Das ist aus folgendem Grund plausibel: Der mögliche Einfluß einer schädlicheren Produktionstechnologie im Entwicklungsland wird dominiert vom geringeren Umfang der Güterproduktion.

Abbildung 1-3: Optimale Internalisierung abhängig vom Entwicklungsstand

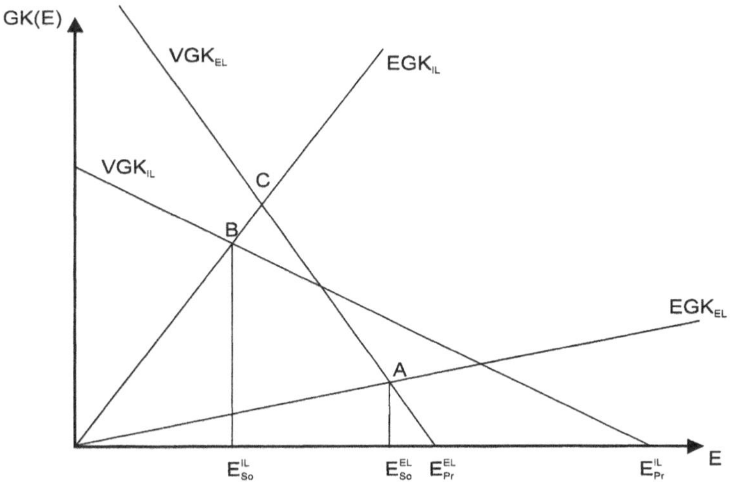

Auch die Grenzkosten der negativen Externalität liegen im Industrieland durch die genannten Abweichungen der Determinanten höher als im Entwicklungsland; so sind im Industrieland beispielsweise historisch bereits gravierende Schäden aufgelaufen oder die Präferenz für Umweltqualität und soziale Qualität ist stark ausgeprägt. Zugleich sind die Vermeidungsgrenzkosten im Industrieland niedriger als im Entwicklungsland. Dabei fällt vor allem ins Gewicht, daß der Verzicht auf einen Teil der Güterproduktion im Entwicklungsland zu größeren Nutzeneinbußen führen würde. Im Optimum A setzt das Entwicklungsland den internalisierenden Standard niedriger als das Industrieland in B, und die verbleibende Externalität (E_{So}^{EL}) ist größer als im Industrieland (E_{So}^{IL}).

Aus der Sicht eines Industrielands, das lediglich den Punkt E_{Pr}^{EL} wahrnimmt und sein eigenes Optimierungskalkül anwendet, wirkt das Verhalten des Entwicklungslandes „unfair", zumal die verbleibende Externalität nicht nur zu groß erscheint, sondern lediglich eine marginale Reduzierung gegenüber der Laissez-faire-Situation bedeutet. Selbst wenn die Bürger des hochentwickelten Landes bereit sind, den steileren Anstieg der VGK_{EL}-Funktion zu akzeptieren, halten sie immer noch einen anderen Punkt, nämlich C, für die effiziente Lösung. Konflikte sind also programmiert, sogar in einer Welt ohne außenwirtschaftliche Verflechtung und ohne globale externe Effekte wie den Treibhauseffekt. Dieses Resultat des Referenzrahmens gemahnt zu großer Vorsicht bei der weiteren Analyse. Da schon bei Autarkie allein aus dem nationalen Optimierungskalkül heraus große Differenzen der Standards auftreten, können außenwirtschaftliche Motive diese Differenzen allenfalls verstärken, aber nicht allein erklären.

2. *Wie wirken sich Umwelt- und Sozialstandards aus, wenn im Außenhandel vollkommener Wettbewerb herrscht?*

Vollkommener Wettbewerb auf den Gütermärkten verhindert übernormale Gewinne einzelner Anbieter. Das Motiv, bestimmte heimische Unternehmen zu begünstigen, scheidet also vorläufig aus. Das internationale Zusammenspiel der Gütermärkte kann aber, trotz der Existenz vieler Anbieter, verzerrt sein. Große Länder, also solche, die einen gewichtigen Teil der Weltexporte oder -importe eines Gutes abwickeln, haben Einfluß auf die internationalen Preisverhältnisse. Sie beeinflussen die Austauschbeziehungen und setzen ihre Sozial- und Umweltstandards möglicherweise als Instrumente ein, um die Terms of trade zu ihren Gunsten zu verändern. Denn Standards, die den Außenhandel beeinflussen, verändern stets auch die Terms of trade (Brown/ Deardorff/ Stern 1996: 237).

Diese Effekte trüben allerdings das Auge des Beobachters, weil sie zwei Fragen miteinander vermischen: Verlangt der Außenhandel bei gegebenen Preisverhältnissen eine Abkehr von bei Autarkie effizienten Standards? Und: Lohnt es sich, von den Autarkie-Standards abzuweichen, um seine Terms of trade zu verbessern? Um den Nebel zu lichten, betrachten wir zunächst kleine Länder, die keinen Einfluß auf die Weltmarktpreise haben. Die erste Frage stellt sich dann isoliert. Danach gehen wir zur Analyse großer Länder über, um die zweite Frage zu klären.

2.1 Eine partialanalytische Einführung

Den einfachsten Einstieg bietet eine partialanalytische, komparativ-statische Betrachtung. Deshalb sei zunächst vorausgesetzt: Alle in der Weltwirtschaft integrierten Länder sind klein, aus dem Zusammenspiel von Weltmarktangebot und -nachfrage ergeben sich die Preisverhältnisse. Jede einzelne Volkswirtschaft ist ebenso wie jedes einzelne Unternehmen Preisnehmer. Die Sozial- oder Umweltstandards eines Landes haben keinen Einfluß auf andere Länder. Präferenzen und Technologien sind konstant, die Faktoren international immobil. Diese Situation ist in Abb. 2-1 dargestellt.

Abbildung 2-1: Partialanalyse eines Importlandes, ohne Internalisierung

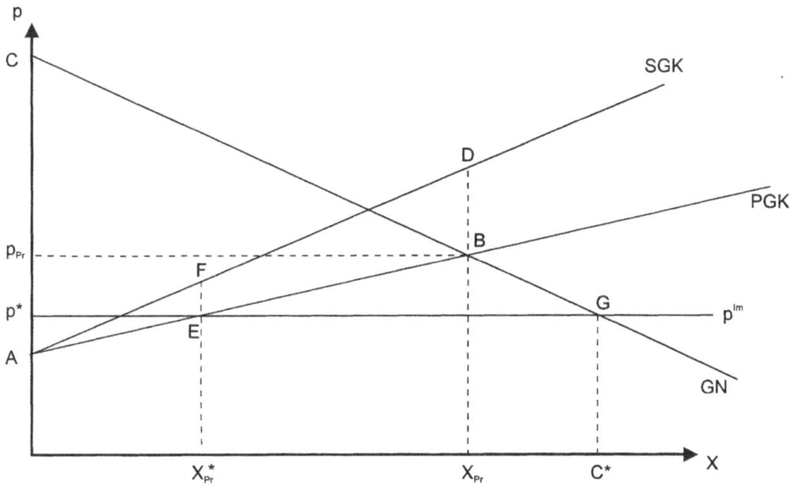

Der Verlauf der Angebotskurve inländischer Produzenten (private Grenzkosten, PGK) und der Nachfragekurve inländischer Konsumenten (Grenznutzen, GN) entspricht ebenso unmittelbar Abb. 1-1 wie die Gestalt der sozialen Grenzkosten des betrachteten Landes (SGK). Ohne Außenhandel und unter Hinnahme des externen Effektes stellt sich also ein Gleichgewicht bei X_{Pr} und P_{Pr} ein. Die Wohlfahrt beträgt ABC (Summe von Konsumenten- und Produzentenrente) minus ABD (externe Gesamtkosten). Öffnet sich das Land für den Außenhandel, gilt anstelle des Autarkiepreises P_{Pr} der Weltmarktpreis P*, der über oder unter dem Autarkiepreis liegen kann. Der Preis des betrachteten Gutes ist ein Relativpreis, gemessen an den Preisen aller anderen in der Volkswirtschaft verfügbaren Güter[4].

1) Ist P* niedriger als P_{Pr}, wie in Abb. 2-1 dargestellt, so importiert das betrachtete Land Gut X. P* ist dann ein Importpreis und wird deshalb als P^{Im} bezeichnet. Zunächst sei unterstellt, daß weiterhin keine Internalisierung geschieht. Die einheimische Produktion schrumpft von X_{Pr} auf X^*_{Pr}, der Konsum steigt auf C^*, die Menge $C^* - X^*_{Pr}$ wird importiert. Die Gesamtwohlfahrt beträgt nun AEGC abzüglich AEF. Es resultiert ein Wohlfahrtsgewinn FEGBD. Außenhandel lohnt sich trotz, ja sogar gerade wegen der Externalität. Denn da die Produktion im Inland dank des niedrigeren Weltmarktpreises schrumpft, sinken auch die damit verbundenen externen Kosten um EBDF. Der Handelsgewinn ist höher als unter „normalen" Voraussetzungen ohne Externalität (Fläche EGB).

Welche Konsequenz hat nun die Internalisierung? Bei Autarkie verspricht sie stets einen Wohlfahrtsgewinn. In Abb. 2-2 entspricht dieser Gewinn der grau unterlegten Fläche BDH.

Abbildung 2-2: Partialanalyse eines Importlandes, mit Internalisierung

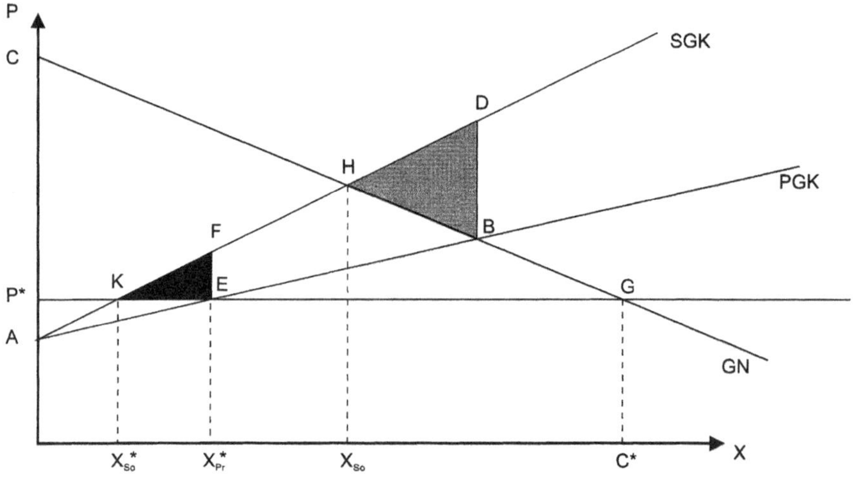

Aber auch mit Außenhandel führt sie zu einer weiteren Wohlfahrtsverbesserung. Die inländische Produktion sinkt dann noch weiter von X^*_{Pr} auf X^*_{So}, die Produzentenrente geht um die Fläche AEK zurück. Die Summe aus Produzenten- und Konsumentenrente beträgt demnach AKGC. Da aber keine externen

[4] vgl. zur folgenden Darstellung Anderson (1992), Helm (1995), Karl/ Ranné (1997), Common (1996), Snape (1992).

Grenzkosten AEF mehr auftreten, bedeutet dies eine Wohlfahrtsverbesserung gegenüber Freihandel ohne Internalisierung um die schwarz unterlegte Fläche KEF.Außenhandel ist kein Argument gegen die Internalisierung der externen Grenzkosten, ganz im Gegenteil: Erst die Internalisierung schöpft den Außenhandelsgewinn völlig aus. Erneut ist nämlich von Vorteil, daß das importierende Land einen Teil der inländischen Produktion durch ausländische substituieren kann. Die mit negativen Effekten verbundene heimische Produktion geht zurück, ohne daß die Konsumenten auf das Gut X verzichten müssen; die konsumierte Menge C bleibt gegenüber einer Situation ohne Internalisierung gleich.

2) Liegt der Weltmarktpreis P* über dem Autarkiepreis des betrachteten Landes, so exportiert dieses Land das Gut X, P* ist also ein Exportpreis P^{Ex}. Abb. 2-3 stellt die Konsequenzen für den Fall dar, daß die negative Externalität nicht berücksichtigt wird.

Abbildung 2-3: Partialanalyse eines Exportlandes, ohne Internalisierung

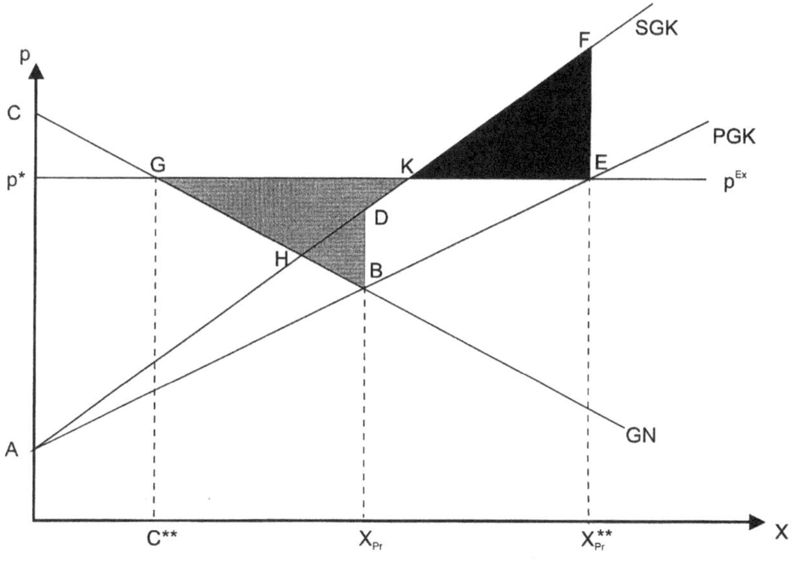

Der Autarkiefall startet wieder mit der Netto-Wohlfahrt ABC-ABD. Handel erlaubt nun eine Produktion im Umfang von X_{Pr}^{**}. Der inländische Konsum geht auf C** zurück, die Menge $X_{Pr}^{**} - C^{**}$ kauft das Ausland. Die Summe von Produzenten- und Konsumentenrente steigt auf AEGC. Die Mehrproduktion verursacht aber eine Zunahme der externen Kosten um BEFD. Ein Teil dieser zusätzlichen Wohlfahrtseinbußen, BEKD, saldiert sich mit der zusätzlichen Produzentenrente. Netto bleibt ein Rentengewinn der Produzenten in Höhe von BDKG (grau unterlegt) abzüglich externer Kosten KEF (schwarz unterlegt) übrig. Es ist damit nicht mehr klar, ob sich die Volkswirtschaft durch den Außenhandel regelmäßig besser stellt. Je nach Verlauf der relevanten Kurven und abhängig von der Höhe des Weltmarktpreises verschlechtert sich die Wohlfahrtsposition dieses Exportlandes möglicherweise gegenüber dem Autarkiezustand[5]. Klafft eine große Lücke zwischen PGK und SGK, sind Netto-Wohlfahrtseinbußen sehr wahrscheinlich. Außenhandel verschärft die Folgen der Marktunvollkommenheit, weil er eine Produktionsausweitung veranlaßt. Ist dies ein Argument gegen den Freihandel?

Das wäre eine Fehlinterpretation des Schaubilds, wie Abb. 2-4 verdeutlicht. Hier internalisiert das Exportland die negativen Effekte der Produktion. Bei Autarkie führt dies, noch einmal, zur Verbesserung um das grau unterlegte Dreieck BDH.

Abbildung 2-4: Partialanalyse eines Exportlandes, mit Internalisierung

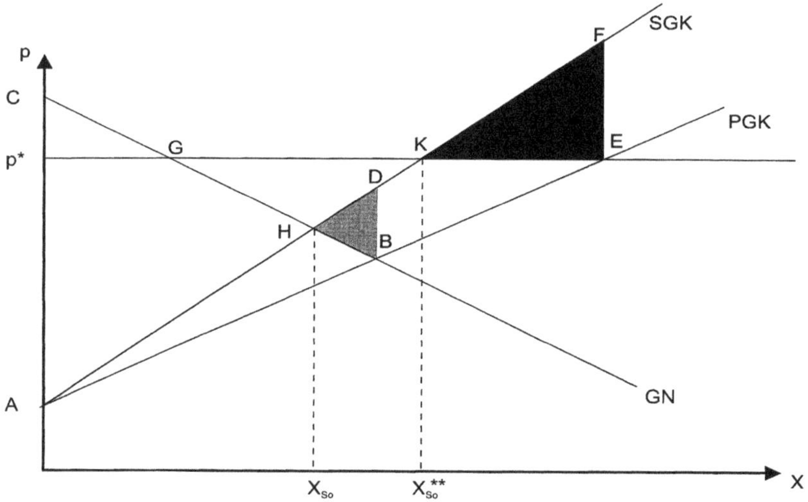

Bei Außenhandel schränkt die Internalisierung die Exportchancen der inländischen Unternehmen etwas ein. Sie bieten nur noch X_{So}^{**} an, da sie nun mit den gesamten sozialen Grenzkosten der Produktion SGK konfrontiert sind. Deshalb verlieren sie auch die Produzentenrente AEK. Gleichzeitig erspart sich die

[5] Wenn der Schnittpunkt der P*-Linie mit der Nachfragefunktion zwischen B und H liegt, sinkt die Wohlfahrt eindeutig; vgl. Wied-Nebbeling (1997).

Gesellschaft externe Kosten in Höhe von AEF. Die Summe aus Produzenten- und Konsumentenrente beträgt dann AKGC, der Nettogewinn gegenüber Freihandel ohne Internalisierung ist durch das schwarz unterlegte Dreieck KEF bezeichnet. Zwei Schlußfolgerungen sind deshalb zulässig: Erstens ist die Internalisierung sowohl bei Autarkie als auch bei Außenhandel vorteilhaft; zweitens ist der Außenhandel nur bei Internalisierung eindeutig wohlfahrtssteigernd gegenüber der Autarkie. Dieser Handelsgewinn ist in Abb. 2-4 durch das Dreieck KGH bezeichnet.

Tabelle 2-1 faßt die Wohlfahrtsergebnisse für die hier diskutierten Alternativen noch einmal zusammen. Sie gilt sowohl für den Import- als auch den Exportfall, weil die Flächenbezeichnungen einander entsprechen.

Tabelle 2-1: Wohlfahrt je nach Politikkombination

Autarkie ohne Internalisierung	Freihandel ohne Internalisierung	Autarkie mit Internalisierung	Freihandel mit Internalisierung
ABC-ABD	AEGC-AEF	AHC	AKGC

Daraus ergibt sich die eindeutige Dominanz von Freihandel mit Internalisierung des externen Effekts gegenüber allen anderen Alternativen. Das jeweilige Plus dieser dominierenden Politikkombination ist in Tabelle 2-2 festgehalten. Auch diese Tabelle ist auf Import- wie Exportfall gleichermaßen anwendbar.

Tabelle 2-2: Wohlfahrtsvergleich Freihandel mit Internalisierung gegen:

Autarkie ohne Internalisierung	Freihandel ohne Internalisierung	Autarkie mit Internalisierung
+ KGBD	+ KEF	+ KGH

Zusammengefaßt ergeben sich starke Argumente für eine Internalisierung des externen Effekts, auch und gerade in einer offenen Volkswirtschaft. Die Internalisierung erhöht die potentiellen Außenhandelsgewinne in jedem Fall. Sie kann sogar unverzichtbar sein, wenn das betrachtete Land das Gut exportiert, dessen Herstellung externe Effekte verursacht. Die Regierung hat keinerlei Anreiz, die Sozial- oder Umweltstandards unter das effiziente Niveau zu senken. Das Referenzkriterium ist also zuverlässig erfüllt. Normativ betrachtet, verstärkt Außenhandel den Druck auf eine grundsätzlich benevolente, aber träge Regierung, auf die eine oder andere Art und Weise zu internalisieren. Da die Lücke zwischen PGK und SGK von Land zu Land unterschiedlich groß ist, folgt daraus nicht, daß jedes Land zu diesem Zweck die gleichen Standards einführen müßte. Diese Schlußfolgerungen gelten auch für den Übergang von nichtprohibitiven Import- oder Exportzöllen zu Freihandel. Dann ist der nationale

Preis von X zwar schon näher am Weltmarktpreis, aber der Verzicht auf verzerrende Zölle erlaubt eine weitere Wohlfahrtssteigerung, wenn der externe Effekt internalisiert ist (Anderson 1992: 29). Selbst in einem komplexen Second-best-Szenario, in dem die Zölle nur reduziert, aber nicht völlig abgeschafft werden, und die Internalisierung ebenfalls nicht vollständig ist, zahlt es sich aus, beide Reformen miteinander zu verbinden. Die Wohlfahrtsgewinne erhöhen sich bei simultanen Reformen, weil die potentiellen Nachteile der Internalisierung (geringeres Angebot, höhere Preise) durch verstärkten Außenhandel kompensiert werden (Beghin/Roland-Holst/van der Mensbrugghe 1997). Schließlich sind all diese Aussagen völlig unabhängig davon, ob andere Länder ebenfalls Sozial- und Umweltstandards einführen. Die Partialanalyse erlaubt allerdings noch keine Analyse der komparativen Vorteile eines Landes im Außenhandel. Um komparative Vorteile untersuchen zu können, müssen wir mehr als ein Gut in die Betrachtung einführen.

2.2 Externalität und komparativer Vorteil

Die folgende Darstellung ist auf zwei Güter X und Y beschränkt und weitgehend graphisch gehalten. Komparative Vorteile treten auf, sobald eine Volkswirtschaft mehr als ein Gut herstellen kann. Dann stellt sich stets die Frage, in welchem Mengenverhältnis sie diese Güter erzeugen soll, egal ob ein breites Spektrum unterschiedlicher Güter oder nur zwei Produkte herstellbar sind. Die Konzentration auf lediglich zwei Güter hat den Vorteil, daß sie die Analyse in zweidimensionalen Mengendiagrammen ermöglicht. Die Volkswirtschaft muß sich für bestimmte Produktionsmengen der beiden Güter X und Y entscheiden, weil sie dem Knappheitsproblem unterliegt. Die Produktion beider Güter ist nur unter Einsatz von Produktionsfaktoren möglich, die lediglich in begrenztem Umfang verfügbar sind. Soll die Produktion von Y steigen, muß die X-Menge sinken.

Es sei unterstellt, daß die Produktion von X und Y den Einsatz der beiden Faktoren Arbeit L und Kapital K erfordert. Die beiden Faktoren seien in der jeweiligen Produktionsfunktion begrenzt gegeneinander substituierbar. Die Transformationskurve TT gibt dann wieder, welche Kombinationen von X und Y mit gegebenem Faktorbestand in der Volkswirtschaft herstellbar sind. Sie verläuft wie in Abb. 2-5 konkav, wenn die beiden Produktionsfunktionen durch unterschiedliche Faktorintensitäten, begrenzte Substituierbarkeit der Faktoren und nicht steigende Skalenerträge gekennzeichnet sind. Alle Punkte auf der Transformationskurve sind effiziente Produktionspunkte. Alle Punkte innerhalb der Fläche, die durch die Transformationskurve und die Achsen begrenzt ist, stellen zwar produzierbare Güterbündel dar. Sie sind aber nicht effizient, weil die Produktionsmöglichkeiten nicht ausgenutzt und die Faktoren nicht vollbeschäftigt sind. Die Steigung der Transformationskurve ist die Grenzrate der Transformation und mißt die volkswirtschaftlichen Opportunitätskosten beim Übergang von einer X,Y-Kombination auf das benachbarte Güterbündel. Diese Opportunitätskosten lassen sich als (negatives) Verhältnis der sozialen Grenzkosten der X- und Y-Produktion interpretieren. Wird die Produktion von X um eine Einheit ausgedehnt, verursacht dies soziale Grenzkosten von SGK(X), gleichzeitig gehen die sozialen Grenzkosten SGK(Y) zurück.

Abbildung 2-5: Externalität im Zwei-Güter-Fall

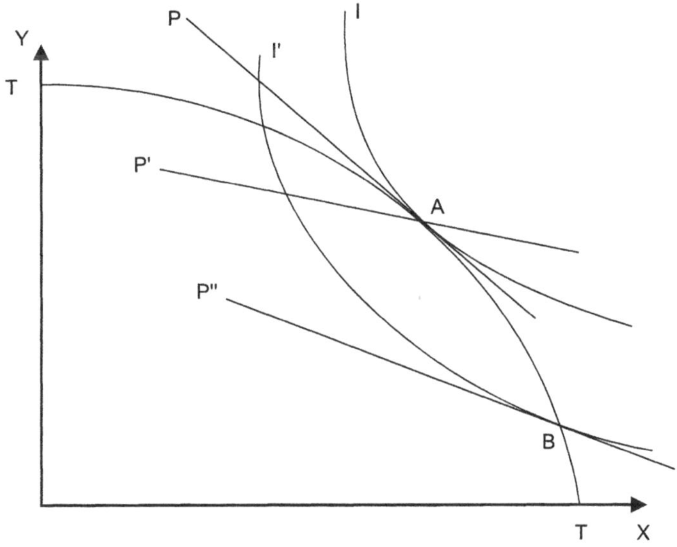

Unter normalen Umständen, das heißt ohne Externalitäten, wird das Pareto-Optimum A erreicht. Die höchstgelegene erreichbare Indifferenzkurve I tangiert die Transformationskurve in A. Also stimmen die Grenzrate der Transformation (Steigung von TT) und die Grenzrate der Substitution (Steigung der Indifferenzkurve I) gerade überein. Produktions- und Konsumpläne entsprechen sich, so daß kein Bedarf zu weiteren Anpassungen besteht. Das Preisverhältnis zwischen Gut X und Gut Y stimmt mit dem Verhältnis der sozialen Grenzkosten überein. Dieses Preisverhältnis $P = \frac{p_X}{p_Y}$ ist die Steigung der Budgetlinie der Volkswirtschaft. Der Einfachheit halber und in Anlehnung an die Literatur (vgl. Siebert 1991) wird die Budgetlinie in diesem und den folgenden Schaubildern direkt als P bezeichnet.

Ein negativer externer Effekt bringt diese Situation aus dem Gleichgewicht[6]. Er schlägt eine Kluft zwischen sozialen und privaten Grenzkosten. Entsteht die negative Externalität bei der Produktion von Gut X, so sind die privaten Grenzkosten PGK(X) niedriger als die sozialen Grenzkosten SGK(X). In Abb. 2-5 gibt die Budgetlinie P' das Verhältnis der privaten Grenzkosten in Punkt A an. Das Pareto-Optimum aus gesellschaftlicher Sicht ist jetzt kein Gleichgewicht mehr. Die Produzenten sind zwar durchaus bereit, zum neuen Preisverhältnis das bisherige Güterbündel anzubieten, denn P' entspricht ja gerade dem Verhältnis ihrer privaten Grenzkosten - und die sozialen Grenzkosten interessieren sie nicht. Die Konsumenten fragen aber zu P' mehr vom relativ preiswert erscheinenden Gut X nach. Die Grenzrate der Substitution (Steigung von I) in Punkt A und damit die Bereitschaft zur Aufgabe von Y im Tausch gegen X ist größer als das durch den externen Effekt verzerrte Preisverhältnis P'. Es kommt deshalb zu einer Bewegung entlang der Transformationskurve TT, bis in Punkt B ein Gleichgewicht erreicht ist, in dem das Verhältnis der privaten Grenzkosten mit der Grenzrate der Substitution übereinstimmt. Steigende X- und sinkende Y-Mengen bewirken zugleich, daß das Preisverhältnis der beiden Güter auf P'' ansteigt. Allerdings liegt auch P'' unter dem Verhältnis der sozialen Grenzkosten P. Wie die tiefer gelegene Indifferenzkurve I' zeigt, ist die gesamtwirtschaftliche Wohlfahrt niedriger als in einer Situation ohne Externalität, weil die Akteure ihr Verhalten lediglich an privaten Grenzkosten ausrichten.

Die Externalität selbst kann Außenhandel in Gang bringen, wie ein kleines Gedankenexperiment zeigt. Nehmen wir an, die Transformationskurve TT in Abb. 2-5 gelte für zwei Länder - beide, das Inland und das Ausland, besitzen exakt die gleichen Produktionsmöglichkeiten. Im Inland trete aber die Externalität auf, es produziert und konsumiert deshalb bei Autarkie in Punkt B zum Preisverhältnis P''. Im Ausland liege dagegen keine Externalität vor; es erreicht bei Autarkie Punkt A und das Preisverhältnis P. Öffnen sich beide Länder, so kommt Außenhandel in Gang, weil die Autarkiepreisverhältnisse voneinander abweichen. Für das Ausland, das nicht unter der Externalität leidet, lohnt sich dieser Handel. Ob er sich auch für das Inland auszahlt, ist angesichts der Marktunvollkommenheit und der damit verbundenen Second-best-Lage unklar.

Um hier zu allgemeinen Aussagen zu gelangen, wird die Analyse auf eine breitere Basis gestellt. Das unter der Externalität leidende Inland soll ein kleines Land sein, das heißt, es hat keinen Einfluß auf das Weltmarktpreisverhältnis - anders als dies in einem Kontext mit zwei identischen Ländern zu erwarten wäre. Es ist deshalb erneut zu unterscheiden, ob das Weltmarktpreisverhältnis P* über oder unter dem inländischen Preisverhältnis P'' liegt.

1) Ist P* kleiner als P'', so importiert das betrachtete Land Gut X und bietet dafür Gut Y an. Diese Situation ist in Abb. 2-6 dargestellt. Die Produzenten wandern von Punkt B zu einem Punkt C. Sie orientieren sich am Verhältnis ihrer

[6] vgl. zur folgenden Darstellung Rose/ Sauernheimer 1992: 525ff., von Bodecker 1997: 67ff.

privaten Grenzkosten und passen sich an das neue Preisverhältnis P* an, bis Grenzkosten- und Weltmarktpreisverhältnis übereinstimmen. Das Verhältnis der privaten Grenzkosten ist aufgrund der Externalität stets kleiner als das Verhältnis der sozialen Grenzkosten.

Abbildung 2-6: Externalität und Außenhandelsgewinn des Importlandes

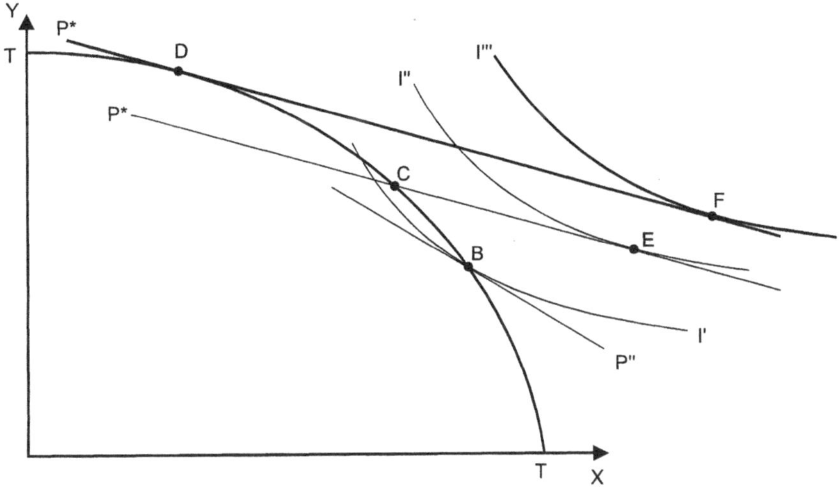

Dies bedeutet in Schaubild 2-6, daß die Budgetlinie P* im Gleichgewicht C stets flacher verläuft als die Transformationskurve (deren Steigung das Verhältnis der sozialen Grenzkosten angibt) und deshalb die Transformationskurve schneidet. Der Tangentialpunkt von P* und TT wird also niemals erreicht, solange die Externalität nicht internalisiert ist. Die Konsumenten nutzen ihre erweiterten Tauschmöglichkeiten und fragen im Konsumpunkt E relativ mehr von Gut X nach. Die Wohlfahrt, angegeben durch die Indifferenzkurve I'', steigt eindeutig. Sie ist höher als im Autarkiepunkt B, höher als im neuen Produktionspunkt C, und auch höher als bei Autarkie ohne Externalität (d.h. dem nicht eingezeichneten Tangentialpunkt einer Indifferenzkurve mit der Transformationskurve), weil die Indifferenzkurve I'' außerhalb des Transformationsraums liegt. Der Außenhandel lohnt sich in dieser Situation auf jeden Fall, wobei zwei unterschiedliche Gewinnquellen zu unterscheiden sind. Zum einen erzielen die Konsumenten wie üblich einen Tauschgewinn, weil sie zu veränderten Konditionen, nämlich P*, im Ausland ein- und verkaufen können. Zum anderen nutzt das betrachtete Land seinen komparativen Vorteil, indem es sich auf die Produktion von Gut Y spezialisiert. Anders als in einer Standarddarstellung ohne Externalität ist dieses Spezialisierung nun allerdings doppelt sinnvoll: Der komparative Vorteil wird genutzt, und zugleich gehen die mit der Produktion von X im Inland verbundenen externen Effekte zurück.

Genauso klar ist allerdings, daß sich der Außenhandel noch stärker auszahlt, wenn sich die Produzenten an den sozialen Grenzkosten orientieren. Dann wandern sie sogar zu Punkt D, das Handelsvolumen vergrößert sich und der neue Konsumpunkt ist F. Dabei geht die heimische Produktion des externalitätsbehafteten Gutes X zugunsten weiterer Importe zurück. Außenhandel lohnt sich also auch unter Berücksichtigung komparativer Vorteile gerade dann, wenn er die inländische Produktion von Gut X zurückdrängt. Die Orientierung an den sozialen Grenzkosten verstärkt den komparativen Nachteil bei Gut X weiter. Im gleichen Atemzug ist aber zu betonen, daß der komparative Vorteil bei Gut Y wächst. Das ist die Kehrseite der Medaille: Komparative Vorteile kann nur ausschöpfen, wer auch seine komparativen Schwächen akzeptiert.

2) Ist P* größer als P'', ist das Ergebnis hingegen ambivalent. Das höhere Weltmarktpreisverhältnis führt zu einer Ausdehnung der Produktion von Gut X und erhöht damit die externen Kosten. Andererseits profitieren die Konsumenten auf jeden Fall vom veränderten Tauschverhältnis. Ob der Wohlfahrtseffekt insgesamt positiv oder negativ ist, hängt davon ab, wie weit das Weltmarktpreisverhältnis über dem Inlandsniveau liegt.

Abbildung 2-7: Externalität und Außenhandelsgewinn des Exportlandes

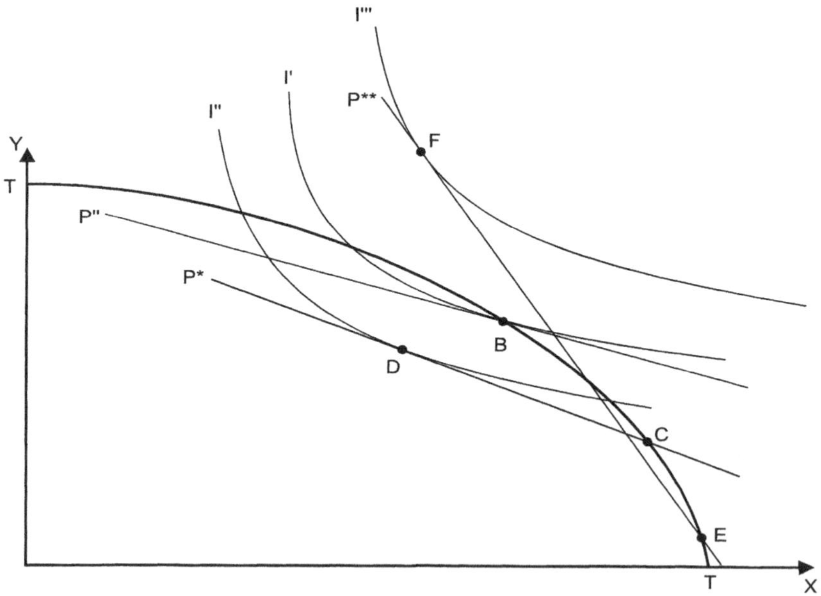

In Abb. 2-7 zeigt die Budgetlinie P* ein lediglich geringfügig höheres Weltmarktpreisverhältnis an. Die Anbieter spezialisieren sich stärker auf Gut X und wählen einen Produktionspunkt C. Die Konsumenten fragen das Güterbündel D nach und erreichen die Indifferenzkurve I''. Die Volkswirtschaft stellt sich in diesem Fall schlechter als bei Autarkie, weil die Zunahme externer Kosten durch vermehrte X-Produktion in diesem Fall den Tauschgewinn durch Außenhandel (Vektor CD) dominiert. Die Budgetlinie P** steht dagegen für einen sehr starken Preisanstieg des Gutes X. Zwar wächst der Output von X und damit die externen Kosten noch weiter, weil die Produzenten nun ein Güterbündel E herstellen. Die hohen Tauschgewinne (Vektor EF) übersteigen in diesem Fall aber den Verlust durch zusätzliche externe Effekte, so daß die Wohlfahrt insgesamt auf I''' steigt. Es gibt demnach ein kritisches Weltmarktpreisverhältnis zwischen den Steigungen der Budgetlinien P* und P**, ab dem sich der Außenhandel trotz der Externalität auch dann lohnt, wenn Gut X exportiert wird.

Richten die Produzenten ihr Verhalten am Verhältnis der sozialen Grenzkosten aus, verschwindet diese Ambivalenz. Ohne externe Effekte ist Außenhandel auf jeden Fall lohnend. Bei jedem der eingezeichneten Preisverhältnisse P*, P** fällt die Wohlfahrt höher aus als mit der Externalität, weil Tangentialpunkte der Budgetlinien mit der Transformationskurve erreicht werden. Nur in einem theoretischen Grenzfall, wenn nämlich das Weltmarktpreisverhältnis mindestens so groß ist wie das Verhältnis der sozialen Grenzkosten bei vollständiger Spezialisierung auf Gut X, spielt es keine Rolle mehr, ob eine Externalität vorliegt oder nicht. Die vollkommene Spezialisierung ist dann so oder so sinnvoll. Die vollkommene Spezialisierung auf ein Gut erscheint allerdings unrealistisch und ist für die weitere Argumentation unwichtig. Selbst dann stellt sich die Gesellschaft nämlich auf keinen Fall schlechter, wenn sie sich nach den sozialen Grenzkosten richtet statt nach den privaten.

Zusammenfassend läßt sich folgendes festhalten. Welchen komparativen Vorteil ein kleines Land mit Externalitäten erlangt, hängt davon ab, ob das Weltmarktpreisverhältnis höher oder niedriger ist als das Verhältnis der privaten Grenzkosten im Autarkiepunkt. Spezialisiert sich das Land auf Gut Y, so profitiert es auf jeden Fall von diesem Außenhandel. Exportiert es dagegen Gut X, so gewinnt es nur dann, wenn das Weltmarktpreisverhältnis stark vom internen abweicht und die Handelsgewinne die zusätzlichen externen Verluste überkompensieren. Die Wohlfahrt bleibt aber ohne und mit Außenhandel niedriger als in der vergleichbaren Situation ohne Externalität.

Die Formulierung „ohne Externalität" ist mit Bedacht gewählt. Besteht nämlich erst einmal eine Externalität, so entzieht deren Korrektur möglicherweise der Produktion Ressourcen. Dann verändert sich nicht nur der Maßstab für die wirtschaftlichen Akteure (Orientierung am Verhältnis der sozialen Grenzkosten), sondern die Produktionsmöglichkeiten gehen insgesamt zurück. Die

Transformationskurve verändert ihre Gestalt. Sozialstandards beschränken meist das insgesamt verfügbare Arbeitsangebot. Das ist beim Verbot der Kinderarbeit offensichtlich - alle Arbeitnehmer unterhalb eines Mindestalters werden dem Arbeitsmarkt direkt entzogen. Ein Verbot der Zwangsarbeit wirkt ähnlich, wenn die befreiten Arbeiter sich dazu entscheiden, weniger als bisher oder gar nicht zu arbeiten. Wird die Arbeitszeit verkürzt und umgehen die Arbeitnehmer diesen Eingriff nicht einfach, indem sie Zweitjobs annehmen, so wirkt diese Maßnahme in die gleiche Richtung. Ein effektiver Mindestlohn beschränkt zwar nicht direkt das Arbeitsangebot. Da er jedoch über dem markträumenden Lohn liegt, beschäftigen die Unternehmen nicht mehr alle Arbeitsanbieter. In diesem Sinne verbraucht auch ein Mindestlohn Arbeit. Er begrenzt nicht die technischen, sehr wohl aber die ökonomischen Produktionsmöglichkeiten einer Volkswirtschaft. Eine Ausnahme stellen in diesem Kontext jene Maßnahmen dar, die der Sicherheit und Gesundheit am Arbeitsplatz dienen sollen. Sie beanspruchen eher Kapital in Form neuer Maschinen oder Sicherungseinrichtungen (Brown/ Deardorff/ Stern 1996: 253f.). Für Umweltstandards gilt ähnliches: Egal ob ein Unternehmen Filteranlagen nachrüstet oder den ganzen Produktionsablauf umstellt, muß es dafür in der Regel vor allem Kapital einsetzen. Schließlich kann es sein, daß die Umwelt direkt als ein dritter Faktor in den Produktionsprozeß eingeht, zum Beispiel in Landwirtschaft, Forstwirtschaft und Bergbau. Ein Umweltstandard entzieht diesen Faktor der Produktion teilweise.

Derartige Sozial- und Umweltstandards schränken die aus dem Konsum der Güter X und Y erzielbare Wohlfahrt ein. Zugleich kommen aber dritte Güter ins Spiel, die bisher niemand bereitstellte. Ein Sozialstandard verwendet in dieser Perspektive vor allem den Produktionsfaktor Arbeit, um die Güter soziale Sicherheit und Gerechtigkeit herzustellen. Ein Umweltstandard beansprucht vornehmlich Kapital zugunsten des Gutes Umweltqualität. Soziale Qualität und Umweltqualität sind neue Güter in einer Volkswirtschaft, die sich um die Internalisierung externer Effekte bemüht. Diese Überlegungen lassen sich mit dem Konzept des Transformationsraums illustrieren (Siebert 1992: 32 ff.). Das neue, dritte Gut ist in der dreidimensionalen Darstellung von Abb. 2-8 explizit aufgenommen. Die Transformationskurve TT entspricht der bisherigen zweidimensionalen Darstellung. Bei der Produktion von X tritt eine Externalität auf, bei Gut Y dagegen nicht. Spezialisiert sich das Land vollständig auf Gut Y, so bleibt die soziale oder Umwelt-Qualität Q auf ihrem maximalen Niveau Q_{max}. Stellt das Land indessen bloß Gut X her, ohne Ressourcen für die Beseitigung der Externalität aufzuwenden, so sinkt Q auf den Minimalwert Q_{min}. Alle Güterkombinationen X,Y auf der Transformationskurve TT sind mit Qualitätsniveaus zwischen Q_{max} und Q_{min} verbunden. Je mehr X hergestellt wird, desto stärker geht die Menge von Gut Q zurück. Ein substitutives Verhältnis besteht nicht nur zwischen der Produktion von X und Y, sondern auch zwischen der Produktion von X und der Qualität Q.

Abbildung 2-8: Standardwahl im Transformationsraum

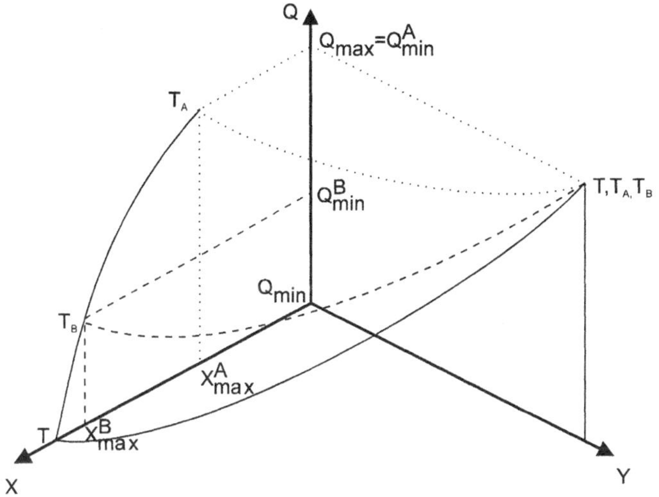

Die Externalität bei der X-Produktion zeigt sich in der kontinuierlichen Reduktion von Q. Nimmt der wohlwollende Diktator diesen Umstand wahr, strebt er die Internalisierung dieser Qualitätseinbußen an. Dabei muß er die bereits angesprochenen Größen berücksichtigen: Ausstattung der Volkswirtschaft, Präferenzen der Bevölkerung, Art der Produktionstechnologie. Die Ausstattung beeinflußt dabei sowohl Q_{max} als auch Q_{min}. Ist ein Land reichlich mit Umweltgütern ausgestattet oder garantiert die Gesellschaftsstruktur ein hohes Niveau sozialer Sicherheit und Gerechtigkeit, so ist das Ausgangsniveau Q_{max} hoch. Zugleich werden sich die externen Effekte nicht sehr gravierend auswirken, so daß auch Q_{min} höher liegt als in einem schlecht ausgestatteten Land. Die Produktionstechnologie entscheidet darüber, wie groß die Qualitätseinbußen bei der X-Produktion sind. Die Präferenzen der Bevölkerung schließlich bestimmen, welche Qualitätseinbußen noch als erträglich angesehen werden, ob die Gesellschaft also eher Q_{max} anstrebt oder Q_{min} hinnimmt.

Der Transformationsraum in Abb. 2-8 illustriert die Zusammenhänge beispielhaft für gegebene Produktionstechnologien und Ausstattungen. Die Volkswirtschaft A sei ein Land, dessen Einwohner sehr großen Wert darauf legen, das Qualitätsniveau $Q_{max} = Q^{A}_{min}$ ungeschmälert zu erhalten. Dies hat zur Folge, daß sie entlang der Transformationskurve $T_A T_A$ produzieren. Bei vollkommener Spezialisierung auf Gut X ist lediglich die Menge X^{A}_{max} herstellbar, ohne daß Q zurückgeht. Die verbleibenden Produktionsfaktoren werden für die Beseitigung oder Kompensation der externen Effekte aufgewendet, die mit der Produktion von X^A_{max} verbunden sind. Ein weiteres Land B sei durch geringere Ansprüche an das Qualitätsniveau gekennzeichnet, die Bürger wollen bloß Q^B_{min} auf jeden Fall sichern. Die Transformationskurve T_BT_B in Abb. 2-8 gibt die Produktionsmöglichkeiten von Land B wieder. Spezialisiert sich Land B vollständig auf Gut X, kann es dieses Gut im Umfang X^B_{max} erzeugen. Diese Mehrproduktion, verglichen mit X^A_{max}, wird möglich, weil in Land B weniger Ressourcen für die Bekämpfung der Externalität aufgewendet werden. Im Gegenzug sinkt die Qualität Q bis auf Q^B_{min}.

Die Transformationskurven TT, T_AT_A und T_BT_B lassen sich nun auf die X,Y-Ebene projizieren, das Ergebnis ist in Abb. 2-9 dargestellt. Die weitere Analyse beschränkt sich der Einfachheit halber wieder auf diese gebräuchliche zweidimensionale Darstellung. Die Interpretation der eingezeichneten Kurven hat sich aber verändert. T_AT_A und T_BT_B machen in Abb. 2-9 nur noch den Trade-off zwischen der Produktion von X und Y sichtbar; im Hintergrund wirkt jedoch ständig der beschriebene zweite Trade-off zwischen der Produktion normaler Güter und dem Niveau der sozialen oder Umwelt-Qualität.

Abbildung 2-9: Standardwahl, zweidimensionale Darstellung

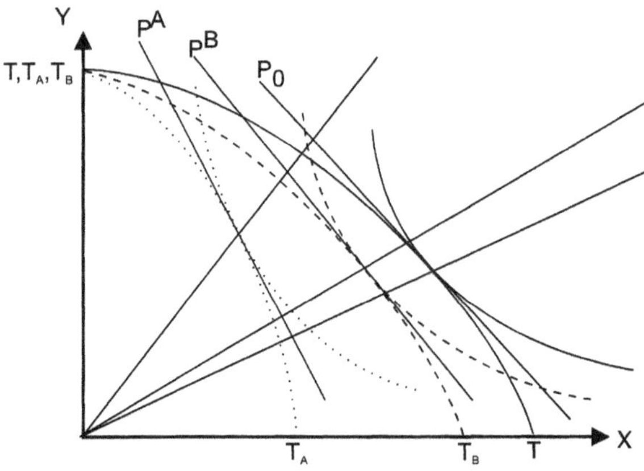

T_AT_A und T_BT_B sind jeweils durch die (länderspezifisch) optimale Berücksichtigung dieses zweiten Trade-offs gekennzeichnet. Für die ursprüngliche, mit externen Grenzkosten behaftete Transformationskurve TT gilt das nicht. Die scheinbar vorteilhafteren Produktionsmöglichkeiten entlang TT sind in Wahrheit nicht günstiger, weil diese zweidimensionale Darstellung verschleiert, daß gleichzeitig die Produktion des dritten Gutes Q stark beeinträchtigt und dieser Umstand in der Entscheidung über X,Y vernachlässigt wird. Entlang TT ist das

Verhältnis der privaten Grenzkosten stets kleiner als das Verhältnis der sozialen Grenzkosten. Transformationskurven ohne Internalisierung und solche mit gesellschaftlich optimal internalisierten externen Effekten dürfen also nicht eins zu eins verglichen werden.

Auch die eingezeichneten Indifferenzkurven besitzen einen beschränkten Aussagegehalt. Direkt zeigen sie nur die Nutzenabwägung zwischen X und Y. Zudem sind sie aber in der dritten Dimension ein Schnitt durch eine „Wohlfahrtsfläche", die auch den Grenznutzen aus Güterkonsum mit dem Grenznutzen der Sozial- oder Umweltqualität zum Ausgleich bringt. So erreicht Land A bei Autarkie zwar eine niedrigere Indifferenzkurve als B, soweit es um den Konsum von X und Y geht. Darin kommt aber lediglich zum Ausdruck, daß Land A das „Gut Qualität" relativ höher bewertet als Land B.

Nehmen wir an, daß beide Länder im Ausgangspunkt entlang der Transformationskurve TT arbeiten und die Externalität übersehen. Sind alle anderen Bestimmungsfaktoren, insbesondere die Präferenzen für die Güter X und Y, identisch, so kommt hier kein Außenhandel in Gang. In beiden Ländern liegt das gleiche Preisverhältnis P_0 vor. Der Übergang von Nicht-Internalisierung zu Internalisierung benachteiligt Gut X und begünstigt Gut Y relativ, dessen Produktion ja nicht direkt mit zusätzlichen Grenzkosten belastet wird. Das bei Autarkie produzierte und konsumierte Güterbündel verschiebt sich in Land B leicht, in Land A stark zu Gut Y, was die Steigung der Ursprungsstrahlen durch die jeweiligen Autarkiepunkte verdeutlicht. Das Preisverhältnis p_X/p_Y steigt in beiden Ländern an, in Land A (P^A) allerdings deutlich stärker als in Land B (P^B). Weil die internen Preisverhältnisse nun voneinander abweichen, wird Außenhandel zu einem mittleren Preisverhältnis zwischen P^A und P^B lohnend. Land A stellt dann verstärkt Gut Y her, Land B spezialisiert sich auf Gut X. Das Ergebnis für Land A erweckt schon intuitiv einen guten Eindruck, denn dank Außenhandel kann die inländische Produktion des schädlichen Gutes X reduziert werden. Das zweite Ergebnis mag Bedenken erregen: Ist es nicht schlecht für Land B, wenn sein „Qualitätsindex" infolge der verstärkten X-Produktion sinkt? Nein, denn entlang der Transformationskurve T_BT_B ist der Trade-off zwischen X, Y und Q schließlich internalisiert, es spielt dabei keine Rolle, welche X-Y-Kombination produziert wird. Für beide Länder ist allein wichtig, daß sie zu veränderten Preisverhältnissen miteinander handeln können und deshalb höhere Wohlfahrtsniveaus erreichen. Land B hat einen komparativen Vorteil bei der Produktion von X, weil die gesellschaftlichen Grenzkosten bei Qualitätseinbußen niedriger sind als in Land A.

Darüber hinaus ergibt es für keines der beiden Länder irgendeinen Sinn, dem jeweils anderen Land über eine einheitliche Sozial- oder Umweltklausel die eigenen Standards aufzudrängen. Der einzige Effekt wäre dann eine Angleichung der Transformationskurven T_AT_A und T_BT_B, der produzierten Güterkombination und der Preisverhältnisse - Außenhandel würde im Keim erstickt.

2.3 Exkurs: Das Beispiel Mindestlohn

Nun gilt die bisherige positive Einschätzung jedoch nicht für jedweden Sozial- oder Umweltstandard, sondern nur für einen effizient gesetzten, der zur korrekten Internalisierung der beobachteten Externalitäten führt. Dies läßt sich an einem Sozialstandard in der Form eines gesetzlich verordneten Mindestlohns demonstrieren. Mindestlöhne kommen als Instrument in Frage, wenn ein Unternehmen auf dem Arbeitsmarkt als monopsonistischer Nachfrager auftritt. Als Monopsonist orientiert sich das Unternehmen nicht einfach an der üblichen steigenden Arbeitsangebotsfunktion. Jeder zusätzlich beschäftigte Arbeitnehmer kostet dieses Unternehmen nicht nur den Lohnsatz dieses einen Arbeitnehmers. Zugleich erhöhen sich nämlich die Kosten für sämtliche bisher beschäftigten Arbeitnehmer, weil jeder Beschäftigte den gleichen (mit steigender Gesamtbeschäftigung anwachsenden) Lohnsatz erhalten muß. Das Unternehmen orientiert sich deshalb an einer Grenzkostenkurve der Arbeit, die diesen Effekt mit einschließt und oberhalb der üblichen Arbeitsangebotskurve liegt. Der gewinnmaximierende Monopsonist sucht den Schnittpunkt dieser Grenzkostenkurve mit seiner Arbeitsnachfragefunktion. Die Beschäftigung sinkt gegenüber einem Zustand bei vollkommenem Wettbewerb, der Lohnsatz fällt (Maskus 1997: 31ff.). Ein Mindestlohn könnte hier den Lohnsatz auf das Niveau bei vollkommenem Wettbewerb heben und die Beschäftigung erhöhen.

Ein Mindestlohn ist jedoch ein sehr statisches Instrument, er reagiert nicht auf Veränderungen von Arbeitsnachfrage oder -angebot. Es besteht allgemein die Gefahr, daß er oberhalb des markträumenden Niveaus festgelegt wird. Möglicherweise geschieht dies sogar ganz bewußt aus verteilungspolitischen Gründen. Dann handelt es sich um einen bindenden Mindestlohn, der die hier zugrundegelegte Definition eines allokativ sinnvollen, effizienten Standards sprengt. Die Auswirkungen derartiger Mindestlöhne unterscheiden sich von den bisher diskutierten Effekten. Zwar entzieht auch ein bindender Mindestlohn der Güterproduktion einen Teil der vorhandenen Arbeit. Aber er tut dies indirekt; direkt beschränkt er die Preisbildung auf dem Arbeitsmarkt. Diese Strategie führt schon bei Autarkie zu Verzerrungen und wird bei Außenhandel sehr teuer[7]. Um dies zu zeigen, gehen wir von einer Volkswirtschaft aus, die bei vollkommenem Wettbewerb auf den Gütermärkten einen bindenden Mindestlohn w^* setzt.

Die Grundstruktur läßt sich am besten herausarbeiten, indem zunächst von flexiblen Löhnen ausgegangen wird. Für den Moment sind also alle Produktionsfaktoren vollbeschäftigt. Die Volkswirtschaft, hier exemplarisch als „Europa" tituliert, produziert zwei Güter unter Einsatz der Faktoren hochqualifizierte

[7] vgl. zur folgenden Diskussion Davis (1996), Krugman (1995); formale Darstellung bei van Ypersele (1995)

Arbeit (Humankapital) H und niedrigqualifizierte (einfache) Arbeit L, die in fixen Mengen bereitstehen. Der Lohn für Humankapital wird mit r, derjenige für einfache Arbeit mit w bezeichnet. Das High-Tech-Gut X benötigt den Faktor Humankapital verhältnismäßig intensiv, das Low-Tech-Gut Y dann selbstverständlich den Faktor einfache Arbeit. Beide Produktionsfunktionen weisen wie üblich konstante Skalenerträge auf. Die Nachfrage ergibt sich aus einer homothetischen Nutzenfunktion. Da vollkommener Wettbewerb herrscht, stimmen die Güterpreise mit den Grenzkosten überein; die Grenzkosten wiederum hängen von den Faktorpreisen ab. Schließlich soll Gut X ein Numéraire-Gut sein, um die Darstellung zu vereinfachen. Das Güterpreisverhältnis ist dann $P = P_Y/P_X = P_Y/1$, stimmt also stets mit P_Y überein.

In dieser Volkswirtschaft gelten eindeutige Beziehungen zwischen der Faktorausstattung, den Güterpreisen und den Faktorpreisen, die in Abb. 2-10 dargestellt sind. Im ersten Quadranten ist die Beziehung zwischen dem Faktorausstattungsverhältnis $h = H/L$ und dem relativen Güterpreis P abgetragen. Je größer h wird, das heißt je knapper der Faktor einfache Arbeit relativ zum Faktor Humankapital wird, desto höher ist der Preis P des arbeitsintensiv hergestellten Gutes Y (Heckscher-Ohlin). Es gilt $P = \lambda(h)$.

Abbildung 2-10: Faktorpreise, Güterpreise und Unterbeschäftigung

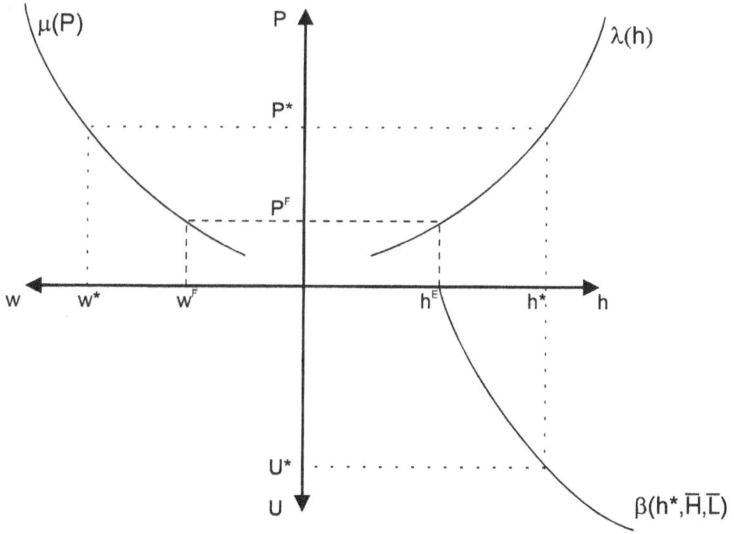

Im zweiten Quadranten ist die Beziehung zwischen dem Güterpreis P und dem Lohn einfacher Arbeit w abgetragen. w ist hier nicht auf die Entlohnung des anderen Faktors Humankapital bezogen, sondern auf den Preis des Numéraire-Gutes X, also ist w = w/1 ein Reallohn. Je höher der Preis des arbeitsintensiv hergestellten Gutes Y, desto höher ist auch der Lohnsatz w (Stolper-Samuelson). Das läßt sich als w = μ(P) formulieren. In einer Welt flexibler Faktorpreise reicht es aus, diese beiden Beziehungen zu betrachten. Die in Europa vorhandene Faktorausstattung im Verhältnis h^E wäre dann stets vollbeschäftigt. Dies führt zwingend zu einem Güterpreis P^F und einem Lohnsatz w^F. Die Grundstruktur des Modells ist damit geklärt.

Nehmen wir an, Europa führe jetzt einen bindenden Mindestlohn ein, weil der Lohnsatz w^F die verteilungspolitischen Zielsetzungen verletzt. Definitionsgemäß liegt dieser Mindestlohn w* über dem markträumenden Lohn w^F. Die beiden bereits erläuterten Beziehungen werden dadurch keineswegs außer Kraft gesetzt. Allerdings verändert sich der Startpunkt für die weitere Analyse - es geht nicht mehr darum, die Faktorausstattung in vollem Umfang zu beschäftigen, sondern darum, den Mindestlohn w* zu sichern. Das ist nach Stolper und Samuelson nur möglich, wenn der Güterpreis von P^F auf P* steigt. Das wäre noch nicht weiter tragisch, aber die unerbittliche Logik der beiden Beziehungen geht noch weiter. Der Güterpreis P* ist nämlich nur dann ein gleichgewichtiger Preis, wenn sich das Faktoreinsatzverhältnis von h^E zu h* verschiebt. Das Verhältnis der tatsächlich beschäftigten Faktoren (h*) weicht deshalb vom Verhältnis der insgesamt vorhandenen Faktoren (h^E) ab. Unter den Beschäftigten müssen die hochqualifizierten Arbeitnehmer einen größeren Anteil haben als in der Gesamtausstattung der Volkswirtschaft. Den Faktor Humankapital selbst läßt dies unberührt, da er keinem verzerrten Faktorpreis unterliegt und deshalb immer vollbeschäftigt sein muß. Also müssen die niedrigqualifizierten Arbeitnehmer die Last tragen. Sie werden nicht mehr im vollen Umfang beschäftigt, so daß der Nenner von h auf L* sinkt und auf diesem Wege ein höheres „Ausstattungsverhältnis" h* erreicht wird.

Offenbar kommt mit der Festlegung eines bindenden Mindestlohns noch eine dritte Beziehung ins Spiel, die Beziehung zwischen der tatsächlichen Faktorintensität in der Beschäftigung und der dazu „notwendigen" Arbeitslosigkeit. Dieser Zusammenhang ist im vierten Quadranten von Abb. 2-10 festgehalten. Je weiter die Faktorintensität in der Beschäftigung über die vorhandene Faktorausstattung steigen soll, desto mehr Niedrigqualifizierte fallen der Arbeitslosigkeit anheim (Brecher 1974a, b). Beziehen wir die Arbeitslosigkeit im Sinne Brechers auf die Faktorintensität in der Beschäftigung, so zeigt sich der folgende Zusammenhang:

$$U^* = \overline{L} - L^* = \overline{L} - \frac{\overline{H}}{\overline{H} / L^*} = \overline{L} - \frac{\overline{H}}{h^*} = \beta(h^*, \overline{H}, \overline{L}),$$

wobei L* die gleichgewichtige Beschäftigungsmenge einfacher Arbeit und U* die daraus resultierende Arbeitslosigkeit angibt. In Abb. 2-10 sind diese Zusammenhänge für einen bestimmten Mindestlohn w* dargestellt.

Da der Faktor Arbeit bei einem bindenden Mindestlohn nicht mehr vollbeschäftigt ist, schränkt Europa seine Produktionsmöglichkeiten mutwillig ein. Auf den ersten Blick erinnert dies an die früher angestellten Überlegungen zum Transformationsraum. Bedeutet der Verzicht auf einen Teil der Güterproduktion, daß die entzogene Menge einfacher Arbeit nun zugunsten des Gutes Sozialqualität eingesetzt wird? Diese Analogie herzustellen, ist verfehlt. Die arbeitslosen Niedrigqualifizierten werden nicht an anderer Stelle eingesetzt; diese Ressourcen liegen schlichtweg brach und produzieren überhaupt nichts. Allokativ ist diese Verschwendung von Ressourcen völlig sinnlos. Zwar profitieren die weiterhin beschäftigten Arbeitnehmer, aber auf Kosten anderer, die unfreiwillig arbeitslos werden - von einer Pareto-Verbesserung kann keine Rede sein. Der Mindestlohn verfehlt auch das verteilungspolitische Ziel. Den erwünschten Effekt - höherer Lohnsatz für einfache Arbeit - verschüttet, bildlich gesprochen, der Aushub eines frisch aufgerissenen Grabens zwischen Beschäftigten und Arbeitslosen.

Die Beschränkung der Produktionsmöglichkeiten äußert sich denn auch auf ganz andere Art und Weise als bei effizienten Standards. In Abb. 2-11 verläuft die Transformationskurve Europas TT zunächst wie üblich. Nach der Einführung des Mindestlohns verändern sich die tatsächlichen Produktionsmöglichkeiten aber gravierend, sobald mehr von Gut X als in Punkt A hergestellt werden soll.

Abbildung 2-11: Mindestlohn und die Rybczynski-Logik

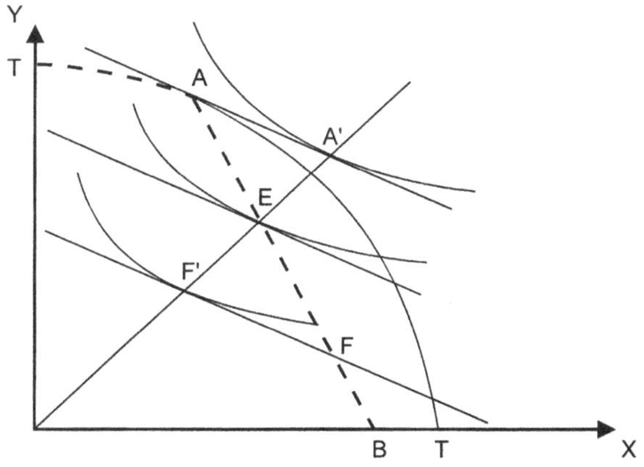

Wandern wir gedanklich an der Transformationskurve entlang, ist dies folgendermaßen erklärbar: Von Punkt T auf der Y-Achse bis Punkt A ist der Preis des Gutes Y ausgesprochen hoch. Er sinkt aber, weil sich die Produktion auf diesem Weg immer mehr zu Gut X verschiebt. In Punkt A kostet Gut Y gerade noch P*[8]. Soll die Entlohnung niedrigqualifizierter Arbeit nicht unter w* fallen, darf der Preis von Gut Y nicht weiter sinken - was er normalerweise tun würde, wenn wir entlang TT weitergehen. Stattdessen folgen wir der Rybczynski-Linie AB. Entlang dieser Linie wird immer weniger einfache Arbeit beschäftigt. In Umkehrung des Rybczynski-Theorems gilt: Wenn bei konstantem Preisverhältnis (P*) der Faktor einfache Arbeit knapper wird, sinkt die Menge des damit intensiv hergestellten Gutes Y und steigt die Menge des anderen Gutes, X.

Punkt A ist kein Marktgleichgewicht. Zum fixen Preisverhältnis P* wählen die Konsumenten den Konsumpunkt A', der bei Autarkie aber nicht erreichbar ist, weil die Produzenten in Punkt A weniger X und mehr Y herstellen, als es die Konsumenten wünschen. Nachfrageüberhang bezüglich Gut X und Angebotsüberhang bei Gut Y bewirken normalerweise, daß P sinkt. Genau dieser Anpassungsprozeß ist aber ausgeschlossen. Deshalb passen sich Angebot und Nachfrage bei unverändertem Preisverhältnis in Punkt E aneinander an. Für die Konsumenten stimmt dort die Grenzrate der Substitution mit dem Güterpreisverhältnis überein. Die Produzenten stellen dieses Güterbündel her, weil bei konstantem Güter- und Faktorpreisverhältnis die Ausstattung mit einfacher Arbeit künstlich verknappt wurde, so daß es lohnend erscheint, mehr X und weniger Y als in Punkt A zu produzieren. Die Produktionsmöglichkeiten aber sind nicht ausgeschöpft, und die Wohlfahrt ist geringer als im Pareto-Optimum auf der Transformationskurve bei $P < P^*$ (nicht eingezeichnet). Diese Schlußfolgerung gilt schon bei Autarkie.

Jetzt nimmt Europa Handel mit dem Rest der Welt auf. In Anlehnung an Davis (1996) sei dieser Rest der Welt als USA bezeichnet und im Unterschied zu Europa durch flexible Löhne gekennzeichnet. Zur Vereinfachung sei außerdem zunächst unterstellt, daß die USA in allen anderen Punkten völlig mit Europa übereinstimmt. Die Transformationskurve TT gilt demnach auch für die USA. Ohne den europäischen Mindestlohn käme überhaupt kein Außenhandel in Gang. Europa legt aber das verzerrte Preisverhältnis P* vor; es muß dieses Preisverhältnis auch weiterhin sichern, um den Mindestlohn w* zu fixieren. Die USA wünschen zu P* Außenhandel im Umfang AA', und Europa kann nicht anders, als diesen Wunsch zu erfüllen. Das entsprechende Angebot kann Europa nur unterbreiten, wenn es seine Produktionsstruktur weiter entlang der Rybczynski-Linie AB zur X-Achse hin verändert. Dahinter steckt wieder die Logik des Rybczynski-Theorems: Bei starrem Preisverhältnis wird nur dann relativ mehr von Gut X produziert, wenn die Menge einfacher Arbeit zurückgeht. Die Arbeitslosigkeit muß weiter anwachsen. Gleichzeitig fragen die Konsumenten die beiden Güter weiterhin im gleichen Verhältnis nach, weil das Preisverhältnis

[8] Die Steigung der eingezeichneten Preislinien ist der Kehrwert $1/P^*$; je größer die Steigung, desto billiger ist Gut Y.

unverändert bleibt. Das Handelsgleichgewicht wird bei Produktion F und Konsum F' erreicht. Dreieck FEF' ist eine Punktspiegelung des Dreiecks AEA' an Punkt E, so daß die Strecken F'F und AA' exakt übereinstimmen.

Offenbar hat dieser Handel für Europa sehr unschöne Folgen. Die Wohlfahrt sinkt weiter, weil die Verzerrung in Form des Mindestlohns noch durchgreifender wirkt. Die Arbeitslosigkeit steigt weiter an, ja, sie verdoppelt sich unter den hier gegebenen Annahmen sogar. Das ist am besten nachvollziehbar, wenn wir Europa und die USA als eine vollkommen integrierte Weltwirtschaft im Sinne von Dixit und Norman ansehen. Diese integrierte Weltwirtschaft USA/Europa verfügt annahmegemäß genau über doppelt so hohe Bestände beider Faktoren wie Europa allein. Das Faktorausstattungsverhältnis in der Welt ist damit zwar das gleiche wie in Europa allein. Um aber auf das gewünschte Verhältnis der beschäftigten Faktoren zu gelangen, muß Europa nun die doppelte absolute Menge von Arbeitnehmern in die Arbeitslosigkeit drängen. Wohlgemerkt: Europa alleine trägt diese Last, denn in den USA herrschen flexible Faktorpreise. Sofort erkennbar ist die Verdopplung der Last in der oben erwähnten Brecher-Relation:

$$U^*_{Welt} = 2\overline{L} - \frac{2\overline{H}}{h*} = 2(\overline{L} - \frac{\overline{H}}{h*}) = 2U^*_{Europa}$$

Allgemeiner lassen sich die Zusammenhänge mit Hilfe von Importnachfrage-/Exportangebots-Kurven (Handels-Kurven H) für das arbeitsintensiv produzierte Gut Y darstellen. Ohne den Mindestlohn würden sich diese Kurven unter den bisherigen Annahmen (Identität von USA und Europa) in Abb. 2-12 genau auf der P-Achse schneiden. Handel kommt nicht zustande.

Abbildung 2-12: Die Auswirkungen von Handelsangebot und -nachfrage

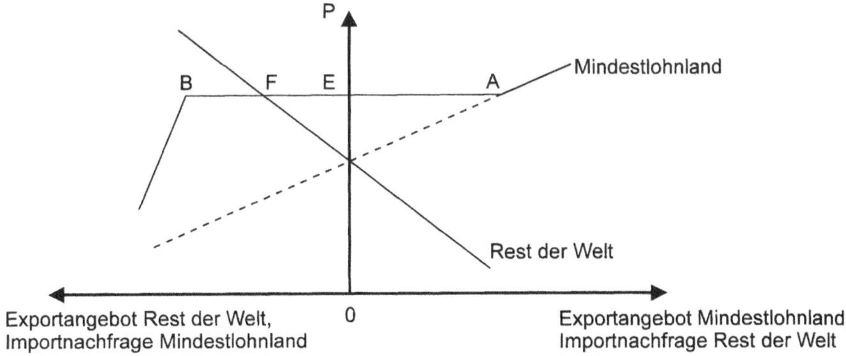

Führt Europa allerdings den Mindestlohn ein, erhält seine Handelskurve den horizontalen Abschnitt AB (entsprechend der Rybczynski-Linie in Abb. 2-

11). Bei Autarkie wählt Europa den Punkt E. Nehmen beide Länder Außenhandel auf, wird Punkt F relevant. Bekanntlich ist dieser Punkt F mit doppelt so hoher Arbeitslosigkeit für Europa verbunden wie Punkt E. Nach dieser Wiederholung des bisher schon Gesagten geben wir die Annahme auf, die USA sei gerade gleich groß wie Europa. Die Handelskurve der USA verläuft dann weiter links oder weiter rechts als in Abb. 2-12 skizziert. Schneidet sie die verzerrte Handelskurve Europas zwischen F und B, so muß sich Europa noch stärker entlang der Rybczynski-Linie nach unten anpassen; die Arbeitslosigkeit steigt auf mehr als das Doppelte, verglichen mit dem Autarkiezustand. Links von Punkt B bricht der europäische Mindestlohn endgültig zusammen. Noch mehr X stellen die europäischen Unternehmer nur her, wenn der Preis dieses Gutes doch steigt (und demnach P sinkt). Die verzerrte Handelskurve Europas konvergiert notgedrungen rasch zur gepunktet eingezeichneten Handelskurve bei Lohnflexibilität.

Etwas positiver für die europäischen Befürworter der Mindestlohnregelung wirkt der Außenhandel, wenn die amerikanische Handelskurve zwischen A und F schneidet. Von E bis F steigt die Arbeitslosigkeit in Europa zwar gegenüber dem Autarkiezustand, aber um weniger als hundert Prozent. Zwischen E und A sinkt sie sogar; die starke Nachfrage der USA nach dem arbeitsintensiv hergestellten Gut erlaubt es, einen Teil der überteuert hergestellten Menge im Ausland abzusetzen. Die Handelsströme kehren sich um, und Europa schiebt sich auf seiner verzerrten Transformationskurve etwas nach oben. Denkbar ist schließlich auch, daß eine sehr stark ausgeprägte ausländische Nachfrage zu einem Schnittpunkt rechts oberhalb von A führt. Dann lösen sich die Probleme in Wohlgefallen auf - der Mindestlohn verliert seine bindende Kraft, weil er vom Marktlohn übertroffen wird. Realitätsnah ist aber die pessimistische Sicht. Europa hat schon heute im weltweiten Vergleich keine komparativen Vorteile bei der Produktion arbeitsintensiver Güter. Neu eintretende Entwicklungs- und Schwellenländer erhöhen das Angebot von „Y-Gütern" auf dem Weltmarkt. Die Handelskurve der restlichen Welt verschiebt sich immer weiter nach links, die Arbeitslosigkeit muß immer stärker steigen, um den europäischen Mindestlohn zu sichern.

Ein bindender Mindestlohn kann in einer integrierten Weltwirtschaft offensichtlich sehr teuer werden. Aufrechterhalten läßt er sich ohnehin nur dann, wenn der „Sozialstaat" ein ökonomisch großes Land ist und das Preisverhältnis P* im Weltmarkt durchsetzen kann. Selbst wenn dies der Fall ist, kommt ein Mindestlohn ebenso wie andere, ähnlich verzerrend wirkende Standards zunehmend unter Druck, je intensiver die außenwirtschaftliche Verflechtung der Welt wird. Das Grundproblem dieser ineffizienten Standards ist, daß sie die beschäftigte Arbeitsmenge künstlich verknappen und deshalb den Rybczynski-Prozeß anstoßen (Anderson 1997). Ineffizient ist ein Mindestlohn, um bei diesem Beispiel zu bleiben, allerdings schon bei Autarkie, insofern sollte dies nicht als Argument gegen den Freihandel mißverstanden werden. Er geht teilweise zu Lasten derer, die er eigentlich begünstigen soll, denn nur einige niedrigqualifizierte Arbeitnehmer erhalten höhere Löhne als im unverzerrten Marktgleichgewicht, während andere keine Beschäftigung mehr finden. Außenhandel verstärkt die negativen Konsequenzen und deckt die Ineffizienz des Sozialstandards schonungslos auf. Da die realen Kosten nun augenfällig sind, verzichten die Bürger eines Landes möglicherweise auf diesen Sozialstandard. Sie handeln sich damit auf jeden Fall gesamtwirtschaftliche Wohlfahrtsgewinne ein. Auch politökonomisch begründete Blockaden können dann zusammenbrechen (Rama/ Tabellini 1995). So betrachtet ist es nicht besonders tragisch, wenn Mindestlöhne und ähnliche Sozialstandards in einer stärker integrierten Volkswirtschaft aufgegeben werden müssen - ganz im Gegenteil.

Krueger (1997) kritisiert diese Sicht der Dinge. Zwar gesteht auch er ein, daß ein Mindestlohn verzerrend wirkt. Ein Großteil der ökonomischen Debatte kreise aber zu einseitig um diese leidige Frage - und vernachlässige dabei, die Effektivität von Mindestlöhnen zu untersuchen, also die Frage, wie gut sie ihr Ziel erreichen. Das Argument ist durchaus ernst zu nehmen; schließlich könnte die erwünschte distributive Hauptwirkung so groß sein, daß die unerwünschte allokative Nebenwirkung von der Bevölkerung akzeptiert wird. Licht- und Schattenseiten müssen gegeneinander abgewogen werden. Die Analogie zur Medizin liegt nahe. So wird Krebs häufig chemotherapeutisch behandelt, obwohl völlig unstrittig ist, daß diese Therapieform erhebliche ungewollte Nebenwirkungen entfalten kann (Krueger 1997: 284).

Ein wichtiges Indiz dafür, wie stark die unerwünschte Nebenwirkung eines neu eingeführten oder erhöhten Mindestlohnes ausfällt, ist die Elastizität der Arbeitsnachfrage. Solange der Betrag dieser negativen Reaktion kleiner als 1 ist, erscheint die Nebenwirkung auf den ersten Blick nicht sehr gravierend. Die Lohnsumme steigt, wenn ein bindender Mindestlohn eingeführt oder erhöht wird. Aber selbst in dieser vorteilhaften Situation treten noch mindestens zwei Probleme auf. Erstens müßten Mittel und Wege gefunden werden, um alle niedrigqualifizierten Arbeitnehmer am Zuwachs der Lohnsumme teilhaben zu lassen. In irgendeiner Form müßte also eine Umverteilung zwischen beschäftigten und jetzt arbeitslosen Niedrigqualifizierten etabliert werden. Es gilt auch hier offenbar die übliche Regel, daß ein ineffizienter Staatseingriff weitere nach sich zieht. Sehr wahrscheinlich treten dann zusätzliche Allokationsverluste auf - man denke nur an die Konsequenzen staatlicher Arbeitslosenversicherung oder Sozialhilfeleistungen. Zweitens ändert sich qualitativ nichts an der Feststellung, daß die Volkswirtschaft ihre Produktionsmöglichkeiten nicht ausschöpft. Gesamtwirtschaftlich gesehen treten unvermeidlich Wohlfahrtsverluste auf, die jeden distributiven Erfolg stark relativieren.

Zwei neuere empirische Studien vermitteln zudem wenig Optimismus, was die Elastizität der Arbeitsnachfrage im Bereich der Mindestlohnhöhe angeht (Abowd et al. 1997, Neumark/ Wascher 1997). Beide Studien verwenden detaillierte Mikrodaten und konzentrieren sich auf die Folgen von Mindestlöhnen für jene Arbeitnehmer, die zum Mindestlohn oder in unmittelbarer Nähe davon entlohnt werden. Dieser Ansatz führt potentiell zu ganz anderen Ergebnissen als eine aggregierte Betrachtung beispielsweise ganzer Altersgruppen, bei der die Elastizität systematisch unterschätzt wird. Zum einen befinden sich innerhalb einer Altersgruppe höher und niedriger entlohnte Individuen. Steigt der Mindestlohn, betrifft das jene Arbeitnehmer kaum, die ohnehin deutlich mehr als den Mindestlohn verdienen. Arbeitslosigkeit entsteht bei den Individuen, die bisher unterhalb des neuen Mindestsatzes entlohnt wurden. Die Sicht auf eine gesamte Altersgruppe verschleiert diese ungleiche Wirkung; der auf eine ganz bestimmte Untergruppe konzentrierte Effekt wird auf alle „umverteilt" und erscheint deshalb als Durchschnittswert weniger gravierend. Zum anderen profitieren nicht alle weiterbeschäftigten Geringverdiener gleichermaßen vom Mindestlohnanstieg. Nur wer bisher genau zum Mindestlohn beschäftigt war, erhält die volle Steigerung. Andere Arbeitnehmer, die über dem bisherigen, aber unter dem neuen Mindestlohn verdienten, gewinnen weniger. Der auslösende Faktor im Ausdruck für die Elastizität ist also kleiner als der Wechsel vom alten zum neuen Mindestlohn auf dem Papier.

Ein einfaches Zahlenbeispiel für die USA zeigt, wie die gängigen Elastizitätswerte modifiziert werden müssen (Neumark/ Wascher 1997: 5). Ausgangspunkt ist ein Mindestlohnanstieg 1996-1997 um 21,2%. Aus Daten des Current Population Survey (CPS) läßt sich für 1995 ermitteln, daß insgesamt 21,3% der jungen Arbeitnehmer zwischen 16 und 24 Jahren entweder genau zum alten Mindestlohn oder zwischen altem und neuem Minimum entlohnt wurden. Nimmt man an, daß der Lohn jedes weiterhin Beschäftigten genau auf das Minimum steigt, bedeutet dies einen durchschnittlichen Anstieg um 10,8%. Die gesamte entstehende Arbeitslosigkeit soll zu Lasten der genannten Gruppe gehen. Dann muß ein für die gesamte Alterskategorie geschätzter Elastizitätwert von -0,1 wie folgt angepaßt werden:

$$-0.1\left[\frac{100 / 21.3}{10.8 / 21.2}\right] = -0.92$$

Im Nenner ist nun berücksichtigt, daß das auslösende Moment für die betroffene Gruppe kleiner ist, als ein direkter Vergleich von altem und neuem Mindestlohn suggeriert. Der 21,2prozentige Anstieg im Nenner der bisher geschätzten Elastizität wird durch den durchschnittlichen Anstieg um 10,8% ersetzt. Die Reaktion darauf im Zähler des Ausdrucks wird nicht mehr auf 100% der jungen Arbeitnehmer bezogen, sondern nur noch auf die tatsächlich gefährdeten 21,3%. Das Resultat dieses Gedankenexperiments ist bemerkenswert: Die ursprüngliche, eher belanglose Elastizität von -0,1 wird in das Maß -0,92 für die betroffene Gruppe übersetzt. Sie rückt also sehr nahe an den kritischen Wert von -1, bei dem ein verordnetes Minimum die Lohnsumme überhaupt nicht mehr zu steigern vermag.

Die beiden genannten Studien gehen über diese einfache Modifikation mit ihrem allzu aggregierten Ansatz hinaus. Abwod et al. (1997) untersuchen beispielsweise für Frankreich, welchen Einfluß der staatliche Mindestlohn (SMIC, salaire minimum interprofessionel de croissance) auf die Wahrscheinlichkeit hat, von einer bestimmten Position in der Lohnverteilung (in Periode 1) ausgehend arbeitslos zu werden (in Periode 2). Es zeigt sich zunächst, daß das Risiko, arbeitslos zu werden, tatsächlich in jener Gruppe konzentriert ist, die in etwa zum Mindestlohn bezahlt wird. Das Beispiel Frankreich erlaubt weitergehende Erkenntnisse, weil der französische Mindestlohn indexiert ist und zusätzlich per Gesetz immer wieder in die Höhe getrieben wurde. Wenn der reale Mindestlohn um ein Prozent steigt, geht für einen jungen und derzeit zum SMIC bezahlten Mann die Wahrscheinlichkeit, in der Folgeperiode beschäftigt zu sein, um 2,5% zurück. Für einen 25-30jährigen Mann, der zwischen dem alten und neuen Mindestlohn beschäftigt war, sinkt diese Wahrscheinlichkeit um 4,6% im Verhältnis zu einem gleichaltrigen, aber marginal über dem Minimum entlohnten Mann. In Frankreich existieren zudem verschiedene Ausnahmeregelungen, die es erlauben, Arbeitnehmer unter 25 zu geringeren Löhnen als dem SMIC zu beschäftigen. Das Überschreiten dieser Altersgrenze und damit das faktische Inkrafttreten der Mindestlohnrestriktion führt zu gravierend schlechteren künftigen Beschäftigungschancen. All diese Ergebnisse stimmen wenig hoffnungsvoll, was die Effektiviät des SMIC angeht.

Ein zentrales Ziel von Mindestlöhnen mag sein, die Einkommen von armen Familien zu steigern. Ob dieses Ziel erreicht wird, hängt nicht nur davon ab, wie groß die Elastizität der Arbeitsnachfrage im Bereich des Mindestlohns ist. Der zweite wichtige Faktor ist, wie genau die Erwerbstätigen betroffen sind, die einer armen Familie angehören. Viele der in den USA zum Mindestlohn Tätigen leben nämlich in verhältnismäßig wohlhabenden Familien, so daß nicht von vornherein klar ist, wie stark sich schlechtere Beschäftigungschancen für diese Gruppe von Arbeitnehmern auf arme Familien auswirken. Nur rund ein Drittel der Arbeitnehmer, die im Bereich des Mindestlohns beschäftigt sind, gehören den ärmsten Familien an (Card/ Krueger 1995: 298f.).

Neumark und Wascher (1997) versuchen diese komplexen Strukturen aufzulösen, indem sie die Wahrscheinlichkeiten des Übergangs aus der Armut beziehungsweise in die Armut in verschiedenen Bundesstaaten der USA vergleichen, wobei in manchen Staaten der Mindestlohn stieg, in anderen dagegen nicht. Falls arme Familien in einem Staat mit steigenden Mindestlöhnen bessere Chancen haben, aus der Armut auszubrechen, ist dies ein Indiz für den Erfolg der Mindestlohnpolitik. Allerdings ist darauf zu achten, ob sich in den gleichen Staaten die Gefahr verändert, in die Armut abzusteigen. Ganz unterschiedliche Effekte finden in den Übergangswahrscheinlichkeiten ihren Niederschlag. So verändert sich das Arbeitsangebot der Familienmitglieder mit der Höhe des Mindestlohns: Wird ein Mitglied einer armen Familie durch den Mindestlohn arbeitslos, erhält es in der Regel staatliche Transfers, was den negativen Effekt auf das Familieneinkommen mildert.

Neumark und Wascher (1997) identifizieren gegenläufige Bewegungen. Einerseits können dank des Mindestlohns einige ursprünglich arme Familien ihre Einkommen steigern. Andererseits rutschen aber manche anfangs etwas besser gestellten Familien unter die Armutsgrenze ab. Die erste, angestrebte Bewegung ist prozentual auf die Gruppe armer Familien bezogen zwar stärker als die zweite, unerwünschte Bewegung bezogen auf die Gruppe von ursprünglich etwas besser gestellten Familien, aber der Anteil armer Familien ist recht klein. Werden die beiden Bewegungen entsprechend gewichtet, ergibt sich insgesamt ein Anstieg des Anteils armer Familien um 0,8 Prozentpunkte, wobei dieser Nettoeffekt statistisch nicht signifikant ist. Der wahre Charakter der Mindestlohnsteigerung zeigt sich noch deutlicher, wenn berücksichtigt wird, daß er seine volle Wirkung verzögert entfaltet. Zunächst (in der Folgeperiode) können einkommensschwache Familien mit höherer Wahrscheinlichkeit erwarten, die Armutszone zu verlassen, und die etwas wohlhabenderen Familien müssen den Abstieg weniger fürchten. Der Lohnanstieg dominiert fürs Erste den Einfluß auf das Familieneinkommen. Schon in der zweiten Periode ist aber der positive Effekt für arme Familien weit schwächer ausgeprägt, und die Wahrscheinlichkeit steigt, der Armut anheimzufallen. Offenbar finden nun, mit einem gewissen Lag, Anpassungen bei der Beschäftigung statt. Insbesondere sinkt die Zahl der beschäftigten Familienmitglieder in jenen Familien, deren Einkommen ursprünglich oberhalb der Armutsgrenze lag.

Auch bei wohlwollender Betrachtung ergibt sich also bestenfalls eine in etwa unveränderte Wahrscheinlichkeit, arm zu sein. Es wäre zynisch, den Aufstieg einiger armer Familien als Erfolgsnachweis herauszustreichen, wenn zugleich andere Familien arm werden. Der Mindestlohn erscheint äußerst ineffektiv; er führt auch nicht zur (gesellschaftlich möglicherweise erwünschten) Umverteilung von reichen zu armen Familien. Stattdessen profitieren einige bisher arme Familien auf Kosten jetzt armer Familien. Der Mindestlohn wirkt nur in einer scharf umrissenen Gruppe, und er bewirkt lediglich Brutto-Wechselbäder, aber keine Netto-Verbesserungen. Auch gegen individuelle Armut wird er im übrigen kaum helfen, sind doch zwei Drittel der armen Erwachsenen in den USA gar nicht beschäftigt (Card/ Krueger 1995: 305ff.). Mindestlöhne sind nach diesen Erkenntnissen nicht bloß ineffizient, sondern auch kaum zielführend. Es bleibt dabei: Außenhandel mag erheblichen Druck auf derartige Sozialstandards ausüben, aber dieser Druck ist heilsam. Eine offene Volkswirtschaft wird auf die Dauer ihre ineffizienten Standards aufgeben. Die sozialstaatlichen Ziele müssen deshalb überdacht, jedoch nicht unbedingt aufgegeben werden. Es geht vielmehr darum, effiziente und effektivere Instrumente zu finden.

2.4 „Optimalstandardpolitik" großer Länder

Die Diskussion von Mindestlöhnen hat die Annahme des kleinen Landes implizit schon aufgeweicht. Damit „Europa" den gewünschten Mindestlohn sichern kann, muß es ein bestimmtes Güterpreisverhältnis festhalten. Das ist aber nur möglich, wenn „Europa" auch über einen entsprechend großen Einfluß auf dem Weltmarkt verfügt. Es handelte sich also bei „Europa" bereits um ein ökonomisch großes Land. Dennoch thematisiert erst das jetzt folgende Kapitel Terms-of-trade-Effekte im traditionellen Sinne. „Europa" besaß im Fall des Mindestlohns das zweifelhafte „Glück", sich weitere Wohlfahrtseinbußen einzuhandeln. Üblicherweise nutzen große Länder ihren Einfluß auf dem Weltmarkt aber dazu, die nationale Wohlfahrt auf Kosten anderer zu erhöhen. Sie versuchen, das Austauschverhältnis auf dem Weltmarkt zu ihren Gunsten zu verändern.

Auch dieser Abschnitt beginnt wieder mit einer Partialanalyse[9]. Das betrachtete Land stellt Gut X her, bei dessen Erzeugung eine negative Externalität auftritt. Ist das Land klein, so das Ergebnis der bisherigen Betrachtung, sollte es die externen Effekte vollständig internalisieren. Ist es aber groß, muß es bedenken, daß diese Internalisierung den Weltmarktpreis von Gut X beeinflußt. Da die Produzenten nach der Internalisierung mit den sozialen Grenzkosten belastet sind, die stets über den privaten Grenzkosten liegen, schränken sie ihr Angebot ein. Aufgrund der Tatsache, daß die Produzenten über großes Gewicht am Weltmarkt verfügen, muß der Preis von Gut X steigen. Ob die Regierung des großen Landes diese Entwicklung begrüßt oder ablehnt, hängt davon ab, ob Gut X exportiert oder importiert wird (Brown/ Deardorff/ Stern 1996: 243).

1) In Abb. 2-13 exportiert das betrachtete große Land Gut X. Gehen wir zunächst davon aus, daß der externe Effekt nicht internalisiert wird; es gelte das Preisverhältnis P*. Die Volkswirtschaft exportiert Gut X im Umfang CB. Sie erzielt damit ABCD als Summe von Produzenten- und Konsumentenrente, muß aber externe Verluste in Höhe von ABE hinnehmen. Netto ergeben sich die positive Wohlfahrt AFCD und der Abzug FBE. Entscheidet sich die Regierung nun für die vollständige Internalisierung, so steigen die Grenzkosten der X-Produktion auf ihren gesellschaftlich relevanten Wert SGK. Zum herrschenden Weltmarktpreis P* würde das Land deshalb nur noch CF exportieren. Der Weltmarktpreis steigt jedoch durch das knappere Angebot der großen Exportnation auf einen Wert P**. Die Exporte steigen dann auf GH, wobei GH allerdings stets eine kleinere Menge sein muß als CB, um den Preisanstieg im Gleichgewicht zu begründen. Die Summe aus Produzenten- und Konsumentenrente ist AHGD und liegt eindeutig höher als die ohne Internalisierung erreichbare Wohlfahrt. Einerseits verschwindet dank der Internalisierung der Netto-Verlust FBE vollständig. Andererseits erhalten die Produzenten aufgrund des gestiegenen

[9] vgl. zu deren Grundlagen Anderson (1992)

Weltmarkpreises eine zusätzliche Rente P*FHP**. Zum Teil ist das nur umverteilte Konsumentenrente (P*CGP**), aber die Fläche CFHG kommt netto hinzu. Ein Sozial- oder Umweltstandard zahlt sich für das große Exportland doppelt aus - er erfüllt seinen Zweck, und er löst mit dem Preisanstieg einen angenehmen Nebeneffekt aus.

Abbildung 2-13: Optimalstandard des Exportlands

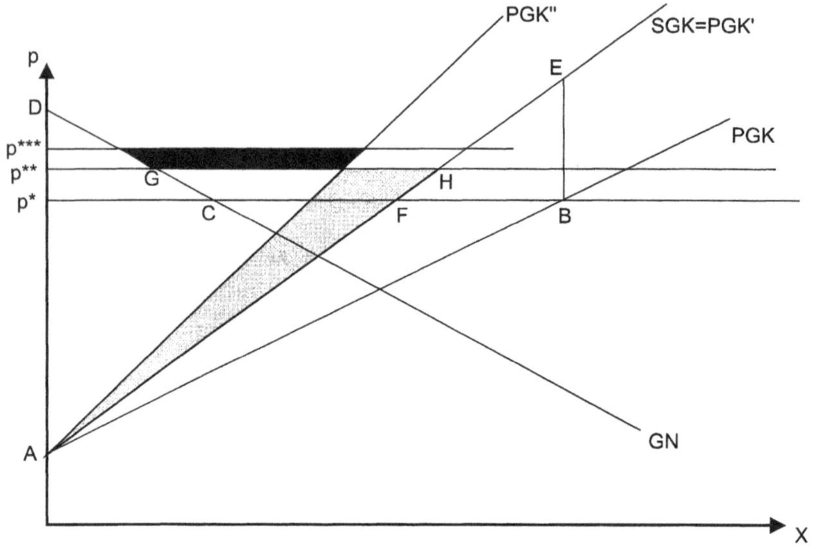

Unter Umständen kann die betrachtete Volkswirtschaft ihre Wohlfahrt weiter steigern, wenn sie ihre Sozial- und Umweltstandards übertrieben hoch setzt und damit das Angebot auf dem Weltmarkt noch knapper hält. In Abb. 2-13 treibt die Regierung mit einem überhöhten Standard die privaten Grenzkosten auf PGK''. Das Exportangebot wird noch knapper, und der Weltmarktpreis steigt auf P***. Dem Anstieg der Produzentenrente abzüglich verlorener Konsumentenrente (schwarz unterlegte Fläche) einerseits steht jetzt ein Verlust an Produzentenrente (grau unterlegte Fläche) andererseits gegenüber, da der Standard annahmegemäß nicht mehr durch negative externe Effekte motiviert ist. Ein „Optimalstandard" ist unter diesem Gesichtspunkt erreicht, wenn die schwarz unterlegte und die grau unterlegte Fläche gerade gleich groß sind. Dieser Punkt ist in Abb. 2-13 augenscheinlich schon überschritten. Allgemein hängt die Höhe des Optimalstandards davon ab, wie elastisch die ausländische Importnachfrage auf das knappere inländische Exportangebot reagiert. Die Analogie zur üblichen Optimalzollbetrachtung ist unverkennbar, allerdings besteht ein gravierender Unterschied: Optimalstandards werfen keine Rente in Form von Zolleinnahmen ab. Von daher sind sie stets weniger attraktiv als ein Optimalzoll. Andererseits wurden Zölle durch die Entwicklung des Welthandelssystems weitgehend zurückgedrängt. Es besteht die Gefahr, daß das eher unauffällige Instrument „Optimalstandard" deren Funktion teilweise übernimmt. Andere Länder werden es schwer haben, gegen hohe Sozial- und Umweltstandards eines großen Landes einzutreten.

2) In Abb. 2-14 importiert das große Land Gut X. Zunächst strebt das Land keine Internalisierung an und kauft deshalb die Menge BC von Gut X zum Preis P* auf dem Weltmarkt. Die Summe von Konsumenten- und Produzentenrente beträgt ABCD, davon abgezogen werden müssen die externen Kosten ABE. Entscheidet sich das Land jetzt für eine Internalisierung, so steigen die privaten Grenzkosten auf das Niveau der sozialen Grenzkosten SGK=PGK'.

Abbildung 2-14: Optimalstandard des Importlands

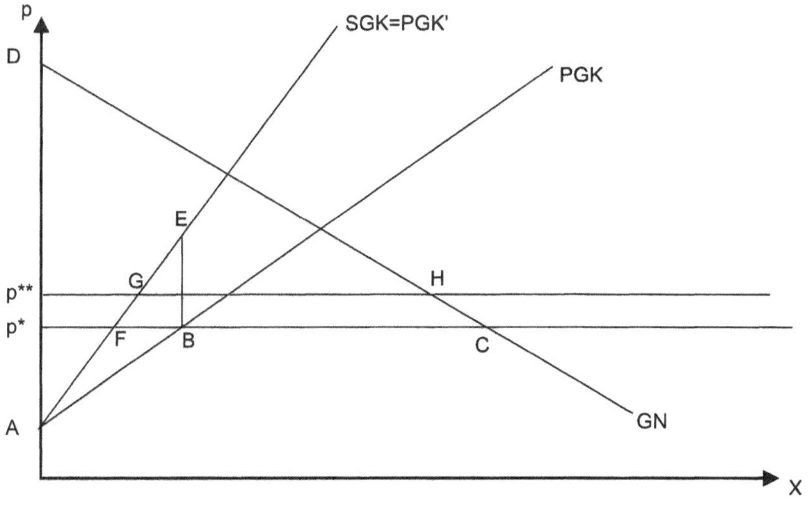

Zum Weltmarktpreis P* schränken die heimischen Anbieter ihre Produktion ein, der Import wächst auf die Menge FC an. Weil das betrachtete Land ein großer Nachfrager auf dem Weltmarkt ist, steigt dann auch der Weltmarktpreis auf P**, so daß die gleichgewichtige Importmenge GH schließlich etwas kleiner ist als FC, aber immer noch größer als BC. Die Summe von Konsumenten- und Produzentenrente beträgt jetzt AGHD, externe Kosten treten nicht mehr auf. Gegenüber der Ausgangssituation ist die Wohlfahrt dank der Internalisierung um FBE gestiegen. Zugleich sinkt aber die Konsumentenrente (saldiert mit dem

Zuwachs bei der Produzentenrente P*FGP**) um FCHG. In Abb. 2-14 wiegt dieser Verlust schwerer als die Wohlfahrtsverbesserung durch Internalisierung. Für das große Importland besteht demnach ein Anreiz, die bei Autarkie effiziente Internalisierung zu unterlassen. Zum ersten Mal ist das Referenzkriterium dieser Arbeit wirklich verletzt: Außenhandel führt dazu, daß ein Land sein Interesse an einem bei Autarkie effizienten Standard verliert.

Der Verzicht auf die Internalisierung wirkt wie eine Subvention der heimischen Anbieter; die realen Kosten dieser Subvention sind unmittelbar an der Höhe der externen Kosten ablesbar. Möglicherweise strebt das große Importland eine noch weitergehende Verbesserung seiner Terms of trade an, muß dann aber auf andere, „klassische" Mittel zur Subventionierung der heimischen Anbieter setzen. Der Verzicht auf effiziente Standards ist aber vermutlich sehr viel unauffälliger als eine offene Subvention, die möglicherweise gegen international vereinbarte Subventionskodizes verstößt. Allerdings ist die Darstellung in Abb. 2-14 insofern „optimistisch", als bei kleinen Mengen von X bloß ein geringer negativer externer Effekt auftritt. Ohne weiteres ist auch vorstellbar, daß die externen Kosten der Produktion so hoch sind, daß die Nicht-Internalisierung keine geeignete Strategie zur Wohlfahrtsverbesserung darstellt. In diesem Fall klafft zwischen PGK und SGK schon für die ersten Einheiten der X-Produktion eine riesige Lücke. Allgemein läßt sich deshalb festhalten, daß Sozial- und Umweltdumping im hier entdeckten Sinne nur dann einen Sinn ergibt, wenn die effizienten Standards ohnehin recht niedrig anzusetzen wären. Als Instrument ist dieses Dumping nur sehr begrenzt einsetzbar.

Schließlich gilt es zu beachten, daß es sich beim hier betrachteten Land um ein Importland handelt. Ein Großteil der negativen externen Effekte in der X-Produktion fällt schon aus diesem Grunde weg, sobald sich das Land für Außenhandel öffnet. Die inländische Produktion von X sinkt dann vom Autarkieniveau ausgehend erheblich ab, damit schrumpft aber auch die Bedeutung der Externalität. Der Verzicht auf eine Internalisierung aus Terms-of-Trade-Überlegungen führt deshalb nicht zu gravierenden sozialen Verwerfungen oder Umweltproblemen. Lediglich der letzte „Rest" externer Kosten, resultierend aus der bei Außenhandel verbleibenden inländischen Produktion, wird stillschweigend hingenommen.

Die bisherige Partialanalyse verdeckt die Tatsache, daß immer erst das Zusammenspiel von zwei Güterkategorien - Exportgütern und Importgütern - die Terms of trade definiert. Im folgenden werden deshalb zwei Güter in einer graphischen Totalanalyse betrachtet. Abb. 2-15 knüpft an die vorhergehenden Überlegungen zum Transformationsraum an. Bei der Produktion von Gut X tritt der negative externe Effekt auf, die Transformationskurve TT beschreibt die Produktionsmöglichkeiten, wenn diese Externalität ungehindert auftritt. Die Möglichkeiten zur Güterproduktion gehen auf T'T' zurück, wenn die externen

Kosten internalisiert werden. Erneut ist nun danach zu unterscheiden, ob das betrachtete Land Gut X exportiert oder importiert.

1) In Abb. 2-15 realisiert die große Volkswirtschaft bei einem Weltmarktpreisverhältnis von P* den Produktionspunkt A und konsumiert im Konsumpunkt B, solange sie keine Sozial- oder Umweltstandards setzt. Sie exportiert Gut X im Tausch gegen Y (Vektor AB). Nun gehe die Volkswirtschaft zur Internalisierung über. Unterstellen wir als gedanklichen Zwischenschritt, P* bliebe erhalten. Bei homothetischen Präferenzen bleibt das Verhältnis der beiden Güter im konsumierten Bündel (Steigung der Ursprungsgeraden 1 durch D und B) gleich, die absoluten Mengen gehen von B auf D zurück. Trotzdem könnten an sich die gleichen Import- und Exportmengen wie bisher gehandelt werden, wenn die produzierten Gütermengen im gleichen Verhältnis abnehmen würden wie die konsumierten, was in Abb. 2-15 durch eine gestrichelte Linie (Parallele zur Ursprungsgeraden 1) angedeutet ist. Das ist aber niemals der Fall, wie eine einfache Überlegung beweist.

Abbildung 2-15: Optimalstandard Exportland im Zwei-Güter-Diagramm

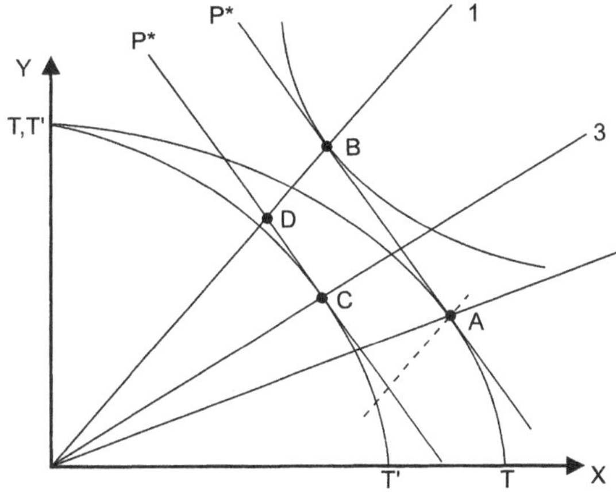

Bei jedem gegebenen Güterverhältnis Y/X, zum Beispiel bei der Steigung von Linie 2 durch den ursprünglichen Produktionspunkt A, ist der Anstieg der Transformationskurve T'T' größer als derjenige von TT. Denn die Steigung der Transformationskurven mißt die Grenzrate der Transformation, gibt also an, auf welche Menge von Gut Y die Gesellschaft verzichten muß, damit eine bestimmte zusätzliche Menge von Gut X herstellbar wird. Da die Grenzkosten der Produktion von X entlang T'T' um die bisher externen Grenzkosten gestiegen sind, muß von jedem Güterverhältnis ausgehend mehr von Gut Y für ein gewisses

Plus von Gut X geopfert werden als entlang TT. Die gleiche Grenzrate der Transformation wie in Punkt A erreicht die Volkswirtschaft deshalb nach der Internalisierung schon bei einem größeren Verhältnis Y/X als bisher. Sie produziert deshalb beim gegebenen Preisverhältnis P* in Punkt C und somit relativ mehr von Gut Y (Linie 3) als bisher (Linie 2). Absolut gesehen sinkt die Produktion nicht im gleichen Verhältnis wie der Konsum, sondern mit einem Bias zum unbelasteten Gut Y hin.

Aus diesen Überlegungen ergibt sich des weiteren, daß der Außenhandel zwingend zurückgeht. Produktionspunkt C und Konsumpunkt D liegen näher aneinander, der Vektor CD ist kürzer als AB. Diese Verknappung der gehandelten Mengen führt dazu, daß sich die Terms of trade des großen Landes verbessern; die Budgetlinie wird steiler, was in Abb. 2-15 nur zu Gunsten der Übersichtlichkeit nicht berücksichtigt ist. Dabei ist gleichgültig, ob das große Land über Einfluß auf dem Weltmarkt des Exportgutes, des Importgutes oder auf beiden besitzt. Export- und Importmengen müssen sich bei gegebenem Preisverhältnis immer gleichgerichtet verändern. Eine Verknappung des Exportangebots hat den gleichen Terms-of-trade-verbessernden Effekt wie eine Beschränkung der Importnachfrage. Das Ergebnis der Partialanalyse wird damit vollauf bestätigt. Für ein großes Land, das ein Gut X exportiert, dessen Produktion negative externe Effekte verursacht, zahlt sich die Internalisierung doppelt aus[10]. Mit einem Instrument, dem Standard, werden zwei Ziele zugleich verfolgt, die Internalisierung als solche und die Verbesserung der Terms of trade.

Auch der zweite Aspekt der Partialanalyse ist wiedererkennbar: Setzt das große Land den Standard oberhalb des effizienten Niveaus fest, erzielt es möglicherweise weitere Terms-of-trade-Gewinne. Die Transformationskurve dreht sich dann zu Lasten von Gut X weiter nach innen. Die potentiellen Terms-of-trade-Gewinne erkauft sich das Land also, indem es auf einen Teil seiner Produktionsmöglichkeiten verzichtet. Das „dritte Gut“ im Transformationsraum, die Sozial- oder Umweltqualität, wird in einem übertriebenen Ausmaß hergestellt, das niemand wünscht. Im Referenzrahmen dieser Arbeit interessiert aber vor allem, daß das effiziente Niveau mit Sicherheit nicht unterschritten wird, somit kein „Dumping“ auftritt.

2) In Abb. 2-16 importiert das große Land beim Preisverhältnis P* Gut X und verkauft dafür Gut Y im Ausland. Die Transformationskurven TT und T'T' ergeben sich wie gehabt. Geht das Land zur Internalisierung über, sinken die konsumierten Gütermengen von B auf D, wobei unter Annahme homothetischer Präferenzen wiederum das Verhältnis Y/X gewahrt bleibt. In der heimischen Produktion muß Y/X dagegen steigen, ebenfalls völlig analog zum vorher diskutierten Fall des X-exportierenden Landes. Die weiteren Konsequenzen hängen

[10] Batabyal (1994) demonstriert genau diesen Effekt formal; er argumentiert mit einer Emissionssteuer als Umweltstandard, mit deren Hilfe Länder „(...) may - so to speak - kill two birds with one stone“ (S. 545).

nun jedoch davon ab, wie stark Y/X in der Produktion steigt. Geht die Produktion im gleichen Verhältnis wie der Konsum zurück, also entlang der gestrichelten Linie, wird im neuen Gleichgewicht genauso viel gehandelt wie bisher; die Terms of trade bleiben unverändert. Würde die Produktion in einem Verhältnis zurückgehen, das zwischen der Steigung der Linien 1 und 2 liegt, wäre das immer noch kompatibel mit der notwendigen Bedingung „Verhältnis von Y zu X in der Produktion muß ansteigen". In diesem Fall würden die Handelsmengen sinken und die Terms of trade des betrachteten Landes steigen. Vermutlich handelt es sich aber um eine theoretische Kuriosität. Der gesamte Steigungsverlauf der Transformationskurve müßte sich beim Übergang von TT auf T'T' verändern, damit dieses Ergebnis möglich wird.

Abbildung 2-16: Optimalstandard Importland im Zwei-Güter-Diagramm

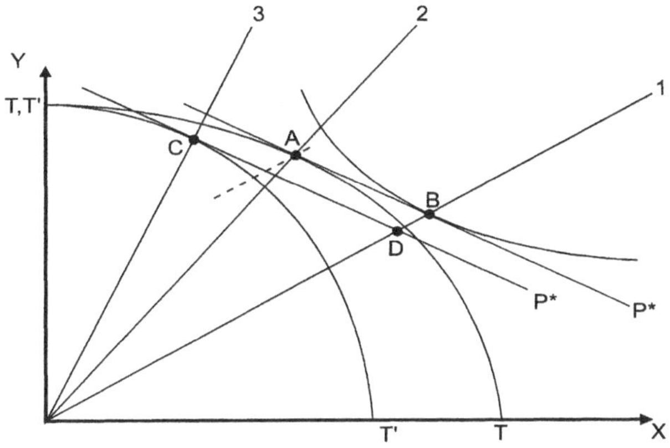

Realistischer ist wohl ein kontinuierlicher Anstieg der Internalisierungskosten. In Abb. 2-16 gilt dann für T'T', daß bei jeder gegebenen und möglichen Menge von Y die herstellbare Menge von X um einen fixen Prozentsatz niedriger ist als auf TT[11]. Unter dieser realistischeren Voraussetzung steigt das Verhältnis Y/X stark (die Ursprungsgerade 3 ist deutlich steiler als 2) und die Handelsmengen nehmen von AB auf CD zu. Größeres Exportangebot und/oder stärkere Importnachfrage bewirken dann höhere Terms of trade für das Inland (nicht eingezeichnet) und damit einen unerwünschten Nebeneffekt.

[11] Das ist eine Analogie zur partialanalytischen Betrachtung, die von linear steigenden privaten und sozialen Grenzkosten ausging, so daß die externen Grenzkosten einen prozentual konstanten Aufschlag auf die privaten Grenzkosten darstellen. Außerdem ist die Auswirkung auf die Produktionsmöglichkeiten dann genau umgekehrt wie im Falle technischen Fortschritts. (vgl. zum technischen Fortschritt Hesse 1996).

Ob das betrachtete Land allein deshalb auf die Internalisierung verzichtet, hängt auch in dieser Totalanalyse von verschiedenen, einander entgegengesetzten Determinanten ab. Ein Verzicht auf die Internalisierung würde zwar die Terms-of-Trade-Verschlechterung verhindern, aber im Sinne des Transformationsraums muß das Land abwägen, welche Qualitätseinbußen es sich damit einhandelt (vgl. Cadot/Hung 1997). Der Anreiz, Sozial- oder Umweltdumping zu betreiben, bleibt angesichts dieser realen Kosten begrenzt. Weil das Land seinen komparativen Vorteil bei der Y-Produktion hat und ohnehin relativ wenig X herstellt, sind andererseits auch die Kosten der Nicht-Internalisierung nicht so gravierend wie im unter 1) diskutierten Fall eines gleich strukturierten Landes, das sich auf Gut X spezialisiert hat.

Partial- und Totalanalyse führen tendenziell zum gleichen Ergebnis: Wird das Gut X, dessen Herstellung mit negativen externen Effekten verbunden ist, exportiert, so sind große Länder noch williger als kleine Länder, hohe Standards zu setzen. Möglicherweise, aber nicht immer, gehen sie dabei sogar über das effiziente Niveau hinaus. Importiert das große Land dagegen Gut X, so muß es infolge der Internalisierung eine Terms-of-Trade-Verschlechterung befürchten und schreckt deshalb unter Umständen davor zurück, Standards auf dem effizienten Niveau zu fixieren. Die Theorie legt damit nahe: Manche Länder setzen möglicherweise zu strenge, andere zu laxe Standards. Die Verzerrungen, so sie überhaupt auftreten, sind gegenläufig. Nichts belegt die Angst, daß im Aggregat, über alle Länder hinweg betrachtet, die Umweltstandards unter ihrem First-best-Niveau liegen (A. Ulph/D. Ulph 1996: 182).

2.5 Außenhandel und endogene Standards

Die bisherigen Schlußfolgerungen vernachlässigen noch, daß der Außenhandel selbst wiederum auf die Höhe der nationalen Standards zurückwirken wird. Außenhandel ist schließlich kein Selbstzweck, sondern eröffnet die Chance, die Allokation der vorhandenen Produktionsfaktoren zu verbessern und damit mehr und bessere oder vielfältigere Güter herzustellen und zu konsumieren. Die Wohlfahrt steigt, wenn die Weltwirtschaft zusammenwächst. Aus mindestens zwei Gründen wird sich dieser Prozeß auch auf die Standards in einer Volkswirtschaft auswirken: Reichere Bürger wünschen höhere soziale Standards, und sie können dafür bezahlen. Dieser Effekt ist beispielsweise in den „Emerging economies“ Asiens zu beobachten (Langhammer 1997). Gerade bei den sogenannten Kernstandards zeigt er sich in aller Deutlichkeit. Zwischen dem Bruttosozialprodukt pro Kopf in einer Volkswirtschaft und dem Anteil arbeitender Kinder (zwischen zehn und vierzehn Jahren) besteht ein eindeutiger negativer Zusammenhang (Krueger 1997: 295). Dies gilt, obwohl weitere Einflüsse wie kulturelle Traditionen, Haushaltsgröße oder Bildungssystem auf Kinderarbeit zurückwirken (vgl. z.B. Grootaert/ Kanbur 1995). Das ist auch nicht überraschend, denn viele dieser Einflüsse hängen wiederum selbst vom Pro-Kopf-Einkommen ab.

Die traditionelle Außenhandelstheorie lehrt nun allerdings, daß sich die insgesamt steigende Wohlfahrt sehr ungleich auf die Produktionsfaktoren verteilt. Die Besitzer dieser Faktoren werden deshalb ihre Nachfrage nach Sozialstandards auch unterschiedlich anpassen, wenn es zu verstärktem Außenhandel kommt. Solange die sozialpolitischen Normen für die gesamte Bevölkerung eines Landes gelten, ist der Einfluß der unterschiedlichen Gruppen gegeneinander abzuwägen. Sozialstandards bleiben damit zwar endogen, aber es hängt von den Umständen ab, in welcher Richtung und Stärke sie sich verändern. Die relevanten Zusammenhänge lassen sich wiederum in einem einfachen Modell mit zwei Volkswirtschaften und zwei Gütern erkennen (Casella 1996).

Beide Länder verfügen über zwei Produktionsfaktoren, Humankapital H und niedrigqualifizierte Arbeit L. Das Land 1 ist reich an niedrigqualifizierter Arbeit, das Land 2 dementsprechend reichlich mit Humankapital ausgestattet. In Land 1 ist das Verhältnis von L zu H also höher als in Land 2 und auch höher als im „weltweiten" Durchschnitt. Die unterschiedlichen Faktorausstattungen treiben den Außenhandel zwischen den Ländern an. Im In- und Ausland werden jeweils sowohl ein High-Tech-Gut X als auch ein standardisiertes Massenprodukt Y hergestellt. Die Produktionsfunktionen sind in beiden Ländern gleich und weisen konstante Skalenerträge auf, es herrscht vollkommener Wettbewerb auf den Gütermärkten. Die Technologien zeichnen sich jetzt allerdings dadurch aus, daß bei der Herstellung von X nur Humankapital zum Preis r und bei der Produktion von Y nur einfache Arbeit zum Preis w benötigt wird:

$$X = bH$$

$$Y = aL$$

Aus diesen Annahmen ergibt sich unmittelbar, daß die Unternehmen langfristig keine Gewinne erzielen und Grenzkostenpreise für die beiden Güter verlangen:

$$p_X = \frac{r}{b}$$

$$p_Y = \frac{w}{a}$$

Die Bürger beider Länder haben identische Präferenzen, die durch die Nutzenfunktion

$$U = xy$$

beschrieben werden, wobei x und y für den individuellen Konsum des jeweiligen Gutes stehen. In dieser einfachen Modellstruktur läßt sich das Güterpreisverhältnis und das Faktorpreisverhältnis in den Ländern rasch herleiten, zunächst ohne den Sozialstandard zu berücksichtigen. Das Verhältnis der Grenznutzen von x und y muß dem Verhältnis der Güterpreise p_X und p_Y entsprechen.

Ein Ausdruck für die gleichgewichtigen Güterpreise wurde bereits hergeleitet, so daß sich für jedes Land i=1,2 folgendes ergibt:

$$\frac{p_{Xi}}{p_{Yi}} = \frac{aL_i}{bH_i}$$

$$\frac{r_i}{w_i} = \frac{L_i}{H_i}$$

Güter- und Faktorpreisverhältnisse hängen also auch hier direkt von der vorhandenen Faktorausstattung ab. Da Land 1 relativ viel einfache Arbeit besitzt, schlägt das Pendel auf den Faktormärkten zugunsten des knappen Humankapitals aus, r/w ist in Land 1 höher als in Land 2. Konsequenterweise hat Land 1 einen komparativen Preisvorteil beim arbeitsintensiven Gut Y, während Land 2 das High-Tech-Gut X günstiger herstellen kann. Nehmen die beiden Länder deshalb Außenhandel miteinander auf, gleichen sich zunächst die Güterpreisverhältnisse aneinander an. Weil das weltweite Güterangebot mit der entsprechenden Nachfrage übereinstimmen muß, entscheidet jetzt das weltweite durchschnittliche Faktorausstattungsverhältnis über die einheitlichen Preise p_X und p_Y. Aus der Sicht von Land 1 wird Gut X billiger, während sich die Konsumenten in Land 2 über einen sinkenden Preis des arbeitsintensiv hergestellten Gutes freuen können:

$$\frac{p_{X1}}{p_{Y1}} > \frac{p_X}{p_Y} = \frac{aL}{bH} > \frac{p_{X2}}{p_{Y2}}$$

Aber auch die Faktorpreisverhältnisse gleichen sich aneinander an. In beiden Ländern profitiert davon der bisher relativ niedrig entlohnte, weil besonders reichlich vorhandene Produktionsfaktor. Zugleich leidet der knappere und deshalb verhältnismäßig hoch entlohnte Faktor. Diese Aussagen gelten nicht nur für das Verhältnis der Faktorpreise, sondern, was gravierender ist, auch für die realen Einkommen. Aus der kostenminimalen Nachfrage nach einem Güterbündel x, y, das gerade eine Einheit Nutzen erzeugt, ergibt sich der Preisindex

$$P = (p_X p_Y)^{\frac{1}{2}}$$

Verwendet man erneut die Erkenntnis, daß das Güterpreisverhältnis dem Verhältnis der Grenznutzen der Güter im Konsum entsprechen muß, ist die Auswirkung auf die realen Faktoreinkommen y_L und y_H leicht zu erkennen:

$$y_L = \frac{w}{P} = \left(ab\frac{H}{L}\right)^{\frac{1}{2}}$$

$$y_H = \frac{r}{P} = \left(ab\frac{L}{H}\right)^{\frac{1}{2}}$$

Die realen Einkommen hängen ebenfalls unmittelbar von den vorhandenen Faktormengen ab. Weil das Verhältnis von niedrigqualifizierter Arbeit zu Humankapital in der Zwei-Länder-Welt insgesamt größer ist als in Land 2, jedoch kleiner als in Land 1, sind die Schlußfolgerungen eindeutig. Einfache Arbeit in Land 2 und Humankapital in Land 1 verlieren real, während Humankapital in Land 2 und einfache Arbeit in Land 1 die Gewinner sind. Trotz der Annahme spezifischer Faktoren stellen sich also die traditionellen Resultate der Heckscher-Ohlin-Samuelson-Theorie ein.

Ein Sozialstandard kommt nun ins Spiel, wenn die Individuen Nutzen aus der Existenz sozialpolitischer Regelungen ziehen können. Die Regierung stellt mit Hilfe des Sozialstandards ein „öffentliches Gut" bereit. Der Abbau negativer externer Effekte stiftet zusätzliche Nutzen bei den Individuen. Ein so definierter Standard umfaßt grundsätzlich alle Regeln und Institutionen, die eine effiziente Ordnung des wirtschaftlichen Geschehens garantieren und deshalb positiv auf die individuellen Nutzen wirken. In die Nutzenfunktion geht dieses Gut G mit einem Gewicht g ein, das der Nutzenelastizität in bezug auf G entspricht:

$$U = xyG^g$$

Der Sozialstandard ist keineswegs kostenlos, sondern erfordert auf die eine oder andere Weise einen realen Aufwand. Er entzieht eventuell dem Produktionsprozeß einen Teil der bisher beschäftigten Faktoren, was beispielsweise bei einem Verbot der Kinderarbeit eintritt. Oder es ist notwendig, in neue Maschinen zu investieren, um höhere Anforderungen für die Sicherheit am Arbeitsplatz zu erfüllen. In diesem einfachen Modell erfordert die Bereitstellung des öffentlichen Gutes den Einsatz der beiden Güter X und Y. Grundsätzlich kann es dann natürlich passieren, daß die relative Nachfrage nach einem der beiden Güter und damit automatisch, auf der vorgelagerten Ebene, nach einem der Faktoren steigt. Dies hätte unmittelbare Konsequenzen für die Preisverhältnisse in der Volkswirtschaft. Allerdings sollen diese Einflüsse hier unterdrückt werden; die folgende Formulierung der „Produktionsfunktion" für G stellt sicher, daß der Sozialstandard keine derartigen Folgen hat.

$$G = X_G Y_G$$

Zudem soll der Standard auch allokationsneutral finanziert sein, und zwar durch eine von den Unternehmen entrichtete Kopfsteuer pro Beschäftigtem. Das absolute Niveau der Güterpreise verändert sich deshalb. Über die Löhne w und r hinaus stellt der Steuersatz t einen weiteren Kostenfaktor dar. Viel wichtiger ist in unserem Kontext allerdings: Der Sozialstandard beeinflußt die Preise beider Güter exakt gleich. Am Verhältnis der Güterpreise verändert sich deshalb überhaupt nichts gegenüber den obigen Überlegungen ohne den Standard. Gleiches gilt für das Verhältnis der Faktorpreise; nach wie vor ist für diese Größen allein von Interesse, in welchen relativen Mengen die Produktionsfaktoren vorhanden sind. In diesem speziellen Modell bleiben die komparativen Vorteile trotz des öffentlichen Gutes unverändert, was selbstverständlich nicht immer so sein muß (vgl. z.B. Clarida/Findlay 1991).

Ein benevolenter Diktator setzt den Steuersatz t so fest, daß die Nutzenfunktion unter Einschluß von G maximiert wird. Dazu müssen mehrere Bedingungen erfüllt sein: Das Verhältnis der Grenznutzen von X und Y in der Produktion von G muß jetzt ebenso wie deren Verhältnis im Konsum mit dem Preisverhältnis p_X/p_Y übereinstimmen. Der Grenznutzen von X und Y muß in beiden Verwendungen, als Konsumgut oder als öffentliches Gut, gleich sein. Zudem sind die Budgetrestriktionen einzuhalten: Die Konsumausgaben dürfen das jeweilige Faktoreinkommen nicht übersteigen, und die Steuersumme muß die Ausgaben für das öffentliche Gut decken. Im Ergebnis ist der optimale Steuersatz direkt proportional zum Einkommen der Individuen:

$$t_L^* = gw$$

$$t_H^* = gr$$

Wird der gleiche Preisindex wie bisher verwendet, ergibt sich in realen Größen:

$$\tau_L = \frac{g}{1+g}\left(ab\frac{H}{L}\right)^{\frac{1}{2}}$$

$$\tau_H = \frac{g}{1+g}\left(ab\frac{L}{H}\right)^{\frac{1}{2}}$$

Es ist offensichtlich im allgemeinen unmöglich, einen einheitlichen Kopfsteuersatz festzulegen, der den Interessen sowohl der niedrigqualifizierten Arbeitnehmer als auch der Humankapitalbesitzer entspricht. Solange H und L unterschiedlich sind, wünschen die beiden Gruppen unterschiedliche Sozialstandards. Weil die Präferenz für den Sozialstandard direkt vom realen Einkommen abhängt, drängt der niedriger entlohnte Faktor auch auf laxere Standards. Wenn in beiden Ländern mehr einfache Arbeit als Humankapital vorhanden ist, dann ist für die erste Gruppe stets ein schwächerer Standard angebracht als für die zweite.

Kommt Außenhandel zustande, nähern sich die unterschiedlichen Interessen im arbeitsreichen Land 1 aneinander an. Die einfache Arbeit erlebt steigende Realeinkommen, Humankapital muß Einbußen hinnehmen, die Gruppen ähneln sich mehr als zuvor. In Land 2 allerdings wird der Graben zwischen den Faktorbesitzern noch tiefer. Einfache Arbeit, die schon bei Autarkie einen niedrigeren Standard bevorzugt hatte, verliert bei Außenhandel reales Einkommen, während Humankapital profitiert. Angesichts der bleibenden und in Land 2 sogar noch verschärften Differenzen zwischen den Gruppen ist fraglich, welcher Standard etabliert wird. Bei einer demokratischen Entscheidung zählt beispielsweise nur, welche Gruppe die Mehrheit hat. Wenn überall die einfache Arbeit das Humankapital zahlenmäßig (und in der Demokratie auch politisch) dominiert, steigt der

Sozialstandard beim Übergang zu Außenhandel in Land 1, während er in Land 2 sinkt. Im vorliegenden einfachen Modell wird ein Ausgleich der Faktoreinkommen und damit auch ein weltweit einheitlicher Standard erreicht. Führt man Produktivitätsunterschiede zwischen den Ländern ein, können sich die Standards auch in einer integrierten Weltwirtschaft unterscheiden und konvergieren lediglich zu einem gewissen Grad (Casella 1996).

Es ist andererseits durchaus denkbar, daß das humankapitalreiche Land 2 über absolut mehr Humankapital als einfache Arbeit verfügt. Insbesondere in einer längerfristigen Sicht ist das nicht auszuschließen, weil der Faktor Humankapital durch den Außenhandel profitiert und damit die individuellen Anreize steigen, in eine qualifizierende Ausbildung zu investieren. Hat Humankapital die Mehrheit, steigt auch in Land 2 der Sozialstandard beim Eintritt in die integrierte Weltwirtschaft. Das einfache Modell erreicht hier jedoch die Grenzen seiner Überzeugungskraft. Die Annahme $H>L$ impliziert nämlich, daß Humankapital zumindest bei Autarkie real schlechter entlohnt wird als einfache Arbeit. Das könnte sich sogar auf die hier skizzierte „Weltwirtschaft" übertragen, wenn das Land 2 über so viel Humankapital verfügt, daß H weltweit größer als L ist.

Das gleiche Ergebnis - mit dem Außenhandel steigende Standards in beiden Ländern - könnte aber auch aus anderen Gründen heraus zustandekommen. Wahrscheinlich richten sich die Politiker nicht allein nach normativen Erwägungen und handeln deshalb nicht unbedingt im Interesse der Mehrheit der Bevölkerung. In einer politökonomischen Perspektive ist wichtig, wie stark der Einfluß der einzelnen Gruppen auf die politische Entscheidung ist. Möglicherweise setzt sich die Gruppe der Humankapitalbesitzer durch, weil sie besser organisiert ist. Zudem ist zweifelhaft, ob das Interesse einer Gruppe am sozialen Standard immer genau proportional mit dem Einkommen schwankt. Mindestens zwei Argumente sprechen dagegen, daß die niedrigqualifizierten Arbeitnehmer ihre Nachfrage nach sozialer Absicherung in einer zusammenwachsenden Weltwirtschaft reduzieren. Erstens zeigt die Erfahrung, daß es sehr schmerzlich ist, einen einmal erreichten sozialen Standard wieder aufzugeben. Insofern werden die niedrigqualifizierten Arbeitnehmer bereit sein, den Status quo trotz relativ anwachsender Lasten zu sichern. Zweitens steigt mit der weltweiten Integration das individuelle Risiko gerade der weniger qualifizierten Arbeitnehmer. Da in der Realität Unvollkommenheiten auf den Arbeitsmärkten bestehen, müssen sie stärker als bisher befürchten, dauerhaft arbeitslos zu werden. Deshalb ist wohl eher zu erwarten, daß das Interesse an Sozialstandards wächst oder zumindest gleichbleibt, vor allem solange die Nutznießer einen Teil der Lasten auf Dritte abwälzen können (Berthold/ Thode 1998).

Das simple Modell verschleiert zudem die dynamischen Effekte des verstärkten Außenhandels. Stärkere Integration bringt die beteiligten Volkswirtschaften auf einen höheren Wachstumspfad. Der starke Rückgang des Außenhandels in der Weltkriegsperiode und die anschließende Rückkehr zur stärkeren

Verflechtung der Volkswirtschaften bieten hier starke Indizien. Das neoklassische Wachstumsmodell läßt erwarten, daß die beteiligten Länder nach dem Wiederaufleben alter Handelsbeziehungen und einer Übergangsperiode mit höheren Wachstumsraten wieder zur vorherigen Wachstumsdynamik zurückgekehrt sind. Belgien, Frankreich, Deutschland, Italien und die Niederlande entschieden sich jedoch als fünf der sechs Gründungsmitglieder der EU für eine weitergehende, wenn auch zögerlich umgesetzte Liberalisierung der Handelsströme. In den Jahren 1973-1989 war die Exportquote dieser fünf Länder tatsächlich fast dreimal höher als in der Vorkriegsperiode 1870-1913, obwohl damals schon (und noch) relativ freier Handel herrschte. Zugleich überstieg die durchschnittliche Wachstumsrate des realen BSP pro Kopf den Vorkriegswert um einen Faktor 1,63, und die Einkommensunterschiede hatten beträchtlich abgenommen. Dabei wies jedes der fünf Länder höhere Wachstumsraten auf und gewann nicht etwa auf Kosten anderer. Alle haben ihren Vorkriegs-Trend verlassen und sind dauerhaft auf einen höhergelegenen Wachstumspfad eingeschwenkt (Ben-David/ Loewy 1997). Sicher ist dies eine Folge unterschiedlicher Einflüsse, aber die Rolle des Außenhandels ist dabei nicht zu unterschätzen. Die Integration der Weltwirtschaft kann demnach langfristig zu allgemeinen Einkommenssteigerungen führen. Deshalb wird die Nachfrage aller Gruppen nach Sozialstandards allenfalls in einer Übergangsperiode sinken, auf lange Sicht aber steigen.

Wichtig ist in diesem Zusammenhang der Einfluß der außenwirtschaftlichen Verflechtung auf die gesamte Faktorproduktivität einer Volkswirtschaft. Über mindestens vier verschiedene Wege steigert der Kontakt zu anderen Ländern die Produktivität. Erstens versetzt er eine Volkswirtschaft in die Lage, aus dem Ausland Input- oder Konsumgüter zu beziehen, die sie (noch) nicht selbst herstellen kann. Die Produktivität der heimischen Faktoren steigt dann entweder direkt, weil importierte Inputgüter die heimischen ergänzen, oder indirekt - weil sie auf Umwegen etwas „produzieren", was vorher außerhalb der Produktionsmöglichkeitengrenze lag. Zweitens schafft dieser Kontakt Gelegenheiten, von anderen zu lernen. Wie sind die Unternehmen der ausländischen Geschäftspartner organisiert? Wie werden die Produktionsabläufe gestaltet? Wie laufen Markttransaktionen ab? Die Antworten auf diese und viele weitere Fragen können vorbildhaft für das Heimatland sein und dessen Effizienz erhöhen. Drittens besteht gerade für weniger entwickelte Länder ein starker Anreiz, die importierten Güter zu imitieren, um das technische Wissen und parallel dazu die Produktivität der komplementären Faktoren zu erhöhen. Viertens bedeuten alle bisher genannten Chancen, von anderen zu lernen, daß ein Land relativ leicht zu weiter fortgeschrittenen Handelspartnern aufschließen kann; es ist nicht nötig, das Rad neu zu erfinden. Damit sinken auf breiter Front die Kosten von Innovationen und Imitationen, und künftige Produktivitätsfortschritte sind einfacher zu erreichen als in nationaler Abgeschiedenheit (Helpman 1997).

3. Wie wirken sich Standards aus, wenn der Wettbewerb im Außenhandel unvollkommen ist?

Bisher wurde stets unterstellt, die Produzenten verhielten sich im In- und Ausland wie Anbieter bei vollkommenem Wettbewerb. Auch die Analyse der Optimalstandards behielt diese Annahme noch bei; Marktmacht existierte dort nur auf einer gesamtwirtschaftlichen Ebene im Wettbewerb zwischen großen Ländern auf den Weltmärkten. In der Realität ist der Wettbewerb zwischen Anbietern jedoch häufig unvollkommen; diese Erkenntnis trug erheblich dazu bei, daß in der Außenhandelstheorie die Suche nach neuen Ansätzen begann. Das vorliegende Kapitel betrachtet deshalb die Folgen von Marktmacht einzelner Unternehmen im Sinne der neueren Außenhandelstheorie.

Marktmacht kann aus mehreren Gründen entstehen. Möglicherweise treten steigende Skalenerträge in der Produktion auf, so daß ein Unternehmen durch schiere Größe kostengünstiger produzieren kann als kleinere Konkurrenten. Andererseits macht auch die Präferenz der Nachfrager für differenzierte Güter jeden Anbieter zu einem Monopolisten, der als einziger „seine" Produktvarianten herstellt - einen Golf bekommt der Käufer eben nur von VW. Marktmacht kann schließlich Folge politischer Eingriffe in den Markt sein, wenn Regierungen bestimmte Unternehmen gezielt vor Konkurrenz schützen, sei es in geographisch oder sachlich abgegrenzten Bereichen.

Auf Dauer besteht Marktmacht nur dann, wenn die im Markt agierenden Anbieter vor potentieller Konkurrenz geschützt sind. Dazu müssen Markteintrittsbarrieren und/oder Marktaustrittsbarrieren vorliegen. Bei politisch verursachter Anbieterkonzentration ist es selbstverständlich, daß derartige Barrieren existieren. Entsteht die Macht innerhalb eines Marktes aufgrund der Struktur von Angebots- oder Nachfrageseite, halten insbesondere versunkene Kosten potentielle Neubewerber von diesen Märkten fern. Ist ein Anbieter durch politische oder ökonomische Hindernisse für potentielle Konkurrenten geschützt, erzielt er dauerhaft positive Gewinne.

Aus normativer Sicht ist es für ein Land durchaus erstrebenswert, einen marktmächtigen Anbieter zu beheimaten, solange er diese Renten hauptsächlich im Ausland erzielt. An dieser Stelle kommen nun wieder die Sozial- oder Umweltstandards ins Spiel. Die Internalisierung externer Effekte belastet auch jene Anbieter, die über eine starke Marktstellung verfügen, mit zusätzlichen Kosten. Sie beeinflußt automatisch das Verhalten dieser Produzenten, die sich bei der Maximierung ihres Gewinns unter anderem an den Grenzkosten der Produktion orientieren. Sowohl diese Verhaltensänderungen als auch die Wohlfahrtsergebnisse für das betrachtete Land können aber in einem breiten Spektrum variieren, je nachdem welche Marktstruktur im In- und Ausland exakt vorliegt.

3.1 Standardsetzung im Monopolfall

Als einfachstes Beispiel sei zunächst ein inländisches Monopol unterstellt. Der Monopolist stellt Gut X her, dessen Produktion mit negativen externen Effekten verbunden ist. Geschieht keine Internalisierung dieser Externalität, so orientiert sich der Monopolist bei der Gewinnmaximierung am Ausgleich seiner privaten Grenzkosten und der Grenzerträge. Er bietet deshalb die Menge X_M zum Preis P_M an (Abb. 3-1). Die Menge ist geringer, der Preis höher als bei vollkommenem Wettbewerb. Die Summe von Konsumenten- und Produzentenrente ist um das Dreieck BFC kleiner, die Produzentenrente $ABCP_M$ allerdings deutlich größer als bei vollkommenem Wettbewerb. Der Monopolist lenkt also einen Teil der Konsumentenrente zu seinen Gunsten um und verursacht damit den gesamtwirtschaftlichen Wohlfahrtsverlust BFC. Darin kommt klar zum Ausdruck, daß die starke Stellung des Anbieters eine Marktunvollkommenheit darstellt.

Abbildung 3-1: Externalität im Monopol

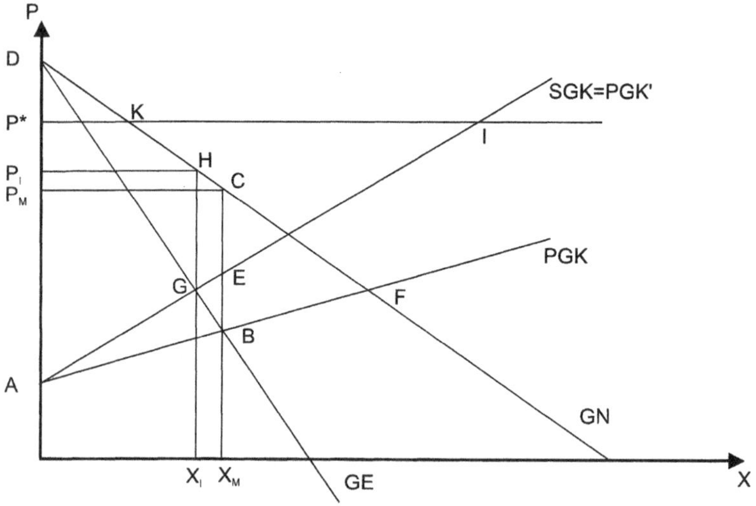

Das monopolistische Angebotsverhalten wirkt nun auf die zweite Marktunvollkommenheit, die negative Externalität, zurück. Weil der Produzent das Angebot knapp hält, verursacht er weniger externe Grenzkosten als die atomistischen Anbieter bei vollkommener Konkurrenz. Er erweist sich ganz unabsichtlich als ein „Freund des Umweltschützers“ (Schwarze 1998: 27). Zudem verursachen die verbleibenden externen Kosten keinen zusätzlichen Dead-weight-loss mehr. Zwar tritt die Externalität noch im Umfang ABE auf; sie wird aber vollständig durch Produzentenrente kompensiert. Tritt die Regierung nun auf den Plan und internalisiert sie die Externalität „richtig“, so kann dies zu Wohlfahrtseinbußen führen. Der Monopolist paßt sich kurzfristig an seine veränderten Grenzkosten PGK'=SGK an, indem er die Menge weiter reduziert. Er bietet X_I zum Preis P_I an, die Summe von Konsumenten- und Produzentenrente geht auf AGHD zurück. Obwohl definitionsgemäß keine externen Kosten mehr auftreten, stellt sich die Volkswirtschaft insgesamt schlechter. Die Fläche GECH geht verloren. Diese Aussage gilt in einem weiten Bereich und stets dann, wenn die Differenz BC zwischen Monopolpreis und privaten Grenzkosten im ursprünglichen Cournot-Punkt größer ist als die „externe Lücke“ BE an dieser Stelle. Das liegt daran, daß die Monopolrente dann stets ausreicht, um die externen Grenzkosten zu decken. Es bestätigt sich die allgemeine Aussage, daß es bei Vorliegen mehrerer Marktunvollkommenheiten nicht immer zu einer Allokationsverbesserung kommt, wenn bloß an einem Punkt angesetzt wird (Schwarze 1998)[12]. Immerhin bleibt aber festzuhalten, daß die Regierung zumindest bei gravierenden externen Effekten deren Internalisierung anstreben wird. Die Situation wird allerdings noch erheblich komplexer, wenn im Inland ein Oligopol vorliegt. Im allgemeinen nähert sich die optimale Politik bei einer fixen Zahl von Konkurrenten immer mehr einer vollständigen Internalisierung, je größer diese Zahl ist. Bei einer variablen Anzahl oligopolistischer Anbieter, also freiem Marktzutritt, kann es dagegen auch zu Standards oberhalb des internalisierenden Niveaus kommen (Katsoulacos/ Xepapadeas 1996a).

Bleiben wir aber zunächst beim Fall des inländischen Monopols. Das betrachtete Land nimmt jetzt Freihandel mit dem Rest der Welt auf. Wäre der inländische Monopolist der weltweit einzige Anbieter von Gut X, würde sich für ihn lediglich die Nachfragekurve und die Grenzertragskurve nach rechts außen verlagern, sein Kalkül und die bisher daraus abgeleiteten Folgen blieben prinzipiell die selben. Realistischer ist aber, daß ihm jetzt ausländische Konkurrenz gegenübersteht. Ein einheitlicher Weltmarkt ohne die Chance zur Segmentierung ist dann entweder oligopolistisch oder polypolistisch strukturiert. Gehen wir zunächst davon aus, im Ausland herrsche vollkommener Wettbewerb zwischen den Anbietern. Dann entscheidet die relative Größe des inländischen Monopolisten über das Ergebnis. Überragt der Monopolist die atomistischen ausländischen Anbieter bei weitem, so daß diese den von ihm gesetzten Preis übernehmen, ändert sich am Kalkül des inländischen Produzenten immer noch nichts. Er sieht sich weiterhin einer fallenden Nachfragefunktion gegenüber, die nun allerdings zusätzliche Aspekte verkörpert. Zum einen umfaßt sie die gesamte Weltnachfrage; zum anderen wird sie auch durch die Reaktion der ausländischen Preisnehmer bestimmt - erhöht der Monopolist seine Preisvorgabe, steigt

[12] Diese Analyse ist statisch; in einer dynamischen Sicht lohnt es sich für den Monopolisten möglicherweise, die bisher externen „Nebenkosten“ der Produktion zu senken; die Internalisierung kann dann längerfristig doch zu Wohlfahrtsgewinnen führen; vgl. Schwarze 1998.

deren Angebotsmenge (Helpman/ Krugman 1989: 84-88). Weiterhin bleibt unklar, ob die inländische Regierung den effizienten Standard setzt.

Ist der inländische Monopolist aber relativ klein, kommen wir zu einem eindeutigen Ergebnis. Der Ex-Monopolist mutiert zu einem unter vielen Anbietern und muß den Weltmarktpreis P_W als Datum akzeptieren. Egal, wie hoch der Weltmarkpreis ausfällt, das Inland profitiert in dieser Lage immer vom Abbau der Marktmacht. Der Dead-weight-loss BFC fällt weg. Zugleich treten die üblichen Außenhandelsgewinne für Konsumenten oder den Produzenten auf. Die externen Grenzkosten werden allerdings nicht mehr automatisch kompensiert, so daß es sich nun völlig analog zur partialanalytischen Betrachtung bei vollkommenem Wettbewerb auszahlt, die Internalisierung anzustreben. Dann ergibt sich beispielsweise eine Gesamtwohlfahrt von AIKD (Abb. 3-1). Optimal ist demnach in der hier betrachteten Situation, das Land für Freihandel zu öffnen und gleichzeitig die Externalität abzubauen. Eindeutige Wohlfahrtsgewinne fließen aus drei verschiedenen Quellen: Dem Außenhandel als solchem, dem Abbau der Marktmacht und der Internalisierung des externen Effektes. Im Sinne eines First-best-Vorgehens gelingt es, beide Marktunvollkommenheiten zu beseitigen. Es besteht kein Anreiz, von der effizienten Internalisierung abzuweichen. Im Gegenteil: Nur dank Außenhandel und der infolgedessen höheren Wettbewerbsintensität ist die Internalisierung unzweifelhaft sinnvoll.

3.2 Strategische Sozial- und Umweltpolitik im Oligopol

Anders sieht es aus, wenn auch im Ausland unvollkommener Wettbewerb vorliegt. Eine große Zahl komplexer Fälle ist dann zu unterscheiden. Insbesondere die Neue Industrieökonomik hat sich intensiv mit dem Zusammenwirken des Verhaltens mehrerer Akteure mit Marktmacht beschäftigt (Schmidt/ Burger 1997). Ihre vielfältigen Ergebnisse haben die neuere Außenhandelstheorie wesentlich beeinflußt. Grundsätzlich geht die Marktmacht des inländischen Monopolisten zurück, sobald er sich Konkurrenten im Ausland gegenübersieht, und seien es auch nur wenige. In den Modellen der Monopolistischen Konkurrenz erodiert die Marktmacht der einzelnen Anbieter total. Obwohl in diesen Modellen jeder Anbieter bestimmte Produktvarianten monopolistisch bereitstellt, ist die Substitutionskonkurrenz zwischen den ausdifferenzierten Gütern so groß, daß die Preise schließlich auf das Niveau der Durchschnittskosten fallen und ein gewinnloser Zustand eintritt (vgl. z.B. Krugman 1990, Kap. I.1 und I.2). Dazu muß freilich erneut zumindest die Möglichkeit des Marktzutritts bestehen.

Etabliert sich dagegen im Weltmarkt ein stabiles Oligopol, das durch „natürliche“ oder politische Marktschranken geschützt ist, so muß die Rente des bisherigen inländischen Monopolisten nicht auf Null sinken. Entscheidend ist unter dieser Voraussetzung, wie die insgesamt im Weltmarkt anfallenden Renten auf in- und ausländische Anbieter aufgeteilt sind. Die Modelle der Strategischen

Handelspolitik haben gezeigt, daß es einer Regierung gelingen kann, einen größeren Teil der Renten ins Inland zu dirigieren, wenn sie Exportsubventionen oder F&E-Subventionen gewährt (Berthold/Hilpert 1996). Mittlerweile haben mehrere Beiträge zur Diskussion um Außenhandel und Umweltschutz die Grundgedanken der Strategischen Handelspolitik aufgegriffen. Dabei geht es um die Frage, ob die gezielte Gestaltung von Umweltstandards die gleichen, vermeintlich positiven Wirkungen entfalten kann wie direkte Subventionen (Karl/ Ranné 1997, Feess 1996).

Die Vorgehensweise (Spencer/Brander 1983, Brander/Spencer 1985) läßt sich leicht auf den „Strategische Umweltpolitik" getauften Sproß übertragen. Als Marktstruktur wird ein enges Oligopol mit zwei Anbietern unterstellt, einem heimischen und einem ausländischen Produzenten. Beide Anbieter setzen ihre Erzeugnisse in einem dritten Land ab, eine Annahme, die sicherstellen soll, daß keine negativen Konsumentenrenten-Einflüsse im Inland auftreten. Bei der Produktion treten negative Externalitäten auf, beispielsweise Umweltschäden, die nur national begrenzt wirken. Die Regierungen können dem entgegenwirken, indem sie Umweltstandards festlegen. Die Produzenten akzeptieren die Standards und müssen von der Produktionsmenge abhängige Vermeidungskosten aufwenden, um die Standards zu erfüllen. Auf dieser Grundlage entscheiden sie sich für bestimmte Produktionsmengen (Cournot-Verhalten) oder Preise (Bertrand-Verhalten).

Betrachten wir zunächst das Cournot-Verhalten, gestützt auf den grundlegenden Beitrag von Barrett (1994). Welche Produktionsmenge x^I das inländische Unternehmen I wählt, hängt vom inländischen Standard S^I und von der Produktionsmenge x^A des ausländischen Konkurrenten ab, die als gegeben angesehen wird[13]. Die Erlöse R^I werden schließlich nicht nur vom eigenen Output bestimmt, sondern auch von der auf dem Markt angebotenen Gesamtmenge, die auf der Preis-Absatz-Funktion den erzielbaren Preis festlegt. Formal betrachtet maximieren die Unternehmen folgende Gewinnfunktion:

$$\max_{x^I} \pi^I = R^I(x^I, x^A) - C^I(x^I) - A^I(x^I, S^I)$$

C^I ist die Kostenfunktion, A^I die Vermeidungskosten-Funktion des Unternehmens. Aus dem Optimierungskalkül ergibt sich für jeden gegebenen Output des ausländischen Konkurrenten genau eine gewinnmaximierende Angebotsmenge für Unternehmen I. Die Gesamtheit dieser optimalen Reaktionen ergibt die in Abb. 3-2 dargestellte Reaktionskurve RR des inländischen Anbieters. Es sei unterstellt, daß diese fallend verläuft und die Stabilitätsbedingungen erfüllt

[13] Mit „Standard" ist nach wie vor kein bestimmtes umweltpolitisches Instrument gemeint; Die hier angestrebte, allgemein gehaltene Analyse ist also nicht zu verwechseln mit dem Vorgehen von Ulph (1992, 1996a, b), der im Rahmen eines prinzipiell gleichen Modells die unterschiedlichen Effekte verschiedener umweltpolitischer Instrumente untersucht.

sind[14]. Analog dazu orientiert sich der ausländische Konkurrent an seiner Reaktionsfunktion rr. Im Schnittpunkt der beiden Kurven kommt das einzig mögliche Nash-Gleichgewicht 1 zustande; beide Oligopolisten reagieren in diesem Punkt optimal auf die Angebotsmenge des Konkurrenten.

Die inländische Regierung setzt den Standard mit dem Ziel, die Differenz zwischen dem Gewinn des Produzenten und den Schäden aufgrund der Externalität zu maximieren. Ihre Zielfunktion lautet:

$$\max_{U^I} NB^I = \pi^I(x^I, x^A, U^I) - D^I(S^I),$$

wobei NB^I den Nettonutzen und D^I die entstehenden Schäden symbolisiert. Als Bedingung erster Ordnung ergibt sich, wobei tiefgestellte Indizes die Ableitung nach der Variablen bedeuten:

$$NB_S^I = -A_S^I - D_S^I = 0$$

Daraus ergibt sich ein effizienter Standard, denn die übliche Regel im Umgang mit negativen Externalitäten ist erfüllt: Der Grenzschaden D_S entspricht den marginalen Vermeidungskosten $-A_S$.

Abbildung 3-2: Grundmodell der Strategischen Umweltpolitik

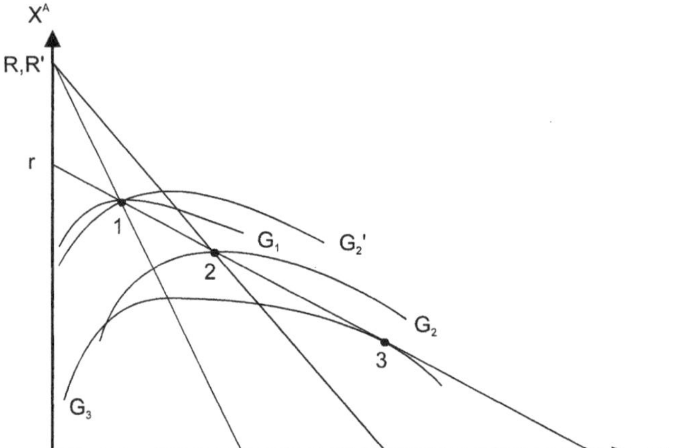

Der einheimische Produzent würde allerdings höhere Gewinne erzielen, wenn er sich dazu verpflichten könnte, eine größere Menge von X herzustellen. Aus eigener Kraft vermag er dies nicht. Die Regierung kann ihm aber unter die Arme greifen, indem sie den Standard lockert, das heißt eine größere Menge der

---

[14] Im weiteren Verlauf sei jeweils unterstellt, daß alle Bedingungen zweiter Ordnung und die Stabilitätsbedingungen erfüllt sind.

Externalität zuläßt. Ist sich der wohlwollende Diktator dieser Möglichkeit bewußt, verändert sich sein Optimierungskalkül. Er maximiert den Nettonutzen jetzt, indem er die positive Beziehung zwischen dem Standard und der Produktionsmenge x^I mit einbezieht und im übrigen davon ausgeht, daß das Ausland seinen effizienten Standard beibehält. Als Bedingung erster Ordnung ergibt sich aus diesem strategischen Kalkül[15]:

$$\overset{+}{\pi^I_{x^I}}\frac{dx^I}{dE^I}+\overset{-}{\pi^I_{x^A}}\overset{-}{\left(\frac{dx^A}{dx^I}\right)}\overset{+}{\left(\frac{dx^I}{dS^I}\right)}+\overset{-}{NB^I_S}=0$$

Der erste Term ist immer gleich Null, weil das gewinnmaximierende inländische Unternehmen bezüglich der eigenen Produktionsmenge einen Grenzgewinn von Null erreichen will. Der zweite Term setzt sich zusammen aus der Reaktion des inländischen Grenzgewinns auf den Output des ausländischen Konkurrenten (negativ), der Reaktion des ausländischen Outputs auf eine Erhöhung des inländischen Outputs (negativ) und der Reaktion des inländischen Outputs auf eine Lockerung des inländischen Standards (positiv). Insgesamt ist dieser Ausdruck also positiv. Daraus folgt, daß der Nettonutzen der erlaubten Externalität negativ sein muß. Aus der Gleichung für diesen Nettonutzen,

$$NB^I_S=-A^I_S-D^I_S<0,$$

ergibt sich dann, daß die Grenzschäden der Externalität, D_E, größer sind als die Grenzvermeidungskosten, $-A_E$. Die Regierung verletzt das ursprüngliche Optimalitätskriterium und lockert den Standard. Der strategisch motivierte Standard läßt die Externalität in einem größeren Umfang zu als bisher. Damit sinken die Vermeidungskosten des inländischen Anbieters, der daraufhin seinen Output erhöht. Der ausländische Konkurrent schränkt sein Angebot ein, Gewinne werden vom Ausland ins Inland umgeleitet. Die letzte Einheit zusätzlichen Gewinns entspricht gerade dem marginalen Nettoschaden infolge der größeren Externalität.

Im Schaubild 3-2 dreht sich die Reaktionskurve des inländischen Anbieters nach außen auf R'R'[16]. Ein neues Nash-Gleichgewicht wird in Punkt 2 erreicht. Der Gewinn G_2 ist höher als G_1 im ursprünglichen Gleichgewicht 1, was sich mit einem gedanklichen Zwischenschritt zeigen läßt. Wir betrachten dazu die Gewinnisoquante G_2' in Abb. 3-2. Diese Isoquante hat ihr Maximum auf der neuen Reaktionsfunktion R'R', sie gehört also zu dem neuen Isoquantensystem, das sich durch die verringerte Internalisierungslast für den heimischen Anbieter ergibt. Zugleich verläuft G_2' durch das bisherige Nash-Gleichgewicht 1. Würden

[15] Statt der partiellen Ableitung von NB nach E interessiert nun die totale Ableitung, die alle Rückwirkungen einer Veränderung des Standards auf die Mengenvariablen mit umfaßt.

[16] Für das Schaubild gilt der Einfachheit halber: Die Nachfragefunktion ist linear, die ersten partiellen Ableitungen von A^I sind linear, und die Grenzschäden hängen linear vom Umfang der Externalität ab.

die bisher gleichgewichtigen Angebotsmengen in 1 beibehalten, wäre der Gewinn für das inländische Unternehmen auf jeden Fall höher, weil die Vermeidungskosten für jede gegebene Menge von x^I geringer ausfallen. Die Gewinnisoquante G_2' zeigt demnach einen höheren Gewinn an als G_1. Erst recht ist dann der Gewinn im neuen Nash-Gleichgewicht, G_2, größer als G_1.

Das Resultat erinnert stark an die wegweisenden Erkenntnisse von Brander und Spencer zu den Folgen von F&E-Subventionen (Spencer/Brander 1983) und Exportsubventionen (Brander/Spencer 1985). Tatsächlich gewährt auch der gelockerte Standard dem heimischen Produzenten eine implizite Subvention. Doch es gibt einen gewichtigen Unterschied zu den „Ur-Modellen" der Strategischen Handelspolitik. Diese älteren Ansätze folgern, im bestmöglichen Fall werde der inländische Anbieter in die Position eines Stackelberg-Führers gebracht. Dazu muß die Regierung ihre Subvention so dosieren, daß eine Gewinnisoquante des inländischen Anbieters die Reaktionskurve des Konkurrenten, also rr, gerade noch tangiert. In Schaubild 3-2 ist das Stackelberg-Nash-Gleichgewicht als Punkt 3 dargestellt, G_3 ist der erzielbare Gewinn. Die Produktionsmenge x^I ist noch größer als in Punkt 2.

Dieser Punkt ist bei einer Strategischen Standardpolitik jedoch gar nicht erstrebenswert. Der Grund dafür ist im unterschiedlichen Charakter von F&E-/Export-Subventionen einerseits und „Standarddumping" andererseits zu finden. Die erstgenannte Gruppe strategischer Instrumente ist im günstigsten Fall allokativ kostenlos. Gelingt es, F&E- oder Export-Subventionen allokationsneutral aufzubringen, entfalten sie „bloß" distributive Wirkungen, die im Rahmen unserer Betrachtung keine Rolle spielen. Ein aus umweltökonomischer Sicht suboptimaler Standard verursacht dagegen stets reale Kosten für die Gesellschaft. Entweder muß sie größere Schäden in Kauf nehmen, oder andere Sektoren werden zum Ausgleich schärferen Standards unterworfen, was ebenfalls reale Kosten etwa in Form geringerer Produktion aufwirft (Karl/ Ranné 1997: 289). Weil ein wohlwollender Diktator diese Kosten den zusätzlichen Gewinnen gegenüberstellt, fällt die implizite Subvention nie so hoch aus wie eine offene und „kostenlose" direkte Subvention. Der Stackelberg-Punkt ist nur für den Produzenten optimal, nicht für die Regierung. Wenn die negative Externalität relativ zur Rent-shifting-Motivation gravierend ist, lohnt sich die implizite Subventionierung überhaupt nicht mehr (Karp/ Sacheti 1995).

Die Regierung wird deshalb auch den strategischen Einsatz einer direkten Subvention der strategischen Standardsetzung vorziehen, falls ihr beide Instrumente zur Verfügung stehen. Unter Berücksichtigung beider Parameter, Standard E und Subventionssatz s, ergeben sich zwei simultan zu erfüllende Bedingungen erster Ordnung:

$$\left(G^I_{x^I} - s + G^I_{x^A} \frac{dx^A}{dx^I} \right) \frac{dx^I}{ds} = 0 \text{ und}$$

$$\left(G^{I}_{x^{I}} - s + G^{I}_{x^{A}} \frac{dx^{A}}{dx^{I}}\right)\frac{dx^{I}}{dE} + NB^{I}_{E} = 0$$

Da die inländische Angebotsmenge positiv auf den Subventionssatz reagieren wird, gilt $\frac{dx^{I}}{ds} > 0$. Deshalb muß der in beiden Gleichungen identische Klammerausdruck den Wert 0 annehmen. Daraus ergibt sich wiederum, daß der Nettonutzen des Standards ebenfalls gleich 0 sein muß. Die inländische Regierung setzt also den effizienten Standard und verzichtet darauf, dieses Instrument strategisch einzusetzen. Strategische Standardsetzung ist offenbar bestenfalls ein Third-best-Vorgehen, das nur in Frage kommt, wenn kostengünstigere Instrumente fehlen. In der Realität gilt dieser Vergleich zwischen direkten und indirekten Subventionen nur eingeschränkt, weil es kaum gelingen wird, direkte Subventionen allokationsneutral zu finanzieren. Das Argument wird dadurch zwar relativiert, aber nicht aufgehoben. Da allerdings direkte Subventionen zunehmend der GATT/WTO-Disziplin unterworfen wurden, ist die Motivation für eine Strategische Standardpolitik nicht ganz von der Hand zu weisen. Angesichts der realen Kosten bleibt die Attraktivität aber begrenzt. Erschwerend kommt hinzu, daß die Aussichten auf nennenswerte Rentenzuwächse äußerst trügerisch sind, wie folgende Punkte zeigen:

Abbildung 3-3: Retorsionsgefahr bei Strategischer Umweltpolitik

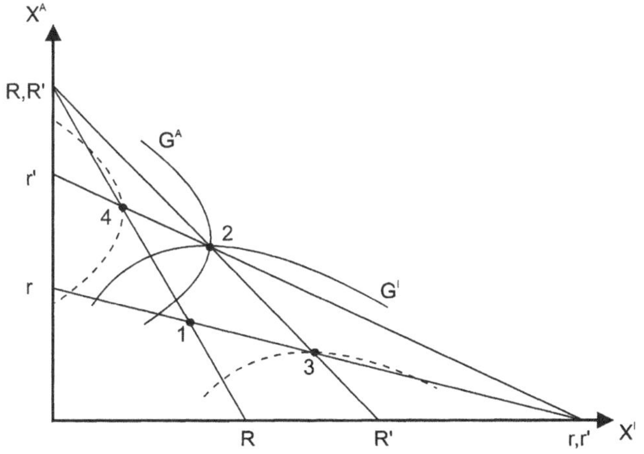

1) Wenn die inländische Regierung einen Anreiz zur Strategischen Standardpolitik verspürt, gilt das gleiche auch für ihr ausländisches Gegenüber. Diese „Retorsion" schmälert allerdings die Erfolgaussichten strategischen Verhal-

tens, wie Abb. 3-3 illustriert. Die Reaktionskurve des inländischen Anbieters dreht sich nach außen auf R'R', in der Absicht, Punkt 3 als Nash-Gleichgewicht mit einem höheren inländischen Gewinn (gestrichelte Isoquante) zu erreichen. Aber auch die Reaktionskurve des ausländischen Konkurrenten verlagert sich auf r'r', wobei die ausländische Regierung Punkt 4 mit einem höheren Gewinn für das Ausland erreichen will.

Weil sich beide Reaktionskurven verändern, stellt sich allerdings das neue Nash-Gleichgewicht 2 ein. Dort ist die Angebotsmenge insgesamt höher und die Gewinne G^I, G^A für beide Anbieter niedriger als erhofft. Mit dem untauglichen Versuch, die eigene Rente auf Kosten des anderen zu erhöhen, haben die Regierungen die Marktmacht des Oligopols und damit die erzielbare Rente insgesamt reduziert. Sobald eine Regierung strategisch zu handeln beginnt, ist es für die andere Regierung dennoch am besten, entsprechend zu reagieren (Raaflaub 1994: 31, 34). Die Konsumenten profitieren dank der sinkenden Marktmacht der Anbieter, spielen aber in dieser Betrachtung annahmegemäß keine Rolle.

2) Das Brander-Spencer-Modell und die daran anknüpfenden Darstellungen Strategischer Umweltpolitik gehen von einer ganz spezifischen Marktstruktur aus. Die erhofften Gewinne reagieren sehr empfindlich auf geringfügig andere Annahmen bezüglich der Zahl der Konkurrenten. Teilweise geht dies schon aus der bisherigen Diskussion hervor, denn die Betrachtung eines inländischen Monopols am Anfang des Kapitels erbrachte ja grundlegend andere Ergebnisse. An dieser Stelle soll versucht werden, den Zusammenhang zwischen Marktstruktur und rent-shifting-Potential allgemeiner darzulegen. Grundsätzlich kommen die in Tab. 3-1 aufgelisteten Möglichkeiten in Betracht.

Tabelle 3-1: Mögliche Marktstrukturen

	Inland	Ausland
Marktstruktur:	Monopol	Monopol
	Oligopol	Oligopol
	Polypol	Polypol

Allerdings wäre es zu einfach gedacht, nun lediglich drei mal drei unterschiedliche Kombinationen „abzuhaken“. Denn gerade die besonders interessanten Oligopole im In- und/oder Ausland können ja in ganz unterschiedlicher Größe auftreten. Zwischen den Märkten des einen und der sehr vielen Anbieter gibt es einen großen Bereich unterschiedlich enger oder weiter Oligopole. Unmittelbar klar ist nur, daß die Anbieter in einem inländischen Oligopol über geringere Marktmacht verfügen als der inländische Monopolist. Solange sie sich nicht implizit oder explizit in einem funktionierenden Kartell zusammenschließen, produzieren sie insgesamt mehr als der Monopolist. Wenn weiterhin gilt, daß das von ihnen hergestellte Gut nur in einem dritten Land konsumiert wird, ist die Angebotsmenge aus der Sicht der inländischen Regierung „zu hoch“. Zusätzliche Renten können im Inland entstehen, wenn sie die Oligopolisten zu einem quasi-monopolistischen Verhalten anspornt. Ist nun die Strategische Umweltpolitik das Mittel der Wahl, so müssen die Standards über das umweltökonomisch effiziente Niveau hinaus erhöht werden, damit die heimischen Produzenten angesichts höherer Grenzkosten ihr Angebot in Richtung Monopol-Niveau senken. Sobald auch nur zwei inländische Anbieter existieren, wird die „Dumping“-Empfehlung ins Gegenteil verkehrt. Je größer die Zahl der heimischen Produzenten ist, desto mehr Bedeutung gewinnt das Argument und geht schließlich sogar in die traditionelle Form einer „Optimalstandardpolitik“ für eine Exportbranche über: Reduziere das Angebot, um höhere Preise realisieren zu können. Mit zunehmender Anzahl der inländischen Anbieter sinkt die Marktmacht, und das „Terms-of-trade-Argument“ gewinnt stetig an Gewicht (Rauscher 1997: 189).

Diese Logik gilt aber wiederum nur, wenn im Ausland ein vollkommenes Polypol vorliegt und die Konkurrenten den solchermaßen in die Höhe gedrückten Preis anstandslos übernehmen. Wenn der Wettbewerb jedoch auch im Ausland beschränkt ist, gerät der benevolente Diktator in ein kaum lösbares Dilemma. Dann kollidiert nämlich der Versuch, die inländischen Oligopolisten zum Monopol-Angebot zu bringen (Rent creation), mit dem „gewöhnlichen“ Anreiz dazu, Renten vom Ausland ins Inland umzulenken (Rent shifting). Einen Ausweg könnte allein die rigorose formale Analyse bieten. Allgemein formuliert empfiehlt sich der folgende Ansatz. Die inländische Branche besteht aus i = 1...n Anbietern mit einer Gewinnfunktion

$$G^i = R^i(x, x^A) - C^i(x^i) - A^i(x^i, e^i),$$

wobei x das gesamte inländische Angebot und e^i der auf das i-te Unternehmen entfallende Anteil am gesamten erlaubten Ausmaß der Externalität ist. Die Regierung maximiert den Nettonutzen

$$\max_{E^I} NB^I = \sum_{i=1}^{n} G^i - D^I(E^I)$$

Der Standard E^I ist die Summe aller individuellen e^i. Bezogen auf einen der Produzenten, müßte der umweltökonomisch gebotene Standard folgender Bedingung genügen:

$$NB^I_{e^i} = -A^i_{e^i} - D^I_{e^i} = 0$$

Verhält sich die Regierung strategisch, weicht sie möglicherweise von dieser Regel ab, weil die Optimalitätsbedingung erster Ordnung sich verändert. Der strategisch gesetzte Standard gehorcht der Bedingung:

$$\sum_{l=1}^{n} \overset{-}{G^l_{x^k}} \overset{+}{\frac{dx^k}{de^k}} + \sum_{l=1}^{n} \overset{-}{G^l_{x^A}} \overset{-}{\left(\frac{dx^A}{dx^k}\right)} \overset{+}{\left(\frac{dx^k}{de^k}\right)} + NB^I_{e^i} = 0$$

Die Indizes l und k stehen dabei für zwei verschiedene inländische Anbieter, I bedeutet Inland und A Ausland. Der zweite Term dieser Gleichung ist im Prinzip bereits bekannt. Er umfaßt die Reaktionen eines inländischen Anbieters k auf die Veränderung der erlaubten Externalitätsmenge (positiv), der Reaktion der ausländischen Angebotsmenge auf das Angebot des Inländers k (negativ) und der Reaktion des Gewinnes aller anderen inländischen Anbieter l auf das Angebot des Auslands (negativ). Insgesamt ist dieser Ausdruck positiv. Er ist ein Ausdruck des Rent-shifting-Arguments. Neu hinzu kam der erste Term. Das größere Angebot des inländischen Anbieters k wirkt sich im heimischen Oligopol stets negativ auf den Gewinn der anderen aus, wenn die Produkte substituierbar sind. Der erste Term umfaßt die Summe aller entsprechenden Rückwirkungen und ist deshalb kleiner als Null. Er bringt die Idee des rent creation klar zum Ausdruck: Weil alle Anbieter „zu viel" anbieten und die Renten der heimischen Mitbewerber beschränken, sollte die Regierung sehr restriktive Standards festlegen.

Da der erste Term negativ und der zweite positiv ist, kann die Regierung A priori nicht entscheiden, ob sie unter strategischen Gesichtspunkten nach oben, nach unten oder gar nicht vom umweltökonomisch optimalen Standard abweichen sollte. NB_e kann positiv, negativ oder gleich null sein, je nachdem, wie stark der relative Einfluß des Rent-shifting-Arguments einerseits und der Rent-creation-Motivation andererseits ausfallen. Je größer die Zahl der Anbieter im Inland, desto mehr spricht für besonders strikte Standards, weil der Effekt des „Zu-viel-Anbietens" immer schwerer wiegt - die Produzenten nähern sich der Angebotsmenge bei vollkommenem Wettbewerb. Je kleiner die Zahl der ausländischen Konkurrenten ist, desto erfolgversprechender erscheinen laxe Standards. Nähert sich das Ausland der Situation des Monopols, wachsen die - potentiell umlenkbaren - Renten dort an. Diese Aussagen besitzen zwar ein hohes Maß an Allgemeingültigkeit; als Richtschnur für politisches Handeln taugen sie aber kaum. Die wohlfahrtsmaximierende Regierung müßte alle Reaktionen im In- und Ausland genau vorausberechnen können, was ihr in der Realität nie gelingen wird. Darum ist die Gefahr sehr groß, daß sie den Standard in die falsche Richtung verzerrt. Sind die Märkte im In- und Ausland oligopolistisch strukturiert, was der Wirklichkeit zu einem großen Teil entsprechen dürfte, sollte sie die Finger von strategischen Versuchen lassen und den umweltökonomisch optimalen Standard setzen. Im Durchschnitt dürfte sie damit selbst aus der strategischen Sicht häufig richtig liegen (Helpman/ Krugman 1989: 84-88, 92-97).

3) Es ist infolgedessen nicht überraschend, daß es sich ebenfalls gravierend auswirkt, wenn der Markteintritt weiterer Anbieter im Inland nicht verhindert werden kann. Selbst wenn hohe Marktbarrieren wie bedeutende Sunk costs, Netzwerkexternalitäten oder Wissensvorsprünge vorliegen, ist kein etablierter Anbieter auf alle Ewigkeit geschützt. Der Zahn der Zeit nagt am Fundament

monopolistischer Macht. Potentielle Konkurrenten entwickeln entweder Prozeßinnovationen, um schon bei kleinen Produktionsmengen kostengünstiger als der träge Monopolist anbieten zu können. Oder sie bringen innovative Produkte auf den Markt, die den Erfahrungsvorsprung der alteingesessenen Hersteller untergraben.

Der Anreiz für potentielle Konkurrenten, in den Markt einzusteigen, wächst mit dem Erfolg der Strategischen Umweltpolitik. Die Gewinnaussichten erscheinen immer verlockender und übersteigen schließlich die Einstiegskosten. Diese Markteintritte senken die Gewinne der bisher agierenden Produzenten und sind sogar ineffizient, wenn sie das Ausschöpfen steigender Skalenerträge verhindern (Horstmann/ Markusen 1986). Zugleich schwächen sie die Motivation zum „Dumping" in Form laxer Standards. Ist eine kritische Masse heimischer Anbieter erreicht, sollte die Regierung überhaupt keine impliziten Subventionen mehr gewähren. Es ist bekannt, daß einmal gewährte Subventionen nur äußerst zögerlich wieder verschwinden. Sehr wahrscheinlich drücken die neu eintretenden inländischen Konkurrenten deshalb den Gewinn über kurz oder lang auf null, und dennoch gewährt die Regierung weiterhin Subventionen. Der Unsinn dieser „Strategie" ist offenkundig: Während zu niedrige Standards der Gesellschaft reale Kosten auferlegen, erbringen sie dann keinerlei Ertrag mehr (Berthold/Hilpert 1996: 98).

4) Bei allen bisherigen Überlegungen wurde unterstellt, daß die Verhaltensannahme von Cournot gilt. Die Ergebnisse reagieren empfindlich auf eine Abkehr von dieser willkürlichen Festlegung. Die Folgen der konjekturalen Variation haben grundsätzlich bereits Eaton und Grossman (1986) gezeigt. Trifft beispielsweise Bertrands Annahme zu, die Anbieter orientierten sich an der Preisforderung des Konkurrenten, ändern sich die Ergebnisse grundlegend, auch wenn im In- und Ausland nur je ein Anbieter vorhanden ist. Die Produzenten wählen den Preis als Aktionsparameter und unterstellen dabei, der Konkurrent behalte seinen derzeitigen Preis bei. Die Gesamtheit aller gewinnmaximierenden Reaktionen auf gegebene Preise bildet wieder die Reaktionskurven RR und rr des inländischen bzw. des ausländischen Anbieters. RR und rr verlaufen bei Bertrand-Verhalten in der Regel steigend, worin zum Ausdruck kommt, daß bei einem höheren Angebotspreis des Konkurrenten auch der eigene Preis steigen kann. Ein höherer Preis p^A verschiebt nämlich einen größeren Teil der Nachfrage auf den inländischen Produzenten, der deshalb seinen eigenen Preis p^I erhöht. Deshalb zeigen nun höhergelegene Isoquanten größere Gewinne an. Verhalten sich beide Anbieter „spiegelbildlich" zueinander, kommt das in Abb. 3-4 dargestellte Bertrand-Nash-Gleichgewicht 1 zustande. Eine höhergelegene Gewinnisoquante als G_1 kann der Inländer nur erreichen, indem er glaubhaft macht, zu jedem Preis p^A einen höheren eigenen Preis p^I als bisher zu setzen.

An dieser Stelle kommt wieder die Regierung ins Spiel. Eine implizite Subventionierung mit laxen Standards wäre aber die falsche Strategie. Die Reaktionskurve RR würde sich dann nach links verschieben, weil für den inländischen Anbieter angesichts gesunkener Grenzkosten geringere Preise als bisher gewinnmaximierend sind. Die richtige Strategie der Regierung ist das exakte Gegenteil: Sie muß die Grenzkosten des Anbieters erhöhen, damit sich dessen Reaktionskurve RR nach rechts auf R'R' verschiebt und ein neuer Schnittpunkt mit rr in Punkt 2 erreicht wird. Dieser Eingriff ergibt Sinn, weil er eine Fehleinschätzung des inländischen Anbieters berücksichtigt. Der heimische Anbieter schätzt die Mengenausdehnung des ausländischen Konkurrenten als Reaktion auf einen höheren Preis p^I systematisch falsch ein, weil er davon ausgeht, Preis p^A bleibe unverändert. In Wahrheit erhöht der Konkurrent seinen Preis p^A als Reaktion auf einen Anstieg von p^I, und die Nachfrager laufen nicht im vom Inländer befürchteten Ausmaß zum Konkurrenten über. Die tatsächliche Mengenreaktion ist kleiner als die erwartete, so daß ein Teil des strategischen Potentials brachliegt. Dieses Potential erschließt der staatliche Eingriff (Bletschacher/ Klodt 1992: 24ff.).

Abbildung 3-4: Strategische Umweltpolitik bei Bertrand-Verhalten

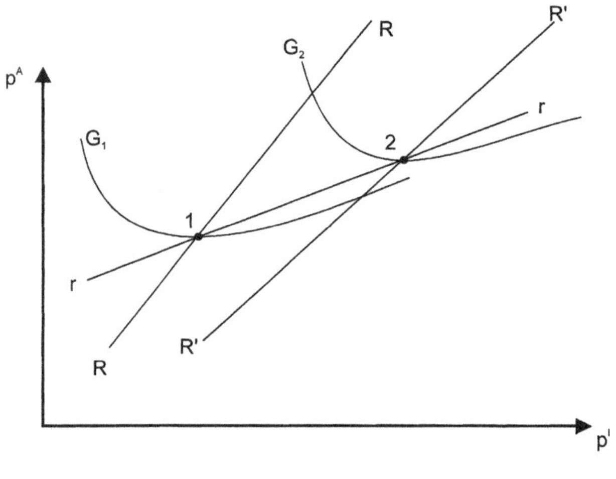

Formal betrachtet muß der strategisch optimale Standard bei Bertrand-Verhalten der folgenden Bedingung genügen (Barrett 1994):

$$\overset{-}{G^I_{p_I}} \frac{dp^I}{dE^I} + \overset{+}{G^I_{p_A}} \overset{+}{\frac{dp^A}{dp^I}} \overset{-}{\frac{dp^I}{dE^I}} + NB^I_E = 0$$

Der erste Term ist stets gleich null, weil das inländische Unternehmen den Grenzgewinn bezüglich seines eigenen Aktionsparameters p^I gleich null setzt. Der zweite Term ist kleiner als null, denn der Gewinn des inländischen Anbieters reagiert positiv auf den Preis des Konkurrenten; der Preis des Konkurrenten reagiert positiv auf den inländischen Preis; und p^I geht zurück, wenn mehr externe Effekte zugelassen werden. Daraus ergibt sich, daß NB_E positiv sein muß - der strategisch optimale Standard liegt über dem umweltökonomisch optimalen. Ein weiterer signifikanter Unterschied zum strategischen Verhalten bei Gültigkeit der Cournot-Annahme besteht in den Folgen für das Ausland. Während der ausländische Konkurrent bei Cournot-Verhalten unter der Ablenkung eines Teils seiner Rente leidet, ist er im Bertrand-Spiel recht angetan vom Engagement der inländischen Regierung. Auch sein Gewinn steigt, denn der neue Gleichgewichtspunkt 2 liegt weiter außen auf seiner Reaktionskurve. Die Leidtragenden sind allein die Konsumenten im Drittland, die nun höhere Preise bezahlen müssen.

Nur kurz sei auf die veränderten Implikationen der bereits besprochenen Abweichungen vom Grundmodell der Strategischen Umweltpolitik eingegangen. Zu 1): Wenn beide Länder strategisch vorgehen, setzen beide „zu hohe“ Standards. Zu 2): Liegt im Inland kein Monopol, sondern ein Oligopol vor, wird die Motivation noch verstärkt, den Standard höher zu setzen (Barrett 1994).

Der Ansatz von Eaton und Grossman (1986) erlaubt sogar eine noch weitergehende Interpretation. Indem die vom inländischen Anbieter *erwartete* Mengenreaktion des ausländischen Anbieters auf eine Ausdehnung der inländischen Menge mit dessen *tatsächlicher* Reaktion verglichen wird, gelangt man zu einer allgemeinen Aussage über die Richtung der „empfehlenswerten“ strategischen Intervention. Reagiert der ausländische Konkurrent tatsächlich mit einer geringeren Menge, als es der heimische Monopolist befürchtet, so empfiehlt es sich, eine implizite Subvention zu gewähren. Der Inländer ist unnötig ängstlich, und die Regierung nimmt ihm seine Scheu. So ist es im Cournot-Fall: Da der ausländische Konkurrent seine Angebotsmenge reduziert, wenn der Inländer sie erhöht, sind die Absatzchancen besser als vermutet. Ohne strategische Intervention bietet der Inländer zu wenig an; die auf ihn entfallende Residualnachfrage ist elastischer, als er pessimistisch vermutet.

Die Bertrand-Annahme demonstriert die entgegengesetzte Situation. Der heimische Anbieter kann seine Absatzmenge ausdehnen, indem er seinen Preis senkt. Er geht zuversichtlich davon aus, daß sein Konkurrent den bisherigen Preis beibehält und deshalb ein gewichtiger Teil der Nachfrage ins Inland übergeht. In Wahrheit reduziert aber auch der Konkurrent seinen Preis und kann damit weiterhin einen größeren Teil der Nachfrage bedienen, als der inländische Hersteller erwartet. Im Nash-Gleichgewicht bietet der Inländer deshalb zu viel an; die Residualnachfrage ist weniger elastisch, als er optimistisch erwartet (Helpman/ Krugman 1989: 92ff., Klodt 1994: 75ff.).

In dieses Raster passen alle möglichen Verhaltensannahmen - es kommt immer nur darauf an, in welche Richtung das tatsächliche vom erwarteten Verhalten abweicht. Als Grenzfall ist natürlich auch vorstellbar, daß der inländische Anbieter die Reaktion seines Konkurrenten korrekt voraussagt. Dann ist jeder Eingriff der inländischen Regierung schädlich, weil er bloß dazu führen würde, den heimischen Produzenten vom richtigen Weg abzubringen (Bletschacher/ Klodt 1992: 26).

5) Die Ergebnisse verändern sich weiter, wenn das betrachtete Gut auch im Inland konsumiert wird. Was für die Produzenten gut ist, muß nicht unbedingt die Wohlfahrt der Konsumenten steigern. Das ist augenfällig, wenn die Anbieter „Bertrand spielen". Zugunsten des inländischen Produzenten setzt die Regierung besonders strenge Standards, der Preis des Gutes steigt, und die abgesetzte Menge geht zurück. Die Konsumenten erleiden deshalb Nutzeneinbußen, die ein wohlwollender Diktator jetzt mit der gestiegenen Produzentenrente saldieren muß. Die Attraktivität strategisch verschärfter Standards nimmt ab. Bei Cournot-Verhalten der Anbieter sind die Folgen unklar. Unterstützt die Regierung den heimischen Anbieter, indem sie auf die volle Internalisierung verzichtet, so weitet dieser seine Produktion aus, was den Konsumenten zugute kommen könnte[17]. Zugleich reagiert aber der ausländische Konkurrent, indem er sein Angebot einschränkt. Es hängt vom exakten Verlauf der Reaktionskurven ab, ob nach einer strategischen Intervention insgesamt mehr oder weniger von Gut X auf dem Markt ist. Reagiert der Konkurrent nur schwach, so wächst das Gesamtangebot, und strategisches Verhalten lohnt sich eher für die Konsumenten als den Produzenten. Reagiert der Konkurrent stark, so schrumpft die Gesamtmenge möglicherweise sogar, der inländische Hersteller erlebt größere Rentenzuwächse, aber der Rückgang an Konsumentenrente steht dem entgegen. Sobald inländische Konsumenten existieren, müßte eine wohlfahrtsmaximierende Regierung jedenfalls noch erheblich subtiler vorgehen, um Wohlfahrtsgewinne zu erzielen (Rauscher 1997: 189, Ulph 1996: 353f.).

Abstrahieren wir für den Augenblick von den Interaktionen des Anbieterverhaltens, so lassen sich die grundlegenden Effekte in einer einfachen formalen Darstellung aufzeigen. Die Wohlfahrtsfunktion wird um einen Term für die Konsumentenrente erweitert und erhält damit folgende Form (ähnlich bei Althammer/ Buchholz 1995):

$$\max_E NB = U(x_C) - px_C + px_I - C(x_I) - A(x_I, E) - D(E)$$

x^I ist wie gehabt die inländische Angebotsmenge, x_C symbolisiert den inländischen Konsum des Gutes, U ist der Nutzen aus dem Konsum. Die Maxi-

[17] Diese Tatsache führt dazu, daß es bei Autarkie nicht unbedingt optimal ist, einen Monopolisten mit den vollen externen Grenzkosten zu belasten, solange nicht zugleich die Marktmacht mit einem anderen Instrument abgebaut werden kann.

mierung führt zu folgender Bedingung erster Ordnung, wobei jeweils nach den indizierten Variablen abgeleitet wurde:

$$U_{x_C}\frac{dx_C}{dE}-p\frac{dx_C}{dE}-x_C\frac{dp}{dE}+x_I\frac{dp}{dE}+p\frac{dx_I}{dE}-C_{x_I}\frac{dx_I}{dE}-A_{x_I}\frac{dx_I}{dE}-A_E-D_E\overset{!}{=}0$$

Sind die Konsumenten Preisnehmer, so entspricht der Grenznutzen dem Preis p, und die beiden Anfangsterme heben sich gegenseitig auf. Die Gleichung wird so umgestellt, daß auf der linken Seite das umweltökonomisch motivierte Entscheidungskalkül und auf der rechten Seite die verzerrenden strategischen Einflüsse isoliert sind:

$$D_E+A_E=\left(x_I-x_C\right)\frac{dp}{dE}+\left(p-C_{x_I}-A_{x_I}\right)\frac{dx_I}{dE}$$

Ein umweltökonomisch optimaler Standard impliziert $D_E+A_E=0$. Strategische Anreize können aber zu Abweichungen nach unten (zu strenger Standard) oder oben (zu laxer Standard) führen. Die beiden Summanden der rechten Seite bringen diese strategischen Motive zum Ausdruck. Der zweite Term verdeutlicht den Einfluß von Mengenänderungen im Zusammenhang mit der Marktstruktur. Bei vollkommenem Wettbewerb entspräche der Preis p den Grenzkosten der Güterproduktion $C_{xI}+A_{xI}$. Dann nimmt der Klammerausdruck den Wert 0 an, und der umweltökonomisch optimale Standard sollte verankert werden. Wenn allerdings Marktmacht vorliegt, übersteigt der Preis die Grenzkosten der Produktion, der Klammerwert wird positiv und damit auch der gesamte Term. Dann empfiehlt sich offenbar eine laxere Umweltpolitik.

Der erste Term macht den Einfluß von Preisveränderungen in Abhängigkeit von der Stellung des Landes am Weltmarkt klar. Ist das betrachtete Land klein, hat es keinen Einfluß auf den Weltmarktpreis p, und es sollte den umweltökonomisch optimalen Standard setzen. Ist das Land groß, sinkt in der Regel der Weltmarktpreis p, wenn der inländische Standard gelockert wird. Diese Strategie ist immer dann erfolgversprechend, wenn das Inland ein Netto-Importeur des Gutes X, also $x_C>x_I$ ist. Für ein Exportland gilt dagegen, daß es versucht ist, zu strenge Standards zu setzen. Dieser Ausdruck greift die Überlegungen zur Terms-of-trade-Politik eines großen Landes wieder auf.

Die Gleichung erlaubt es demnach, einige der bisherigen Ergebnisse dieser Arbeit noch einmal in aller Kürze zu wiederholen. Für ein kleines Land bei vollkommenem Wettbewerb lohnt es sich nie, vom optimalen Standard abzuweichen. Ein großes Land mit Einfluß auf den Weltmarktpreis könnte allerdings bestrebt sein, zu strenge (Exportland) oder zu lockere (Importland) Standards zu setzen. Unabhängig davon ist Marktmacht der inländischen Anbieter ein weiteres Argument für strategische Eingriffe. Liegen beide Macht-Tatbestände vor, können sie sich gegenseitig verstärken, aber das ist nicht immer der Fall. Durch die Existenz inländischen Konsums werden strategische Vorstöße noch erheblich komplexer. Eindeutig ist nur, daß im Interesse der Konsumenten ein möglichst großes Weltmarktangebot zu einem möglichst niedrigen Preis angestrebt werden sollte. Aber schon die Schlußfolgerung, Konsumenteninteressen bewirkten deshalb regelmäßig einen Bias hin zu lascheren Standards, ist zu kurz gegriffen. Wie bereits erwähnt, könnte ein wachsendes inländisches Angebot von einem starken ausländischen Produktionsrückgang überkompensiert werden. Zudem kollidieren die Produzenteninteressen in der Regel mit jenen der Konsumenten. Die Produzenten sind zwar ebenfalls an einer Ausdehnung ihrer Angebotsmenge interessiert, aber ein sinkender Preis schadet ihnen. Der Preiseffekt des ersten Terms läuft für sie dem Mengeneffekt des zweiten Terms zuwider. Einigermaßen klare Entscheidungsgrundlagen kommen nur bei speziellen Konstellationen zustande. Wenn das Land ein großes Importland ist, zugleich unvollkommener Wettbewerb herrscht und die Anbieter sich zuverlässig gemäß Cournot-Annahme verhalten, so erscheint die Subventionierung mit laxen Standards vorteilhaft. Ist das Land ein großes Exportland und verhalten sich die Anbieter bei unvollkommenem Wettbewerb gemäß Bertrand-Annahme, gilt das Gegenteil.

6) Schließlich ist zu beachten, daß alle Argumente für und wider eine Strategische Umweltpolitik in einer reinen Partialanalyse hergeleitet wurden. Mögliche Rückwirkungen auf andere Sektoren sind damit völlig ausgeblendet. Schlüssige Empfehlungen für die Handelspolitik lassen sich aber nur aus einer Analyse gesamtwirtschaftlicher Zusammenhänge ableiten. Ohne ein Modell des oligopolistischen Wettbewerbs im Rahmen eines allgemeinen Gleichgewichtes bleibt unklar, ob die Intervention zugunsten eines Sektors die Gesamtwohlfahrt steigert oder schmälert (Guerrieri/ Padoan 1996: 89f.).

Die staatliche Intervention verzerrt bewußt die Allokation der Ressourcen, und zwar nicht nur die Allokation des „Produktionsfaktors Umwelt". Dehnt der inländische Anbieter die Produktion von Gut X aus, entstehen Opportunitätskosten, weil bei nicht vollkommen elastischem Angebot aller Produktionsfaktoren andere Branchen ihren Output einschränken müssen. Die Faktorpreise steigen, alternative Produktionsmöglichkeiten büßen an Attraktivität ein und verlieren Gewinne oder Produzentenrenten. Herrscht unvollkommener Wettbewerb nicht nur in der X-Branche, sondern auch in anderen inländischen Gütermärkten, steigen die Oligopolgewinne der X-Produzenten auf Kosten der Oligopolgewinne anderer Branchen. Die Frage ist dann nicht allein, ob die Branche X strategisches Potential aufweist, sondern zusätzlich, ob sie das größte Potential besitzt. Zweige der Volkswirtschaft, in denen vollkommener Wettbewerb herrscht, leiden darunter, daß die Spezialisierung auf komparative Vorteile beschränkt wird (Klodt 1994: 87).

Die gegenläufigen Effekte - Rent shifting oder Rent creation in der X-Branche, Verluste in anderen Branchen - müßte die Regierung sorgfältig gegeneinander aufwiegen. Das ist aber äußerst schwierig, weil die exakte Höhe der

Rückwirkungen kaum quantifizierbar ist. Wird der Standard für die X-Produktion gelockert, steigt beispielsweise die physische Grenzproduktivität des Kapitals in diesem Bereich, Kapital wird angelockt und die Produktion von X wächst. Diesem Mengeneffekt steht aber, wie wir gesehen hatten, üblicherweise der Preiseffekt entgegen. Der sinkende Preis von Gut X schmälert unter anderem das Grenzwertprodukt von Kapital in dieser Branche, was die ursprüngliche Attraktivitätssteigerung wieder relativiert (Rauscher 1992: 14ff.). Derartige Interdependenzen bezüglich aller eingesetzten Produktionsfaktoren müßten a priori klar beziffert sein.

3.3 Strategisch erhöhte Umweltstandards: Die Porter-Hypothese

Die bisher dargestellten Ansätze der Strategischen Umweltpolitik gehen von der Grundvermutung aus, bei unvollkommenem Wettbewerb auf den Gütermärkten bestehe ein Anreiz dazu, einzelne Unternehmen mit Hilfe impliziter Subventionen in Form einer unvollständigen Internalisierung externer Effekte zu begünstigen. Wie sich gezeigt hat, kann ebensogut das Gegenteil der Fall sein; zudem ist in der Realität höchst unsicher, welche Situation gerade vorliegt. Neuerdings haben einige Autoren Modelle bei unvollkommenem Wettbewerb entwickelt, die von der entgegengesetzten Vermutung ausgehen: Es zahle sich auf längere Sicht aus, besonders strenge Standards zu setzen, um die Unternehmen damit in eine Vorreiterrolle im Bereich Umweltschutz zu drängen. Motiviert ist diese These durch die zunächst erstaunliche Tatsache, daß einige Unternehmen stark regulierter Volkswirtschaften wie Japan oder Deutschland trotz strenger Standards im internationalen Wettbewerb überraschend gut abschneiden.

Inzwischen ist ein Argumentationsstrang weit verbreitet, der diese Tatsache plausibel begründen kann. Japan und Deutschland haben früher als andere damit begonnen, Umweltstandards zu setzen. Die heimischen Unternehmen waren gezwungen, neue und umweltfreundlichere Produktionstechnologien beziehungsweise Produkte zu entwickeln. Seit andere Länder ebenfalls allmählich externe Effekte des Umweltverbrauchs korrigieren, profitieren die japanischen und deutschen Unternehmen von ihrem „First mover advantage“ und können Renten abschöpfen, weil sie zunächst weitgehend konkurrenzlos dastehen. Die kurzfristigen Kosten strenger Umweltpolitik werden deshalb mittelfristig dominiert durch eine höhere Wettbewerbsfähigkeit. Populär gemacht hat diese Idee vor allem Michael Porter mit einem Beitrag im „Scientific American“ und weiteren Veröffentlichungen. Das Argument ging deshalb als „Porter-Hypothese“ in die Diskussion um Handel und Standards ein. Die Porter-Hypothese führt zur Schlußfolgerung, die Regierung sollte Unternehmen mit besonders strengen Standards dazu bringen, innovative Technologien anzuwenden und neue Produkte zu entwickeln. Ist diese normative Empfehlung fundiert, kommt es bestimmt nicht zu „Dumping“ oder gar einem Race to the bottom. Insofern ist die

Porter-Hypothese kein Anlaß zur Sorge, der Referenzmaßstab dieser Arbeit würde nicht nach unten durchbrochen. Allerdings ist es auf Dauer ebenso ineffizient, wenn zu hohe Standards etabliert und in einer integrierten Weltwirtschaft zu „Rent creation“ und „Rent shifting“ mißbraucht werden. Deshalb ist hier zu prüfen, ob sich die Porter-Hypothese theoretisch begründen läßt.

So überzeugend die Porter-Hypothese auf den ersten Blick erscheint, fehlt in dieser einfachen Version doch ein entscheidender Schritt: Warum muß die Regierung eingreifen, damit die Unternehmen innovativ tätig werden? Die Unternehmen sind schließlich selbst an ihrer Wettbewerbsfähigkeit interessiert und sollten deshalb von sich aus künftige Chancen suchen, auch im Bereich umweltfreundlicher Verfahren und Produkte. Die Porter-Hypothese bedarf also zusätzlich einer Begründung, warum die Regierung besser für die künftige Wettbewerbsfähigkeit heimischer Unternehmen sorgen kann als diese selbst. In einer normativen Analyse bieten sich grundsätzlich vier verschiedene Wege zur Ergänzung an (Rauscher 1997: 191ff.):

1. Möglicherweise bestehen X-Ineffizienzen bei der internen Organisation und Koordination der Unternehmen, die deshalb unterhalb ihrer Produktionsmöglichkeitengrenze arbeiten. Ein externer Schock kann diese X-Ineffizienzen offenlegen und deren Korrektur auslösen. Unternehmer denken dann verstärkt über Kostenreduktion und Produktinnovation nach und bringen ihre Betriebe näher an einen effizienten Zustand, so daß die Wettbewerbsfähigkeit wächst. Allerdings deckt jeder externe Schock X-Ineffizienzen auf, und es ist nicht ersichtlich, warum schärfere Umweltstandards bessere Dienste leisten sollten als andere Schocks. Andere Instrumente erscheinen vorteilhafter; so erhöht allein die Integration eines Landes in die Weltwirtschaft den Wettbewerbsdruck auf die Unternehmen und bricht damit bekanntlich ineffiziente Strukturen auf.

2. Ein altes Standard-Argument für Staatseingriffe wird erneut angewandt: Den privaten Unternehmern mangle es an Information, die Regierung könne ihnen auf die Sprünge helfen. Die künftige Umweltpolitik anderer Länder und die künftigen Präferenzen ausländischer Konsumenten für umweltfreundliche Güter seien der Regierung besser bekannt als den privaten Akteuren. Ein Nachweis dieses Informationsvorsprungs müßte im Einzelfall erfolgen; generell erscheint es seltsam, warum ein an seinem Erfolg oder zumindest Überleben interessiertes Unternehmen nicht effektiver nach den Chancen von morgen sucht als die staatliche Verwaltung. Selbst wenn der Staat über einen Informationsvorsprung verfügt, sind verschärfte Standards ein primitives Kommunikationsmittel. Vielmehr bietet sich an, diese Informationen direkt an die Unternehmen weiterzugeben.

3. Neue Produktionsverfahren und Produkte sind das Resultat von Forschung und Entwicklung. Gerade bei der Erforschung technischer Grundlagen treten aber häufig positive externe Effekte auf. Die einzelnen privaten Akteu-

re sind deshalb nicht dazu bereit, diese Aktivitäten im volkswirtschaftlich optimalen Ausmaß vorzunehmen. Ohne Zweifel ist dies ein starkes Argument für staatliches Engagement. Dennoch spricht es nicht in erster Linie für höhere Umweltstandards. Die staatliche Intervention sollte unmittelbar an der Quelle der positiven externen Effekte ansetzen. In der Regel kann der Staat Forschung und Entwicklung mit direkteren Instrumenten als ausgerechnet den Umweltstandards fördern.

4. Die Entscheidung darüber, ob und in welchem Umfang Kosten für die Entwicklung einer neuen, umweltfreundlicheren Technologie oder eines neuen Produkts aufgebracht werden, kann ein Bestandteil des strategischen Kalküls eines Unternehmens sein. Wenn sich die Konkurrenten nicht glaubhaft darauf festlegen können, Innovationen voranzutreiben, resultieren die Interaktionen in oligopolistischen Märkten in einer relativ niedrigen Umweltqualität der Verfahren und Produkte. Der enge Zusammenhang zur Idee der Strategischen Umweltpolitik ist unverkennbar. Indem die Regierung strenge Standards setzt, verhilft sie innovativen Unternehmen zu mehr Glaubwürdigkeit. Sie beschränkt die Wahlmöglichkeiten der Produzenten nach unten. Dieser Argumentationsstrang unterstützt die Porter-Hypothese nachhaltig und wird deshalb weiterverfolgt. Allerdings lehnt sich das Argument auch an das vorstehend genannte Motiv der F&E-Förderung an. Die Produzenten verhalten sich ja gerade strategisch, indem sie mehr oder weniger stark in F&E investieren. Erneut müßte der Staat also prüfen, ob er F&E nicht direkter unterstützen kann als mit seiner Standardpolitik. Von vornherein sind verzerrte Standards wie bei der Strategischen Umweltpolitik ein nachrangiges Instrument. Begründet wird eine Intervention, egal welcher Art, nun jedoch nicht mit positiven Externalitäten der Forschung, sondern mit dem strategischen Potential.

Gegenüber der „einfachen" strategischen Umweltpolitik muß die Regierung bei der Dosierung ihres Eingriffs zwei weitere, einander widersprechende Effekte bedenken. Zum einen bekommen die Produzenten mit der Entscheidung über ihre Innovationsanstrengung ein strategisches Instrument an die Hand, das sie ausnutzen können, bevor sie ihre Produktionsmenge oder den Angebotspreis festlegen. In den Modellen der Strategischen Umweltpolitik verfügte allein die Regierung über den Vorteil, auf einer dem Marktgeschehen vorgelagerten Ebene handeln zu können. Da die Produzenten selbst verstärkt strategisch agieren, geht eventuell der Spielraum für strategische Interventionen der Regierung zurück. Staatliches und privates Verhalten sind zumindest teilweise Substitute. Der Standard sollte zu seiner umweltökonomisch optimalen Höhe hin tendieren. Zum anderen öffnet sich aber mit dem Einfluß auf das Innovationsverhalten ein zusätzlicher Weg für staatliche Interventionen. Während der erste Effekt die aus der Strategischen Umweltpolitik herrührenden Verzerrungen neutralisiert, stützt der zweite Effekt die Porter-Hypothese (A. Ulph 1996b: 355).

Das Spielgeschehen zwischen Ländern und Produzenten umfaßt eine Ebene mehr als im Grundmodell der Strategischen Umweltpolitik. Auf der ersten Ebene entscheiden die Regierungen über die Höhe des Standards, der hier seinen Ausdruck in der Besteuerung der Emissionen findet[18]. Die neue, zweite Ebene ist der Entscheidung der Produzenten über ihre Investitition in F&E vorbehalten. Auf der dritten Ebene schließlich legen die Konkurrenten ihre Mengen oder Preise fest. Die politische Ebene berücksichtigt die nachfolgende Innovationsentscheidung der Anbieter, wenn sie das Niveau des Standards festlegt. Das ist keine durchweg befriedigende Annahme. Eine Innovation gelangt nicht von einem Tag auf den anderen zur Serienreife, sondern erst nach einem längeren und zudem mit Unsicherheit behafteten Prozeß. Dagegen sind die Wahlzyklen in demokratischen Gesellschaften und oft auch die Halbwertszeit politischer Eckwerte relativ kurz. Weicht man aber von dieser Annahme ab, wird die Porter-Hypothese hinfällig. Nur langfristig verläßliche Standards beeinflussen das Innovationsverhalten nachhaltig.

Die Porter-Hypothese schließt sowohl Prozeß- als auch Produktinnovationen mit ein. Betrachten wir zunächst einen Ansatz, der die Prozeßinnovationen in den Mittelpunkt stellt (A. Ulph 1996b, 1996a, A. Ulph/ D. Ulph 1996, D. Ulph 1994). Zwei Anbieter in zwei symmetrischen Ländern konkurrieren um die Konsumenten eines dritten Landes. Zunächst sei wieder Cournot-Verhalten unterstellt. Bei der Produktion des betrachteten, homogenen Gutes entsteht eine negative Externalität (Emissionen). Es steht keine Technologie zur Verfügung, die am Ende des Produktionsprozesses die anfallenden Schadstoffe reinigen könnte, also keine End-of-pipe-Technologie wie etwa eine Kläranlage. Es ist lediglich möglich, in die Entwicklung eines neuen Produktionsverfahrens zu investieren, bei dem Emissionen in geringerem Umfang entstehen. Ohne die zumindest teilweise Internalisierung haben die Unternehmen kein Interesse an diesen Investitionen (vgl. auch Katsoulacos/ Xepapadeas 1996: 145). Betrachten wir die Prozesse genauer, wobei das Spiel rückwärts gelöst wird.

3.3.1 Dritte Ebene: Unternehmen wählen ihre Produktionsmenge

Die Unternehmen 1 und 2 sehen sich auf dieser Ebene konstanten Stückkosten gegenüber, von Fixkosten wird abgesehen. Wie üblich passen sie die Produktionsmengen y_1, y_2 an, um ihren Gewinn zu maximieren, so beispielsweise Anbieter 1:

$$\max R(y_1, y_2) - c_1 y_1$$

und gelangen zur Bedingung erster Ordnung, daß Grenzerlös und Grenzkosten übereinstimmen müssen. Der Output im Cournot-Nash-Gleichgewicht läßt sich

[18] Auch hier könnte man eine weitere Ebene voranstellen, nämlich die Auswahl des umweltpolitischen Instruments durch die Regierungen (vgl. A. Ulph 1996b).

nun auch als eine Funktion der Grenzkosten von Anbieter 1 und Anbieter 2 ausdrücken, da dies die einzigen relevanten Parameter sind:

$$y_1=f(c_1,c_2)$$

Es gelten die üblichen Eigenschaften der Cournot-Gleichgewichtstheorie (die Indizes stehen jetzt für die Ableitung nach den jeweiligen Grenzkosten):

$$f_1<0; \qquad f_2>0$$

Ein Anstieg der eigenen Kosten c_1 führt zum Rückgang des gleichgewichtigen Outputs y_1, während der Konkurrent seinen Output ausweiten kann. Umgekehrt weitet Produzent 1 sein Angebot aus, wenn die Grenzkosten des Konkurrenten steigen. Die Gewinnmaxima von Unternehmen 1 hängen dann offensichtlich ebenfalls vom Niveau der Grenzkosten c_1 und c_2 ab. Setzen wir die gleichgewichtigen Outputwerte y_1 in die Gewinnfunktion ein, so ergibt sich eine Funktion $G(c_1,c_2)$ aller möglichen Gewinnmaxima. Diese Funktion hat die konventionellen Eigenschaften (die Indizes stehen für die Ableitung nach den jeweiligen Grenzkosten):

$$G_1<0; \qquad G_2>0; \qquad G_{11}>0; \qquad G_{12}>0$$

- Der Gewinn von Anbieter 1 geht zurück, wenn die eigenen Grenzkosten steigen. Erstens geht mit steigenden Grenzkosten der Output y_1 zurück, so daß der Gewinn direkt sinkt. Zweitens ist eine strategische Komponente zu berücksichtigen, denn zugleich wächst der Marktanteil und damit die Marktmacht des Konkurrenten, was den Gewinn von Anbieter 1 zusätzlich vermindert.
- Der Gewinn von Anbieter 1 steigt, wenn der Konkurrent höhere Grenzkosten verkraften muß. Die strategische Beziehung der beiden Anbieter hat zur Folge, daß Marktanteil und Marktmacht von Anbieter 1 steigen, weil Anbieter 2 angesichts gestiegener Kosten seinen Output zurückfährt.

Ein Anstieg der eigenen Grenzkosten mindert den Gewinn von Anbieter 1 bekanntlich ($G_1<0$), aber dieser Effekt fällt umso kleiner aus, je höher die Grenzkosten im Ausgangspunkt schon waren ($G_{11}>0$). Die Beziehung zwischen Gewinn und Grenzkosten verläuft fallend und konvex zum Ursprung hin. Für die hier relevante Fragestellung, welches Interesse ein Unternehmen daran hat, seine Grenzkosten durch Innovationen zu senken, ist die umgekehrte Perspektive interessant: Je niedriger die Grenzkosten im Ausgangspunkt bereits sind, umso stärker steigt der Gewinn, wenn die Grenzkosten um eine weitere Einheit gesenkt werden können. Bei hohen Grenzkosten hingegen erschließt die gleiche Kostenreduktion wenig zusätzlichen Gewinn. Diese auf den ersten Blick überraschende Tatsache ist wieder eine Folge der strategischen Abhängigkeit des einen Anbieters vom anderen. Sind die Grenzkosten von Anbieter 1 im Ausgangspunkt hoch, so kann er nur einen kleinen Teil des Gesamtmarktes bedienen. Operiert er dagegen bei niedrigen Grenzkosten, besitzt er einen großen Marktanteil. Das hat zwei Folgen für Anbieter 1, wenn es ihm nun gelingt, die ohnehin schon relativ niedrigen Kosten noch weiter zu senken. Zum einen ist die im Ausgangspunkt produzierte Menge größer als in einer Situation mit hohen Grenzkosten. Die Reduktion der Stück*kosten* wirkt sich also auf eine größere Stück*zahl* aus; der Gewinn steigt beim gleichen Rückgang der Kosten stärker. Das würde auch dann zutreffen, wenn Anbieter 1 seinen bisherigen Output beibehielte. Zum anderen verhilft der größere Marktanteil Anbieter 1 zu größerer Marktmacht im Verhältnis zum Konkurrenten. Anbieter 1 kann sich schon fast wie ein Monopolist verhalten. Der andere Anbieter reagiert zwar auf Outputvariationen von Anbieter 1, aber durch den geringen Marktanteil des Konkurrenten entfalten dessen Reaktionen kaum Wirkung auf das Gesamtangebot und damit den Marktpreis. Deshalb bleibt es weitgehend folgenlos, daß Anbieter 1 weiterhin der Cournot-immanenten Fehleinschätzung unterliegt und davon ausgeht, Anbieter 2 behalte seine bisherige Menge bei. Die Tendenz zu „übervorsichtigem" Verhalten nimmt ab, Anbieter 1 dehnt seine Angebotsmenge stärker aus als bei geringerer Marktmacht. Er realisiert einen größeren Teil des existierenden Gewinnpotentials (Martin 1994: 123ff.).

- Höhere Grenzkosten des Konkurrenten steigern den Gewinnzuwachs von Anbieter 1, der auftritt, wenn es ihm gelingt, die eigenen Stückkosten zu senken ($G_{12}>0$). Nach dem bisher Gesagten ist dieser indirekte Zusammenhang nicht schwer zu erklären. Es handelt sich wieder um die Folge unterschiedlicher Marktmacht. Hohe Grenzkosten des Konkurrenten bedeuten, daß dieser nur einen kleinen Marktanteil erreicht, Anbieter 1 also einen großen Marktanteil. Im übrigen gilt dann die unter dem vorherigen Punkt beschriebene Logik.

3.3.2 Zweite Ebene: Unternehmen wählen ihren F&E-Aufwand

Diese Ebene ist neu; die Unternehmen können ihre Kostenstruktur beeinflussen und damit auf das Spielergebnis der dritten Ebene strategischen Einfluß ausüben. Die Stückkosten des Anbieters 1 ergeben sich aus der folgenden Grenzkostenfunktion:

$$c_1=te(h_1)$$

Für jede Einheit der Externalität muß das Unternehmen einen Steuersatz t entrichten. Es hängt von den F&E-Aufwendungen h_1 ab, wie hoch e ist, das Ausmaß der Externalität pro Outputeinheit. e ist eine abnehmende, konvexe Funktion von h_1, die F&E-Investitionen weisen also abnehmende Grenzerträge auf. Der Anbieter verhält sich auch auf dieser Ebene gemäß Cournot-Annahme und betrachtet den F&E-Aufwand des Konkurrenten als gegeben. Er maximiert die folgende Beziehung:

$$\max_{h_1} G(c_1, c_2) - h_1$$

Formulieren wir diese Beziehung stärker aus, so zeigt sich deren Komplexität:

$$\max_{h_1} R\Big(y_1(c_1(h_1),c_2),\, y_2(c_2,c_1(h_1))\Big) - c_1(h_1)y_1(c_1(h_1),c_2) - h_1$$

Ableitung nach h_1 und gleichsetzen mit Null ergibt dann die Bedingung erster Ordnung:

$$1 = -\frac{dc_1}{dh_1}\left(y_1 - R_{y_2}\frac{\partial y_2}{\partial c_1}\right)$$

Auf der linken Seite stehen die Grenzkosten von F&E, auf der rechten Seite die Grenzerträge. F&E verspricht zum einen direkte Erträge, weil die Produktionskosten des eigenen Outputs y_1 sinken. Hinzu kommen aber strategische Vorteile: Wenn c_1 sinkt, reduziert der Konkurrent seinen Output y_2 und die Erlöse nehmen zu. Für jedes gegebene F&E-Niveau des ausländischen Konkurrenten kann Anbieter 1 auf diese Art und Weise die optimale Höhe der eigenen Foschungsaufwendungen bestimmen. Die Menge aller gewinnmaximierenden F&E-Entscheidungen bildet dann die Reaktionskurve von Anbieter 1 im „F&E-Spiel" dieser zweiten Ebene.

Im Zusammenhang mit der Porter-Hypothese ist nun wichtig, wie die Forschungsaufwendungen und vor allem letzten Endes die Grenzkosten vom Niveau der Internalisierung externer Effekte, also in diesem Modell von der Höhe des Steuersatzes t, beeinflußt werden. Um es vorwegzunehmen: Eindeutige Ergebnisse erwartet man vergeblich. Drei verschiedene Einflüsse auf die Kosten treten auf, wenn t steigt:

1. Unterstellen wir für einen Augenblick, der bisherige Forschungsaufwand sei fixiert. Dann erhöht t selbstverständlich die Grenzkosten der Produktion.
2. Damit verändert sich in aller Regel auch die Attraktivität von Forschung und Entwicklung. Zwei gegenläufige Effekte sind zu unterscheiden. Einerseits ist daran zu erinnern, daß die Gewinnfunktion $G(c_1,c_2)$ konvex verläuft. Je höher die Kosten sind, desto weniger zahlt sich eine Kostenreduktion in Gewinnzuwächsen aus. Der höhere Steuersatz mindert den Innovationsanreiz, weil er die Grenzkosten vor der Innovationsentscheidung in die Höhe drückt. Geht der Innovationsanreiz aufgrund der unmittelbaren Kostensteigerung zurück, so wachsen die Kosten noch weiter an. Der unmittelbare Effekt wird noch verstärkt.
3. Andererseits entwickelt ein gegebener F&E-Aufwand eine größere Hebelwirkung als bisher. Ein bestimmtes F&E-Niveau hat eine bestimmte Reduktion der Pro-Stück-Externalität zur Folge. Die gleiche Reduktion der Externalität bewirkt jetzt einen stärkeren Rückgang der Kosten als bisher, weil jede Einheit der Externalität höher besteuert wird. Innovationen sind effektiver geworden, was dafür spricht, verstärkt in F&E zu investieren - was wiederum die Kosten senkt.

Ohne Zweifel stützt der dritte Zusammenhang die Porter-Hypothese und erfaßt wohl auch die Kernidee der Befürworter dieser optimistischen Einschätzung. Dominiert er die beiden anderen Effekte, besitzt die Hypothese praktische Relevanz. Ob dies so ist, läßt sich aber nur mit einer exakten funktionalen Festlegung klären. Entscheidend ist dabei der Verlauf der Funktion e(h). Verläuft diese Funktion beispielsweise negativ exponential, dann hat der Steuersatz t überhaupt keinen Effekt auf die Grenzkosten. Der zusätzliche F&E-Aufwand reicht gerade dazu aus, den unmittelbaren Kostensteigerungseffekt auszugleichen (D. Ulph 1994; A. Ulph/ D. Ulph 1996).

3.3.3 Erste Ebene: Regierungen entscheiden über die Höhe des Steuersatzes

Die Regierung des Landes versucht, die Wohlfahrtsfunktion zu maximieren; als Instrument steht der Steuersatz t zur Verfügung. Dessen unterschiedliche Einflüsse auf das Verhalten des Produzenten sind dabei zu beachten. Aus der Sicht des wohlwollenden Diktators können wir zwischen dem direkten Rent-shifting-Effekt und dem indirekten Effekt strategischer Investitionen unterscheiden (A. Ulph 1996a, 1996c). Der *direkte Rent-shifting-Effekt* ist das vertraute Motiv der „einfachen" Strategischen Umweltpolitik im Cournot-Fall. Die Regierung hat ein Interesse daran, die Kosten des heimischen Anbieters zu senken, um ihm größere Marktanteile zu verschaffen. Das kann sie auf jeden Fall am leichtesten tun, indem sie den Steuersatz senkt. Der *indirekte Effekt strategischer Investitionen* ist komplexer, was nach der Analyse der zweiten Ebene kaum überrascht. Die Regierung versucht, die F&E-Investitionen des Unternehmens zu beeinflussen. Weil aber bekanntlich die Folgen höherer Steuern für die Innovationsentscheidung des Produzenten zweideutig sind, gilt das gleiche für diesen Effekt. Wirkt sich der Steuersatz überhaupt auf die Kosten aus, kommen prinzipiell zwei Möglichkeiten in Frage (A. Ulph/ D. Ulph 1996):

- Ein höherer Steuersatz t schwächt per Saldo den Innovationsanreiz des heimischen Produzenten und stärkt ihn beim ausländischen Konkurrenten. Dann tendiert die inländische Regierung sowohl aus strategischem Interesse als auch aufgrund des direkten Rent-shifting-Effekts dazu, den Steuersatz unter das umweltökonomische First-best-Niveau zu senken.
- Ein höherer Steuersatz t stärkt den Innovationsanreiz im Inland und schwächt ihn im Ausland. In diesem Fall muß die Regierung den direkten Rent-shifting-Effekt (der zur Steuersenkung animiert) mit dem indirekten Innovationseffekt (der jetzt höhere Steuern nahelegt) vergleichen. Jedes Ergebnis ist möglich, unter anderem auch das umweltökonomische Optimum, in dem der Steuersatz dem Grenzschaden der Externalität entspricht.

Die Porter-Hypothese steht auf wackligen Füßen. Im Rahmen des hier vorgestellten Ansatzes kann sie, muß aber nicht bestätigt werden. Erstens kann schon der Kerngedanke der Hypothese verletzt sein, denn höhere Steuern regen die Innovationstätigkeit nicht unbedingt an. Das ist aber eine notwendige Bedingung zur Bestätigung der Porter-Hypothese. Zweitens: Selbst wenn diese notwendige Bedingung erfüllt ist, kann immer noch der direkte Rent-shifting-Effekt den indirekten Innovationseffekt dominieren. Der Kerngedanke (höhere Steuern veranlassen zusätzliche Innovationen) stimmt zwar, aber die Politikempfehlung der Porter-Hypothese (setze höhere Steuern) ist dennoch falsch, weil die grobschlächtige direkte Kostenreduktion schwerer wiegt. Im Sinne einer hinreichenden Bedingung muß der Innovationsanreiz stark positiv auf den Steuersatz reagieren, und Innovationen müssen wiederum die Grenzkosten stark reduzieren, damit das subtile Vorgehen à la Porter vorteilhafter ist.

Das Resultat ist für einen wohlwollenden Diktator, der das strategische Potential seiner Umweltpolitik erkennt, eher enttäuschend. Es mag sein, daß die Porter-Hypothese zutrifft; mit Sicherheit ließe sich das aber nur sagen, wenn alle notwendigen Informationen zuverlässig erkundet werden können. In der Realität dürfte dies größte Probleme verursachen. Insofern erscheint nach wie vor am sinnvollsten, den „mittleren Weg" zu wählen, das heißt den Steuersatz als Ausdruck des Umweltstandards auf Höhe der externen Grenzkosten zu setzen. Erst recht gilt das, wenn man sich vor Augen hält, daß die bereits diskutierten Modifikationen der einfachen Strategischen Umweltpolitik auch für diesen verfeinerten Ansatz gelten. Erhebliche zusätzliche Unsicherheiten sind dann zu erwarten. Einige Erweiterungen seien hier kurz angesprochen.

a) Verhalten sich die Anbieter auf dem Gütermarkt (Dritte Ebene) gemäß Bertrand-Annahme, kehrt sich der direkte Rent-shifting-Effekt um. Die Produzenten halten im Markt-Spiel den Preis ihres Konkurrenten für gegeben. In Wahrheit verlaufen die Reaktionskurven steigend und die Unternehmen bieten „zu große" Mengen zu einem „zu niedrigen" Preis an. Die Regierung will den heimischen Anbieter über höhere Grenzkosten dazu veranlassen, einen höheren Preis zu verlangen. Der direkte Rent-shifting-Effekt erfordert also ein Anziehen des Steuersatzes. An den Interdependenzen beim indirekten Effekt strategischer Investitionen ändert sich grundsätzlich nichts. Insbesondere bleibt die Unsicherheit erhalten, ob F&E zu- oder abnimmt, wenn der Steuersatz steigt. Zwar ist verständlich, daß die Produzenten nun ihren F&E-Aufwand reduzieren sollten, um die Grenzkosten im Gleichgewicht zu erhöhen und damit einen höheren Preis durchsetzen zu können. Aber es ist ebenso unsicher wie bei Cournot-Verhalten, welche strategische Verzerrung des Steuersatzes dazu erforderlich ist. Es bleibt lediglich die für die Praxis nicht sonderlich aufschlußreiche Erkenntnis, daß die beiden Effekte jeweils in der umgekehrten Richtung wirken. Weitergehende Aussagen sind nur mit spezifischen formalen Festlegungen möglich. So vergleicht A. Ulph die Ergebnisse bei Bertrand-Verhalten (A. Ulph 1996c) mit den Ergebnissen bei Cournot-Verhalten (A. Ulph 1996a) mittels numerischer Simulation in einem funktional determinierten Modell. Er kommt zum Ergebnis, daß der Netto-Effekt bei Bertrand-Verhalten so klein ist, daß der Anreiz für Verzerrungen der Umweltpolitik gegen Null geht - obwohl alle nötigen Daten bekannt und sicher sind.

Des weiteren könnten sich die Regierungen anders verhalten. Bisher wurde unterstellt, daß beide Regierungen gleichzeitig ihren Steuersatz wählen und den ausländischen Satz als gegeben betrachten. Möglicherweise würde der Porter-Hypothese eher ein Ansatz gerecht, der eine der beiden Regierungen zum Stackelberg-Führer erklärt. Diese Regierung entscheidet vor der anderen über ihren Umweltstandard und könnte deshalb first-mover-Vorteile erlangen. Damit wäre das in der Realität auftretende Phänomen zu erfassen, daß einige Länder schon früh hohe Umweltstandards setzten, während andere erst später oder noch gar nicht nachgezogen haben. Allerdings ist schwer zu begründen, warum eine Regierung der strategische Führer sein sollte. Natürlich sind die Länder unterschiedlich mit der Ressource Umwelt ausgestattet. Wo die Umweltqualität besonders knapp ist, müssen die Regierungen strengere Umweltstandards setzen. Zeitlich betrachtet gehen die Länder mit einer knappen Ausstattung umweltpolitisch voran. Damit wird die Vorreiterrolle mancher Länder erklärbar; aber sie ist allein das Ergebnis von First-best-Überlegungen. Für die hier diskutierte Second-best-Welt taugt die Argumentation nicht viel, da unverständlich bleibt, warum ein schlecht mit Umweltqualität ausgestattetes Land eine *strategisch* motivierte Entscheidung früher als andere fällen kann. Akzeptiert man die Stackelberg-Führerschaft trotz mangelnder Plausibilität, treten modelltheoretische Schwierigkeiten auf. Immerhin muß dann die Reaktionsfunktion der Regierungen bezüglich der Umweltstandards formuliert werden. Vermutlich würden aber auch dann die identifizierten Zweideutigkeiten nicht verschwinden (A. Ulph 1996b: 365).

b) Innovationen eines Unternehmens strahlen oft aus auf die Produktionsprozesse in anderen Unternehmen. Derartige Spillover-Effekte betrachten Katsoulacos und Xepapadeas (1996). Allerdings abstrahieren sie von Außenhandel und betrachten lediglich ein inländisches Duopol. Die grundlegenden Effekte lassen sich aber auf unseren Fall mit unterschiedlichen Standorten der beiden Unternehmen übertragen. Der Regierung stehen zwei Instrumente zur Verfügung: Wie gehabt ein Steuersatz t als Ausdruck des Umweltstandards, zusätzlich ein Subventionssatz s zur Korrektur des F&E-Spillovers. Wie im bisher diskutierten Modell senkt ein innovatives Unternehmen die Externalität pro Outputeinheit e, wobei diese Beziehung wie folgt ausformuliert wird:

$$e = \beta - (z_i + \gamma z_j) \qquad \text{mit } i = 1{,}2; i \neq j; \quad 0 \leq \gamma \leq 1$$

Das Ausgangsniveau β der Stück-Externalität e kann durch eigene Forschungsanstrengungen, in einem gewissen Umfang aber auch durch F&E-Aktivitäten des Konkurrenten, gesenkt werden. z_i symbolisiert den Wissensstand des betrachteten Anbieters, z_j den des Konkurrenten, und γ gibt an, wie groß der

Spillover von j zu i ist. Durch spezifische funktionale Annahmen kommen Katsoulacos und Xepapadeas zum Ergebnis - anders als im allgemeinen Fall - , der Anstieg des Steuersatzes beeinflusse die F&E-Aktivitäten positiv. Unter diesen Voraussetzungen muß die Regierung bei ihrer Wahl des optimalen Steuer- und Subventionssatzes drei Effekte beachten:

- Die beiden Anbieter stellen als Oligopolisten ein volkswirtschaftlich suboptimales Angebot bereit, weil die Konsumentenrente in ihr Kalkül nicht eingeht. Um den Output nicht noch weit stärker zu drücken, setzt die Regierung einen Steuersatz unterhalb der Grenzkosten der Umwelt-Externalität. Damit sinkt aber F&E auf ein suboptimales Niveau. Der Konsumentenrenten-Effekt wurde an anderer Stelle für einen inländischen Monopolisten bereits erläutert. Er geht verloren, sobald unterstellt wird, alle Konsumenten lebten in Drittländern.
- Der private Ertrag der F&E-Aktivitäten eines Unternehmens ist kleiner als der soziale Ertrag, eine zwingende Folge der Spillovers. Das spricht für eine Subventionierung der Innovationstätigkeit.
- Die Produzenten erkennen den strategischen Charakter ihrer Innovationen und investieren deshalb zu viel in F&E, oder präziser ausgedrückt: Die Grenzkosten der F&E übersteigen die marginale Einsparung bei den externen Grenzkosten der Produktion. Aus diesem Grund sollte die Innovationstätigkeit besteuert werden.

Erneut treten gegenläufige Motive für das Regierungshandeln auf. Die optimale Subvention der Innovationstätigkeit kann positiv oder negativ (also eine Besteuerung) sein. Der dritte Effekt dominiert den zweiten, solange γ klein ist und die Spillover-Probleme nicht stark ins Gewicht fallen. Falls eine direkte F&E-Subvention/ Besteuerung ausgeschlossen ist, um wieder auf die eingangs gewählten Annahmen zurückzukommen, muß der externalitätsbezogene Steuersatz t die entsprechende Funktion (mit-) übernehmen. Eine Erweiterung auf diesem Weg nähert das Modell zwar der Realität an. Eindeutige Aussagen zur Porter-Hypothese sind aber weiterhin unmöglich, ja, die Komplexität nimmt noch zu, erst recht, wenn die Instrumentenwahl beschränkt ist.

c) Stillschweigend wurde bisher unterstellt, daß beide Unternehmen gleichzeitig Innovationen erreichen können. Es sind beispielsweise mehrere technische Wege denkbar, um die Externalität im Produktionsprozeß zu reduzieren. Auch wenn der eine Anbieter seine Innovation patentieren läßt, stehen dem Konkurrenten immer noch viele Wege offen, ebenfalls per F&E seine Kosten zu reduzieren. Es handelt sich um ein sogenanntes Non-tournament-Modell des F&E-Wettbewerbs. In Tournament-Modellen dagegen sind die konkurrierenden Unternehmen Teilnehmer an einem Turnier; dem Gewinner winkt als Prämie ein dauerhaftes Patent auf die einzig mögliche Innovation, die F&E-Aufwendungen des Verlierers sind verschwendet. Diese Struktur kommt der Porter-Hypothese insofern entgegen, als der Gewinner wirklich nennenswerte Erträge aus der Innovation ziehen kann. Die Reaktionsfunktionen im Innovationswettbewerb verlaufen nun steigend. Höhere Aufwendungen eines Unternehmens ziehen eine aggressive Reaktion des Konkurrenten nach sich, der ebenfalls mehr für F&E ausgibt. Die Wahrscheinlichkeit, daß ein Unternehmen die Innovation erreicht, steigt mit seinen Forschungsausgaben. Die Gestalt des F&E-Wettbewerbs zwischen den Anbietern verändert sich also völlig. Das größte Problem der Non-tournament-Ansätze bleibt jedoch erhalten: Der Steuersatz t kann sowohl positiv als auch negativ auf den Innovationsanreiz eines Unternehmens wirken. Ob der wohlfahrtsmaximierende Steuersatz über oder unter den externen Grenzkosten liegt, läßt sich nur für ganz bestimmte Konstellationen herleiten (D. Ulph 1994).

Davon abgesehen könnte die Turnier-Idee dazu dienen, den Blickwinkel um einen weiteren Aspekt zu erweitern. Die Porter-Hypothese bezieht sich auf eine dynamische Welt, in der sich die einzelnen Länder ständig verändern. Ein Land, das heute (aus First-best-Gründen) strengere Umweltstandards setzt, sieht deshalb beispielsweise voraus, daß andere Länder etwas später mit den gleichen Umweltproblemen konfrontiert sein werden. Entwickelt der heimische Anbieter heute eine umweltfreundliche Technologie, kann er diese Innovation morgen an andere verkaufen. Die potentiellen Erträge einer Innovation nehmen zu, damit wächst auch das Interesse daran, das Turnier für sich zu entscheiden. Zudem hat die unterstellte Asymmetrie zwischen den Ländern zur Folge, daß jene Länder, die heute noch reichlich mit Umweltqualität ausgestattet sind, die erst später anfallenden Erträge der Innovation stärker diskontieren müssen und deshalb weniger engagiert in das Turnier gehen.

Schließlich ist auch denkbar, eine Folge mehrerer Innovationen zu betrachten. Die existierenden Ansätze der F&E-Literatur betrachten allerdings nur das Produzentenverhalten und klammern strategische Aktionen von Regierungen aus. Eine angemessene Erweiterung wäre modelltheoretisch sehr aufwendig. Vermutlich könnte die Porter-Hypothese dennoch nicht allgemein belegt werden. Schon auf Unternehmensebene zahlt es sich nicht immer aus, frühe Runden des Innovationswettbewerbs zu gewinnen. Selbst wenn hohe Umweltstandards eindeutig starke Innovationsanreize auslösen würden, ist dies also nicht unbedingt wohlfahrtssteigernd (A. Ulph 1996b: 364ff.).

Es bleibt immer noch offen, ob der bisher unterstellte Charakter der Innovationen den Kern der Porter-Hypothese trifft. Möglicherweise läßt sich Porters Gedankengang zuverlässiger bestätigen, wenn wir statt Prozeßinnovationen nun Produktinnovationen betrachten. Diese Perspektive hat insbesondere Rauscher (1997, 1995b) eingenommen. Abermals konkurriert ein inländisches mit einem ausländischen Unternehmen auf dem Gütermarkt eines Drittlandes. Die Konsumenten im Drittland sind dazu bereit, für ein „sauberes" Gut mehr zu bezahlen als für ein „schmutziges“[19]. Die Produzenten entscheiden sich für eine bestimmte „Umweltqualität“ ihres Produkts, müssen dabei allerdings beachten, daß saubere Güter höhere Kosten verursachen. Die Regierung kann den Entscheidungsspielraum der Unternehmen begrenzen, indem sie einen Umweltstandard diktiert. Auch in diesem Fall erstreckt sich das Spielgeschehen also über drei Ebenen: Auf der ersten setzt die Regierung einen bestimmten Umweltstandard; auf der zweiten entscheiden sich die Produzenten für eine bestimmte „Umweltqualität“ ihres Produktes; und auf der dritten legen sie schließlich ihre gewinnmaximierende Menge bzw. den Preis fest[20].

Zunächst sei wieder Cournot-Verhalten unterstellt. Die Qualität des inländischen Produkts sei mit q, die des ausländischen Produkts mit Q bezeichnet. Der inländische Produzent maximiert die folgende Gewinnfunktion:

$$\max R(y_1, y_2, q, Q) - c_1(y_1, q)$$

Als besonders wichtig wird sich die Ableitung der Grenzkosten nach der Umweltqualität erweisen:

$$c_{y_1q} \geq 0$$

Beträgt der Wert dieser Kreuzableitung null, verursacht lediglich die *Entwicklung* eines umweltfreundlicheren Produkts Kosten, während die Grenzkosten der *Produktion* davon nicht beeinflußt werden. Je stärker positiv diese Ableitung jedoch ist, desto teurer ist die Produktion von Gütern hoher Qualität im Vergleich mit Gütern geringerer Qualität.

Auf der **dritten Ebene** sind zwei gegenläufige Effekte zu beobachten, sobald $c_{y_1q} > 0$ ist. Höhere Qualität führt zu höheren Grenzkosten der Produktion, bei jeder gegebenen Angebotsmenge des Konkurrenten ist c.p. ein geringerer eigener Output gewinnmaximierend. Von daher ist zu erwarten, daß sich die Reaktionskurve des heimischen Produzenten zum Ursprung hin verlagert, wenn er Güter höherer Qualität als bisher herstellt. Zugleich sind aber die Konsumenten bekanntlich dazu bereit, eine Prämie für umweltfreundlichere Produkte zu bezahlen. Der heimische Anbieter wird also höhere Preise für sein neues Produkt durchsetzen können, so daß der Grenzertrag möglicherweise ebenfalls steigt. Das spricht, isoliert betrachtet, dafür, den Output zu erhöhen; die Reaktionsfunktion des heimischen Anbieters verlagert sich nach außen. Im Allgemeinen ist unklar, welcher Effekt dominiert und ob der inländische Produzent im neuen Nash-Gleichgewicht mehr oder weniger als bisher anbietet.

---

[19] Rauscher (1997, 1995b) geht davon aus, daß sich die Güter in der Umweltfreundlichkeit beim Verbrauch unterscheiden, also bezüglich ihrer Konsumexternalitäten; es ist aber grundsätzlich auch denkbar, daß die Verbraucher sensibel auf bei der Produktion der Güter entstehende Externalitäten reagieren, so daß wir nicht näher auf den Charakter der Externalitäten eingehen müssen.

[20] Rauscher (1997, 1995b) spricht nur von zwei Ebenen (den beiden zuerst genannten), läßt aber dennoch explizit zu, daß die Regierung als Stackelberg-Führer gegenüber dem Produzenten agiert.

Je kleiner die Kreuzableitung $c_{y_1q} \geq 0$ ausfällt, umso wahrscheinlicher steigt der heimische Output mit der Qualität des Produktes. Schon auf der dritten Ebene begegnen wir also erneut einer großen Unsicherheit.

Diese Unsicherheit zieht sich auch durch die vorgelagerten Ebenen. Auf der **zweiten Ebene** entscheiden die Unternehmen über die Umweltqualität ihres Produktes. Es ist aber nur fallweise zu klären, ob ein Produzent die Qualität des eigenen Produkts erhöht oder senkt, wenn der Konkurrent einen höheren Qualitätsstandard vorlegt. Im ersten Fall verlaufen die Reaktionskurven steigend und die Qualitäten sind strategische Komplemente, im zweiten Fall weisen die Kurven negative Steigungen auf und es handelt es sich um strategische Substitute. Großen Einfluß hat die Struktur der Kosten einer Innovation. Steigen die Grenzkosten durch eine Innovation stark, sind die Qualitätsniveaus eher strategische Komplemente. Entstehen dagegen hauptsächlich einmalige F&E-Aufwendungen, während die Grenzkosten der Produktion fast unverändert bleiben, besteht eher ein substitutives Verhältnis.

Zusätzlich ist die Gestalt der Isogewinnlinien unbestimmt. Sie hängt entscheidend davon ab, wie der Gewinn eines Anbieters auf die Qualität des Konkurrenzproduktes reagiert. Für den heimischen Anbieter läßt sich diese Auswirkung des strategischen Konkurrentenverhaltens wie folgt ausdrücken (Rauscher 1997: 197):

$$\frac{dG}{dQ} = (\frac{\partial p}{\partial Q} + \frac{\partial p}{\partial y_2}\frac{dy_2}{dQ})y_1$$

Das Vorzeichen der Ableitung $\frac{dy_2}{dQ}$ ist nach den obigen Überlegungen nicht eindeutig zu bestimmen; insofern könnte der Gewinn des inländischen Anbieters durchaus positiv auf die Produktqualität des Konkurrenten reagieren. Plausibler erscheint zwar, daß der direkte (negative) Effekt der ausländischen Produktqualität dominiert und der inländische Gewinn negativ reagiert. Dann verlaufen die Gewinnisoquanten konkav. Der Vollständigkeit halber müssen trotzdem auch konvexe Isoquanten in Betracht gezogen werden. Selbst bei symmetrischen Unternehmen im In- und Ausland müssen wir deshalb die vier in Abb. 3-5 dargestellten Situationen unterscheiden. In den Fällen (a) und (b) reagiert der inländische Gewinn negativ auf die ausländische Produktqualität, in (c) und (d) positiv. Die Produktqualitäten sind in (a) und (c) strategische Substitute, in (b) und (d) strategische Komplemente. N bezeichnet jeweils das Nash-Gleichgewicht als Ausgangspunkt, S sind Stackelberg-Nash-Gleichgewichte.

Auf der **ersten Ebene** verhält sich die inländische Regierung nun als Stackelberg-Führer gegenüber dem heimischen Produzenten. Sie versucht, das Gleichgewicht vom Cournot-Nash-Punkt N zum Stackelberg-Punkt S zu verschieben[21]. Zu diesem Zweck beschränkt sie die Qualitätsentscheidung des heimischen Anbieters. In den Fällen (a) und (d) wäre, ganz im Sinne der Porter-Hypothese, ein strenger Mindeststandard sinnvoll. Bei (b) und (c) wäre der hohe Standard aber kontraproduktiv; in diesen Situationen sollte die Regierung einen Höchststandard setzen und verhindern, daß der heimische Produzent „zu saubere" Produkte entwickelt.

Abbildung 3-5: Produktqualität und strategisches Verhalten

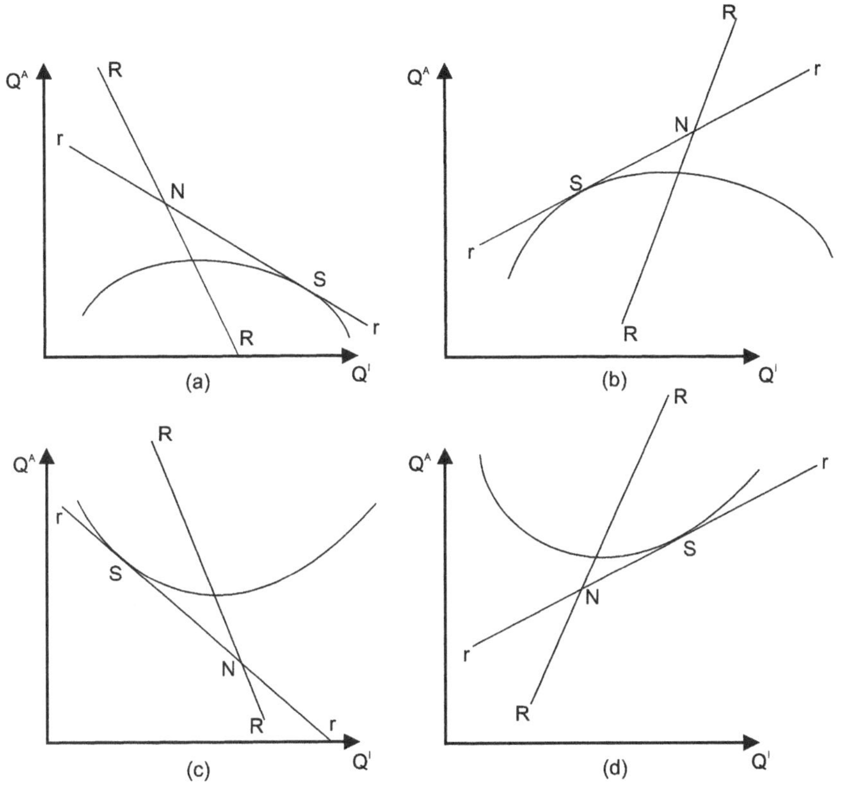

Einmal mehr führt eine breit angelegte Analyse in tiefe Widersprüche. Selbst wenn der plausiblere Fall hervorgehoben wird, daß nämlich der Gewinn des inländischen Anbieters negativ auf die Produktqualität des Konkurrenten

---

[21] Das heißt, wir gehen jetzt davon aus, daß bei der *Produktion* im Inland keine Externalitäten auftreten; andernfalls würde die Regierung nur eine gewisse Annäherung an den Stackelberg-Punkt anstreben, wie im Grundmodell der Strategischen Umweltpolitik klar zutage trat.

reagiert, bleibt die Zweideutigkeit erhalten (Situationen (a) und (b)). Wenn die Grenzkosten der Produktion beim Übergang auf ein umweltfreundlicheres Produkt nur geringfügig steigen, sind die Produktqualitäten strategische Substitute und Situation (a) tritt ein; andernfalls gilt Situation (b). Es erscheint durchaus realistisch, daß Innovationen hauptsächlich vorgelagerte Aufwendungen erfordern und die Grenzkosten der Produktion kaum steigen. Eine gewisse Plausibilität ist Fall (a) und damit der Porter-Hypothese also nicht abzusprechen; ein rigoroser Beweis ist dies aber nicht.

Auch die Annahme von Bertrand-Verhalten auf der dritten Ebene hilft nicht weiter. Preiswettbewerb erscheint bei differenzierten Gütern und Innovationschancen durchaus realistisch. Das Ergebnis der dritten Ebene bleibt dennoch mehrdeutig. Plausiblerweise sollte bei einer Innovation des inländischen Herstellers dessen Angebotspreis steigen und der des Konkurrenten sinken. Dieser Fall kann zwar eintreten, ist jedoch in der theoretischen Formulierung nicht die einzige Möglichkeit. Auf der zweiten Ebene treten deshalb wieder die bereits diskutierten vier Situationen auf (Abb. 3-5). Der Erkenntnisgewinn ist nichtig, die Regierung kann weiterhin kaum einschätzen, ob sie nun einen Mindest- oder Höchststandard setzen sollte (Rauscher 1997, 1995b).

4. *Wie wirken sich Standards aus, wenn das Kapital oder die Unternehmen international mobil sind?*

Neben den Außenhandelsströmen erregt die zunehmende internationale Mobilität von Produktionsfaktoren Bedenken. Insbesondere der Faktor Kapital wird weltweit immer beweglicher. Die offenen Volkswirtschaften sind, anders als in den üblichen Modellen der Außenhandelstheorie, nicht mehr fix mit bestimmten Mengen der Produktionsfaktoren ausgestattet. Sie müssen sich vielmehr darum bemühen, ein im wahren Sinne des Wortes attraktiver Standort für die mobilen Faktoren zu bleiben. Deshalb wird jetzt das Augenmerk darauf gerichtet, wie sich die zunehmende Faktormobilität auf die Sozial- und Umweltstandards einer offenen Volkswirtschaft auswirken kann. Es gilt nach wie vor die Grundfrage zu lösen, ob ein in die Weltwirtschaft integriertes Land einen Anreiz dazu hat, von seinen effizienten und für die optimale Allokation der Ressourcen notwendigen Standards abzuweichen.

Meist kommt die Mobilität im Zusammenhang mit dem Stichwort Race to the bottom zur Sprache. Diese Konstellation ist theoretisch nicht zwingend, denn auch die „Standard-Kriege", die sowohl im Außenhandelswettbewerb zwischen großen Ländern als auch bei der Strategischen Umweltpolitik vorstellbar sind, würden zu diesem Phänomen zählen. Die Wurzeln des Gleichklangs von Mobilität und Race to the bottom sind allerdings politischer Natur. Während bei Sozial- und Umweltdumping ebenso wie beim Vorwurf mangelnder Fairneß die Idee vorherrscht, manche Länder könnten sich auf Kosten anderer bereichern, behaupten die Race-to-the-bottom-Pessimisten von vornherein, alle beteiligten Nationen litten unter dem Wettbewerb. Diese Vorstellung findet in der öffentlichen Diskussion immer dann Nahrung, wenn ein Unternehmen verstärkt im Ausland investiert und schlimmstenfalls zugleich im Inland Personal abbaut oder Betriebe schließt. Die unsichtbare Hand des Marktes wird augenfällig (Bhagwati 1996: 33).

Die Reaktion des Inlandes auf das (drohende) Abwandern von Betrieben könne nur ins Verderben führen, erklären die Vertreter der Race-Idee weiter. Wären die einzelnen Länder politische und wirtschaftliche Inseln, würden sie ihre effizient internalisierenden Standards setzen. Sie würden zu diesem Zweck die Grenznutzen aus dem Abbau schädlicher Verhaltensweisen der Unternehmen und die Grenzkosten der Vermeidung gegeneinander abwägen. Können aber die Unternehmen wiederum reagieren, indem sie dem standardsetzenden Land den Rücken kehren, dann ist jedes Land vom Tun und Lassen seiner Nachbarn direkt betroffen und zugleich wirken sich seine eigenen Standards auch auf andere aus. Im einfachsten Fall ist weltweit eine begrenzte Zahl von Unternehmen vorhanden. Jedes dieser Unternehmen überlegt, ob es seine bisherigen Aktivitäten in einem Land weiterführen oder ob es in ein anderes Land wechseln soll. Betrachten wir zunächst nur den Kostenfaktor „Standards“, so wird das Unternehmen seinen inländischen Standort aufgeben, sobald die Differenz zwischen den Kosten der Standards im In- und Ausland größer wird als die Transaktionskosten des Umzugs. Die nationalen Regierungen müssen ab diesem Schwellenwert zusätzliche Kosten des Standards berücksichtigen, die es beim Inseldasein nicht gab. Denn mit dem inländischen Betrieb gehen Arbeitsplätze, Löhne und Steuern verloren. Und selbstverständlich gilt diese Logik auch umgekehrt: Ineffizient niedrige Standards könnten einen Zuwachs an Arbeitsplätzen, Löhnen und Steuern bewirken. Nun ist es nicht mehr weit bis zum befürchteten Race to the bottom. Betrachten wir zwei identische Länder, die ihr Inseldasein aufgeben und in Konkurrenz zueinander treten. Land 1 behält zunächst seinen Insel-Standard bei. Land 2 erkennt aber, daß es zwar kleine Einbußen bei der sozialen Qualität oder Umweltqualität hinnehmen muß, wenn es seinen Standard etwas lockert, aber zugleich beträchtliche Nutzen erzielen kann, weil ein Teil der Betriebe von Land 1 nach Land 2 verlagert wird. Wenn die ersten Betriebe abwandern, gehen auch Land 1 die Augen auf - der Insel-Standard erzeugt jetzt ganz offensichtlich höhere Kosten als bisher. Land 1 senkt seinen Standard ebenfalls, und lockt damit möglicherweise sogar noch weitere Betriebe aus Land 2 an. Egal ob dieses Spiel über eine oder mehrere Runden geht, das Ergebnis ist ernüchternd. Keinem der beiden identischen Länder gelingt es im Gleichgewicht, mehr Unternehmen an sich zu binden als bei seinem Dasein als Insel. Beide Länder setzen aber niedrigere Standards als zuvor und haben in ihrem sinnlosen Wettlauf an Wohlfahrt verloren. Einen Weg zurück gibt es nicht, denn sobald ein Land seine Standards signifikant erhöht, wandern Unternehmen ab. Die Struktur dieses Spiels erinnert an ein Gefangenendilemma (Revesz 1994).

4.1 Die Analogie zum Tiebout-Theorem

Auf den ersten Blick erscheint dieses Rennen zum niedrigsten Standard durchaus plausibel. Es weckt allerdings unmittelbar Assoziationen zum Tiebout-Theorem. Bei Tiebout (1956) konkurrieren lokale Gebietskörperschaften um Einwohner. Als Anreiz bieten die potentiellen Wohnsitze jeweils unterschiedliche Kombinationen von öffentlichen Gütern und Steuern, die zu deren Finanzierung verwendet werden. Die Individuen stimmen mit den Füßen darüber ab, welche Kombination ihren Präferenzen am besten entspricht. Das Ergebnis ist effizient und zeichnet sich dadurch aus, daß an jedem Wohnsitz Bürger mit ähnlichen Präferenzen - und ähnlichen Zahlungsbereitschaften - für die öffentlichen Gütern zusammenfinden. Nun sind bei Tiebout die Einwohner mobil, im vorliegenden Kontext jedoch die Unternehmen. Zwei frühe Beiträge von Fischel (1975) und White (1975) erweitern die Gedanken von Tiebout um diesen Aspekt. Beide gehen von einer großen Zahl mobiler Unternehmen aus, so daß keiner der Produzenten Marktmacht besitzt. Auch die Konkurrenz zwischen den Standorten ist vollkommen. Jede Produktionsstätte verursacht die gleichen externen Grenzkosten in der Form umweltschädlicher Emissionen (Fischel spricht von negativen „Neighborhood effects"), die externen Gesamtkosten sind direkt proportional zur Zahl ansässiger Betriebe. Die Gebietskörperschaften fixieren die Umweltqualität auf dem Niveau, das den Nutzen eines repräsentativen Bürgers maximiert. Die angestrebte Umweltqualität wird erreicht, indem die lokalen Regierungen die Zahl der ansässigen Betriebe festlegen. Von jedem Betrieb erhebt beispielsweise eine Ansiedlungsbehörde einen direkten Zahlungsbetrag. Das insgesamt erzielte Aufkommen wird wiederum an die von der Externalität betroffenen Individuen ausgeschüttet. Der repräsentative Bürger kann also eine einfache Rechnung aufstellen: Eine Einheit zusätzlicher Umweltqualität erfordert eine bestimmte Abnahme der Zahl ansässiger Betriebe. Damit sinkt das gesamte Zahlungsaufkommen und der auf einen Bürger entfallende Anteil davon - ein direkter Preis für das erwünschte Qualitätsniveau. Aus diesem direkten Preis kann der wohlwollende Diktator die optimale Anzahl von Betrieben ableiten. Das Resultat ist effizient, die Erträge der Ansiedlung (Zahlungsaufkommen) stimmen mit den Kosten der Ansiedlung (Qualitätseinbußen) überein. Die Zoneneinteilung - man denke an Bebauungspläne - stellt sicher, daß sich nicht zu viele Betriebe ansiedeln, die Lasten auf die Bürger abwälzen würden. Andererseits kann keine Gebietskörperschaft die Unternehmen ausbeuten, weil diese ihre Standorte ebenso frei wählen, wie bei Tiebout die potentiellen Einwohner mit den Füßen abstimmen. Würde der Zahlungsbetrag pro Betrieb den Grenzschaden übersteigen, erzielte ein Standort einen Gewinn; eben diese Gewinne werden durch den Standortwettbewerb wegkonkurriert (Wilson 1996, Revesz 1994).

Das Anküpfen an die Tiebout-Logik ist bestechend einfach und insofern der simplen Race-Logik ebenbürtig. Die Ansätze von Fischel und White definieren jedoch einige wichtige Fragen weg. Auf der Unternehmensseite ist die Standortwahl völlig frei, keinerlei Transaktionskosten behindern die Reaktion der Unternehmen. Es ist zwar vor diesem Hintergrund unbegrenzten Wettbewerbs noch beeindruckender, daß dennoch ein effizienter Zustand und nicht das niedrigste Niveau der Qualitätsziele erreicht wird, trotzdem erscheint diese Annahme nicht sonderlich realistisch. Es ist deshalb sinnvoll, Mobilität in zwei unterschiedlichen Strängen zu betrachten. Einerseits sind weltweite Bewegungen des Finanzkapitals tatsächlich nur noch mit geringen und künftig wohl weiter sinkenden Transaktionskosten verbunden. In dieser Hinsicht ist es sinnvoll, vom Idealfall des vollkommenen Wettbewerbs auszugehen. Wenn andererseits ein Betrieb an anderer Stelle eröffnet oder dorthin verlagert werden soll, erfordert diese Direktinvestition in Realkapital üblicherweise eine Reihe von Aufwendungen. Am derzeitigen Standort sind versunkene Kosten im weitesten Sinne gebunden, die beim Abwandern des Betriebes verlorengehen. Diese Sunk costs reichen von der Investition in schwer verkäufliche Immobilien bis zur Ausbildung von (immobilen) Beschäftigten. Das Ansiedeln an einem neuen Standort verursacht dort wiederum Fixkosten. Der neue Betrieb muß sich nicht nur physisch, sondern auch auf den lokalen Beschaffungs- und Absatzmärkten etablieren. Sobald Fixkosten eine nennenswerte Rolle spielen, ist der Wettbewerb zwischen den Anbietern nicht mehr durchgehend vollkommen. Deshalb werden in der folgenden genaueren Analyse der Race-to-the-bottom-Idee zwei idealtypische Szenarien unterschieden: Mobiles Kapital bei vollkommenem Wettbewerb auf den Gütermärkten; Mobile Unternehmen (respektive Multinationale Unternehmen mit mehreren Produktionsstätten) mit unvollkommener Konkurrenz untereinander.

Fischel (1975) geht von weiteren problematischen Annahmen aus. Die Eigentümer der Betriebe wohnen jeweils nicht am Standort der Produktion. Die Einwohner eines Standorts arbeiten nicht in den ansässigen Betrieben, worin sich Tiebouts (1956) Annahme widerspiegelt, alle Individuen lebten von Renteneinkommen. Die gesamte Produktion der heimischen Betriebe ist für den Verkauf in anderen Gebietskörperschaften bestimmt. Diese tiefgreifenden Vereinfachungen lassen sich alle auf einen Nenner bringen: Das einzige Interesse der Bewohner an den Betrieben besteht darin, Direktzahlungen abschöpfen zu können. Diese Zahlungen dienen wiederum lediglich dazu, den mit der Produktion verbundenen negativen externen Effekt abzudecken. Es ist kein Wunder, daß die Bürger in dieser Situation kein Interesse daran haben, einen zusätzlichen Betrieb anzulocken, dessen Direktzahlung unter den externen Grenzkosten in der Gestalt sinkender Umweltqualität liegt. Die kontroversen Aspekte liegen vermutlich exakt in den Bereichen, die in der einfachen Tiebout-Analogie unter den Tisch fallen - sie müssen explizit ausgeleuchtet werden. Der folgende Gang der Analyse läßt sich deshalb weiter präzisieren: Es gilt, die gesellschaftlichen Nutzenkomponenten wie auch die gesellschaftlichen Kosten der Ansiedlung realitätsnäher zu erfassen. Erst auf dieser Grundlage sind mögliche Anreize für einen ruinösen Wettbewerb um Kapital oder Unternehmen identifizierbar. Die beiden genannten Szenarien bieten sich auch in dieser Hinsicht an. Denn während im ersten Szenario bei vollkommenem Wettbewerb keine Gewinne auftreten können, tauchen mit dem unvollkommenen Wettbewerb zwischen mobilen Unternehmen erneut die Wohlfahrtskomponenten Rent creation und Rent shifting auf.

4.2 Race to the bottom bei mobilem Kapital und vollkommenem Wettbewerb auf dem Gütermarkt?

Die Gefahr eines Race to the bottom scheint insbesondere dann zu drohen, wenn verschiedene Gebietskörperschaften um einen fixen Kapitalstock konkurrieren und das Kapital völlig frei von einem Ort zum nächsten wandern kann. Obwohl es sicherlich grob vereinfachend ist, von einem konstanten Kapitalstock auszugehen, kommt die Mobilitätsannahme dem Wettbewerb nationaler Volkswirtschaften um internationales Finanzkapital nahe. In diesem Szenario suchen Oates und Schwab (1988, 1996) nach Indizien für das Rennen nach unten. Im Unterschied zu Fischel (1975) arbeiten die Bürger im Land ihres Wohnsitzes. Während das Kapital vollkommen mobil ist, sind die Einwohner an ihren Wohnort gebunden - auch dies ist eine wesentliche und durchaus realistische Abweichung von der Tiebout-Logik. Die Bürger haben deshalb ein starkes Interesse daran, Kapital ins Inland zu locken. Je mehr mobiles Kapital zuströmt, desto höher fällt die Grenzproduktivität der Arbeit und deren Entlohnung aus. Wichtig ist dabei, daß alle Einwohner als Arbeitnehmer am Nutzen zusätzlicher Investitionen im Inland partizipieren. Würden sie teilweise im Ausland arbeiten, wäre das nicht länger der Fall.

Bei der inländischen Produktion des Gutes X werden allerdings umweltschädliche Emissionen frei. Die Emissionen steigen proportional mit dem Kapitaleinsatz im Inland. Nun ist wiederum zentral, daß alle Einwohner eines Landes diese externen Grenzkosten tragen müssen. Sie sind also dazu gezwungen, bei ihrer Entscheidung über den erwünschten Kapitalzustrom die steigende Grenzproduktivität ihrer Arbeit gegen die steigenden externen Grenzkosten aufzuwiegen. Es ist ausgeschlossen, daß ein im Inland beschäftigter Arbeitnehmer zwar vom inländischen Kapitaleinsatz profitiert, aber in einem anderen Land wohnt, das seinen Bürgern hohe Umweltqualität garantiert (und dafür niedrige Löhne in Kauf nimmt). Darüber hinaus ist an dieser Stelle noch einmal explizit an unsere Grundvoraussetzung national begrenzter Externalitäten zu erinnern - es kommt für eine Gesellschaft nicht in Frage, einen Teil der Emissionslast auf die Nachbarn abzuwälzen. Alle Nutzen und alle Kosten des Kapitaleinsatzes sind demnach innerhalb der Grenzen eines Landes „internalisiert“. Das ist der Kerngedanke von Oates und Schwab (1988, 1996), und dieser Kerngedanke korrespondiert direkt zur „Fiskalischen Äquivalenz“ in den Modellen des Fiskalischen Föderalismus (Hilpert 1997).

Die formale Darstellung dieses Kerngedankens erlaubt es, näher auf die relevanten Effekte einzugehen. Jedes Land sei klein, von Außenhandel wird der Einfachheit halber abgesehen. Produktion und Konsum von X im Inland müssen also übereinstimmen. Die Produktionsmenge von X hängt nicht nur von der eingesetzten Menge Kapital K und Arbeit L ab, sondern auch von schädlichen Emissionen E. Die Emissionen, technisch gesehen ein Nebenprodukt der Herstellung von X, werden hier also ökonomisch interpretiert als dritter Produktionsfaktor. Der Umweltschaden stellt eine „Dienstleistung“ der vorhandenen Umweltausstattung dar, ebenso wie die eingesetzte Arbeit eine Leistung der lokal vorhandenen Arbeitnehmer ist.

$$X = F(K, L, E)$$

Diese Produktionsfunktion soll konstante Skalenerträge aufweisen und kann deshalb problemlos in Pro-Kopf-Einheiten (kleine Buchstaben) ausgedrückt werden, was sich bei der im weiteren Verlauf angestrebten individuellen Nutzenmaximierung auszahlt:

$$x = f(k, e)$$

Die Grenzprodukte des Kapitalstocks pro Kopf und der Pro-Kopf-Emissionen sind wie üblich positiv und abnehmend. Höhere Emissionen steigern die Grenzproduktivität des Kapitals:

$$f_k > 0, \qquad f_{kk} < 0$$

$$f_e > 0, \qquad f_{ee} < 0$$

$$f_{ke} > 0$$

Die politischen Entscheidungsträger versuchen, den Kapitaleinsatz im Inland im Interesse ihrer Bürger zu beeinflussen. Dazu stehen ihnen zwei Instrumente zur Verfügung. Erstens können sie den Kapitaleinsatz direkt besteuern oder subventionieren. Der Steuer- bzw. Subventionssatz pro Kapitaleinheit kommt in der Variablen t zum Ausdruck. Zweitens entscheidet aber auch die Wahl des Umweltstandards darüber, wie attraktiv der Standort für Kapital ist. Die erwünschte Umweltqualität findet ihren Niederschlag in einem Steuersatz s pro Emissionseinheit. Wie reagiert das Kapital?

- Aufgrund der Kapitalmobilität und der Annahme kleiner Länder müssen sich die Netto-Kapitalrenditen r weltweit angleichen. Kapital strömt also nur solange ins Inland, bis die reale Grenzproduktivität abzüglich des inländischen (Grenz-) Steuersatzes gerade mit dem am internationalen Kapitalmarkt erzielbaren Grenzertrag übereinstimmt.

$$r = f_k - t, \tag{1}$$

wobei Indizes stets für die erste Ableitung nach der indizierten Variablen stehen.

- Die Unternehmen beanspruchen den Produktionsfaktor Umwelt durch ihre Emissionen in dem Ausmaß, daß die Grenzproduktivität der Emissionen dem staatlich gesetzten Preis der „Umweltleistung", s, entspricht.

$$s = f_e \tag{2}$$

Für eine normativ orientierte Regierung ist der Einfluß auf den Zufluß von mobilem Kapital kein Selbstzweck. Letztlich ist ihr Ziel, die gesamtwirtschaftliche Wohlfahrt zu maximieren. Sind die Einwohner im einfachsten Fall identisch, kann sie sich darauf konzentrieren, den Nutzen eines repräsentativen Bürgers zu maximieren. Natürlich hängt dieser Nutzen indirekt davon ab, wieviel Kapital am Standort produktiv eingesetzt ist. Direkt geht allerdings der Konsum pro Kopf c als positive Komponente in die Nutzenfunktion ein, während die Emissionen den Nutzen schmälern. Dabei sind die gesamten Emissionen E=Le zu berücksichtigen, die ein reines öffentliches „Bad" darstellen.

$$u = u(\overset{+}{c}, L\overset{-}{e}) \tag{3}$$

Der Konsum eines jeden Bürgers ist durch das individuelle Budget beschränkt. Als Arbeitnehmer erhält der repräsentative Einwohner einen Lohn, der seiner Grenzproduktivität entspricht. In der hier eingeführten Pro-Kopf-Analyse ist der Arbeitslohn bestimmt durch den Pro-Kopf-Output abzüglich Entlohnung des Kapitals und fiktiver Entlohnung der Emissionen:

$$w = f - kf_k - ef_e$$

Jeder Bürger des Landes erhält zudem einen Anteil des Steueraufkommens. Insgesamt erzielt der Staat Einnahmen in Höhe von tK aus der Kapitalsteuer und in Höhe von sE aus der Emissionssteuer. Die Quote 1/L entfällt auf einen Einwohner, die Budgetrestriktion für den Konsum lautet somit insgesamt

$$c = f - kf_k - ef_e + tk + se = f - kf_k + tk \tag{4}$$

Interessanterweise heben sich die fiktive und tatsächliche Entlohnung der Umweltleistung im Gleichgewicht gegenseitig auf und fallen dann aus der Budgetrestriktion heraus. Der Beitrag des Umweltverbrauchs zur Produktion schmälert zwar zunächst den auf die Arbeit entfallenden Anteil des Pro-Kopf-Outputs, was eine fiktive Entlohnung der Umwelt darstellt. Da jedoch alle Arbeitnehmer zugleich Staatsbürger sind, profitieren sie exakt im gleichen Umfang vom Aufkommen der Emissionssteuer. Das Gut Umwelt ist kein freies Gut mehr, sondern hat mit dem Steuersatz s einen Preis erhalten. Die Emissionssteuer dient als Mechanismus, der den Ertrag aus der produktiven Verwendung der Umwelt - die „Umweltrente" - abschöpft. Als Eigentümer des Gutes Umwelt definiert dieser Mechanismus die Einwohner des Landes, indem er die erzielte Umweltrente anschließend an sie ausschüttet. Weil „Bürger" und „Arbeitnehmer" identisch sind, können sie die Umweltrente voll internalisieren.

Bevor das Maximierungsproblem des wohlwollenden Diktators gelöst wird, sollten wir uns klarmachen, daß jede politische Entscheidung, egal ob sie bei der Kapitalsteuer oder der Emissionssteuer ansetzt, unausweichlich zu Kompromissen zwingt.

(a) Ein niedrigerer Steuersatz t lockt zusätzliches Kapital an. Dieses Kapital steigert die Grenzproduktivität der Arbeit und verschafft den Einwohnern deshalb ein steigendes Einkommen über höhere Löhne. Zuströmendes Kapital erweitert deshalb im ersten Schritt die Konsummöglichkeiten c. Im Gegenzug könnten aber die Steuereinnahmen pro Kopf tk sinken, falls das Kapital nicht hinreichend elastisch auf die Steuersenkung reagiert. Das würde die Budgetrestriktion (4) wieder zu einem gewissen Grade verschärfen. Erst recht gilt dies dann, wenn sich die Regierung dafür entscheidet, Kapital zu subventionieren.

(b) Alternativ umwirbt die Regierung internationale Kapitalgeber, indem sie den Umweltstandard lockert. Wenn der Steuersatz s sinkt, werden weitere Emissionen sinnvoll. In einem ersten Schritt erhöht sich die Grenzproduktivität des Kapitals ($f_{ke} > 0$), der Kapitalertrag übersteigt deshalb vorübergehend das weltweite Niveau. Um wieder zu einem Gleichgewicht auf dem Kapitalmarkt zu gelangen, fließt Kapital ins Inland. Erneut steigt jetzt die Grenzproduktivität und der Lohn der Arbeitnehmer. Da gleichzeitig c.p. die (Kapital-)Steuereinnahmen ebenfalls eindeutig anwachsen, können die Einwohner sicherlich mehr konsumieren. Der Nutzen (3) eines Bürgers hängt aber bekanntlich nicht nur von seinem Konsum, sondern auch von der erreichten Umweltqualität ab, und die Umweltqualität ist mit dem Emissionssteuersatz gesunken.

Die Regierung löst diese Trade offs, indem sie die Nutzenfunktion (3) unter Beachtung der Budgetrestriktion (4), der Kapitalertragsrestriktion (1) und der Restriktion für die Emissionen (2) maximiert:

$$\max_{c,e,t,s,\lambda,\mu,\gamma} L = u(c, Le) - \lambda[c - (f - kf_k - ef_e) - tk - se] - \mu[r - (f_k - t)] - \gamma(s - f_e)$$

woraus sich folgende Bedingungen erster Ordnung ergeben:

$$u_c = \lambda$$
$$Lu_e = -\lambda s - (\mu - \lambda k)f_{ke} - (\gamma - \lambda e)f_{ee}$$
$$\lambda t = (\lambda k - \mu)f_{kk}$$
$$\mu = \lambda k$$
$$\gamma = \lambda e$$

Diese sind genau dann erfüllt, wenn gilt:

$$t = 0 \tag{5}$$

$$-\frac{u_e}{u_c} = \frac{s}{L} \tag{6}$$

Gleichung (5) besagt, daß Kapital überhaupt nicht besteuert werden sollte, allerdings auch nicht subventioniert. Der Nettogewinn im Trade-off (a) zwischen Löhnen und Steuereinnahmen bzw. Subventionsausgaben wird maximal, wenn das betrachtete Land darauf verzichtet, die internationale Kapitalallokation in irgendeiner Art und Weise zu verzerren. Die Einnahmen aus der Besteuerung wären kleiner als die Lohneinbußen wegen der unvermeidlichen Kapitalflucht; die Kosten einer Subvention würden nicht durch entsprechende Lohnsteigerungen aufgewogen (Revesz 1992: 402). Der Umweltstandard sollte gemäß Gleichung (6) so gewählt werden, daß die Grenzrate der Substitution zwischen Umweltqualität und Konsum dem Grenzertrag der Emissionen gerade entspricht. Er erreicht also sein effizientes Niveau. Die linke Seite von (6) beschreibt die marginale Zahlungsbereitschaft für Umweltqualität in Konsumeinheiten. Die rechte Seite gibt den Ertrag an, der sich aus dem Verzicht auf „eine Einheit Umweltqualität" ergibt, nämlich das marginale Steueraufkommen pro Kopf. Ein Blick auf Restriktion (2) bestätigt zudem, daß dieses Aufkommen im Gleichgewicht dem physischen Grenzertrag der Emissionen entspricht. Es kommt nicht zu einem Race to the bottom, sondern zu einem Rennen zum Optimum. Trotz des Wettbewerbs um vollkommen mobiles Kapital besteht kein Anlaß dazu, vom effizienten Umweltstandard abzuweichen. Der Standard kann sich von Land zu Land ohne weiteres unterscheiden. Für seine Höhe sind allein die Präferenzen der Einwohner maßgeblich, die aus der expliziten Gestalt der Nutzenfunktion (3) herrühren. Erleiden die Bürger eines Landes einen besonders hohen Grenzschaden durch Emissionen, steigt c.p. die Grenzrate der Substitution auf der linken Seite von (6) - der wohlwollende Diktator sollte einen höheren Steuersatz s verlangen. Auch die internationale Allokation des Kapitals selbst ist effizient gelöst. Keines der konkurrierenden Länder besteuert oder subventioniert Kapital, und der physische Grenzertrag ist gemäß (1) an allen Standorten gleich.

Die Furcht vor runinöser Konkurrenz ist in diesem Szenario hypochondrisch. Wenn die Struktur des Modells verletzt wird, könnte eine Regierung allerdings vom effizienten Verhalten abweichen. So ist eine Steuer auf Kapital im Oates/Schwab-Modell offenbar rein verzerrend. Dennoch könnte ein Land erwägen, Kapital zu besteuern. Möglicherweise fehlt es an besseren Steuerquellen zur Finanzierung lokaler öffentlicher Güter wie etwa der Infrastruktur. Wie zu erwarten, entsteht dann im Unterschied zu den bisher diskutierten Fällen ein Anreiz, mehr Emissionen zuzulassen, als effizient wäre. Das gleiche geschieht, wenn eine Staatsbürokratie nicht nur den Nutzen der Einwohner berücksichtigt, sondern auch ihr eigenes Budget maximieren will und deshalb Kapital besteuert. Der Unterschied zwischen den beiden Begründungen für positive Kapitalsteuern besteht allein darin, daß die Steuereinnahmen im ersten Fall produktiv, im zweiten jedoch unproduktiv verwendet werden. In jedem Fall treten nun zusätzliche Kosten auf, wenn Kapital das Land verläßt (Wilson 1996). Der Umweltstandard stellt dann ein Second-best-Instrument im Wettbewerb um Kapital dar, weil er die Steuerbasis beeinflußt. Die Last der verzerrenden Kapitalsteuer wird teilweise in Form sinkender Umweltqualität getragen (Oates/Schwab 1988). Die Kapitalsteuer als ursprüngliches First-best-Instrument ist nicht mehr unabhängig einsetzbar, weil sie verschiedene Ziele gleichzeitig erreichen soll. Daraus zu schließen, die Umweltstandards müßten koordiniert werden, wirkt seltsam. Denn die Probleme entstehen an ganz anderen Stellen. Entweder fehlen geeignete steuerliche Instrumente, die deshalb geschaffen werden sollten. Oder die Regierung verfolgt kein (ausschließlich) normatives Ziel; wird ihr der Einfluß auf den Umweltstandard verwehrt, sucht sie sich andere, ebenso ineffiziente Mittel. Das Problem ist nicht das zerstörerische Wirken des Marktwettbewerbs, sondern das Versagen des politischen Wettbewerbs (Revesz 1992: 406).

Ein Race to the bottom könnte auch dann auftreten, wenn die Arbeitsmärkte im Inland unvollkommen sind und deshalb Arbeitslosigkeit auftritt. Abermals verursacht der Kapitalabfluß zusätzliche Kosten, jetzt in der Form steigender Arbeitslosigkeit. Möglicherweise senkt eine Regierung den Umweltstandard, um Kapital zu subventionieren (Wilson 1996: 413ff.). Es gilt jedoch erneut, daß Probleme dort zu lösen sind, wo sie entstehen, in dieser Situation also bei den institutionellen Regelungen von Arbeitsmarkt und Sozialstaat. Ein verzerrter Umweltstandard wäre bloß das Symptom, nicht der Auslöser der Krankheit. Und selbst wenn eine Regierung den wahren Infektionsherd übersieht, wird sie das mobile Kapital in aller Regel direkter subventionieren als ausgerechnet mit umweltpolitischer Nachlässigkeit (vgl. Rauscher 1997: 75f.).

Das beruhigende Ergebnis des Grundmodells von Oates und Schwab kommt zustande, weil alle Einwohner eines Landes gleichmäßig Nutzen aus Löhnen und Steuern erzielen und zugleich auch alle Einwohner unter sinkender Umweltqualität leiden. Wenn die implizite Rente aus der Umweltverschmutzung jedoch nicht vollständig den Einwohnern zugute kommt, sondern zumindest teilweise ins Ausland fließt, ändert sich das Resultat. Allerdings besteht dann keine Tendenz zu einem Race to the bottom, sondern das exakte Gegenteil davon. Weil die Einwohner unter Umweltschäden leiden, deren Renten sie sich nicht vollständig aneignen können, verlangen sie einen strengeren Umweltstandard. Dieses Phänomen kann auftreten, wenn die inländische Regierung keine Emissionssteuer verwendet, sondern die Emissionsmenge direkt begrenzt und die implizite Rente den Kapitaleignern zugute kommt. Einige der Kapitalgeber wohnen vermutlich im Ausland. Da die Bürger des Inlands nur noch einen Bruchteil der Rente einnehmen, aber weiterhin die vollen externen Kosten tragen müssen, wünschen sie geringere Emissionen und einen strengeren Umweltstandard (Wellisch 1995, Richter/Seitz/Wiegard 1996).

Außenhandel zwischen den Ländern läßt sich in dieses Szenario einführen, indem in jedem Land ein Sektor mit handelbaren Gütern von einem weiteren Sektor mit nicht-handelbaren Gütern unterschieden wird. Die bisherigen Aussagen bleiben nach dieser Modifikation prinzipiell erhalten. Solange die implizite Rente vollständig im Inland zu verbuchen ist, erreichen die Standards ihr effizientes Niveau. Das Wertgrenzprodukt der Emissionen ist in beiden Sektoren gleich und entspricht der marginalen Zahlungsbereitschaft für Umweltqualität. Sobald jedoch ein Teil der Rente ins Ausland abfließt, sind die Effizienzkriterien verletzt. Der Rentenabfluß tritt z.B. wiederum ein, weil die Regierung direkt Emissionsrechte vergibt und an den Kapitaleinsatz koppelt. Läßt sie höhere Emissionen pro Kapitaleinheit zu, steigt die Grenzproduktivität des Kapitals. Die Eigentümer des mobilen Kapitals investieren verstärkt im Inland, die Produktion steigt, und die Umweltqualität sinkt. Dieser unerwünschte Effekt wird teilweise durch die implizite Rente der Umweltverschmutzung kompensiert, die dem Faktor Kapital zugute kommt. Sofern einige Kapitaleigner im Ausland wohnen, trägt diese Rente nur unvollständig zur inländischen Wohlfahrt bei. Da jedoch die externen Kosten der Umweltschäden in voller Höhe auf die Einwohner durchschlagen, tendiert die inländische Regierung zu einem übertrieben strengen Umweltstandard. Die externen Grenzkosten sollen dem im Inland verbleibenden Teil des Grenzertrags der Emissionen entsprechen, liegen also unterhalb des gesamten Grenzertrags (Schneider/Wellisch 1995).

Das Oates/Schwab-Modell und daran anknüpfende Erweiterungen erlauben demnach einige Schlußfolgerungen. Der Wettbewerb um mobiles Kapital ist an sich kein Grund zur Sorge. Hat das Inland die volle und freie Kontrolle über alle Parameter, die auf die Kapitalallokation Einfluß haben, wird es den effizienten Umweltstandard setzen. Problematisch wirkt sich aus, wenn die Zahl der Instrumente kleiner als die Zahl der politischen Ziele ist. Die Instrumente sind dann nicht mehr unabhängig voneinander einsetzbar und auch der Umweltstandard erreicht nicht mehr unbedingt sein effizientes Niveau, weil er „fremden" Zielen dienen muß. Allerdings nützt es hier wenig, die Umweltpolitik international zu koordinieren. Die Ursachen überlasteter Ziel-Mittel-Kombinationen liegen woanders. Entweder handelt es sich um vorgelagerte Unvollkommenheiten ganz anderer Märkte, wie das Beispiel der Arbeitslosigkeit zeigt; oder der politische Wettbewerb versagt. Werden diese vorgelagerten Probleme gelöst, löst sich der vermeintliche Koordinationsbedarf in Nichts auf. Außerdem muß sichergestellt sein, daß alle Einwohner eines Landes gleichmäßig von zuströmendem Kapital profitieren und ebenso gleichmäßig von ernsteren Umweltschäden betroffen sind. Sind Nutznießer und Geschädigte nicht identisch, setzen sich die Geschädigten durch. Der Umweltstandard steigt also über sein effizientes Niveau, es kommt damit zu einem Race to the top.

4.3 Race to the bottom bei mobilen Unternehmen und unvollkommenem Wettbewerb auf dem Gütermarkt?

Finanzkapital mag unbeschränkt mobil sein, Unternehmen sind es meist nicht. Sie flüchten nicht sofort, wenn ihnen der Umweltstandard eines Landes zu hoch erscheint, weil eine Fülle weiterer Größen das Zünglein an der Waage spielen kann. Die Mobilität von Unternehmen ist nicht identisch mit der Mobilität des Kapitals. Ein Unternehmen, das bereits in einem Land produziert und nun überlegt, ob es den Standort wechseln soll, wird sich anders verhalten als ein Unternehmen, das den geeigneten Platz für eine Neuinvestition sucht. Das liegt vor allem daran, daß nicht allein die variablen Kosten der Produktion über den Standort entscheiden, sondern auch fixe Kosten der Ansiedlung oder des Umzugs zu berücksichtigen sind. Fixkosten führen zu steigenden Skalenerträgen respektive sinkenden Durchschnittskosten der Produktion. Sind die Grenzkosten konstant, fallen die Durchschnittskosten bei steigender Produktionsmenge durchgehend. Dieses extreme Szenario eines „natürlichen Monopols" wird für die weitere Analyse unterstellt. Bei Autarkie und auch bei Außenhandel, wenn wir damit verbundene Kosten zunächst ausschließen, existiert nur ein einziger Anbieter. Jeder weitere Produzent würde die Stückkosten des Konsumgutes X in die Höhe treiben.

In Abb. 4-1 ist die Entscheidungsgrundlage dieses Monopolisten bei einer linearen Nachfragefunktion GN und entsprechenden Grenzerträgen GE dargestellt. Als Umweltstandard wird erneut ein Steuersatz t festgelegt. Ist dieser Steuersatz direkt auf den Output bezogen oder orientiert er sich an Emissionen, die proportional mit dem Output steigen, äußert er sich in einer Parallelverschiebung der Grenzkosten c.

Abbildung 4-1: Mobilität im Monopolfall

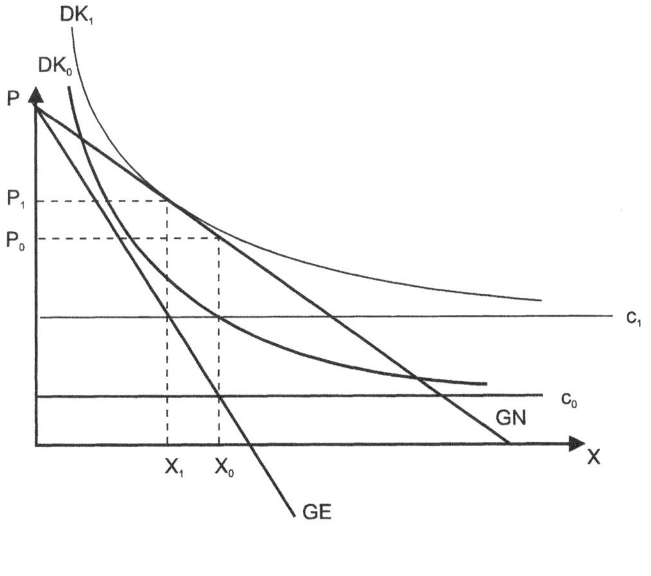

Die Kostenkurven c_0 und DK_0 stellen eine Ausgangslage ohne Besteuerung dar. Der Monopolist produziert bis zum Ausgleich von Grenzkosten c_0 und Grenzerträgen GE und verlangt den Preis p_0. Er erzielt seinen maximalen Gewinn, der Stückgewinn ist an der Differenz zwischen p_0 und den Durchschnittskosten des Outputs x_0 erkennbar. Hebt die Regierung den Steuersatz t an, steigen die Grenzkosten und die Durchschnittskosten der X-Produktion. Der Monopolist reagiert darauf, indem er geringere Mengen zu höheren Preisen auf den Markt bringt. Dieses Spiel hat aber ein Ende, wenn die Grenzkosten auf c_1 angewachsen sind. Dann ist die Menge x_1 optimal, die der Anbieter nur zu einem Preis p_1 absetzen kann, der gerade noch die Durchschnittskosten der Produktion deckt, aber keinen positiven Gewinn mehr erzeugt. Erhöht die inländische Regierung den Steuersatz jetzt noch einmal, und sei es auch nur um Pfennigbeträge, stellt der Betrieb seine Produktion ein. Dabei ist unterstellt, daß es sich nicht nur um einen kurzfristigen Ausreißer in der Steuerpolitik handelt, sondern um einen dauerhaft verschärften Umweltstandard. Könnte der Monopolist darauf hoffen, die inländische Regierung auf einen wieder moderateren umweltpolitischen Kurs zu bringen, würde er eine Weile Verluste hinnehmen, um die versunkenen Kosten seiner Investition in den Standort zu retten. Bleibt die Regierung aber hartnäckig, hat er auf längere Sicht keine andere Wahl, als die Produktionsstätte zu schließen (vgl. Rauscher 1995a).

Im Kontext des internationalen Standortwettbewerbs verspricht die Tatsache hoher und womöglich gar versunkener Fixkosten den politischen Entscheidungsträgern ein bequemes Leben innerhalb eines gewissen Spielraums. Lange Zeit beeinflußt eine immer schärfere umweltpolitische Gangart die Standortwahl des Unternehmens nicht. Dieser Spielraum hat jedoch eine klar definierte Grenze. Wird diese Grenze des Erträglichen dauerhaft überschritten, kommt das böse Erwachen, weil der Anbieter plötzlich aus dem Markt ausscheidet. Der Unterschied zur Analyse mobilen Kapitals ist unübersehbar. Während das Kapital sofort marginal zu- oder abfließt, wenn sich der Umweltstandard marginal verändert, reagiert ein potentiell mobiles Unternehmen möglicherweise lange Zeit gar nicht. Wie aus heiterem Himmel kann aber schließlich ein scheinbar harmloser marginaler Anstieg des Standards über das kritische Niveau hinaus gravierende inframarginale Konsequenzen haben, weil der inländische Betrieb plötzlich doch schließt.

Betrachten wir nun die Grenzkosten etwas genauer. Selbstverständlich gehen die lokalen Preise der in der X-Produktion beschäftigten Faktoren hier ein. Der Produzent sei ein Preisnehmer auf sämtlichen Faktormärkten, um unnötige Komplikationen zu vermeiden. Der Faktoreinsatz trägt demnach einen konstanten Anteil zu den Grenzkosten bei. Auch der Faktor Umwelt geht ja dank des bereits beschriebenen Steuersatzes konstant in die Grenzkosten ein. All diese Kostenbestandteile haben Einfluß auf die Standortwahl des Anbieters, und alle sind mit den gleichen Trägheitsmomenten verbunden, wenn es nicht um die erstmalige Investitionsentscheidung geht, sondern um die Frage, ob ein bestehender Standort aufgegeben und ein neuer gewählt werden soll. Es ist im übrigen A priori unklar, ob der Anbieter seine Geschäfte andernorts wieder aufnimmt, wenn er aus dem Inland vertrieben wurde. Das ist unmittelbar einleuchtend, wenn sich der bisherige Standort schon durch die weltweit laxesten Regeln auszeichnete - wohin sollte der X-Produzent dann noch flüchten?

Diesseits von einer derart prohibitiven Schwelle wird das Unternehmen auf jeden Fall irgendwo produzieren. Es siedelt aber möglicherweise nicht nur einen Betrieb in einem Land an, sondern mehrere/viele Betriebe in mehreren/vielen Ländern und wird damit zum multinationalen Unternehmen. Den Ausschlag für oder gegen multinationales Engagement geben die Kosten des Außenhandels zwischen verschiedenen Ländern in Relation zu den anderen Grenzkostengrößen. Durch den Außenhandel entstehen vielfältige Transaktionskosten; um die Analyse übersichtlich zu halten, sollen sie unter dem Begriff der Transportkosten subsumiert werden. Außenhandel und Mobilität der Unternehmen sind zwar begrenzte Substitute. Aber die Standortwahl der Unternehmen kann den Außenhandel nicht völlig ersetzen, denn jeder neue Betrieb in einem weiteren Land wirft zusätzliche Fixkosten auf. Und auch der Außenhandel kann die Standortwahl der Unternehmen nicht perfekt ersetzen, denn wer von einem Standort aus weltweit operieren will, muß sehr hohe Transportkosten aufwenden. Zahl und Lage der Betriebe eines Unternehmens, respektive die Frage, ob es sich um ein nationales oder ein multinationales Unternehmen handelt, werden also auch durch das Verhältnis von Fixkosten zu Transportkosten mitbestimmt.

Modelle, die auf diesen Charakteristika der Angebotsseite aufbauen, sind notgedrungen komplex. Die theoretische Diskussion hat erst vor wenigen Jahren mit den Beiträgen von Markusen, Morey und Olewiler eingesetzt (Markusen/Morey/Olewiler 1992, 1993, 1995, nachfolgend als MMO zitiert). Davon ausgehend unterstellen wir hier die folgende Struktur: Ein Inland I und ein Ausland A konkurrieren um die Ansiedlung von Betrieben eines Unternehmens, das Gut X herstellt. Beide Länder sind völlig identisch: Sie haben gleich viele Bürger (N) und diese Bürger haben alle die gleichen Nutzenfunktionen (U). Die Regierungen können aber unterschiedliche Steuersätze t_I, t_A festlegen. Sie verwenden diese auf den Output bezogene Steuer, um negative externe Effekte zu korrigieren, die mit der X-Produktion verbunden sind. Der Wettbewerb zwischen den beiden Ländern wird als ein Spiel über zwei Ebenen erfaßt.

4.3.1 Zweite Ebene: Unternehmen wählt den Standort/ die Standorte der Produktion

Auf der ersten Ebene des Spiels legen die Regierungen ihre wohlfahrtsmaximierenden Steuersätze fest. Auf der zweiten Ebene entscheidet sich das Unternehmen für die gewinnmaximierende Zahl und Lage seiner Betriebe. Das Spiel wird wie üblich rückwärts gelöst. Das Unternehmen reagiert auf die Höhe und die Differenz der nationalen Steuersätze, indem es sich für Land I bzw. A entscheidet, zum Multi wird oder gar nicht produziert. Es sind also vier verschiedene Standortkonstellationen denkbar: Produktion im Inland *oder* im Ausland *oder* in beiden Ländern *oder* in keinem der beiden Länder.

Tabelle 4-1: Mögliche Konstellationen der Produktionsstandorte

Inland I	Ausland A	
	Keine X-Produktion	X-Produktion
Keine X-Produktion	G(0,0) = 0	G(0,1)
X-Produktion	G(1,0)	G(1,1)

Das Unternehmen wählt jeweils die gewinnmaximierende Konstellation. Als letzte Zuflucht bei prohibitiv hohen Steuersätzen im In- und Ausland bleibt immer die vierte Alternative, nämlich gar nicht in den Markt zu gehen. Der linke obere Quadrant in Tabelle 4-1 ist damit bestimmt. Für die nicht-trivialen weiteren Möglichkeiten leiten wir jeweils das Gewinnmaximum her. Die inverse Nachfrage eines Wirtschaftssubjektes wird durch eine lineare Preisabsatzfunktion wiedergegeben, sie lautet

$$p = a - b\frac{x}{N} \tag{1}$$

und ist im In- und Ausland gleich.

Der Produzent unterscheidet Verkäufe im Land des Betriebsstandorts x_d und Exporte in das jeweils andere Land x_e. Um die gewinnmaximalen Mengen zu bestimmen, genügt es, Nachfrage und variable Kosten gegeneinander abzuwägen. Für den heimischen Absatz lautet die Gewinnfunktion ohne Fixkosten:

$$\left(a - b\frac{x_d}{N}\right)x_d - mx_d - t_i x_d,$$

wobei m die privaten Grenzkosten der Produktion angibt und der Steuersatz t_i die vom jeweiligen Standortland i=I,A angelasteten externen Grenzkosten des Umweltschadens bezeichnet. Maximierung bezüglich x_d ergibt die gewinnmaximierende Menge für den heimischen Absatz:

$$x_d = N\frac{(a - m - t_i)}{2b} \tag{2}$$

Das Maximierungsproblem für die Exportmenge weicht davon ab, weil außer m und t_i auch die im Außenhandel auftretenden Transportkosten pro Stück, s, zu berücksichtigen sind. Davon abgesehen ist das Vorgehen analog, und es ergibt sich eine gewinnmaximierende Exportmenge von:

$$x_e = N\frac{(a-m-t_i-s)}{2b} \tag{3}$$

Die vollständigen Gewinnfunktionen umfassen außer den variablen Kosten auch die Fixkosten F der Betriebsgründung. Setzen wir die gewinnmaximierenden Mengen x_d, x_e in diese Funktionen ein, ergeben sich für die vier möglichen Standortkonstellationen aus Tabelle 4-1 die folgenden maximalen Gewinne:

$$G(1,1) = N\left[(a-m-t_A)^2 + (a-m-t_B)^2\right]/4b - 2F \tag{4}$$

$$G(1,0) = N\left[(a-m-t_I)^2 + (a-m-t_I-s)^2\right]/4b - F \tag{5}$$

$$G(0,1) = N\left[(a-m-t_A-s)^2 + (a-m-t_A)^2\right]/4b - F \tag{6}$$

$$G(0,0) = 0 \tag{7}$$

Für gegebene Werte von t_I und t_A wählt das Unternehmen die gewinnmaximierende Standortkonstellation. Solange positive Gewinne erreichbar sind, wählt es die Standorte (1,1), (1,0) oder (0,1), je nachdem, welche der Gleichungen (5), (6), (7) den höchsten Gewinn anzeigt. Falls diese drei Gleichungen alle negative Werte annehmen, verzichtet das Unternehmen auf jegliche Produktion und minimiert damit den Verlust (Gleichung (7)).

Betrachten wir isolierte Veränderungen der einzelnen Kostengrößen, zeigt sich deren charakteristischer Einfluß. Je höher die Transportkosten s ausfallen, desto attraktiver wird ein multinationales Engagement, also die Kombination (1,1). Die nationalen Betriebe ersparen die Kosten des Außenhandels. Dagegen wird ein Multi immer unwahrscheinlicher, wenn die Differenz zwischen t_I und t_A wächst. Es zahlt sich aus, den umweltsensiblen Standort zu meiden. Das ist der neuralgische Punkt, der Auslöser eines Race to the bottom sein könnte. Ob er es ist, können wir jetzt noch nicht sagen, weil dabei das Verhalten der Regierungen mitentscheidend ist. Ein multinationales Unternehmen erscheint auch dann unattraktiv, wenn die Fixkosten F hoch sind. Dann sind auch die steigenden Skalenerträge der Produktion besonders wichtig. Die Konstellation mit zwei Betrieben hat jedoch immer zur Folge, daß diese steigenden Skalenerträge nicht voll ausgeschöpft werden können. Mit sämtlichen Kostenparametern F, m, s, t_i steigt schließlich die Wahrscheinlichkeit eines völligen Verzichts auf die Produktion - das ist auch nicht überraschend.

4.3.2 Erste Ebene: Regierungen legen den Steuersatz fest

Die Regierungen gehen bei der Wahl des Steuersatzes zunächst von den identischen Nutzenfunktionen ihrer Bürger aus. Wir konzentrieren uns auf die inländische Regierung, die ausländische verhält sich symmetrisch dazu. Der Einfachheit halber sei die Betrachtung vorläufig partialanalytisch, so daß es für die Bürger im Unterschied zum Oates/Schwab-Modell nicht wichtig ist, ob sie im X-Sektor arbeiten können bzw. Einkommen erzielen. Der Konsum von Gut X stiftet einen Nutzenbeitrag, wobei gleichgültig ist, ob die konsumierte Menge im Inland hergestellt oder importiert wurde. Die Produktion von Gut X mindert den Nutzen aber, weil sie externe Grenzkosten auf die Bürger abwälzt. Hier ist wiederum egal, ob die inländische Produktionsmenge voll im Inland konsumiert oder zum Teil exportiert wird. Die individuelle Nutzenfunktion lautet:

$$u = ac_x - \frac{b}{2}c_x^{\;2} - \gamma x^P$$

Da die Bürger identisch sind, entfällt auf jeden der gleiche Teil des gesamten Konsums, der Pro-Kopf-Konsum beträgt $c_x = \frac{x_d}{N}$. Die Variable x^P steht für die inländische Produktion und bedarf einer kurzen Erläuterung: Wenn das Unternehmen ein Multi ist, entspricht x^P dem inländischen Verbrauch x_d. Falls nur im Inland produziert wird, setzt sich x^P aus x_d und x_e zusammen. Sofern das Unternehmen den inländischen Standort verschmäht, fällt x^P weg, ebenso natürlich beim weltweiten Verzicht auf die Produktion. Die externen Grenzkosten sind wie im Oates/Schwab-Modell ein reines öffentliches „Bad", gehen also in voller Höhe negativ in die individuellen Nutzenfunktionen ein. Der Parameter γ gibt an, wie gravierend eine Einheit inländischer Produktion den Nutzen beschränkt, mit anderen Worten: wie hoch der Grenzschaden der Externalität ist.

Die für die Regierung relevante Wohlfahrtsfunktion bezüglich Gut X soll höchstens vier Komponenten umfassen. Positiv gehen die inländische Konsumentenrente, die Steuereinnahmen und möglicherweise die Gewinne des Produzenten ein. Letzteres ist zweifelhaft, weil die Eigentümer des Unternehmens keine Bürger des Inlands sein müssen. MMO (1992, 1993, 1995) klammern diesen Punkt aus. Vorläufig soll er auch hier zurückgestellt werden. Zugegebenermaßen werden damit die Anreize für ein Race to the bottom beschränkt, denn das „Rent shifting" oder „Rent creation" der strategischen Ansätze fehlt als Motiv. Immerhin erscheinen aber die potentiellen Steuereinnahmen lohnend für das Inland. Als vierte Komponente der Wohlfahrtsfunktion ist dem allerdings der Umweltschaden der Produktion entgegenzuhalten.

Die gesamtwirtschaftliche Konsumentenrente ist das N-fache des individuellen Nutzens aus dem X-Konsum abzüglich der Konsumausgaben:

$$KR = N\left(u(c_x) - p_x c_x\right) = N\left(ac_x - \frac{b}{2}c_x^2 - p_x c_x\right)$$

Setzen wir für den Preis p_x die Preisabsatzfunktion (1) ein, so folgt daraus:

$$KR = \frac{b}{2N}x_d^2$$

Zusammen mit den Steuereinnahmen tx^P und den Umweltschäden $\gamma N x^P$ ergibt sich dann der Wohlfahrtsbeitrag des Gutes X:

$$W = \frac{b}{2N} x_d^2 + tx^P - \gamma N x^P$$

Auch die inländische Regierung muß zur Kenntnis nehmen, daß vier unterschiedliche Standortkonstellationen für den X-Produzenten in Frage kommen. Der Beitrag von Gut X zur gesamtwirtschaftlichen Wohlfahrt fällt entsprechend unterschiedlich aus:

$$W(1,1) = \frac{b}{2N} x_d^2 + (t - \gamma N) x_d \tag{8}$$

$$W(1,0) = \frac{b}{2N} x_d^2 + (t - \gamma N)(x_d + x_e) \tag{9}$$

$$W(0,1) = \frac{b}{2N} x_d^2 \tag{10}$$

$$W(0,0) = 0 \tag{11}$$

Ist das Unternehmen in beiden Ländern tätig (W(1,1)), so entspricht die inländische Produktion dem inländischen Konsum, Steuern und Umweltschäden fallen ebenfalls abhängig von dieser Menge an. Versorgt ein inländischer Betrieb beide Länder (W(1,0)), entstehen die Schäden im Inland teilweise durch den Export, der allerdings auch besteuert wird. Wird die gesamte Menge im Ausland hergestellt (W(0,1)), bleibt nur die Konsumentenrente als Wohlfahrtsbeitrag. Wenn das Unternehmen völlig auf die Produktion verzichtet, bleibt die Wohlfahrt unbeeinflußt von Gut X. Tabelle 4-2 zeigt diese qualitativen Effekte.

Tabelle 4-2: Qualitative Effekte der Standortwahl für das Inland

Inland	Ausland	
	Keine X-Produktion	X-Produktion
Keine X-Produktion	0	+ Konsum von Importgütern
X-Produktion	+ Konsum inländischer Produktion + Steuern auf Inlandsangebot + Steuern auf Exporte - Produktionsexternalität	+ Konsum inländischer Produktion + Steuern auf Inlandsangebot - Produktionsexternalität

Bevor wir uns der Frage zuwenden, ob es zu einem Race to the bottom kommt, sollen die jeweiligen Wohlfahrtsbeiträge graphisch veranschaulicht werden. Die jeweilige Standortkonstellation unterstellen wir willkürlich, der Wettbewerb zwischen den Regierungen bleibt zunächst außen vor. In die Gleichungen (8)-(11) werden zu diesem Zweck die gewinnmaximierenden Angebotsmengen x_d und gegebenenfalls x_e aus Gleichung (2), (3) eingesetzt. Um zu quantitativen Aussagen zu gelangen, fixieren wir die folgenden Parameter: a=12, b=1, m=3, N=10 und s=1. Der Grenzschaden der Externalität γ soll nacheinander 0,1, 0,5 und 0,9 betragen. Unabhängige Variable ist der von der inländischen Regierung festgelegte Steuersatz t. In Abb. 4-2 sind unter diesen Voraussetzungen je drei Funktionen des Wohlfahrtsbeitrags für die Varianten (1,1) und (1,0) abgetragen.

Abbildung 4-2: Wohlfahrtsbeiträge in Abhängigkeit vom Umweltschaden

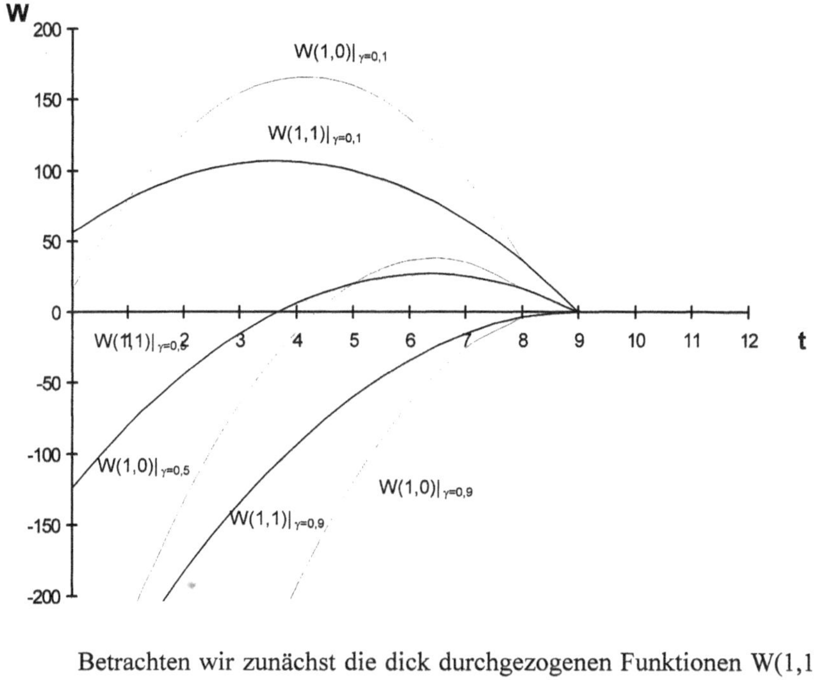

Betrachten wir zunächst die dick durchgezogenen Funktionen W(1,1). Je gewichtiger der Umweltschaden in die Wohlfahrtsfunktion eingeht (γ), desto niedriger ist der maximal erreichbare Wohlfahrtsbeitrag des Gutes X, die Maxima der Funktionen liegen immer tiefer. Zugleich sind immer höhere Steuersätze zur Wohlfahrtsmaximierung notwendig, weshalb die Maxima immer weiter rechts liegen. Darin kommen die gegenläufigen Wohlfahrtseffekte (Tabelle 4-2) klar zum Ausdruck.

Ist der negative externe Effekt unbedeutend, so setzt der wohlwollende Diktator eine niedrige Steuer, damit der Produzent sein Angebot ausweitet. Dominiert der negative Effekt, wird eine hohe Steuer als Kompensation erhoben, woraufhin der Produzent sein Angebot einschränkt und das Wohlfahrtsmaximum sinkt. Bei einem gravierenden Umweltschaden mit γ=0,9 existiert schließlich überhaupt kein Steuersatz mehr, zu dem die X-Produktion positive Wohlfahrt stiften könnte. Spätestens dann wird der Anbieter aus dem Land verdrängt, denn die optimale Stückbesteuerung mit t=9 führt zu einer verlustminimierenden Produktionsmenge x_d=0 (vgl. Funktion (2)). Das „spätestens" ist deshalb wichtig, weil das Unternehmen nur dann für alle Steuersätze t<9 auf dem Markt bliebe, wenn keine Fixkosten vorliegen würden. Sobald jedoch Fixkosten auftreten, sinkt der Gewinn schon bei niedrigeren Steuersätzen auf null, und die Produktion wird eingestellt. Je höher die Fixkosten, desto früher scheidet der Anbieter aus dem Markt aus. Die eingezeichneten Funktionen brechen also in der Regel bei einem durch die Höhe der Fixkosten bestimmten Steuersatz kleiner neun plötzlich ab.

Unterstellen wir, das Inland sei der einzige Standort des Produzenten (dünn eingezeichnete Funktionen W(1,0)), verstärkt dies die bisherigen Aussagen. Weiterhin liegen die Maxima immer tiefer und immer weiter rechts, je höher der Grenzschaden der Externalität, γ, ist. Solange dieser Grenzschaden nicht allzu gravierend ist (γ=0,1 oder 0,5), lohnt es sich für das Inland bei richtigem Einsatz der Steuerpolitik mehr, alleiniger Standort zu sein als bloß einer von beiden Standorten des Multis. Allerdings ist noch wichtiger als bei der Struktur (1,1), den richtigen Steuersatz zu wählen. So erzeugt Gut X beispielsweise bei einem Grenzschaden γ=0,5 bis zu einem Steuersatz nahe 4,5 per Saldo Wohlfahrtseinbußen, und nur zwischen t=5 und t=8 ist die Konstellation (1,0) für das Inland günstiger als (1,1). Bei einem Steuersatz t=8 sinkt die Exportmenge stets auf null (vgl. Gleichung (3)), und die Funktionen (1,0) gehen in (1,1) über. Anders gesagt: Unsere willkürliche Annahme, das Inland sei der einzige Standort, ergibt nur bei Steuersätzen t<8 einen Sinn. Schließlich zeigt sich erneut, daß das Inland bei gravierenden Umweltschäden (γ=0,9) überhaupt kein Interesse daran hat, das Unternehmen anzulocken, und erst recht nicht daran, der einzige Standort zu sein: W(1,0) liegt für diesen Fall durchgehend unterhalb von W(1,1).

Diese Ergebnisse soll Abb. 4-3 weiter verdeutlichen. Hier wurden die bisherigen Parameterwerte übernommen und der „harmlose" Grenzschaden der Externalität γ=0,1 gewählt. Statt des gesamten Wohlfahrtsbeitrags stellt Abb. 4-3 die einzelnen Komponenten explizit dar, die darin saldiert eingehen. Der Wohlfahrtsbeitrag von Gut X kann sich aus folgenden Komponenten zusammensetzen: Konsumentenrente KR, Steuereinnahmen aus dem Inlandsverbrauch und aus dem Export sowie Umweltschäden. Die Umweltschäden gehen proportional mit dem Steuersatz zurück, weil das Unternehmen seine inländische Produktion immer weiter zurückfährt. Je größer der Grenzschaden γ, desto steiler verläuft die Funktion der gesamten Umweltschäden. Ihr Ende findet sie immer bei t=9, denn bei diesem Steuersatz schließt das Unternehmen seinen inländischen Betrieb spätestens - wenn es nicht zuvor schon komplett in das Ausland abgewandert ist.

Abbildung 4-3: Wohlfahrtselemente bei fixiertem Standort

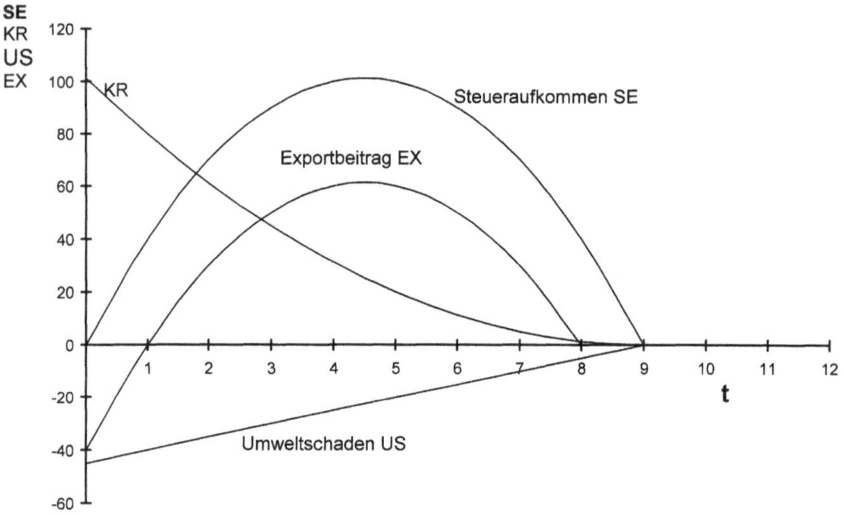

Gleiches gilt für die Funktion der Steuereinnahmen. Sie hat die Gestalt einer Laffer-Kurve. Zunächst wachsen die Einnahmen mit dem Steuersatz, gehen aber schließlich wieder zurück, sobald die Ausweichreaktion des Unternehmens (geringere Produktionsmenge im Inland) dominiert. Der Außenhandelsbeitrag ist als Saldo aus Besteuerung der Exporte abzüglich Umweltschäden der Exportproduktion dargestellt. Er ist anfangs negativ, weil die Exporte keine Konsumentenrente im Inland erzeugen und deshalb der Umweltschaden stärker ins Gewicht fällt als bei der Produktion für inländischen Konsum, wird aber bei hinreichend großen Steuersätzen positiv und geht spätestens bei t=8 mit der Exportmenge auf null zurück.

Die Konsumentenrente KR sinkt stetig mit einem steigenden Steuersatz t, weil der Produzent sein Angebot von Gut X immer weiter reduziert. Aus der Sicht eines Konsumenten ist also jegliche Besteuerung schädlich. Nun entspricht der Ausdruck für die Konsumentenrente KR bekanntlich genau dem Ausdruck W(0,1) für den Wohlfahrtsbeitrag des Gutes X unter der Voraussetzung, daß Gut X nur im Ausland hergestellt und ins Inland importiert wird. Das ist ja auch einleuchtend, denn außer der Konsumentenrente muß das Inland dann weder potentielle Steuereinnahmen noch Produktionsexternalitäten beachten. Auf den ersten Blick erscheint dann allerdings merkwürdig, warum W(0,1)=KR noch mit dem Steuersatz sinken sollte - unterliegt doch das Unternehmen der inländischen Besteuerung überhaupt nicht mehr. Zwei Überlegungen verdeutlichen aber, daß KR immer an den Steuersatz gekoppelt ist. Erstens hängt W(0,1) natürlich direkt vom ausländischen Steuersatz t_A ab, der darüber entscheidet, welche Menge der Anbieter produziert und ins Inland importiert - obwohl dieser Steuersatz nicht direkt von der inländischen Regierung beeinflußt werden kann. Zweitens ist aber auch der inländische Steuersatz t_I nach wie vor eine wichtige Größe. Die dahinterliegende Logik erfaßt ein Zipfelchen des Standortwettbewerbs, den wir vorläufig ausblenden wollten. Aus der Sicht des Inlandes wird W(0,1) zwar maximal, wenn es den Steuersatz $t_I=0$ setzt. Dann ist aber die Konstellation (0,1) nicht wahrscheinlich - das Unternehmen wird auf diesen fiskalischen Verzicht in aller Regel reagieren, indem es sich auch oder sogar nur im Inland ansiedelt. Damit wird für die inländische Regierung sofort eine der anderen Funktionen W(1,1) oder W(1,0) relevant. Das Inland kann t_A somit nicht wesentlich unterbieten, wenn es die Konstellation (0,1) sichern will. Auch für sämtliche in Abb. 4-3 eingezeichnete Funktionen gilt der bereits erwähnte Fixkostenvorbehalt: Sie brechen nach jenem Steuersatz ab, der für das Unternehmen gerade noch einen Gewinn von null erlaubt.

Die Abb.en 4-2 und 4-3 können nur die potentiellen Wohlfahrtskomponenten verdeutlichen, sie sagen noch nichts aus über unser Erklärungsziel: Ob sich die Regierungen beider Länder in ein Race to the bottom stürzen. Es ist deshalb notwendig, das vollständige Spielgeschehen zu betrachten. Die Standortkonstellation ist ja gerade nicht exogen vorgegeben, sondern ergibt sich endogen aus der Konkurrenz beider Länder. Allerdings ist eine allgemeine analytische Lösung nicht erreichbar, denn das Ergebnis hängt auch von den exogen vorgegebenen Parametern a, b, m, N und s ab. Markusen, Morey und Olewiler nutzen ihre ähnlich formulierten Modelle deshalb zu numerischen Simulationen. MMO (1993) zeigen in einer Welt mit zwei Unternehmen und drei Gütern, wie sich die Wohlfahrt des Inlandes bei Variation des inländischen Steuersatzes entwickelt. Wie zu erwarten, treten beim Erreichen kritischer Werte des Steuersatzes teils große Sprünge auf der Wohlstandsleiter auf. Die Unternehmen reagieren eben nur teilweise mit marginalen Anpassungen der Produktionsmenge, an neuralgischen Punkten aber mit Entscheidungen nach dem Motto „ganz oder gar nicht".

MMO (1992, 1995) leiten verschiedene Nash-Gleichgewichte unter bestimmten Parameterkonstellationen her. Tatsächlich gelingt es ihnen auch, zwei unterschiedliche Race-to-the-bottom-Situationen zu identifizieren. Voraussetzung dafür ist jeweils, daß die Umweltverschmutzung in beiden Ländern als nicht sehr gravierend empfunden wird (kleines γ). Dann kann es sich lohnen, den Steuersatz t so weit zu senken, daß der X-Produzent entweder auch im Inland eine Betriebsstätte aufbaut oder sogar den ausländischen Betrieb schließt. Auf die Steuersenkung im Inland folgt die gleichgerichtete Reaktion des Auslandes, daraufhin zieht wieder das Inland nach und so weiter, bis ein Nash-Gleichgewicht erreicht ist. In beiden von MMO (1992, 1995) diskutierten Race-Fällen sinkt die aggregierte Wohlfahrt der beiden Länder gegenüber einer kooperativen Lösung, aber nur deshalb, weil MMO den Produzentengewinn nicht in die Wohlfahrtsfunktion einbeziehen. Denn der Gewinn des X-Produzenten steigt durch die Steuersenkungen stärker als die Nutzeneinbußen aufgrund des externen Effektes. So betrachtet, sinkt der Standard gar nicht auf ein ineffizientes Niveau.

Schließlich stellen MMO (1992, 1995) auch einen sogenannten NIMBY-Fall vor. NIMBY ist die Abkürzung von „Not in my backyard". Was dies bedeutet, ist schon in den Abb.en 4-2 und 4-3 gut erkennbar: Für alle Werte von $\gamma \geq 0{,}9$ will der benevolente Diktator des Inlandes den X-Produzenten aus „seinem Hinterhof" verscheuchen, weil die Umweltbelastung zu gravierend erscheint. Dennoch hätte er nichts dagegen einzuwenden, Gut X zu importieren. Dann könnten die Konsumenten gemäß KR Nutzen aus Gut X ziehen, ohne die Nachteile der Produktion auf heimischem Grund und Boden in Kauf nehmen zu müssen. Im numerischen Beispiel von MMO verdrängen allerdings beide Länder den X-Produzenten erfolgreich - und können deshalb gar kein X mehr konsumieren. Beide würden sich besserstellen, wenn sie die Produktion zumindest in einem Land zulassen würden, um den Konsum zu ermöglichen, wobei das jeweils andere Land das Produzentenland für erlittene Umweltschäden teilweise kompensieren müßte.

Numerische Beispiele in komplexen Gesamtmodellen sollen an dieser Stelle nicht weiter verfolgt werden, denn sie vermengen notwendigerweise sämtliche Einflüsse, die ein „Race"- oder „NIMBY"-Phänomen begünstigen oder abschwächen können. Natürlich lassen sich durch geeignete Wahl der Parameter die schillerndsten Varianten nach Belieben erzeugen, unter anderem auch solche mit effizienten Standards im In- und Ausland. Damit ist aber in unserem Kontext wenig gewonnen. Das pure Auszählen von „Race"- versus „NIMBY"- versus effizienten Varianten erlaubt keine Rückschlüsse darauf, wie relevant diese Fälle in der Realität sind. Stattdessen erscheint es lohnender, die einzelnen Einflüsse im Standortwettbewerb klar herauszuarbeiten. Dazu sind zwar ebenfalls numerische Vorgaben sinnvoll, die Analyse soll aber graphisch und mit Hilfe gezielter Vereinfachungen Schritt für Schritt erfolgen.

4.3.3 Ausmaß des Umweltschadens und Standortwettbewerb

Die Bedeutung des Grenzschadens der Externalität läßt sich besser erkennen, wenn die Standortalternativen begrenzt sind. Jedes der beiden Länder soll nur eine von zwei Positionen erreichen können: Entweder ist es der einzige Standort des Unternehmens und versorgt die gesamte Zwei-Länder-Welt mit Gut X. Oder es ist nicht Standort des Unternehmens und kann Konsumentenrente aus dem Import von Gut X erzielen, solange das Unternehmen im anderen Land produziert. Ausgeschlossen sein soll in diesem Abschnitt die Existenz eines multinationalen Unternehmens mit Betrieben in beiden Ländern. Diese Beschränkung läßt sich ganz einfach erreichen, indem wir unterstellen, daß keine Transport- oder sonstigen Transaktionskosten den Handel zwischen den beiden Ländern behindern. Für das Unternehmen zahlt es sich dann bei steigenden Skalenerträgen stets aus, die Produktion an einem einzigen Standort zu konzentrieren. Der Parameter s wird also gleich null gesetzt (Hoel 1997, 1994; Rauscher 1997: 172ff., 1995a).

Die beiden Länder erreichen dann entweder den Wohlfahrtsbeitrag W(1,0) oder den Beitrag W(0,1), der mit der national erzielten Konsumentenrente übereinstimmt. In Abb. 4-4a) sind diese Funktionen für Grenzschäden von γ=0,2 und γ=0,9 dargestellt. Die Konsumentenrente und damit die Wohlfahrt W(0,1) desjenigen Landes, das nicht Standort des Produzenten ist, wird vom Umweltschaden überhaupt nicht berührt. W(1,0) wird aber für alle Werte von t kleiner, wenn der Grenzschaden steigt, und ist für γ=0,9 sogar durchgehend negativ. Die einzelnen Komponenten zeigt Abb. 4-4b). Das Standortland muß einen Umweltschaden US hinnehmen, dessen Höhe für jeden gegebenen Steuersatz mit dem Grenzschaden ansteigt. Andererseits kann dieses Standortland seine Steuereinnahmen SE auf der Habenseite verbuchen. Insgesamt erzeugt Gut X also einen positiven Wohlfahrtsbeitrag im Standortland im Umfang von SE+KR (Konsumentenrente). Im anderen Land fällt nur die Konsumentenrente an. Betrachten wir die gesamte Zwei-Länder-Welt, verursacht Gut X einen positiven Wohlfahrtsbeitrag SE+2KR (die Konsumentenrente fällt ja in beiden Ländern an), dem der Umweltschaden im Standortland US entgegensteht.

Zunächst sei der niedrige Grenzschaden γ=0,2 unterstellt. Beide Länder vergleichen W(1,0) und W(0,1) und entscheiden sich dann dafür oder dagegen, das Unternehmen ins Inland zu locken. Da die Externalität gering ist, liegt W(1,0) für ein breites Spektrum von Steuersätzen (zwischen zwei und neun) über der reinen Konsumentenrente W(0,1). Beide Länder sind deshalb darauf aus, der Standort des Unternehmens zu werden. Am liebsten würde das Standortland die Differenz zwischen SE+KR und US respektive die nationale Wohlfahrt W(1,0) maximieren. Die Tangentiallösung in Abb. 4-4 zeigt, daß dazu ein Steuersatz t=4,5 erforderlich ist. Dieser Steuersatz stellt aber kein Nash-Gleichgewicht dar, denn das jeweils andere Land würde diesen Steuersatz sofort unterbieten, beispielsweise t=4 festlegen, und das Unternehmen damit über die Grenze locken. Beim Steuersatz t=4 ist es immer noch wesentlich attraktiver, der Standort zu sein, als Gut X bloß zu importieren. Das bedeutet jedoch wiederum, daß das um die Unternehmensansiedlung „betrogene" andere Land seinen Steuersatz weiter reduziert.

Abbildung 4-4: Umweltschaden und Standortwettbewerb

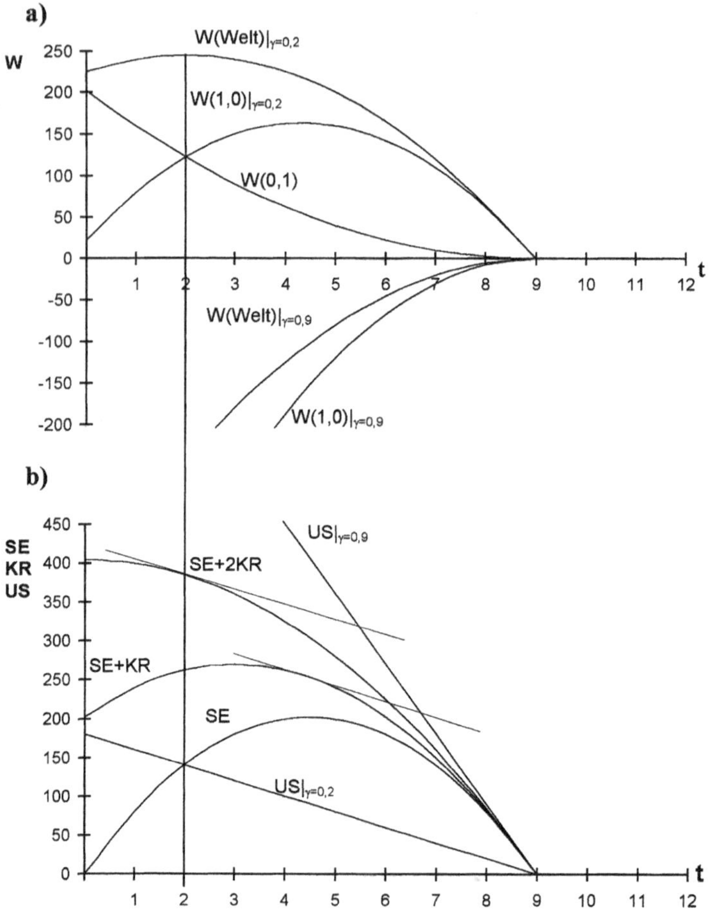

Dieser Prozeß findet erst ein Ende, wenn beide Länder den Steuersatz t=2 erheben. Dann ist es den Regierungen gerade egal, ob das eigene Land der Standort ist oder verschmäht wird. Für das Unternehmen ist gleichgültig, wo es sich ansiedelt. Auf den ersten Blick scheint es sich um ein Race to the bottom zu handeln, aber der Eindruck täuscht: Das Land, das letztendlich Standort wird, erreicht zwar nicht den Steuersatz 4,5, der den Wohlfahrtsbeitrag von Gut X maximiert. Auch das andere Land, das verschmäht wird, erreicht nicht den KR-maximierenden Steuersatz von null. Der gleichgewichtige Steuersatz t=2 maximiert aber den Wohlfahrtsbeitrag von Gut X *über die gesamte Welt hinweg* betrachtet. Damit existiert immer eine geeignete Aufteilung des globalen Wohlfahrtsbeitrags, die zumindest ein Land gegenüber einer Situation ohne Standortwettbewerb besserstellt, ohne das andere schlechterzustellen.

Zudem stimmen bei diesem Steuersatz der Grenzschaden in Abhängigkeit vom Steuersatz (Steigung von US) und der globale Grenzertrag (Steigung von SE+2KR) genau überein. Das Nash-Gleichgewicht führt also zu einer effizienten Lösung des Externalitätenproblems. Obwohl auf dem Gütermarkt ein Monopolist agiert und die Externalität auftritt, beobachten wir erstaunlicherweise erneut ein Rennen zum globalen Optimum. Die Konkurrenz zwischen den Ländern um den einen Produzenten erweist sich als äußerst segensreich. Sie verhindert zum einen, daß das Unternehmen an seinem Standort geschröpft wird, indem es Steuern über der tatsächlichen Schadenshöhe entrichtet. Sie verhindert zum anderen, daß ein Nur-Konsumenten-Land geflissentlich über die Umweltschäden im Standortland hinwegsieht und überhaupt keine Steuern verlangt. Der Standortwettbewerb erweist sich als genial einfaches und wirkungsvolles Instrument, um zu einem globalen Optimum zu gelangen.

Diese Schlußfolgerungen gelten für alle Werte von γ unterhalb von 0,9. So ist beispielsweise leicht nachzuvollziehen, daß die beiden Länder im Grenzfall ohne Externalität (γ=0) jegliche Steuereinnahmen wegkonkurrieren - die Steuer hat ihren Sinn verloren. Auch bei einer gravierenden Externalität (γ=0,9) kommt es zum effizienten Ergebnis. Für jeden mit X-Produktion verbundenen Steuersatz ist der Umweltschaden höher als SE+KR und die Wohlfahrt des Standortlandes W(1,0) somit negativ. Keines der beiden Länder hat ein Interesse daran, den Anbieter zu beheimaten. Beide setzen also den prohibitiven Steuersatz t=9. Das ist auch aus der globalen Perspektive völlig korrekt. Erst wenn das Unternehmen völlig auf die Produktion verzichtet, stimmen Grenzschaden und Grenzertrag überein. Der weltweite Wohlfahrtsverlust wird minimiert, indem Gut X von der Bildfläche verschwindet. Es handelt sich um eine Spielart des NIMBY-Phänomens: Beide Länder würden sich besserstellen, wenn Unternehmen X in einem Drittland produzieren könnte und durch Importe in den beiden betrachteten Ländern Konsumentenrente erzielbar wäre. Allerdings würde dies Modifikationen des Umweltschadens und der Weltwohlfahrt nach sich ziehen, deren Folgen ungewiß sind. Bleiben wir im Rahmen des Zwei-Länder-Modells, ist es effizient, auf Gut X zu verzichten.

Diese Schlußfolgerungen weichen signifikant von den Aussagen Rauschers (1997: 172ff., 1995a) ab. Rauscher identifiziert in einem ähnlichen Kontext sowohl das Race to the bottom als auch weitere NIMBY-Varianten. Er unterstellt allerdings den in Abb. 4-5 eingezeichneten nicht-linearen Verlauf des Umweltschadens. Der Grenzschaden verändert sich in Abhängigkeit vom Steuersatz. Das globale Wohlfahrtsmaximum ist dann erreicht, wenn Grenzschaden (Steigung von US) und Grenzertrag (Steigung von SE+2KR) übereinstimmen, also beim Steuersatz t*. Das Interesse der beiden Länder am Unternehmen hängt nach wie vor davon ab, ob die Steuereinnahmen über den Umweltschäden liegen. Bei einer insgesamt eher geringen Externalität (US_1) existiert wieder ein großer Bereich möglicher Steuersätze, bei denen es sich lohnt, der Standort zu sein. Erneut konkurrieren die Länder solange mit immer niedrigeren Steuersätzen, bis die Steuereinnahmen schließlich den Umweltschaden US_1 gerade noch decken und ein Nash-Gleichgewicht erreicht ist. Dieser Prozeß scheint jetzt aber tatsächlich ein Race to the bottom zu sein: Der gleichgewichtige Steuersatz t_1 liegt unter dem effizienten Satz t*.

Warum kommt es zu diesem Race-Effekt? Die Produktionsmenge des Unternehmens sinkt mit steigenden Steuersätzen linear. Jede produzierte Mengeneinheit wird mit dem gleichen Steuersatz t belegt. Der Umweltschaden jedoch entwickelt sich unter Rauschers Voraussetzungen nicht-linear, das heißt, jede zusätzliche produzierte Mengeneinheit erzeugt einen immer größeren Grenzschaden. Ein proportionaler Steuersatz pro Mengeneinheit, der keinen Unterschied dabei macht, ob der Output insgesamt eher klein oder sehr groß ist, kann diese nicht-lineare Externalität nur höchst unvollkommen erfassen. Es wäre reiner Zufall, wenn sich US und SE gerade so schneiden würden, daß der optimal internalisierende Steuersatz t* zustandekommt. Insofern hat Rauscher durchaus recht: Es besteht die Gefahr eines Race to the bottom. Aber ebenso wichtig ist es, die Quelle dieser Gefahr zu erkennen: Nicht die Externalität ist das Problem, und auch nicht der Standortwettbewerb. Der zu niedrige Steuersatz t_1 stellt sich allein deshalb ein, weil das fiskalische Instrument die Externalität unangemessen und unvollständig korrigiert.

Ein anderer Blickwinkel mag dieses Ergebnis weiter erhellen. Beim effizienten Standard t* erzielt das Standortland in Abb. 4-5 Steuereinnahmen, die über den Umweltschäden liegen. Das ist ja gerade der Grund dafür, wieso die Länder bereit sind, ihre Steuersätze zu senken, um das Unternehmen anzulocken. Wenn aber die Steuer im globalen Optimum Nettoerträge abwirft, dient sie offenbar mehr als einem Herrn. Denn das Ziel, die Bürger des Inlandes für die erlittene Externalität zu kompensieren, ist schon erreicht, wenn die Steuereinnahmen gerade den Umweltschäden entsprechen. Alle darüber hinausgehenden Erträge stellen keine Internalisierung mehr dar, sondern beuten den Produzenten aus. Ein einziges fiskalisches Instrument erfüllt niemals mehrere Zwecke ideal. Das ineffiziente Ergebnis des Standortwettbewerbs überrascht deshalb nicht.

Rauscher (1997: 172ff., 1995a) geht nun noch einen Schritt weiter, indem er die Höhe der Umweltschäden variiert. Er verschiebt dazu die US-Funktion parallel nach oben. Der effiziente Steuersatz t* bleibt bei diesen Parallelverschiebungen stets gleich. Allerdings stellen sich unterschiedliche Nash-Gleichgewichte ein. Bei einem mittleren Umweltschaden US_2 existiert immer noch ein gewisser - wenn auch stark reduzierter - Spielraum von Steuersätzen, die es attraktiv erscheinen lassen, Standort zu sein. Bei t* übersteigt allerdings der Umweltschaden die Steuereinnahmen, so daß sich die Länder nur ein Rennen bis zum Steuersatz t_2 liefern. Der Monopolist ist noch ein gern gesehener Gast, er darf auch den Hinterhof verschmutzen - aber nur ein bißchen.

Abbildung 4-5: Doppelbelastung des Instruments Steuersatz

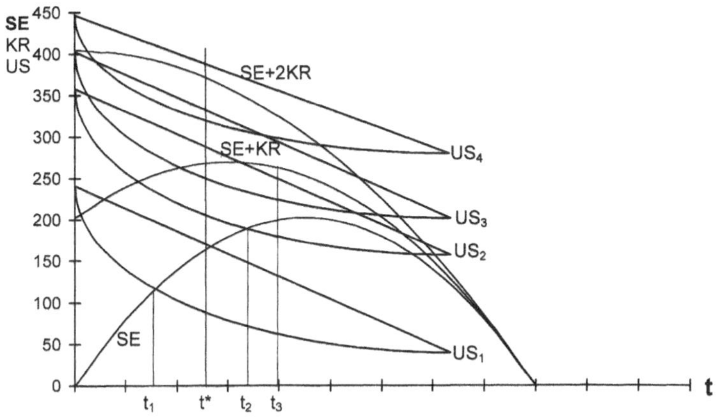

Steigt der Umweltschaden auf US_3, erlahmt der Eifer im Wettstreit um den Produzenten. Die Steuereinnahmen decken den Umweltschaden auf keinen Fall mehr; da ist es doch besser, das Unternehmen aus dem Inland zu vertreiben und Gut X lediglich als Import zu konsumieren. Beide Länder setzen nach diesem Motto den prohibitiven Steuersatz. Hier tritt das NIMBY-Phänomen in seiner reinsten Form auf. Die gesamten Erträge SE+KR im Standortland würden ja immer noch über den Umweltschäden liegen. Weil aber beide Länder lieber nicht der Standort wären, führt ihr strategisches Verhalten möglicherweise dazu, daß sie gar keinen Nutzen aus Gut X ziehen können. Ähnliche Situationen sind in der Spieltheorie als „Chicken games" bekannt. Keines der beiden Länder ist gerne das Hühnchen, das gerupft wird. Trotzdem opfert sich möglicherweise ein Land als Standort, denn Chicken games haben typischerweise mehrere Nash-Gleichgewichte (Fudenberg/Tirole 1991: 18f.). In diesem Fall legt das Standortland als Chicken seinen wohlfahrtsmaximierenden und aus globaler Sicht erneut zu hohen Steuersatz t_3 fest, bei dem die Differenz zwischen SE+KR und US_3 maximal ist. Das andere Land paßt sich daran an, um nicht selbst Standort zu werden. Das Standortland erreicht einen geringeren Wohlfahrtsbeitrag als das Importland.

Ist der Umweltschaden gravierend (US_4), gibt sich schließlich niemand mehr dazu her, das Unternehmen zu beherbergen. Für jeden denkbaren Steuersatz ist der Umweltschaden größer als die Steuereinnahmen. Beide Regierungen vertreiben den Produzenten mit prohibitiven Steuersätzen. Auch dieses Ergebnis ist jedoch ineffizient, denn über weite Strecken liegt der globale Ertrag von Gut X über den Umweltschäden. Bei t* wird der Wohlfahrtsbeitrag maximiert. Hier liegt ein spieltheoretisches Gefangenendilemma vor, und das NIMBY-Phänomen ist unvermeidlich.

Rauscher begründet nicht, wie die Parallelverschiebung der Schadensfunktion US zustandekommen könnte, und sie ist auch schwer erklärbar. Möglicherweise verursacht schon die pure Existenz des Unternehmens eine Externalität. Je größer diese mengenunabhängige Externalität, desto höher liegt US. Die Regierungen müßten dies berücksichtigen, indem sie eine mengenunabhängige Komponente in der Besteuerung einführen. Das Unternehmen würde diese Komponente als zusätzliche Fixkosten berücksichtigen und müßte deshalb schon bei geringeren Steuersätzen als bisher aus dem Markt ausscheiden. Seine gewinnmaximierenden Angebotsmengen - und damit automatisch auch der funktionale Verlauf der Steuereinnahmen SE - blieben jedoch die gleichen. Die Funktion SE wäre einfach um den Betrag der mengenunabhängigen Steuerkomponente nach oben verschoben, und die Resultate sähen ganz anders aus. Da die Regierungen diese notwendige fiskalische Anpassung nicht vornehmen und zudem auch den bereits beschriebenen Fehler mitschleppen, daß eine proportionale Mengensteuer einen nicht-linearen Umweltschaden höchst unzulänglich erfaßt, bestätigt sich der erste Eindruck: Weder die Internalisierung an sich noch der Standortwettbewerb sind problematisch, sondern die Mängel im umweltpolitischen Instrumentarium.

4.3.4 Unterschiedlich hohe Externalitäten

Die Grenzschäden der Externalität werden in den beiden Ländern häufig unterschiedlich hoch sein; deshalb sollen die betrachteten Nationen nun in diesem Punkt nicht mehr identisch sein. Abb. 4-6 stellt eine Situation dar, in der das eine Land einen harmlosen Grenzschaden γ=0,2, das andere aber einen gravierenden mit γ=0,6 erleidet, wenn es zum Standort des Unternehmens wird. Der Wohlfahrtsbeitrag des Gutes X bei inländischer Produktion (W(1,0)) ist bei einem niedrigen Grenzschaden durchgehend höher als bei einem hohen. Das Land mit der größeren Externalität hat nur bei hohen Steuersätzen zwischen 6 und 9 ein Interesse daran, den Produzenten zu beherbergen. Das andere Land mit geringer Umweltempfindlichkeit wird diesen Steuersatz jedoch unterbieten und versuchen, sein nationales Optimum mit einem Steuersatz t=4,5 zu erreichen.

Das Land mit den geringeren Grenzschäden ist mit Sicherheit der Standort des Unternehmens, der Produzent siedelt sich also am „richtigen“ Standort an.

Abbildung 4-6: National unterschiedliche Umweltschäden

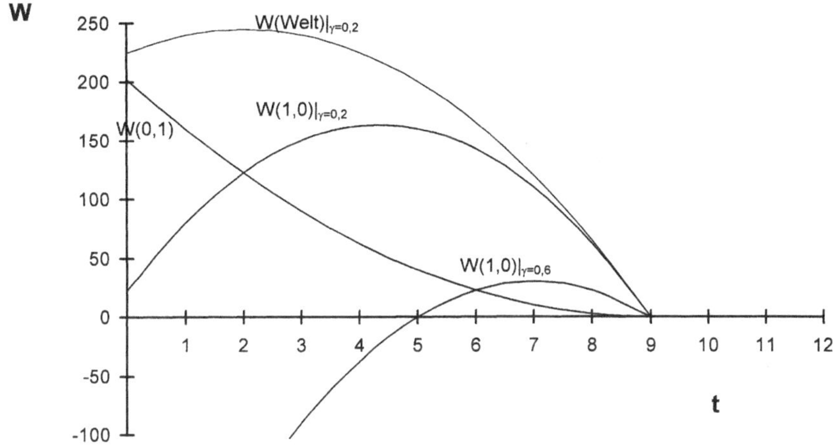

Allerdings muß dies noch kein Gleichgewicht sein. Weiß das Land mit der größeren Externalität über die Lage im anderen Land Bescheid, kann es das Spiel weiterspielen. Es bietet geringere Steuersätze; nicht, weil es Standort des Unternehmens werden wollte, sondern um das andere Land zu weiteren Steuersenkungen anzustacheln. Denn je weiter der Steuersatz sinkt, desto höher fällt die Angebotsmenge und damit die Konsumentenrente im Nicht-Standortland aus. Das Spiel findet sein Ende, wenn das Land mit der geringeren Externalität beim Steuersatz t=2 angelangt ist. Weitere Steuersenkungen lohnen sich nicht. Das Unternehmen siedelt sich nach wie vor dort an, wo es die Umwelt weniger schädigt. Der Steuersatz 2 ist global effizient, der weltweite Wohlfahrtsbeitrag wird maximiert. Das Land mit den höheren (potentiellen) Grenzschäden setzt seine Steuer marginal oberhalb von 2, um zu vermeiden, daß es wider Willen doch zum Standort des Unternehmens wird.

4.3.5 Höhe der Fixkosten und Standortwettbewerb

Die Fixkosten der Produktion sind ein wesentliches Merkmal des hier betrachteten Modells. Sie verursachen steigende Skalenerträge und erklären die Tendenz zum Monopol. Angesichts der Fixkosten produziert das Unternehmen nicht, bis die optimale Angebotsmenge bei steigenden Steuersätzen auf null sinkt, denn in die Entscheidung über die optimale Angebotsmenge gehen nur die Grenzkosten ein. Der Anbieter scheidet schon früher aus dem Markt aus, nämlich dann, wenn der Gesamtgewinn dauerhaft negativ wird. An diesem Punkt kann das Unternehmen eventuell noch recht ansehnliche Mengen des Gutes X absetzen, die Erträge aus dem Verkauf reichen aber nicht mehr aus, um variable Kosten plus Fixkosten zu decken. Im vorherigen Abschnitt wurde diese Restriktion ausgeblendet bzw. implizit unterstellt, daß sie nicht bindend ist. Die Rolle der Fixkosten soll jetzt herausgearbeitet werden. Nehmen wir an, das Unternehmen scheide bei einem Steuersatz t>3 aus dem Markt aus, weil es sonst Verluste hinnehmen müßte.

Abbildung 4-7: Fixkosten und Standortwettbewerb

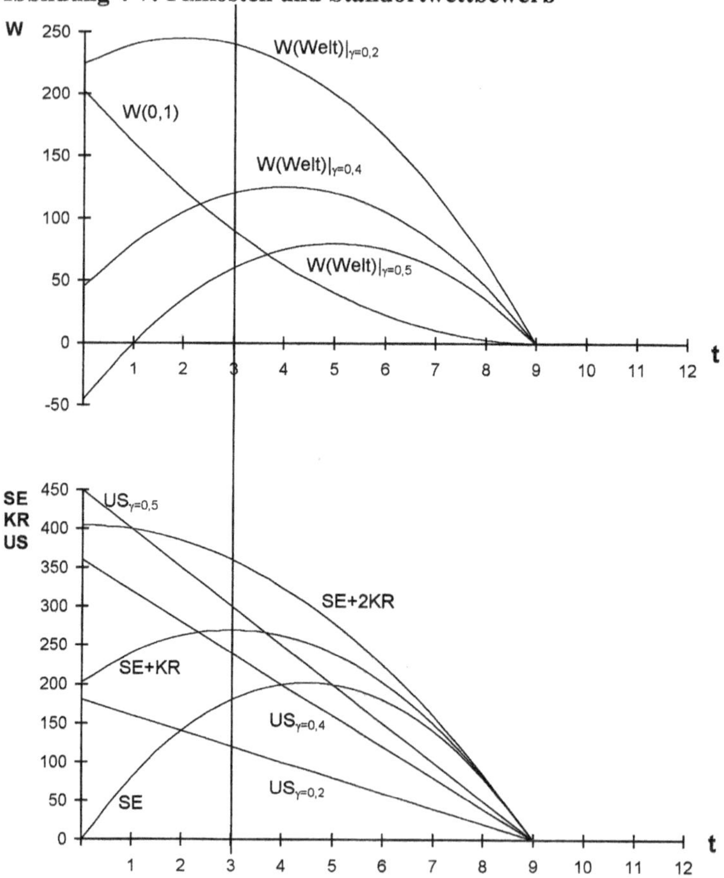

Abb. 4-7 stellt diese Situation für unterschiedliche Höhen des Umweltschadens dar. Im oberen Teil sind die weltweiten Wohlfahrtsbeiträge für γ-Werte von 0,2, 0,4 und 0,5 abgetragen. Im unteren Teil finden sich die einzelnen Komponenten SE, SE+KR und SE+2KR. Die eingezeichneten Geraden stellen (von unten nach oben) den Umweltschaden US für die γ-Werte 0,2, 0,4 und 0,5 dar. Ist der Grenzschaden niedrig (γ=0,2), so bindet die Fixkostenrestriktion noch nicht. Es kommt zum effizienten Ergebnis mit einem Steuersatz t=2, und der globale Wohlfahrtsbeitrag wird maximiert. Bei einem Grenzschaden von 0,4 entfaltet die Fixkostengrenze ihre Wirkung. Für alle Steuersätze, die dem Unternehmen das Überleben ermöglichen, liegt der Umweltschaden über den erzielbaren Steuereinnahmen. Keines der beiden Länder will unter dieser Restriktion Standort des Produzenten werden.

Allerdings existiert noch ein kleiner Bereich, in dem SE+KR - die Erträge im Standortland - über den Umweltschäden liegen. Wir befinden uns also wieder in der „Chicken-game"-Zwickmühle. Möglicherweise verlangen beide Länder prohibitive Steuersätze, und das NIMBY-Phänomen tritt ein. Es ist aber auch denkbar, daß sich ein Land als Chicken verhält und Produktionsstandort wird. Dann setzt es den höchstmöglichen Steuersatz t=3, und das andere Land folgt ihm darin nach. Im Unterschied zum oben beschriebenen Chicken-Fall wird dann allerdings die globale Wohlfahrt innerhalb der auferlegten Grenzen maximiert.

Bei einem noch höheren Grenzschaden von 0,5 sind die Länder erneut in einem Gefangenendilemma verstrickt. Beide lehnen das Unternehmen ab, weil der Umweltschaden für das Standortland stets höher ist als die Erträge der Produktion. Aus globaler Sicht würde es sich dur chaus noch lohnen, Gut X zu produzieren und zu konsumieren, und zwar am besten mit einem Steuersatz t=3. Ein Land könnte sich dazu bereiterklären, die Produktion zu erlauben, wenn es vom anderen Land für die erlittenen Umweltschäden teilweise kompensiert wird. Ohne Absprache beider Länder ist das NIMBY-Phänomen aber unvermeidbar. Erstmals taucht hier ein echter Kooperationsbedarf auf.

Zwei Dinge sollte man dabei nicht übersehen: Zum einen verursacht die Fixkostenrestriktion niemals ein Race to the bottom, sofern das Externalitätenproblem mit dem passenden Instrument angepackt wird. Koordinationsbedarf tritt nur auf, weil der NIMBY-Effekt zu befürchten ist. Die Wahrscheinlichkeit von NIMBY steigt mit den Fixkosten und mit dem Ausmaß der Externalität. Ganz im Gegensatz zu den Race-Kritikern droht der Standortwettbewerb nicht mit suboptimalen, sondern unter Umständen mit überhöhten Standards zu enden. Zum anderen verfangen sich die Länder offensichtlich deshalb in ihren NIMBY-Wünschen, weil zwei Marktunvollkommenheiten aufeinanderprallen: Die externen Effekte der Produktion, zu deren Korrektur die Steuer eingeführt wurde, und die steigenden Skalenerträge der Produktion, deren Korrektur kein eigenes Instrument gewidmet ist. Steigende Skalenerträge lassen die Produktion von Gut

X erst bei erheblichem Output lohnend erscheinen, zugleich verursachen große Produktionsmengen auch große Umweltschäden. Einmal mehr ist es unmöglich, diese Probleme mit einem einzigen Instrument in den Griff zu bekommen.

Die Fixkosten können zum Teil oder vollständig versunkene Kosten sein. MMO (1995, 1993, 1992) vernachlässigen diesen Aspekt und gehen damit faktisch von einem „absoluten Nullpunkt" aus. Das Unternehmen produzierte bisher noch nicht und entscheidet darüber, wo es sich ansiedeln soll. Verfügt das Unternehmen jedoch bereits über eine Produktionsstätte, verändert sich das Kalkül. Versunkene Kosten sind an den derzeitigen Standort gebunden, die damit erworbenen materiellen oder immateriellen Bestände können nicht an einen anderen Standort transferiert werden. Baut das Unternehmen einen neuen Betrieb im anderen Land auf, muß es (zusätzliche) Fixkosten aufwenden, während es am bisherigen Standort ohne (zusätzliche) Fixkosten weiterarbeiten kann. Deshalb reagiert es erst bei größeren Differenzen in der Besteuerung, indem es in das andere Land abwandert (Motta/Thisse 1994). Allerdings gilt diese Argumentation nur kurzfristig. Längerfristig verlieren die versunkenen Kosten in mehrerlei Hinsicht ihre Bedeutung. Zum einen ist es bei keiner Produktionstechnologie damit getan, ein einziges Mal Fixkosten aufzuwenden, die dann für alle Ewigkeit ausreichen, um den Betrieb aufrechtzuerhalten. Ständige Reinvestitionen müssen wirtschaftlich abgeschriebene Bestände ersetzen. Schon deshalb hat das Unternehmen immer wieder Gelegenheit, darüber zu entscheiden, ob es den bestehenden Betrieb erhält oder stattdessen am anderen Standort neu investiert. Erst recht gilt dies natürlich für Erweiterungsinvestitionen. Zum anderen gehen auch versunkene Kosten als Fixkosten in die langfristige Gewinnfunktion ein. Auf Dauer nimmt der Produzent Verluste auch dann nicht hin, wenn sie „nur" auf versunkenen Kosten beruhen.

4.3.6 Verteilung des Gewinns und Standortwettbewerb

Völlig ausgeblendet wurde bisher der Gewinn, den das Unternehmen als Monopolist erzielen kann. Dies entspricht dem Vorgehen bei MMO (1992, 1995), ist aber nur dann gerechtfertigt, wenn alle Eigner des Unternehmens in Drittländern angesiedelt sind. Als logische Folge interessieren sich die beiden Länder überhaupt nicht dafür, wie hoch der Gewinn des Monopolisten ausfällt, egal ob er nun im Inland oder im Ausland produziert. Das ist ein wesentlicher Unterschied zum Oates/Schwab-Grundmodell, in dem alle Erträge des im Inland produzierenden Betriebes auch im Inland anfallen (Levinson 1993). Es ist von daher gar nicht erstaunlich, daß MMO zu ineffizienten Ergebnissen gelangen. Schon in den Erweiterungen des Oates/Schwab-Modells wird das Gleichgewicht ineffizient, sobald die Erträge teilweise oder ganz in ein anderes Land abfließen. In diesem Abschnitt soll deshalb thematisiert werden, wie sich die Ergebnisse verändern, wenn der anfallende Gewinn als weitere Komponente in die Wohlfahrtsfunktion eingeht (Hoel 1997, 1994). Der Gewinn sinkt stetig mit steigendem Steuersatz t. Wann er negativ wird und das Unternehmen somit aus dem Markt ausscheidet, hängt davon ab, wie hoch die Fixkosten sind. Da die Rolle der Fixkosten aber bereits geklärt ist, unterstellen wir nun der Übersichtlichkeit halber erneut, daß keine Fixkosten auftreten. Der isolierte Effekt der Gewinnkomponente läßt sich so klarer herausarbeiten. Erst beim Steuersatz t=9 geht dann der Gewinn - mit der Produktionsmenge - auf null zurück.

Herausgestellt sei als erstes der Extremfall, daß sämtliche Gewinne in einem der beiden betrachteten Länder anfallen, und zwar unabhängig davon, in welchem Land das Unternehmen produziert. Vier unterschiedliche Wohlfahrtsbeiträge sind dann zu unterscheiden: Die bisher schon verwendeten Funktionen W(1,0) beziehungsweise W(0,1)=KR ohne Gewinn einerseits, und die Funktionen W(1,0) bzw. W(0,1)=KR mit Gewinn andererseits. In Abb. 4-8 sind diese Funktionen eingezeichnet und zusätzlich auch der globale Wohlfahrtsbeitrag W (Welt) inklusive des Gewinns, wobei ein Grenzschaden in Höhe von γ=0,2 vorliegen soll.

Abbildung 4-8: Verteilung des Gewinns und Standortwettbewerb

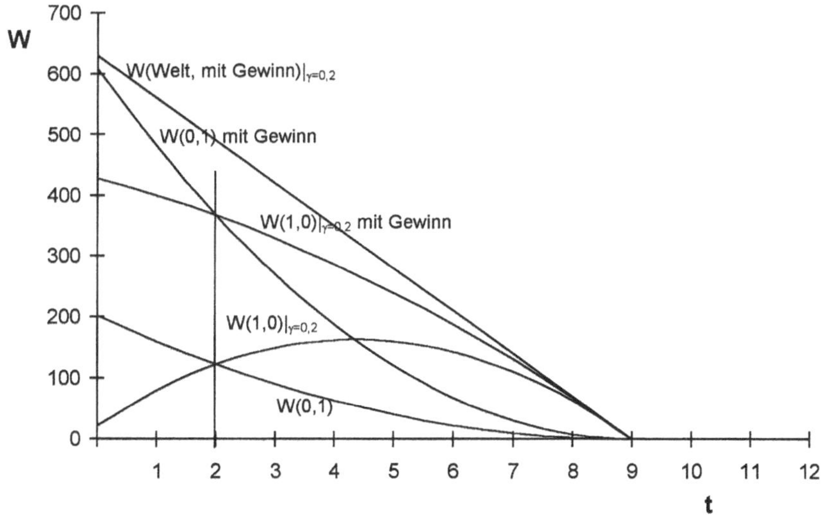

Für das Land, in dem kein Gewinn anfällt, gilt das gleiche Kalkül wie bisher. Zwischen t=2 und t=9 lohnt es sich, Standort des Produzenten zu sein. Das gleiche gilt aber auch für das andere Land, in dem die Gewinne des Unternehmens auftreten. Die beiden Länder konkurrieren deshalb erneut, indem sie ihre Steuersätze Zug um Zug senken, bis genau der Steuersatz t=2 erreicht ist. An diesem Punkt ist es für beide Länder gerade gleichgültig, ob sie Standort des Unternehmens werden oder nicht. Der Prozeß funktioniert erneut auch von der anderen Seite her. Das absolute Wohlfahrtsmaximum wäre für beide Länder erreicht, wenn sie den Produzenten nicht „ertragen“ müßten, sondern bei völligem Verzicht auf Besteuerung lediglich die Konsumentenrente W(0,1) respektive, im anderen Land, Konsumentenrente inklusive Gewinn (W(0,1) mit Gewinn) erzielen könnten. Sobald jedoch eines der Länder einen niedrigeren Steuersatz als t=2 verlangt, wird es zum Standort des Unternehmens, erreicht also nur W (1,0) bzw. W(1,0) mit Gewinn und hat deshalb einen Anreiz, wieder zu t=2 zurückzukehren. Das mag im Fall desjenigen Landes verwundern, das den Gewinn einstreicht, denn W(1,0) mit Gewinn erreicht sein Maximum ja erst bei völligem Verzicht auf die Besteuerung. Dennoch wäre es auch diesem Land bei sehr niedrigen Steuersätzen lieber, nicht Standort zu sein. Es wird deshalb seinen Steuersatz erhöhen, um das Unternehmen aus dem Inland zu verdrängen - in der Hoffnung, auf W(0,1) mit Gewinn springen zu können. Dieser Anreiz erlischt erst bei einem Steuersatz t=2. Das Gleichgewicht ist also stabil.

Im Unterschied zu den bisherigen Überlegungen ist das Gleichgewicht aber nicht mehr effizient. Angesichts der hohen Unternehmensgewinne wäre es, global betrachtet, am besten, in beiden Ländern völlig auf die Besteuerung zu verzichten: W(Welt, mit Gewinn) wird im Rahmen des Möglichen genau dann maximiert, wenn der Steuersatz gleich null ist. Das Unternehmen würde sich in einem der beiden Länder ansiedeln, und eine geeignete Aufteilung der insgesamt anfallenden Gewinne stellt sicher, daß sich keines der Länder gegenüber der Situation mit t=2 verschlechtert. Der gleichgewichtige Steuersatz ist mithin übertrieben, von einem Race to the bottom kann nicht die Rede sein. Es kommt allerdings auch nicht zum NIMBY-Phänomen, denn das Unternehmen wird in einem der beiden Länder produzieren, vorausgesetzt, die (hier unterdrückten) Fixkosten sind nicht prohibitiv hoch. Der Standortwettbewerb löst dieses ineffiziente Ergebnis nicht aus. Er enthüllt einmal mehr lediglich, daß zwei Marktunvollkommenheiten vorliegen - die Umweltexternalität und der unvollkommene Wettbewerb als Ursache der Gewinne -, aber bloß ein politisches Instrument zur Verfügung steht.

Die hier beschriebenen Ergebnisse gelten unabhängig davon, wie sich der Gewinn des Unternehmens auf die beiden Länder aufteilt. Der nationale Anteil am Gesamtgewinn bestimmt zwar die absolute Höhe des Wohlfahrtsbeitrags von Gut X im jeweiligen Land. Solange dieser Gewinnanteil jedoch unabhängig vom Produktionsstandort des Unternehmens anfällt, liegt der Schnittpunkt der Funktionen W(0,1) und W(1,0), und damit das spieltheoretische Gleichgewicht, stets beim gleichen Steuersatz. Anders sieht es freilich aus, wenn der Gewinn immer nur in dem Land erzielt wird, das Standort des Unternehmens ist. In diesem Fall müssen wir in Abb. 4-8 die Funktionen W(0,1) (ohne Gewinn) und W(1,0) mit Gewinn miteinander vergleichen. Es zeigt sich unmittelbar, daß es sich jetzt auf jeden Fall lohnt, Standort des Unternehmens zu werden, denn W(1,0) mit Gewinn liegt immer oberhalb von W(0,1) (ohne Gewinn) - ganz unabhängig von der Höhe des Steuersatzes. Der Wettbewerb um den Produzenten kommt deshalb erst zum Stillstand, wenn beide Länder keine Steuern mehr erheben und das Unternehmen sich in einem Land angesiedelt hat. Auch dieser Prozeß stellt kein Race to the bottom dar, sondern ist nun ein Rennen zum globalen Optimum. Wir haben ja bereits festgestellt, daß es aus der weltweiten Sicht angesichts hoher Unternehmensgewinne am besten ist, gar keine Steuern zu verlangen.

Ohne näher darauf einzugehen, sei auf die Konsequenzen weiterer Simulationen hingewiesen. Der hier betrachtete Umweltschaden ist gering (γ=0,2). Bei immer gravierenderen Grenzschäden dreht sich die Kurve W(1,0) mit Gewinn immer weiter nach unten, bis sie schließlich einen Schnittpunkt mit der Kurve W(0,1) aufweist, deren Lage unabhängig vom Grenzschaden ist. Dann stellt dieser Schnittpunkt natürlich das Gleichgewicht dar, der Steuersatz sinkt auch dann nicht mehr auf null, wenn allein das Standortland den Unternehmensgewinn an sich ziehen kann. Abermals ist das Ergebnis dann global ineffizient, der Steuersatz ist zu hoch, erneut zeigt sich die Lücke im politischen Instrumentenkasten. Zu hohe Steuersätze sind also ein häufiges Ergebnis in diesem Kontext. Zu einem Race to the bottom kommt es jedoch nie.

Levinson (1997, 1993) modelliert den Einfluß der Gewinnverteilung direkt im vollständigen MMO-Modell. Obwohl die zusammenwirkenden Effekte deshalb nicht mehr so klar zutage treten, bestätigt seine Analyse die hier erreichten Ergebnisse im wesentlichen. Levinson betont, das wettbewerbliche Ergebnis sei auf jeden Fall näher am globalen Optimum als eine Situation ohne Konkurrenz um den Produzenten. Bekanntlich erschwert es der Wettbewerb den nationalen Regierungen, den Produzenten auszubeuten. Der globale Wohlfahrtsbeitrag von Gut X nimmt zu, wenn die Konkurrenz zugelassen wird. Kommt der Gewinn jeweils dem Standortland zugute, wird das globale Optimum nahezu erreicht. Eine kleine Abweichung bleibt bei Levinson (1997, 1993) im Unterschied zu unserer isolierten Betrachtung des Gewinneinflusses bestehen. Levinson geht nämlich wie MMO davon aus, die X-Exporte eines Landes würden mit einem gesonderten Steuersatz belegt. Ein Teil der Steuerinzidenz fällt deshalb auf das jeweils andere Land. Diese fiskalische Externalität stellt einen verbleibenden Anreiz dar, zu hohe Exportsteuern zu verlangen.

4.3.7 Existenz von Handelskosten

Handelskosten, also Transportkosten und andere Transaktionskosten des grenzüberschreitenden Güteraustausches, spielen in unserem Grundmodell eine interessante Rolle. Wie schon bei MMO (1992, 1993, 1995) deutlich wird, verursachen sie aber auch erhebliche Komplikationen, wenn wir zu schlüssigen Aussagen kommen wollen. Deshalb wurden sie in den bisherigen Erläuterungen vernachlässigt und sollen erst jetzt im Vordergrund stehen. Interessant und zugleich schwer zu analysieren sind die Handelskosten deshalb, weil sie die Existenz von multinationalen Unternehmen begründen können. Denn es geht nicht mehr nur um null-eins-Entscheidungen, also um die Frage, ob sich der Produzent im einen oder anderen Land ansiedelt. Vielmehr tut sich dem Unternehmen die weitere Alternative auf, Betriebe in beiden Ländern zu unterhalten, um Handelskosten einzusparen. Welche Struktur der Produktionsstätten im Gleichgewicht resultiert, hängt zwar einerseits weiterhin von den „Umweltkosten", also von der Höhe und der Differenz der nationalen Steuersätze ab, andererseits jedoch auch von der Höhe der Handelskosten. Wir müssen eine dritte Dimension einführen, um die Struktur der Produktionsstätten (und damit die nationalen Wohlfahrtsbeiträge) in simultaner Abhängigkeit von den Steuersätzen und den Handelskosten zu ermitteln. Die in den vorangehenden Abschnitten bevorzugte graphische Betrachtung von Simulationsergebnissen erweist sich als untauglich. Deshalb stützt sich dieser Abschnitt auf die Ergebnisse numerischer Simulationen, die Markusen (1996) in einem vergleichbaren Modell vorgenommen hat[22].

Markusen (1996) betrachtet zunächst, wie sich die Struktur von Produktionsstätten entwickelt, wenn erstens die Grenzkosten im Inland immer weiter über dem Niveau im Ausland liegen und zweitens die Handelskosten immer größer werden. Die von Markusen unterstellte Differenz der Grenzkosten läßt sich in unserem Sinne als Differenz der nationalen Steuersätze interpretieren. Zunächst werden die Erwartungen über den Einfluß von Handelskosten bestätigt. Sofern keine Handelskosten existieren, agieren die Unternehmen rein national. Egal wie groß die Differenz der Besteuerung ist, konzentriert sich die Produktion stets an einem Standort. Bei sehr hohen Handelskosten dagegen sind die Unternehmen multinational tätig und bauen Betriebe in beiden Ländern auf, die Steuerdifferenz hat keinen Einfluß. Im Bereich mittlerer Handelskosten wirkt sich die Steuerdifferenz aber aus. Je teurer die Produktion im Inland wird, desto stärker ziehen sich ursprünglich multinationale Unternehmen ins Ausland zurück und versorgen das Inland trotz gewisser Transportkosten von dort aus. Es existiert ein klarer Trade-off zwischen Handelskostenvermeidung und Steuervermeidung.

Die Zahl der im Inland eröffneten Betriebe nimmt beständig ab, je größer die Steuerdifferenz zum Ausland wird, ein völlig einleuchtendes Ergebnis. In Markusens Simulationen verschwinden jedoch nicht alle Betriebe aus dem Inland. Weil immer mehr Produktionsstätten geschlossen werden, geht die Nachfrage nach Arbeit und deren Entlohnung zurück. Dieser totalanalytische Effekt ist so stark, daß einige Betriebe doch im Inland tätig bleiben. Bei hohen Handelskosten existieren aus diesem Grund auch einige Betriebe multinationaler

[22] Markusen (1996) geht allerdings von mehreren Unternehmen aus und führt ein Numéraire-Gut ein; er strebt damit im Unterschied zu unserem Grundmodell eine (sehr einfach gehaltene) Totalanalyse an.

Unternehmen im Inland, allerdings konzentrieren die Multis ihre Produktion auf das Ausland. Die Bürger des Inlands tragen so oder so die Konsequenzen der Umweltpolitik: Zwar wird die X-Produktion nicht völlig verdrängt, aber die Löhne müssen angesichts hoher Steuerhürden zurückgehen, damit dieses Ergebnis eintritt.

Schließlich betrachtet Markusen (1996) einige Folgen für die Wohlfahrt beider Länder. Unglücklicherweise vernachlässigt er den positiven Wohlfahrtsbeitrag einer stringenten Umweltpolitik und konzentriert sich stattdessen auf die Wohlfahrtseinbußen. Die ersten Ergebnisse sind durchaus einleuchtend. Wächst die Steuerdifferenz zwischen beiden Ländern, sinkt die X-Produktion und die Wohlfahrt im Inland, während für das Ausland das Umgekehrte gilt. Die X-Produktion im Inland geht umso stärker zurück, je niedriger die Handelskosten sind. Bei niedrigen Handelskosten weichen die Unternehmen selbstverständlich sehr schnell darauf aus, im Ausland zu produzieren und ins Inland zu exportieren. Wichtiger und nicht sofort einleuchtend ist jedoch: Die inländische Wohlfahrt geht immer etwa gleich stark zurück, egal wie hoch die Handelskosten sind. Eine Protektion der heimischen Volkswirtschaft, egal ob durch natürliche oder künstliche errichtete Handelsbarrieren, dämpft also den negativen Mengeneffekt, keineswegs aber den negativen Wohlfahrtseffekt höherer Steuern. Menge und Preis von Gut X spielen hier zusammen. Bei niedrigen Handelskosten geht die inländische Produktion stark zurück, aber der Effekt wird dadurch gemildert, daß Gut X ohne gravierenden Handels-Aufschlag importiert werden kann. Bei hohen Handelskosten wandern die Unternehmen nur zögerlich (vollständig) ins Ausland ab, die Produktion im Inland geht kaum zurück. Zugleich sind sie durch die weitgehende Protektion vor internationalem Wettbewerb in der Lage, einen Großteil der höheren Umweltsteuern auf die Konsumenten abzuwälzen. Es ist demnach völlig nutzlos, eine stringentere Umweltpolitik zu betreiben und gleichzeitig protektionistisch aktiv zu werden, um die ansässigen Unternehmen nicht zu vergraulen. Die bisher externen Kosten treten nun sichtbar auf, und es ist unmöglich, diese Kosten auf andere Länder abzuwälzen. Mobilität der Unternehmen (bei niedrigen Handelskosten) oder Belastung heimischer Konsumenten (bei hohen Handelskosten) stellen dies sicher, und es handelt sich wieder um eine effiziente Regelung der Probleme.

Die Analyse einzelner Größen ergibt ein recht deutliches Bild. Sehr häufig wird im Wettbewerb um mobile Unternehmen ein effizientes Ergebnis erreicht. Die Konkurrenz zwischen den Ländern führt nicht dazu, daß die Regierungen den mobilen Produzenten um jeden Preis anlocken wollen. Vielmehr wägen sie potentielle Gewinne der Ansiedlung (in Form von Steuereinnahmen) gegen die Kosten (in Form von Umweltverschmutzung) ab. Der Standortwettbewerb verhindert allerdings die Ausbeutung des Produzenten. Im Gleichgewicht decken die Steuereinnahmen meist gerade den erlittenen Umweltschaden ab, und beide

Länder sind indifferent bezüglich der Frage, ob sie Standort des Unternehmens werden oder nicht. Ist dieses effiziente Ergebnis nicht erreichbar, fallen die Steuersätze in aller Regel zu hoch, nicht zu niedrig aus. Nicht das Race to the bottom, sondern das NIMBY-Phänomen scheint die relevante Gefahr zu sein. Zum Race to the bottom kommt es nur, wenn das umweltpolitische Instrument seine Aufgabe nicht richtig erfüllt und, was noch wichtiger ist, wenn zugleich der externe Effekt weitgehend bedeutungslos ist. Das heißt mit anderen Worten: Die Regierungen stürzen sich allerhöchstens dann in ein Race to the bottom, weil es ihnen ohnehin nicht gelingt, das umweltpolitische Problem wirkungsvoll anzupacken und bloß geringe Kosten durch zusätzliche Umweltverschmutzung entstehen. Sobald jedoch eine wirklich gravierende Externalität auftritt, erscheint das Race to the bottom nicht mehr realistisch. Die hier einzeln analysierten Determinanten wirken sich simultan und teils gegenläufig auf das Gesamtergebnis aus. Von daher läßt sich niemals allgemein vorhersagen, welche Eigenschaften das Gleichgewicht haben wird. Dabei wurden bisher nur einige elementare Größen betrachtet, und wir bewegen uns in einem rein partialanalytischen Modell.

Soll sich das Modell der Realität weiter annähern, gilt es eine Fülle weiterer Einflüsse zu berücksichtigen. Ulph und Valentini (1996) führen Agglomerationseffekte ein und lehnen sich dabei an die Gravitationsmodelle der neueren Außenhandelstheorie an (Krugman 1991). In ihrem Modell besteht für Zulieferer ein Anreiz, sich in der Nähe der Hersteller von Endprodukten anzusiedeln. Eine umweltpolitische Maßnahme, die zunächst nur im konsumnahen Bereich ansetzt, kann deshalb auf vorgelagerte Branchen ausstrahlen. Wenn die Besteuerung dazu führt, daß Unternehmen einer Branche das Land verlassen, ziehen möglicherweise deren Lieferanten mit über die Grenze. Die Hebelwirkung des Steuersatzes nimmt also stark zu. Zugleich werden die ohnehin sprunghaften Veränderungen des Wohlfahrtsbeitrags bei Variation des Steuersatzes noch größer. Über einen weiten Bereich unterschiedlicher Steuersätze behalten die Unternehmen ihren bisherigen Standort bei, weil sie die einmal erworbenen Agglomerationsvorteile nicht aufgeben wollen. Wächst die internationale Differenz der Steuersätze, tauchen multiple Gleichgewichte auf: Die aneinander gebundenen Unternehmen wären zwar gerne im anderen Land angesiedelt, nur lohnt es sich noch nicht, das bestehende Gleichgewicht aufzugeben. Wie in den Gravitationsmodellen ganz allgemein zeigt sich auch hier, wie wichtig historische Zufälle sein können, die eine bestimmte Produktion zunächst im Inland heranwachsen lassen und dann an dieses Land binden. Wenn aber das Steuergefälle zum Ausland einen kritischen Wert überschreitet und die ersten Unternehmen das Inland verlassen, setzt ein erdrutschartiger Verlust von Produzenten ein, das ganze Konglomerat eng verflochtener Branchen wird im Inland ausgelöscht. Ist der Wechsel einmal erfolgt, weist er einen hysteretischen Charakter auf. Es genügt nicht, den Steuersatz marginal zu senken, um die abgewanderten Branchen wieder ins Inland zurückzuholen (Ulph/Valentini 1996).

Einer Totalanalyse nähern wir uns, wenn zusätzlich die Existenz immobiler Unternehmen im Inland zugelassen wird. Die Regierung zielt nicht allein auf international mobile Produzenten ab, sondern muß auch Rückwirkungen auf standortgebundene Unternehmen beachten. Es sei angenommen, daß sowohl mobile als auch immobile Produzenten dem gleichen Steuersatz pro Schadenseinheit unterworfen werden und insofern keine offene Diskriminierung der seßhaften zugunsten der mobilen Anbieter möglich ist. Dennoch kann dieser einheitliche Steuersatz implizit diskriminierend wirken. Dies gilt, sobald die beiden Produzentengruppen (mobil/immobil) unterschiedlich starke externe Effekte verursachen. Die schädlichere Produktion wird von einem einheitlichen Steuersatz stärker belastet als die umweltfreundliche. Eine verhältnismäßig umweltfreundliche Branche kann von einem einheitlichen Umweltstandard sogar profitieren. Weil der Faktor Umwelt teurer wird, schränken die umweltbelastenden Branchen ihre Produktion und die Nachfrage nach anderen Faktoren ein. Möglicherweise wird deshalb ein relativ immobiler Faktor wie Arbeit in der Folge billiger. Umweltfreundliche Branchen können die Lohnsenkung vereinnahmen, während sie kaum vom Umweltstandard belastet sind. Insgesamt stehen sie also eventuell besser da als ohne diesen Umweltstandard.

Dieser Gedankengang läßt sich nun auf den Standortwettbewerb übertragen. Sind die mobilen Unternehmen umweltfreundlicher als die ortsgebundenen, diskriminiert der Steuersatz zu ihrem Vorteil. Umweltfreundliche mobile Unternehmen lassen sich also durch einen strengen, vielleicht sogar ineffizient hohen Umweltstandard anlocken. Die Produktion immobiler Anbieter geht zwar zurück, aber der Standort wird für die mobilen Anbieter attraktiver, sofern die Preise lokal immobiler Produktionsfaktoren hinreichend stark zurückgehen. Falls die mobilen Unternehmen hingegen viel umweltschädlicher produzieren als die heimischen, mag das Interesse des wohlwollenden Diktators an ihnen rapide sinken. Wiederum tut der einheitliche Steuersatz gute Dienste: Umweltschädliche mobile Unternehmen werden effektiv belastet und somit verdrängt, während die umweltfreundlichen standortgebundenen Unternehmen profitieren und ihre Produktion ausdehnen. Freilich existiert auch eine Grauzone, in der die mobilen Unternehmen zwar etwas umweltschädlicher produzieren als die heimischen, aber deren Ansiedlung doch noch lohnend erscheint. Der einheitliche Steuersatz diskriminiert dann erneut die mobilen Unternehmen und droht sie zu verdrängen. In dieser Grauzone hat die inländische Regierung tatsächlich ein Interesse daran, den Steuersatz niedrig zu halten, möglicherweise unter dem Grenzschaden der Externalität (Landwehr 1996: 105-114).

Für ein Unternehmen wird es auch häufig mehr Optionen geben als nur die Entscheidung darüber, ob es den bisherigen Standort beibehält oder einen neuen wählt. Hier ist noch einmal an Porters Idee zu erinnern, wonach ein Anbieter häufig die Möglichkeit hat, eine umweltfreundlichere Variante seines Produkts als bisher zu produzieren, um höheren Umweltsteuern auszuweichen. Es stellen sich natürlich sofort die gleichen Fragen wie bei der Diskussion der Porter-Hypothese: Sind manche Konsumenten bereit, mehr für das „grüne" Produkt zu bezahlen; sind die Fix- und/oder die Grenzkosten der Produktion höher? Allgemein läßt sich festhalten, daß die Flucht von Unternehmen - und damit auch das Race to the bottom - unwahrscheinlicher wird, wenn die Wahl einer neuen Produktvariante als Option erscheint (Kuhn 1997).

5. *Zusammenfassung von Teil II*

Umwelt- und Sozialstandards internalisieren negative externe Effekte. Diese Sichtweise ist Umweltökonomen geläufig, Sozialpolitikern wohl weniger. Aber auch wenn ein Sozialstandard selten explizit allokative Ziele erreichen soll, so hat er doch immer Folgen für die Allokation der Ressourcen. Gerade bei den Minimalstandards, die für eine internationale Sozialklausel in Frage kommen, sind diese Auswirkungen eher positiv. Sie greifen in Situationen ein, die durch eine starke Marktmacht der Arbeitsnachfrager gekennzeichnet sind. In diesem Fall kann der Nachfrager dank seiner Stärke zu Lasten der Arbeitnehmer die eigenen Produktionskosten minimieren. Damit verursachen sie aber nichts anderes als negative Externalitäten: Ihr Verhalten beeinträchtigt den Nutzen oder die Produktionsmöglichkeiten der betroffenen Arbeitnehmer, und dieser ökonomisch relevante Effekt wird nicht in einer Markttransaktion entgolten.

Gemeinsamer Referenzrahmen für die Beurteilung von Sozial- und Umweltstandards ist deshalb in dieser Arbeit die effiziente Internalisierung externer Effekte. Von „Dumping" oder „unfairem Verhalten" könnte nur die Rede sein, wenn Regierungen bewußt Standards unter das effiziente Niveau drücken, um Vorteile im Außenhandel zu erlangen. Das effiziente Niveau unterscheidet sich nun allerdings von Land zu Land. Denn Externalitäten treten in unterschiedlicher Höhe auf, abhängig von den Determinanten Ausstattung (mit Umweltressourcen und sozialen Strukturen), Produktionstechnologien und Präferenzen der Bevölkerung. Jede dieser drei Determinanten ist wiederum systematisch mit dem wirtschaftlichen Entwicklungsstand einer Nation verknüpft. Der Referenzrahmen signalisiert also, daß die Unterschiede in den nationalen Standards allein noch keine Verletzung der weltwirtschaftlichen Spielregeln darstellen.

Effizienz als Kriterium erlaubt darüber hinaus, den Race-to-the-bottom-Begriff schärfer zu fassen. Es mag sein, daß die Regierungen autarker Länder aus verteilungspolitischen Motiven Standards setzen, die selbst Ineffizienzen verursachen. Am Beispiel des Mindestlohns wurde gezeigt, daß die Gesellschaft damit bewußt volkswirtschaftliche Einbußen in Kauf nimmt. Falls Außenhandel nun zur Folge hat, daß derartige ineffiziente Standards korrigiert werden, löst dies im hier aufgestellten Referenzrahmen keinen Koordinationsbedarf aus. Nur wenn die Standards unter das effiziente Niveau sinken, kann von einem Race to the bottom die Rede sein.

Im Rahmen der klassischen Außenhandelstheorie wäre dieses Race am ehesten zu erwarten, wenn große Länder versuchen, mit Hilfe von „Optimalstandards" ihre Terms of trade zu beeinflussen. Tatsächlich wies die Analyse in der vorliegenden Arbeit nach, daß marktmächtige Regierungen durchaus in bestimmten Situationen dazu verlockt werden könnten, ihre Standards unter das bei Autarkie effiziente Niveau zu senken. Die Ergebnisse, so klar sie in der Theorie auch zutage treten, sind jedoch in hohem Maße kontraintuitiv. Das läßt sich am Beispiel von Sozialstandards aufzeigen. Gut X, dessen Herstellung mit negativen externen Effekten verbunden ist, wäre in diesem Fall ein arbeitsintensiv hergestelltes Produkt. Die negative Externalität tritt beispielsweise auf, weil Kinder oder Zwangsarbeiter beschäftigt werden. Das betrachtete Land exportiert Gut X, hat also einen komparativen Vorteil bei dessen Herstellung. Diese Konstellation entspricht in der Realität der Lage eines Entwicklungslandes. Dann heißt aber die logische Schlußfolgerung aus unserer Betrachtung der Terms-of-trade-Effekte: Ein großes Entwicklungsland sollte alles daran setzen, Kinderarbeit oder Zwangsarbeit zu reduzieren, um sein Exportangebot des arbeitsintensiven Produktes zu beschränken und so seine Terms of trade zu verbessern. Demgegenüber sollten große Industrieländer, die arbeitsintensiv hergestellte Güter importieren, ihre Sozialstandards aufweichen. Dann gewinnt die heimische Importkonkurrenzindustrie an Gewicht, was wiederum die Terms of trade zugunsten dieser Länder verändert.

Entwicklungsländern oder allgemeiner gesprochen Ländern, die einen komparativen Vorteil bei der Herstellung arbeitsintensiver Güter haben, wird aber in der derzeitigen Diskussion um Sozialstandards genau das Gegenteil vorgeworfen. Sie halten ihre Sozialstandards angeblich mutwillig unter dem effizienten Niveau, weil sie sich davon Vorteile im Außenhandel versprechen. Die möglichen Terms-of-trade-Effekte sprechen eindeutig gegen diese Ansicht. Allerdings scheint die Realität wiederum die hier vorgenommene Terms-of-trade-Analyse nicht zu untermauern. Es gibt keine Erkenntnisse, die darauf hindeuten, daß arbeitsreiche Länder gezielt hohe oder gar überhöhte Sozialstandards einführen. Aller Wahrscheinlichkeit nach sind die notwendigen Voraussetzungen für eine Beeinflussung der Terms of trade nicht erfüllt. Arbeitsreiche Entwicklungsländer haben ein zu geringes Gewicht auf den Weltmärkten, als daß sie erfolgversprechende Versuche der Terms-of-trade-Verzerrung starten könnten. Sie sind im ökonomischen Sinne kleine Länder, die identifizierten Effekte bleiben deshalb für sie reine Theorie. In der Praxis ist deshalb die vorhergehende Analyse des Verhaltens kleiner Länder sicherlich relevanter. Und jene Analyse begründete keinen internationalen Koordinationsbedarf.

Demgegenüber gehören einige Industrieländer bzw. die entsprechenden Integrationszonen zu den ökonomisch Großen in der Weltwirtschaft. Von daher müßte man eher befürchten, daß diese Länder tatsächlich ihre Sozialstandards absenken, um Importgüter relativ billiger beziehen zu können. Auch diese Sicht der Dinge erregt aber keine große Besorgnis. Der Handel aufgrund komparativer Vorteile spielt für diese Länder typischerweise nur noch eine nachgeordnete Rolle. Die Importe verarbeiteter Güter aus Entwicklungsländern sind zwar in den letzten Jahrzehnten gestiegen, haben aber weiterhin nur einen geringen Anteil am Bruttosozialprodukt der Industrieländer. Wichtiger ist der Handel mit anderen Industrieländern. Insofern ist für hochentwickelte Industrieländer auch erheblich bedeutsamer, zu welchen Konditionen der Austausch mit ähnlich strukturierten Ländern möglich ist. Günstigerer Einkauf von arbeitsintensiv hergestellten Produkten verbessert ihre Terms of trade nur partiell. Die realen und spürbaren Kosten zu niedriger Standards wiegt dieser Importvorteil kaum auf.

Selbst wenn sich Industrieländer dieser Strategie hingeben würden, müßten die meisten von ihnen die Standards wohl ganz erheblich senken, um unter das effiziente Niveau zu rutschen. Derzeit sind zumindest die sozialpolitischen Regelungen meist großzügig und wenig effizient ausgestaltet. Schließlich ist noch einmal auf die Rolle der Entwicklungsländer hinzuweisen. Selbst wenn die weniger entwickelten Länder klein sind und die Terms of trade direkt kaum beeinflussen können, ist immer noch zu erwarten, daß sie sich gegen „Dumping" der Industrieländer wehren. Das paradoxe Ergebnis unserer Analyse läßt sich nicht wegdiskutieren: Wenn überhaupt jemand, dann sollten die Entwicklungsländer darauf drängen, hohe Sozialstandards international zu fixieren - um Terms-of-trade-Gewinne zu realisieren. Da dies völlig unrealistisch erscheint, sind die beschriebenen Terms-of-trade-Effekte wohl nur eine theoretisch interessante Möglichkeit; nennenswerten Koordinationsbedarf verursachen sie nicht. Offenbar sind sie auch nicht der Auslöser der Rufe nach internationalen Sozialklauseln.

Zieht man die Ansätze der neueren Außenhandelstheorie zu Rate, so lassen sich weitere Motive für ein Race to the bottom herausarbeiten. Eine „Strategische Standardpolitik" ist denkbar - aber sehr wahrscheinlich wirkt auch sie nicht. Die Grundfrage dieser Arbeit lautet ja: Bestehen für eine wohlfahrtsmaximierende Regierung in einer integrierten Weltwirtschaft Anreize, die bei Autarkie optimalen Standards zu verwässern? Als Fazit unserer Analyse der strategischen Motive ist festzuhalten, daß bei unvollkommenem Wettbewerb jede der drei vorstellbaren Verhaltensweisen - Standards beibehalten, senken, oder erhöhen - grundsätzlich in Frage kommt. Eine Fülle verschiedener Determinanten wirkt zusammen und läßt das Vorzeichen des strategisch optimalen Vorgehens mal in die eine, mal in die andere Richtung umschlagen. Entfernen wir uns jedoch von der rein theoretischen Analyse, so bedeutet dies zugleich, daß ein Konzept beispielsweise der „Strategischen Umweltpolitik" keine Grundlage für reale Wirtschaftspolitik bietet. Der Informationsbedarf ist enorm; einige Informationen stehen selbst den potentiellen Adressaten Strategischer Umweltpolitik nicht zur Verfügung. So kann kein Produzent mit Sicherheit vorhersagen, wie sich sein Konkurrent in Zukunft verhalten wird. Andere Informationen sind zwar grundsätzlich zu beschaffen, aber nur mit einem Kostenaufwand, der vermutlich die zu erzielenden Renten übertrifft, zumal sie ständig überprüft werden müßten. Des weiteren wäre die Regierung in vielen Fällen auf Informationen aus den Unternehmen angewiesen. Es liegt nahe, daß die Unternehmen deshalb gezielt verzerrte Daten liefern, die ihnen ein besonders vielversprechendes strategisches Potential zuweisen. Statt Rent shifting oder Rent creation heißt die Folge dann Rent seeking. Die Wohlfahrt sinkt, auch deshalb, weil versunkene Kosten aufgehäuft werden, um strategisches Potential glaubhaft zu machen.

Korrekte Informationen sind aber unverzichtbar; Strategische Umweltpolitik wird nicht lohnender, indem die Regierung teure Informationsbeschaffung durch grobe Schätzungen ersetzt. Wie die theoretische Diskussion gezeigt hat, kann sich die Strategie-Empfehlung ohne weiteres ins Gegenteil verkehren, sobald eine Annahme geringfügige Veränderungen erlebt. Ohne objektive, exakte und ständig aktualisierte Informationen ist die Strategische Umweltpolitik ein Hasardspiel. Diese Erkenntnis begleitet auch die Strategische Handelspolitik im allgemeinen seit ihrer Entstehung, denn schon Spencer und Brander (1983: 711) kommen zur Erkenntnis: „In practice, of course, governments have neither the information nor the singlemindedness necessary to implement such finely tuned policies“. Die Schlußfolgerung kann deshalb nur lauten: Theoretisch lassen sich Situationen identifizieren, in denen strategisches „Umweltdumping“ oder aber strategisch überhöhte Standards geboten erscheinen. In der Praxis kann sich aber keine Regierung sicher sein, daß sie die Lage korrekt beurteilt. Eine wohlfahrtsmaximierende Regierung sollte deshalb auf strategische Interventionen verzichten. Nennenswerter Koordinationsbedarf entsteht deshalb nicht.

Letzten Endes dürfte es sogar schwerfallen, geeignete Adressaten für eine Strategische Umweltpolitik im Sinne des Rent creation zu finden. Erfolg verspricht diese Politik nur bei einer starken Unternehmenskonzentration. Zugleich müssen die Vermeidungskosten in den entsprechenden Branchen ein nennenswertes Ausmaß erreichen, damit das Absenken des Standards überhaupt spürbar auf die gesamten Grenzkosten der Anbieter wirkt. Umweltintensive Branchen stellen aber häufig standardisierte Produkte her, zum Beispiel chemische Grundstoffe. Gewiß trifft dies für die Exportsektoren von Entwicklungsländern zu, die ja gerade unter dem Vorwurf des „Umweltdumping“ stehen. Das spricht aber eher dagegen, daß in diesen Bereichen nennenswerte Markteintrittsbarrieren und damit geschützte Oligopole oder gar Monopole vorliegen. Weder ist sicher, daß die Konzentration in umweltintensiven Bereichen sehr hoch ist, noch können Marktzutritte zuverlässig ausgeschlossen werden. Die realen Kosten der Strategischen Umweltpolitik wären sicherlich hoch: Wenn die Vermeidungskosten großen Einfluß auf die Gesamtkosten der Unternehmen haben, ist anzunehmen, daß ein teilweiser Verzicht auf die Vermeidungsanstrengungen beträchtliche

Umweltschäden verursacht. Ist schon das Grundkonzept der Strategischen Handelspolitik kaum auf die Realität übertragbar, so gilt dies in noch weit größerem Maße auch für das Gedankenkonstrukt einer Strategischen Umweltpolitik. Das einzige stichhaltige Argument dafür, Umweltstandards strategisch zu verzerren, ist wohl - ganz ähnlich wie bei der Optimalstandardpolitik - die Nicht-Existenz besser geeigneter Mittel zu strategischem Handeln. Strategische Umweltpolitik operiert dann aber bestenfalls in einer Welt des Viertbesten. Eine ganze Kette von Marktunvollkommenheiten muß zusammenkommen, damit es sich möglicherweise auszahlt, eine dieser Unvollkommenheiten (die Externalität) nicht zu korrigieren: Beschränkter Wettbewerb auf dem Gütermarkt; die inländischen Anbieter schätzen das Verhalten der ausländischen Konkurrenz falsch ein; das direkte Interventions-Instrument ist nicht verfügbar.

Das Gesagte gilt verstärkt für Vorstöße hin zu einer „Strategischen Sozialpolitik". Hinreichend arbeitsintensive Branchen stellen ebenfalls standardisierte Massenprodukte her und weisen deshalb keine starke und geschützte Konzentration auf. Bei den Sozialstandards fällt darüber hinaus folgendes auf: Um eine Branche gezielt begünstigen zu können, müßte ein sektorspezifischer Standard festgelegt werden. Sozial-, aber auch Umweltstandards gelten jedoch üblicherweise im nationalen Rahmen. Falls es nicht möglich ist, sektorspezifische Ausnahmeregelungen zu gewähren, sind viele verschiedene Branchen von einer Verzerrung der Standards betroffen. Die Effekte sind dann äußerst komplex, in der Realität ist A priori sogar unsicher, ob der zu begünstigende Bereich tatsächlich begünstigt wird.

Aber führt nicht die Mobilität von Kapital und Unternehmen zwangsläufig zu einem schädlichen Standortwettbewerb und damit zu einem Race to the bottom? Dieser Punkt erregt wohl am meisten Besorgnis in der aktuellen Diskussion. Trotzdem ist die Furcht vor der Mobilität nicht so gut begründet, wie es auf den ersten Blick scheint. Die ausführliche Analyse in dieser Arbeit zeigt, daß es sich beim Standortwettbewerb um ein äußerst komplexes Phänomen handelt. Eine Fülle von Determinanten beeinflußt die Entscheidung von Unternehmen, sich hier oder dort anzusiedeln. Natürlich zählen auch Umwelt- und Sozialstandards zu diesen Determinanten. Das wichtigste Ergebnis unserer Analyse lautet aber: Solange die nationalen Regierungen über genügend voneinander unabhängige Instrumente verfügen, haben sie keinen Grund, ihre Standards als Lockmittel einzusetzen. Zudem gilt hier noch verstärkt, was auch schon bei den strategischen Ansätzen stets zu bedenken ist: Der Standortwettbewerb ist so vielschichtig, daß eine Regierung die genauen Wirkungsketten nie durchleuchten kann. Ohne präzise Kenntnis dieser Zusammenhänge kann sie aber kaum erkennen, wie stark sie beispielsweise ihren Umweltstandard senken muß, um Unternehmen anzulocken. Dieses Problem mag per Trial and error lösbar sein. Aber viel gravierender ist: Wenn ein mobiles Unternehmen tatsächlich spürbare externe Effekte verursacht, kann sich die Regierung keineswegs mehr sicher sein, daß die Wohlfahrt wirklich steigt, wenn sich dieser Produzent dank eines ineffizient niedrigen Umweltstandards im Inland ansiedelt. Und der (laxe) Umweltstandard taugt eben nur dann als Lockmittel, wenn das mobile Unternehmen nennenswerte Externalitäten auslöst und deshalb die nationale Umweltpolitik als wichtige Kostengröße ansieht. Auf den Punkt gebracht: Ein lockerer Umweltstandard ist entweder ein riskantes oder ein ineffektives Instrument. Aus beiden Gründen sollte eine rational handelnde und normativ orientierte Regierung die Finger davon lassen. Stattdessen erweist es sich als vorteilhaft, die externen Effekte zu internalisieren, ohne Produzenten ausbeuten zu wollen. Das wäre, wie wir gesehen haben, ohnehin in vielen Fällen das Spielergebnis. Ein Race to the bottom ist dann nicht zu erwarten.

Teil III

Sind internationale Mindeststandards nötig, um grenzüberschreitende Probleme in einer freien Weltwirtschaft zu lösen?

1. Eine neue Version des Referenzmaßstabes

Teil II hatte sich mit der Frage beschäftigt, ob offene Volkswirtschaften ihre Sozial- und Umweltpolitik angesichts der weltwirtschaftlichen Verflechtung koordinieren müssen, obwohl diese sozialen und Umwelt-Probleme rein national begrenzt auftreten. Tatsächlich ist das auch die wichtigste Frage bei unserer Suche nach möglicherweise vorhandenem Koordinationsbedarf in einer integrierten Weltwirtschaft, denn allenfalls die weltwirtschaftliche Verflechtung könnte dazu führen, daß nationale Probleme international gelöst werden müssten. Es hat sich allerdings gezeigt, daß der Koordinationsbedarf tatsächlich gering ist. Wichtiger noch: Er tritt nur dann auf, wenn zusätzlich zu den Marktunvollkommenheiten im sozialen oder Umwelt-Bereich weitere Marktmängel existieren und geeignete Instrumente zu deren Korrektur nicht (in ausreichender Zahl) zur Verfügung stehen.

Im vorliegenden Kapitel wandelt sich die Perspektive allerdings grundlegend, denn jetzt sollen externe Effekte betrachtet werden, die nicht allein in jenem Land schädlich wirken, in dem sie verursacht werden, sondern über dessen Grenzen hinausstrahlen und Bürger anderer Länder betreffen. Erinnert sei dabei an den Mechanismus, der am Anfang von Teil II beschrieben wurde: Eine Externalität umfaßt zwei unterschiedliche Aspekte. Zum einen entsteht sie als Nebenprodukt einer ökonomischen Aktivität, und zwar, was nun bedeutungsvoll wird, an einem ganz bestimmten Ort. Zum anderen wird sie aber erst ein „Effekt“, weil ein Individuum Nutzen- oder Gewinneinbußen verzeichnen muß. Bei grenzüberschreitenden Externalitäten ist der vom externen Effekt Betroffene an einem anderen nationalen Ort angesiedelt als der Verursacher der Externalität. Von daher besteht bereits eine ökonomisch relevante Beziehung zwischen Verursacherland und betroffenem Land, ohne daß wir auch nur den geringsten Gedanken an Außenhandel oder Mobilität von Produktionsfaktoren und Unternehmen verschwenden müßten.

Die nationalen Volkswirtschaften wären also auch dann schon verknüpft, wenn sie sich auf eine vermeintlich autarke Position zurückziehen würden. Diese Verknüpfung findet jedoch nicht auf einem Markt statt, das ist ja gerade das wesentliche Merkmal externer Effekte. Es gibt zudem keine Instanz ähnlich der wohlfahrtsmaximierenden Regierung in den bisherigen Überlegungen, die den fehlenden Markt fördern könnte. Der Markt ist unvollkommen, und ein politischer Statthalter für den Markt fehlt zunächst. Die Grundvermutung dieses Teils ist der des vorangehenden Teils aus diesem Grunde genau entgegengesetzt. Allein die Existenz grenzüberschreitender Marktunvollkommenheiten verlangt eine Koordination der miteinander verflochtenen Nationen, und zwar ganz unabhängig davon, ob (auch) die Dimension der Güter- und Faktormärkte grenzüberschreitend ist. Diese Grundvermutung soll in einem ersten Schritt kurz geprüft werden, der tatsächlich Autarkie unterstellt. Anschließend werden die grenzüberschreitenden Marktunvollkommenheiten wiederum unterschiedlichen Szenarien des Außenhandels und der Faktormobilität unterlegt. Dabei folgen die Abschnitte dem in Teil II eingeführten Muster.

1.1 Nationaler Umgang mit internationalen Problemen

Grenzüberschreitende Marktunvollkommenheiten können viele verschiedene Dimensionen aufweisen. In der umweltpolitischen Diskussion wird diese Erkenntnis seit längerem unter dem Stichwort „Diffusionsmuster" subsumiert. Abb. 1-1 illustriert die grundsätzlichen Möglichkeiten in Form einer Landkarte.

Abbildung 1-1: Räumliche Dimensionen von Externalitäten

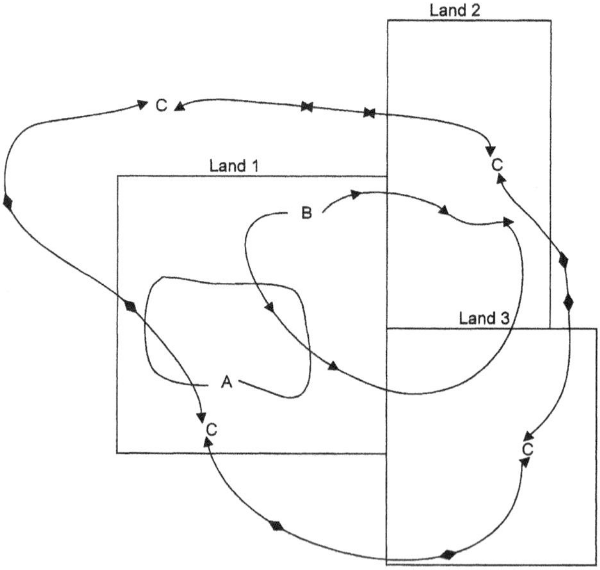

Quelle: Siebert 1985: 126

Die Rechtecke stehen für verschiedene Länder. In Land 1 werden die Externalitäten A, B und C verursacht. A wirkt sich rein national aus. Es handelt sich um die in Teil 2 durchgehend unterstellte Situation. Die externen Grenzkosten gehen vollständig in das gesellschaftliche Optimierungskalkül des Landes 1 ein. Von B sind allerdings auch Personen in den Ländern 2 und 3 betroffen, so daß ein Teil der externen Grenzkosten in diesen Nachbarländern entsteht. B führt zu einseitig gerichteten, „einbahnigen" grenzüberschreitenden Effekten. Die Externalität C schließlich entsteht nicht nur in Land 1, sondern in vielen Ländern, und wirkt sich auch in vielen Ländern aus: Es handelt sich im Extremfall um eine globale Externalität auf der Verursacherseite, die globale externe Grenzkosten aufwirft. Die Diffusionsfunktion läßt sich nicht mehr genau spezifizieren (Siebert 1992).Scheinbar sind die Fälle B und C, also einbahnige und wechselseitige externe Effekte, klar voneinander zu trennen. In Wahrheit gilt das aber nur für die Extrema. Bei B existiert im Extremfall ein Verursacher, der in bezug auf den grenzüberschreitenden Charakter der Externalität eindeutig bloß Verursacher ist, und ein Betroffener, der eindeutig bloß Betroffener ist. Dieses Ende der Skala zeichnet sich sehr deutlich bei den psychischen externen Effekten ab, die wohl allesamt dieser Kategorie angehören. Beispiel Kinderarbeit: Der eindeutige Auslöser sind jene (Entwicklungs-)Länder, die Kinderarbeit offen zulassen oder nicht wirksam unterbinden. Grenzüberschreitend betroffen sind wohl ausschließlich Bürger reicherer Nationen, in denen keine Kinderarbeit existiert, die also nicht selbst Verursacher sind. Wir können sogar noch einen Schritt weiter gehen. In der Realität arbeiten Kinder offenbar auch in höher entwickelten Ländern. Dies ergibt sich zumindest aus Untersuchungen der ILO, die Kinderarbeit sehr breit definiert. Diese Kinderarbeit wird aber mit höchster Wahrscheinlichkeit keine psychischen Externalitäten bei Bürgern jener Entwicklungsländer auslösen, bei denen Kinderarbeit gang und gäbe ist. Im Umweltbereich treten ähnlich klare einbahnige Effekte auf, wenn beispielsweise ein Fluß in einem Land verschmutzt wird, der anschließend in ein anderes Land fließt; Die Flußrichtung und damit die Wirkungsrichtung wird sich nie umdrehen.

Beim Idealtyp des Falls C läßt sich im Gegensatz dazu die „Schuld" niemals einem Land zuschieben, und genausowenig kann sich irgendein Land den auftretenden Lasten entziehen. Die meistzitierten Beispiele für diesen Typ sind der Treibhauseffekt einerseits und das Ozonloch andererseits. Die Diskussion um die Vernichtung tropischer Regenwälder hängt eng damit zusammen (Kulessa 1995: 162ff.). Jegliche Emission von Kohlendioxid bzw. von ozonabbauenden Substanzen trägt zum Treibhauseffekt bzw. Ozonloch bei, ganz egal, wo sie entsteht. Von den Folgen werden möglicherweise alle Länder getroffen. Eine gewisse Vorsicht ist hier allerdings angebracht, denn keineswegs müssen alle Länder gleichartig oder auch nur gleich stark betroffen sein. Die Ozonlöcher sind zumindest heute noch an den Polen konzentriert, so daß insbesondere die umliegenden Länder wie etwa Australien darunter leiden. Und der Treibhauseffekt, wissenschaftlich ohnehin nach wie vor umstritten, wird sich nach den Aussagen von Experten wohl nicht einmal für alle Länder negativ auswirken. Einige könnten von einer Erwärmung oder einem feuchteren Klima gar profitieren.

Zwischen den Idealtypen rein einbahniger und rein globaler grenzüberschreitender Effekte gibt es jedoch eine Reihe weiterer Möglichkeiten. Ein Land mag zwar einen einbahnigen Effekt auf andere ausüben, kann aber zugleich auch von einbahnigen Effekten anderer Länder betroffen sein. Zum Beispiel kann sich die Luftverschmutzung im Inland auf ein Nachbarland auswirken, während zugleich ein verschmutzter Fluß aus dem Nachbarland ins Inland fließt. Zudem: Ein Problem mag zwar nicht global, aber in einer bestimmten Region für alle Länder mehr oder minder gleichermaßen auftreten. Steigt etwa die Wasserbelastung des Bodensees an, sind davon unter Umständen alle drei Anrainerstaaten betroffen. Welchen Charakter die grenzüberschreitenden Externalitäten haben, wer in welchem Ausmaß Verursacher bzw. Betroffener ist, müssen Naturwissenschaftler klären. Häufig sind viele Länder über bestimmte Umweltprobleme miteinander verknüpft, und selten handelt es sich um Einbahn-Effekte, wie vor allem Untersuchungen zum Problem des sauren Regens gezeigt haben. Schwefeldioxid-Emissionen aus den USA gelangen ebenso nach Kanada wie kanadische Emissionen in die USA (Bui 1995). Von eindeutigen Verursachern und Opfern zu sprechen, fällt schwer. Die gleiche Schlußfolgerung läßt sich auch aus einer Analyse der Schwefel(dioxid)-Ströme zwischen 14 europäischen Ländern ziehen, die das European Monitoring and Evaluation Programme (EMEP) vorgenommen hat. Fast alle Einträge in der resultierenden 14-mal-14-Matrix sind positiv, fast jedes Land schädigte also ein anderes Land und wurde zugleich selbst geschädigt, woran die Komplexität der Probleme erkennbar wird. Einzig Skandinavien befindet sich in einer relativ eindeutigen Opfer-Position (Newbery 1990).

Gemeinsam ist diesen Effekten das Auseinanderfallen von politischer Dimension und Ausdehnung des Externalitäten-Mechanismus. Im folgenden wird in drei unterschiedlichen Szenarien untersucht, welche Konsequenzen dies für die scheinbar „optimale" Internalisierung der externen Effekte aus der Sicht eines einzelnen Landes hat. Im ersten Szenario verursacht das betrachtete Land einen einbahnigen grenzüberschreitenden Effekt zu Lasten anderer Länder. Im zweiten Fall sei der einbahnige Effekt umgekehrt, das Inland trägt die anderswo verursachten Lasten. Das dritte Szenario geht schließlich von einem rein global wirkenden Effekt nach der obigen Definition aus.

1.1.1 Szenario I: Einbahniger grenzüberschreitender Effekt, im Inland verursacht

Die Produktion von Gut X verursache wie üblich einen negativen externen Effekt. Neu ist nun allerdings, daß sich diese Externalität nicht allein auf das Inland, sondern auch auf andere Länder auswirkt. In Abb. 1-2a) werden deshalb zwei Arten externer Grenzkosten unterschieden.

Abbildung 1-2: Einbahniger externer Effekt zu Lasten des Auslandes

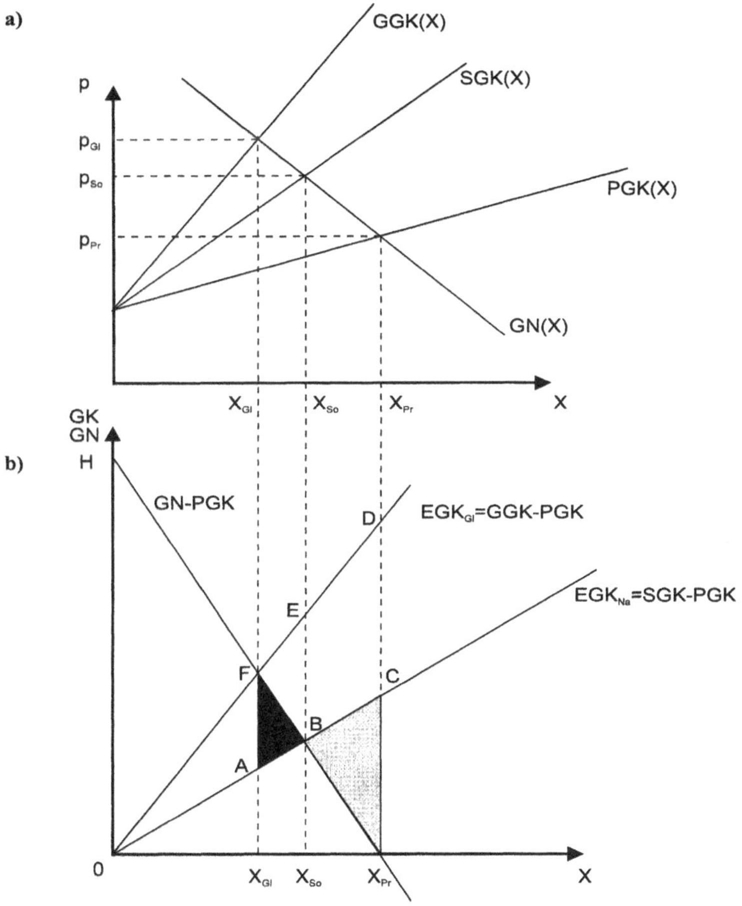

Quelle: ähnlich bei Karl 1996: 146

In den sozialen Grenzkosten SGK ist wie bisher der auf das Inland entfallende Anteil der externen Grenzkosten berücksichtigt. Aber erst in die globalen Grenzkosten GGK geht der gesamte externe Effekt ein, also auch die im Ausland anfallenden externen Grenzkosten. Teil b) illustriert das Kalkül einer wohlfahrtsmaximierenden Regierung. Die ins Ausland abfließenden Effekte werden überhaupt nicht berücksichtigt. Sie stellen an sich weder Kosten noch Nutzen im Inland dar und sind deshalb nicht entscheidungsrelevant.

Die Regierung verhält sich, als habe sie es mit einem national begrenzten externen Effekt zu tun, und orientiert sich an EGK_{Na}. Die Produktion des Gutes X (in der kurzen Frist) wird von X_{Pr} auf X_{So} zurückgedrängt. Im Bereich rechts von X_{So} liegen die externen Grenzkosten EGK_{Na} über den sozialen Grenznutzen GN-PGK, so daß die Produktion für die Gesellschaft verlustbringend ist. Die inländische Regierung setzt ihren Standard deshalb so, daß der Schnittpunkt B von GN-PGK und EGK_{Na} erreicht wird. Das Inland gewinnt die grau unterlegte Fläche X_{Pr}CB. Diese Politik ist auch im Ausland willkommen, denn völlig unbeabsichtigt gehen mit der Produktionsmenge auch die grenzüberschreitenden Effekte um BCDE zurück.

Wir befinden uns in einer Autarkiesituation, das heißt, Gut X wird allein im Inland konsumiert und stiftet den ausländischen Konsumenten keinerlei Nutzen. Das Ausland ist deshalb nicht daran interessiert, auch nur die geringsten Lasten aus der Erzeugung dieses Gutes zu tragen. Es wird darauf pochen, die grenzüberschreitenden Effekte auf null zu reduzieren. Das Inland wiederum wird dazu wohl niemals bereit sein. Es müßte für seine gesamten Verluste, also die Fläche 0BH, kompensiert werden, während das Ausland lediglich einen „Gewinn" durch vermiedene externe Effekte im Umfang von 0BE erzielen könnte. Allenfalls ist noch vorstellbar, daß die Produktionsmenge von X_{So} auf X_{Gl} zurückgefahren wird, also bis zur Übereinstimmung von globalen externen Grenzkosten EGK_{Gl} und den inländischen sozialen Grenznutzen GN-PGK in Punkt F. Spontan kommt es freilich nicht zu dieser weiteren Reduktion, denn zwischen X_{Gl} und X_{So} liegt GN-PGK oberhalb von EGK_{Na}. Die schwarz unterlegte Fläche ABF zeigt den Verlust, den das Inland bei dieser weitergehenden Internalisierung hinnehmen müßte. Das Ausland müßte mindestens für diesen Verlust aufkommen, um das Inland zu einem entsprechenden Vorgehen zu bewegen. Das Ausland sollte grundsätzlich dazu bereit sein, denn die erzielbaren Gewinne in Form vermiedener Schäden (ABEF) sind deutlich größer als diese minimale Kompensation. Nach Coase ist die Lösung X_{Gl}, P_{Gl} effizient, das Verursacherprinzip ist allerdings nicht mehr durchsetzbar. In diesem Fall kommt die effiziente Lösung nur zustande, wenn das Opfer zahlt.

Ohne Koordination dagegen bestehen für das Inland sogar Anreize, ganz gezielt auf Kosten des Auslandes zu leben. Es bietet sich an, einen möglichst großen Teil der anfallenden Grenzkosten einer Aktivität über die Grenze hinweg auf andere abzuschieben (Cumberland 1979: 269ff.). Insbesondere bei umweltschädlichen Externalitäten sind diese Anreize stark, und entsprechendes Verhalten der nationalen Regierungen tritt in der Realität offen zutage. Nicht zufällig sind Kernkraftwerke und industrielle Zentren häufig an Grenzflüssen angesiedelt. So betrachtet, mag eine Regierung die gebietsextern anfallenden Effekte durchaus registrieren, aber eben nicht mit der erwünschten Folge, daß sie sich um eine Internalisierung bemüht. Ganz im Gegenteil wird sie versuchen, Lasten so weit möglich zu externalisieren.

Zusammenfassend können wir festhalten: Ein normativ orientierter politischer Entscheidungsträger berücksichtigt nur jene externen Grenzkosten, die in seinem Machtbereich anfallen. Weitere Kosten interessieren ihn nicht, weil sie die sozialen Grenzkosten im Inland nicht erhöhen. Es tritt ein doppelter externer Effekt auf: Zum einen vernachlässigt der Produzent, wie gewohnt, die von ihm verursachten Schäden bei den Betroffenen. Zum anderen vernachlässigt die Regierung bei ihrer Entscheidung für einen Standard all jene Effekte, die jenseits der Landesgrenzen und in diesem Sinne extern (als Spillovers) anfallen. Weder das private noch das gesellschaftliche Optimierungskalkül internalisieren den externen Effekt vollständig. Zur effizienten Lösung kann es nur dann kommen, wenn sich die beiden Länder zusammentun. A priori fehlt nämlich eine übergeordnete Instanz, die koordinierend eingreifen könnte (Kirchgässner 1996). Die Initiative dazu muß vom Opfer ausgehen. In unserem Zusammenhang ist aber vor allem wichtig, daß schon ohne außenwirtschaftliche Beziehungen zwischen den Ländern ein ganz eindeutiger Koordinationsbedarf besteht.

1.1.2 Szenario II: Einbahniger grenzüberschreitender Effekt, im Ausland verursacht

Diese Situation könnte auch dann zustandekommen, wenn im Inland keinerlei X-Produktion existiert respektive wenn das dabei angewandte Produktionsverfahren so umwelt- oder „sozialfreundlich“ ist, daß es keine negativen Externalitäten verursacht. Um weiterhin in der bisherigen partialanalytischen und komparativ-statischen Darstellung argumentieren zu können, möge aber auch das Inland Gut X herstellen, dabei entstehen die externen Grenzkosten EGK_N. Der einbahnige Effekt aus dem Ausland kommt noch hinzu. Er ist unabhängig davon, wieviel X im Inland produziert wird. Erstens kommt darin die komparativ-statische Betrachtungsweise zum Ausdruck, die davon ausgeht, das Ausland produziere heute und künftig eine konstante optimale X-Menge, weshalb als Nebenprodukt stets der gleiche externe Schaden für das Inland entsteht. Zweitens ist der Auslandsbeitrag konstant, weil inländische und ausländische X-Produktion keine Substitute sind, ja sogar überhaupt nichts miteinander zu tun haben - die Volkswirtschaften sind autark. Es zeichnet sich also bereits ab, daß sich bei Außenhandel andere Konsequenzen ergeben könnten, denn dann sind die Produktionsmengen und damit auch die externen Effekte nicht mehr voneinander unabhängig.

Wir könnten den Einfluß des Auslandes als eine Art externen Fixkostenblock erfassen. Dann taucht er im Vergleich von Grenzkosten und Grenznutzen überhaupt nicht auf, woraus wir sofort schließen können, daß die inländische Regierung die an das Inland herangetragenen externen Kosten bei der Entscheidung über die optimale inländische Produktionsmenge gar nicht berücksichtigt. Interessanter erscheint der in Abb. 1-3 dargestellte zusätzliche Aspekt.

Abbildung 1-3: Einbahniger externer Effekt, vom Ausland verursacht

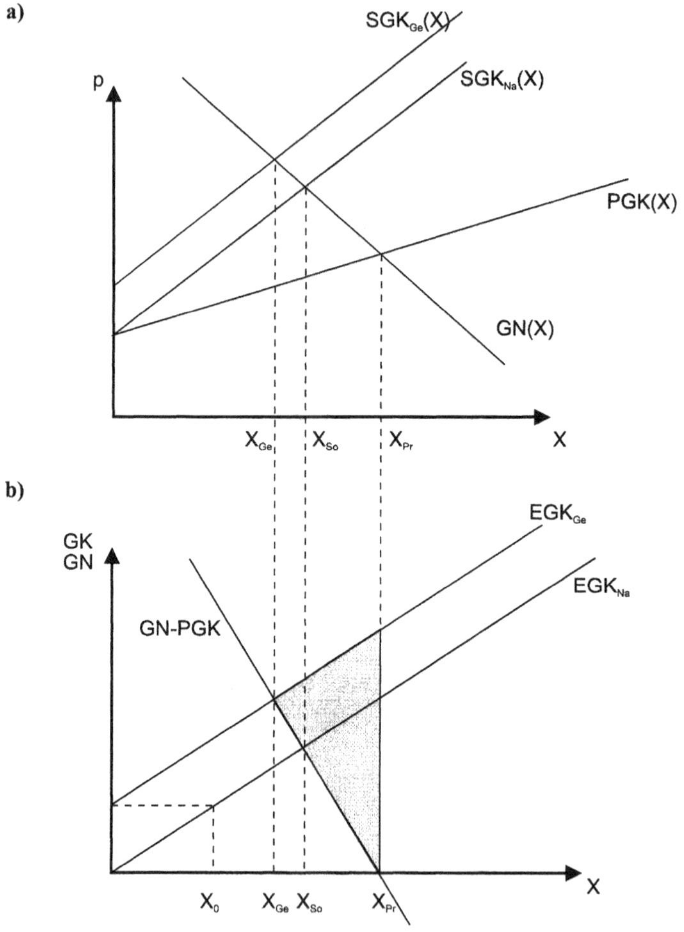

Der negative Spillover erzeugt einen Grundstock an Schäden, weshalb nun jede Einheit der X-Produktion höhere Grenzkosten verursacht als in einer

Situation ohne den ausländischen Einfluß. Die Funktion der sozialen Grenzkosten wird von SGK_{Na} (nur national verursachte Schäden) auf SGK_{Ge} (gesamte Grenzkosten unter Berücksichtigung des ausländischen Schadensbeitrags) nach oben verschoben. Der ausländische Beitrag verursacht, für sich allein genommen, bereits die Schäden, die mit einer inländischen Produktion in Höhe von X_0 verbunden wären. Die steigende Kurve der externen Grenzkosten setzt somit bereits für die erste im Inland produzierte X-Einheit höher ein. Berücksichtigt die Regierung nun die gestiegenen externen Grenzkosten der inländischen Produktion (EGK_{Ge}), drängt sie die Menge auf X_{Ge} zurück. An der vom Ausland auferlegten Last verändert sich dadurch nichts, dieser Grundstock bleibt weiterhin einzig und allein von den ausländischen Produzenten, Konsumenten und Regierungen bestimmt. Der höhere Standard dient allein der Internalisierung des Anstiegs inländischer Externalitäten, der durch das Ausland induziert wurde. Die Ursache, der grenzüberschreitende Effekt aus dem Ausland, ist kein Gegenstand der inländischen Standardsetzung und wird deshalb auch nicht internalisiert.

Es ist nicht sicher, daß die inländische Regierung so vorgeht. Die Produzenten werden zu Recht darüber klagen, einer Last unterworfen zu werden, für die sie nicht voll verantwortlich sind. Gäbe es keinen grenzüberschreitenden externen Effekt, würde die heimische Produktion lediglich Schäden entlang EGK_{Na} mit sich bringen, eine Produktion in Höhe von X_{So} wäre optimal. Warum sollten die inländischen Produzenten dafür haftbar gemacht werden, daß anderswo sorglos Schäden externalisiert werden? Letztlich wird dadurch eine Last, die der Gesellschaft als Ganzem von anderen Ländern auferlegt wird, auf die Schultern einiger weniger Produzenten geladen. Von daher wird die inländische Regierung wohl auf den direkten Kontakt zu ihrem ausländischen Gegenpart zurückgreifen müssen. Das ist auch sinnvoller, weil der externe Effekt möglichst an seiner Quelle internalisiert werden sollte. Dazu muß die inländische Regierung eine Kompensation anbieten. Das zweite Szenario verhält sich also spiegelbildlich zum ersten, und auch hier zeichnet sich der Kooperationsbedarf ab.

1.1.3 Szenario III: Globaler externer Effekt

Auf den ersten Blick scheint es, diese Situation sei nur eine Zusammenfassung von Szenario I und II. Das Inland verursacht externe Effekte, die das Land verlassen; es ist nicht daran interessiert, diese Effekte zu internalisieren (Szenario I). Andererseits leidet es unter Externalitäten, deren Verursacher nicht ermittelbar ist; möglicherweise belastet es deshalb die inländischen Produzenten mehr als ohne den globalen Schadensbeitrag, auch wenn dies eher unwahrscheinlich ist (Szenario II). Ob dieses Verhalten aber überhaupt denkbar ist, hängt davon ab, ob es sich um ein kleines oder ein großes Land handelt. „Klein“ und „groß“ bezieht sich dabei auf den Umfang der Externalität. Ein kleines Land in diesem Sinne leistet als einzelnes nur einen sehr geringen Beitrag zum globalen Effekt, ein großes Land kann diesen Effekt aber durch sein eigenes Verhalten spürbar beeinflussen.

Ist das Land klein, sind die noch relativ optimistischen Schlußfolgerungen aus Szenario II bei einem echten globalen Effekt unangebracht. Dieser Effekt zeichnet sich dann gerade dadurch aus, daß die im Inland auftretenden Wirkungen unabhängig vom Verhalten dieses Landes selbst sind. Im Klartext: Selbst wenn das Land die Produktion schädlicher Güter komplett unterbinden würde, könnte es die anfallenden Schäden kaum verringern. Naheliegende Beispiele sind der Treibhauseffekt und das Ozonloch, denn für deren Folgen dürfte nachgerade gleichgültig sein, ob beispielsweise Luxemburg sich eher umweltfreundlich oder umweltschädlich verhält. Mit einer strengen Umweltpolitik würde es in dieser Hinsicht allein Verluste von Konsumenten- und Produzentenrente einfahren.

Ist das Land groß, könnte es den globalen externen Effekt durch sein eigenes Verhalten nennenswert verändern. So spielt es für den Treibhauseffekt sicherlich eine Rolle, ob die USA ihre Elektrizität aus Kohlekraftwerken beziehen oder per Kernenergie erzeugen. Zum einen werden die meisten Länder allerdings marginalen Einfluß auf globale externe Effekte haben; schon von daher ist wenig Engagement zu erwarten. Je atomistischer die Welt strukturiert ist, desto mehr nähert es sich dem Nullpunkt. Zum anderen, und das ist der gravierende Punkt, besteht ein massives Free-Rider-Problem. Jegliche Reduktion der Emissionen, egal wo sie geschieht, trägt zum Abbau der globalen Externalität bei. Also ist es für jedes Land individuell völlig rational, selbst nichts zu tun und auf die Anstrengungen anderer Länder zu warten, deren Ertrag es voll bei sich verbuchen könnte, ohne dabei (Opportunitäts-)Kosten zu tragen (Feser/Flieger/Wiesch 1996).

In allen drei hier diskutierten Szenarien zeichnet sich mithin ein erheblicher Koordinationsbedarf ab. Weitere Differenzierungen würden diesen Bedarf nur bestätigen und sollen deshalb an dieser Stelle unterbleiben. Da eine übergeordnete Instanz fehlt, die koordinierend wirken könnte, stellt sich hier zum ersten Mal nachdrücklich die Frage nach Koordinationsmöglichkeiten zwischen den souveränen Staaten. Dies gilt völlig unabhängig von (anderen) außenwirtschaftlichen Beziehungen zwischen den Volkswirtschaften. Die folgende Analyse des Zusammenhangs zwischen grenzüberschreitenden Externalitätenproblemen und internationalen Beziehungen über Außenhandel und Faktormobilität ist deshalb kurz gefaßt. Sie soll lediglich zeigen, ob das Koordinationsproblem möglicherweise verschärft oder gar entschärft wird.

2. *Konsequenzen für den Außenhandel bei vollkommenem Wettbewerb*

Sobald Außenhandel ins Spiel kommt, sind die Volkswirtschaften nun offen im doppelten Sinne: Externalitäten überschreiten die Grenzen ebenso wie Güter (Lloyd 1992). Deshalb weist auch die wichtige Unterscheidung zwischen kleinen und großen Ländern nun genau genommen zwei Dimensionen auf. Die eine ist die Größe des Landes auf dem betrachteten Gütermarkt, die andere ist seine Größe bezüglich der Externalität. An sich müßten wir deshalb vier Fälle unterscheiden. Ein Land könnte in beiden Dimensionen klein, in beiden groß oder in jeweils einer Hinsicht klein, in der anderen jedoch groß sein. Bei näherem Hinsehen erweisen sich allerdings die Klein-Groß-Fälle als weitgehend irrelevant. Hat ein Land eine starke Stellung auf dem Markt für Gut X, produziert es auch viel von diesem Gut (relativ zu anderen Ländern). Diese Produktion ist untrennbar mit den negativen externen Effekten verbunden, so daß dieses Land immer auch relativ viel zu der gesamten Externalität beitragen wird. Umgekehrt gilt dieser Zusammenhang für das kleine Land ebenso. Die Klein-Groß-Fälle stellen demnach eher theoretische Artefakte dar und sollen hier nicht betrachtet werden. Stattdessen konzentriert sich die Darstellung auf den Klein-Klein- sowie den Groß-Groß-Fall.

2.1 Außenhandelsgewinne des kleinen Landes

Das in beiden Dimensionen kleine Land spielt als einzelnes nur eine untergeordnete Rolle in der Weltwirtschaft. Als Exportland deckt es nur einen geringen Teil des Weltangebotes von Gut X ab, als Importland macht es nur einen marginalen Teil der Weltnachfrage aus. Es hat damit keinen Einfluß auf den Weltmarktpreis und muß sich an die marktlichen Gegebenheiten anpassen. Zugleich hat es nur einen vernachlässigbaren Anteil am grenzüberschreitenden Externalitätenproblem. Beides hängt eng miteinander zusammen. Da nur ein Bruchteil der auf dem Weltmarkt gehandelten Gütermengen auf das klein-kleine Inland entfällt, hat es keine Chance, diese Mengen nennenswert zu beeinflussen. Die Externalität entsteht ja aber gerade bei der Produktion dieser Weltmarkt-Gütermengen, und deshalb ist automatisch auch der Einfluß auf die weltweit auftretende Externalität verschwindend.

Aus diesem Grund ergibt die Verbindung von grenzüberschreitenden Effekten und Außenhandel für ein kleines Land keinerlei neue Erkenntnisse (Bodecker 1997: 28f.). Soweit im Inland verursachte Externalitäten auch im Inland auftreten, sollten sie nach wie vor internalisiert werden. Alle Schlußfolgerungen aus der Analyse der Außenhandelsgewinne eines kleinen Landes bei national begrenzten Marktunvollkommenheiten lassen sich auf diesen Teil des Problems nahtlos übertragen. Ohne diese Ergebnisse noch einmal herzuleiten, genügt es, sie kurz zu zitieren. Der Außenhandelsgewinn wird nur dann maximiert, wenn die im Inland auftretenden Effekte vollständig internalisiert sind, und zwar unabhängig davon, ob das betrachtete Land exportiert oder importiert. Das Importland profitiert immer vom Außenhandel, weil die inländische Produktion und die damit verbundenen Schäden zurückgehen. Das Exportland kann sich mit „Dumping" schlechterstellen als bei Autarkie, demgemäß ist die Motivation zur Internalisierung sogar noch stärker als beim Importland.

Soweit die Externalität grenzüberschreitenden Charakter hat, gelten die Ergebnisse des vorangegangenen Abschnitts. Wenn keine Koordination zwischen den Ländern besteht, hat das kleine Inland kaum Anreize dazu, aus eigenen Stücken tätig zu werden. Am ehesten könnte es noch erwägen, eine auf das Inland wirkende grenzüberschreitende Externalität in das Optimierungskalkül einfließen zu lassen (Szenario II). In Szenario I ist es dazu sicherlich nicht bereit, weil es überhaupt nicht von den Schäden betroffen ist. In Szenario III wird es ebenfalls auf jeden Internalisierungsversuch verzichten, dann allerdings, weil es gar nicht dazu in der Lage ist, fühlbare Fortschritte zu erreichen. Die Auswirkung des globalen externen Effektes bliebe konstant. Andererseits kann das kleine Land logischerweise auch kein „Dumping" betreiben. Da es die grenzüberschreitenden Effekte ohnehin entweder nicht beeinflussen will oder nicht beeinflussen kann, existiert schlichtweg kein Potential für „noch laxeres" Verhalten. Insgesamt ist das Ergebnis immer ineffizient, aber der Außenhandel trägt keine Verantwortung dafür. Die Ineffizienz entsteht allein aus dem grenzüberschreitenden Charakter der Externalitäten. Der Koordinationsbedarf war genau im gleichen Umfang auch schon bei Autarkie der Volkswirtschaften vorhanden.

2.2 Außenhandelsgewinne des großen Landes

Die Situation eines in beiden Dimensionen großen Landes ist nicht gar so trivial. Das betrachtete Land ist ein gewichtiger Exporteur oder Importeur von Gut X, sein Angebots- oder Nachfrageverhalten beeinflußt den Weltmarktpreis. Veränderungen des Weltmarktpreises gehen immer mit Veränderungen der gehandelten Mengen einher, und das hat auch Konsequenzen für die damit verbundenen Externalitäten.

Verursacht das große Inland einen grenzüberschreitenden Effekt, der auf andere wirkt (Szenario I), ergeben sich für die Themenstellung dieser Arbeit dennoch keine wichtigen Erkenntnisse. Die Frage ist hier bekanntlich nicht so sehr, ob eine Externalität perfekt internalisiert wird, sondern ob der Außenhandel Anreize setzt, von dieser Internalisierung abzuweichen. In Szenario I ist ein Land aber, wie bereits erläutert wurde, schon bei Autarkie nicht gewillt, die auf das Ausland wirkenden Externalitäten zu berücksichtigen. Dennoch seien die Folgen im Szenario I kurz angesprochen. Exportiert das betrachtete Land Gut X, so steigt die inländische Produktion bei der Aufnahme von Außenhandel, und noch mehr Schäden werden auf das Ausland abgeladen. Der inländische wohlwollende Diktator reagiert darauf nicht, weil diese geographisch externalisierten Schäden gar nicht in sein Kalkül eingehen. Weiterhin gilt jedoch, was bezüglich des Optimalstandards für ein großes Land bei national begrenzt auftretenden Externalitäten hergeleitet wurde: Es kann sein, daß das große Land den Exportgüterproduzenten höhere Lasten auferlegt, als zur Internalisierung der national auftretenden Effekte notwendig wäre, um die Terms of trade zu verbessern. Diese Motivation hat aber rein gar nichts mit dem Auftreten grenzüberschreitender Effekte zu tun. Nichtsdestotrotz würde das Ausland - ein interessanter, ungewollter Nebeneffekt - von den geringeren Schäden profitieren. Zugleich leidet es aber unter dem höheren Preis für Gut X. Im umgekehrten Fall - das große Land importiert Gut X - wird das Land, ebenfalls aus Terms-of-trade-Motiven heraus, möglicherweise zu laxe Standards setzen. Das große Inland produziert mehr als in einer Situation, bei der zumindest die national auftretenden Effekte voll internalisiert wären, es importiert weniger, der Importpreis fällt. Abermals hat der grenzüberschreitende Effekt keinen Einfluß auf dieses Verhalten. Das Ausland wird nun allerdings doppelt leiden, da es sowohl schlechtere Terms of trade als auch höhere Schäden ertragen muß.

Noch interessanter ist Szenario II, in dem das Inland von einem im Ausland verursachten Effekt betroffen ist. Das große Land hat jetzt nämlich die Wahl zwischen zwei Übeln. Soweit Gut X im Inland produziert wird, entsteht direkt ein nationaler externer Effekt. Soweit Gut X im Ausland produziert wird, ist das Inland aber ebenfalls negativ betroffen, weil die damit verbundene Externalität die Grenze zum Inland überschreitet. Die Regierung eines großen Landes kann nun bis zu einem gewissen Grad beeinflussen, wieviel im Inland und im Ausland produziert wird. Wenn sie einen sehr strengen Standard setzt, geht die Produktion im Inland stark zurück, gleichzeitig wird aber im Ausland mehr produziert. Es kommt zu einer unerwünschten Nebenwirkung, die im umweltökonomischen Kontext als „Leakage“ bezeichnet wird. Die heimische Umweltpolitik hat ein „Leck“, weil die angestrebte Verbesserung der Umweltqualität teilweise durch gestiegene grenzüberschreitende Schäden aus dem Ausland zunichte gemacht wird. Ein großes Land kann seinen Einfluß geltend machen, um die beiden Übel gegeneinander abzuwägen (Bremer 1996). Abb. 2-1 veranschaulicht diesen Trade-off zunächst für ein Exportland und knüpft dabei an Abb. 1-3 an.

SGK_{Na} zeigt die Summe aus privaten Grenzkosten und jenen externen Grenzkosten, die im Inland verursacht werden. Hinzu kommen noch die aus dem Ausland stammenden zusätzlichen Grenzkosten. Für ein kleines Land A sind diese aufgezwungenen Lasten immer unveränderlich vorgegeben, so daß die gesamten sozialen Grenzkosten durch SGK^{A}_{Ge} wiedergegeben werden. Aber auch ein großes Land kann nicht daran rütteln, solange es in Autarkie verharrt.

Anders verhält es sich jedoch mit einer großen, offenen Volkswirtschaft B. Für ihre gesamten sozialen Grenzkosten gilt die Funktion SGK^{B}_{Ge}. Je mehr das Land B selbst von Gut X herstellt, desto geringer wird die Produktion im Ausland, desto kleiner wird damit die aus dem Ausland stammende Last, und desto mehr nähert sich die SGK^{B}_{Ge}-Kurve der SGK_{Na}-Funktion an. Der genaue Verlauf dieser Annäherung ist von der konkreten Situation abhängig, insbesondere davon, wie elastisch die ausländischen Produzenten auf ein größeres inländisches Angebot reagieren. Der Einfachheit halber ist in Abb. 2-1 ein linearer Verlauf dieser Annäherung unterstellt. Bei einer Produktionsmenge X_0 gehe der ausländische Schadensbeitrag schließlich auf null zurück, wobei wir uns nicht mit weiteren Folgen dieser Annahme beschäftigen wollen (möglicherweise Monopolstellung des Inlandes auf dem Weltmarkt für Gut X).

Abbildung 2-1: Leakageverluste und Außenhandelsgewinne eines großen Landes

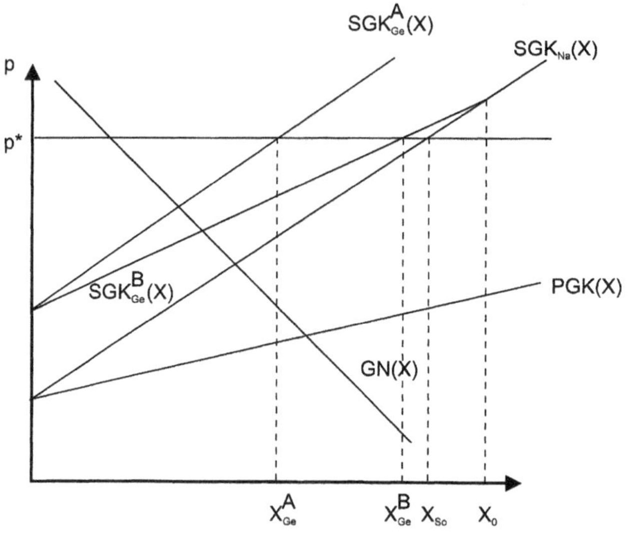

Das große Land hat angesichts des Leck-Effektes bei Außenhandel stets einen Anreiz, mehr zu produzieren als das kleine Land. Während das kleine Land A sein Optimum bei der Produktionsmenge X^{A}_{Ge} erreichen würde, strebt das große Land B die Produktionsmenge X^{B}_{Ge} an. Es zahlt sich aus, mehr im Inland zu produzieren, weil der grenzüberschreitende Effekt so abgebaut werden kann (Anderson 1992). Die externen Grenzkosten der heimischen Produktion sind für ein „groß-großes“ Land stets niedriger als für ein „klein-kleines“ Land.

Implizit gehen diese Überlegungen allerdings davon aus, der aus dem Ausland stammende Effekt werde im Inland tatsächlich wahrgenommen und internalisiert. Das ist, wie weiter oben deutlich wurde, eine gewagte Annahme. Die Regierung wird alle Register ziehen, um den Verursacher im Ausland haftbar zu machen, bevor sie den Schadstoffeintrag einfach hinnimmt, zumal, wenn es sich um die Regierung eines großen Landes handelt. Die inländischen Produzenten wehren sich vermutlich mit Händen und Füßen dagegen, für Schäden aufzukommen, die sie nicht selbst verursacht haben. Wird der grenzüberschreitende Effekt deshalb im Inland nicht internalisiert, ergibt sich auch kein Unterschied zwischen kleinem und großem Land, beide orientieren sich dann an den national verursachten sozialen Grenzkosten SGK_{Na}. Wie Abb. 2-1 zeigt, ist dieses Verhalten für das große Exportland gar nicht so falsch. Die dann resultierende Produktionsmenge X_{So} weicht nur wenig von X^{B}_{Ge} ab, das Leck wird fast geschlossen, weil das Inland den Großteil des Weltmarkts beansprucht.

Neben dem Leck-Effekt gibt es allerdings nach wie vor den Terms-of-trade-Effekt, der in Abb. 2-1 noch nicht erfaßt ist. Das große Exportland kann seine Terms of trade verbessern beziehungsweise in dieser partialanalytischen Darstellung einen höheren Weltmarktpreis für Gut X durchsetzen, indem es sein Angebot auf dem Weltmarkt reduziert. Wie bereits mehrfach erwähnt, könnte ein besonders strenger Standard ein taugliches Mittel sein, um das Angebot inländischer Produzenten zu dämpfen und den Weltmarktpreis in die Höhe zu treiben. Aber wir können die Rechnung längerfristig nicht ohne die Reaktion des Auslandes aufstellen: Wenn der Weltmarktpreis steigt, haben die ausländischen Produzenten Anlaß dazu, ihre Produktionsmenge zu erhöhen, und das umweltpolitische Leck reißt weiter auf. Die ausländische Regierung erhöht dann möglicherweise auch ihre Standards, was diesen Effekt reduzieren könnte. Das Terms-of-trade-Potential läuft für ein großes Exportland trotzdem allen Versuchen, das Leck zu stopfen, genau entgegen. Während das Leck abgedichtet werden könnte, indem mehr im Inland produziert und folgerichtig auch exportiert wird, verbessern sich die Terms of trade, wenn im Inland weniger produziert wird. Der Leck-Effekt spricht dafür, die inländischen Produzenten mit Hilfe eines laxen Standards zu begünstigen, der Tot-Effekt legt dagegen nahe, die inländischen Produzenten mit einem strengen Standard zur Produktionssenkung zu bringen. Welcher der beiden Effekte dominiert oder ob sie sich per Saldo gerade aufheben, ließe sich nur bei genauer Kenntnis der Umstände ermitteln (Rauscher 1997: 146ff., Ködding 1997: S. 151).

Bei einem großen Importland kommen wir dagegen zu eindeutigen Ergebnissen. Das Importland hat ein Interesse daran, den Preis des Importgutes X auf dem Weltmarkt zu drücken. Es kann dieses Ziel erreichen, wenn Gut X im

Inland als Importsubstitut vermehrt produziert wird. Die heimische Nachfrage wird dann zu einem größeren Teil durch heimische Produktion gedeckt, die Nachfrage auf dem Weltmarkt geht zurück, der Preis von Gut X sinkt. Ein zu niedriger Sozial- oder Umweltstandard könnte das Mittel der Wahl sein, denn er stellt eine implizite Subvention für die Anbieter von Gut X dar und löst einen Angebotsanstieg aus. Der erwünschte Tot-Effekt ist also möglicherweise über niedrige Standards zu erreichen. Zugleich bleiben die Anreize aus dem Leck-Effekt unverändert. Nach wie vor sind die externen Grenzkosten der heimischen Produktion für ein groß-großes Land niedriger als für ein klein-kleines Land, der optimale Standard wird niedriger festgesetzt, falls das Inland den grenzüberschreitenden Schadstoffeintrag überhaupt berücksichtigt. Außerdem ist die Rückwirkung des Tot-Effekts zu beachten. Wenn der Preis des Importgutes X sinkt, weil das Inland eine entsprechende Politik betreibt, reduzieren die ausländischen Produzenten ihr Angebot; damit gehen aber auch die grenzüberschreitenden externen Effekte zurück, das Leck wird kleiner. Die Kombination von Terms-of-trade-Effekt und Leck-Effekt führt demnach bei einem großen Importland tendenziell zu laxen Standards.

Beim Zusammenspiel groß-großer Länder kann es sogar zu einem Race to the bottom kommen. Das Race erscheint dann wahrscheinlich, wenn die Tot-Effekte relativ zu den Leck-Effekten wenig Bedeutung haben. Auch für das große Exportland dominiert in diesem Fall der Wunsch, Leck-Effekte zu vermeiden, indem die inländischen Standards gelockert werden. Inland und Ausland konkurrieren mit dem Ziel, einen größeren Teil der Produktion ins Inland zu locken (Rauscher 1997: 151). Die Außenhandelsbeziehungen zwischen den Ländern stellen in all diesen Fällen ein sehr unvollkommenes Substitut für die gebotene Koordination bei der Internalisierung grenzüberschreitender Effekte dar. Weil dieses vorgelagerte Koordinationsproblem nicht gelöst ist, können die potentiellen Außenhandelsgewinne nur partiell ausgeschöpft werden. Denn jeder Versuch, das Leck abzudichten, läuft auf eine höhere inländische Produktion und geringere Handelsströme hinaus. Tatsächlich opfern die beteiligten Regierungen aber nicht etwa ihre umweltpolitischen Ziele, um Handelsvorteile zu erlangen. Vielmehr verzichten sie auf potentielle Außenhandelsgewinne, um das umweltpolitische Leck-Problem wenigstens einigermaßen in den Griff zu bekommen. Sie betreiben paradoxerweise „Umweltdumping", weil sie den Internalisierungsbemühungen anderer Länder zu Recht mißtrauen. Das schon bei Autarkie vorhandene Koordinationsproblem bleibt ungelöst und schädigt nun auch die internationale Arbeitsteilung.

Bei einem reinen globalen externen Effekt (Szenario III) löst sich die Leck-Problematik in Nichts auf. Für die globalen Auswirkungen ist ja völlig unerheblich, wo sie verursacht werden. Insofern spielt es auch keine Rolle, ob das einzelne Inland mehr selbst produziert oder einen größeren Teil der von ihm angebotenen/nachgefragten Menge auf dem Weltmarkt handelt. Es ist stets gleich von den globalen Auswirkungen betroffen. Lediglich bei Variationen der insgesamt auf dem Weltmarkt vorhandenen Menge verändert sich auch der globale externe Effekt. Die Terms-of-trade-Politik eines großen Landes wirkt somit auf den globalen externen Effekt zurück. Wenn es dem großen Exportland gelingt, den Weltmarktpreis von Gut X zu erhöhen, ist die Gesamtmenge gefallen und der externe Effekt vermindert. Ein Importland, das den Preis von Gut X erfolgreich unter Druck setzt, verschärft mit seiner Optimalstandard-Politik demgegenüber auch die globale Externalität. Es handelt sich aber wohl jeweils um unbeabsichtigte Nebenwirkungen. Denn die Free-rider-Anreize als spezifisches Koordinationsproblem im Szenario III bestehen weiterhin fort. Vermutlich wird umgekehrt ein Schuh daraus, sobald wir uns mit den Koordinationsmöglichkeiten beschäftigen: Das Exportland wird viel eher als das Importland dazu bereit sein, einer globalen Verringerung der X-Produktion zuzustimmen, weil es vom steigenden Güterpreis profitiert.

3. Konsequenzen für die strategischen Ansätze

Um die Veränderungen durch grenzüberschreitende Externalitäten klar herausarbeiten zu können, sei hier das Grundmodell der Strategischen Umweltpolitik unterstellt. Je ein Produzent im Inland und im Ausland konkurrieren auf dem Absatzmarkt in einem dritten Land. Sie verhalten sich dabei gemäß der Cournot-Annahme, legen also ihre Mengen fest. Die Regierungen versuchen, den heimischen Anbieter in eine günstigere Position zu bringen, damit ein größerer Teil der erzielbaren Rente im eigenen Land anfällt. Bei Cournot-Verhalten müssen sie den inländischen Produzenten dazu bewegen, mehr anzubieten als in einem unbeeinflußten Nash-Gleichgewicht. Dieses strategische Ziel bleibt auch bei grenzüberschreitenden Umweltproblemen unverändert erhalten. Möglicherweise verändert sich aber das Potential für eine Strategische Umweltpolitik.

Soll der heimische Produzent mehr anbieten, muß die Regierung dessen Grenzkosten heruntersubventionieren. Das kann sie tun, indem sie nicht die vollen externen Grenzkosten der Produktion dem Verursacher anlastet. Der „Rent-shifting“- oder auch „Rent-capture“-Effekt spricht also dafür, eher laxe Standards festzulegen. Dieser Anreiz existiert bei grenzüberschreitenden Externalitäten ganz genauso wie bei national begrenzten. Er ist einfach ein Ausdruck des unvollkommenen Wettbewerbs in Verbindung mit der spezifischen Cournot-Verhaltensannahme. Es scheint nun auf den ersten Blick so, als sei zumindest in Szenario I das Potential für derartiges strategisches Verhalten erheblich größer. Die Lasten der Externalität werden zum Teil auf das Ausland abgewälzt, also kann die Regierung diesen Teil der externen Effekte ohne große Bedenken strategisch ausnutzen. Diese Sichtweise ist allerdings nicht ganz korrekt. Wir haben nämlich bereits gesehen, daß die Regierung auch bei Autarkie keinerlei Interesse daran hat, den ins Ausland abfließenden Teil der Externalität zu berücksichtigen. Diese Ineffizienz hat weder mit unvollkommenem Wettbewerb auf den Gütermärkten noch mit der Offenheit der Volkswirtschaften irgend etwas zu tun (Kennedy 1994: 57). Wenn der grenzüberschreitende Effekt aber ohnehin gar nicht in das Kalkül eingeht, läßt er sich nicht mehr strategisch ausnutzen. Weniger als mit dem Faktor null kann dem Produzenten die grenzüberschreitende Externalität nicht angelastet werden.

Strategisch behandeln läßt sich also erneut nur jener Teil der externen Effekte, der sich im Inland auswirkt. Für diesen Teil gelten alle Aussagen weiterhin, die bereits im Zusammenhang mit national begrenzt auftretenden Externalitäten hergeleitet wurden. Die Regierung wird den Standard unter sein umweltökonomisch effizientes Niveau drücken, bis der Grenzgewinn des Rent shifting mit dem marginalen Nettoschaden der Externalität übereinstimmt. Die gleiche Logik gilt auch in Szenario III. Den global auftretenden Schaden könnte zwar wenigstens die Regierung eines großen Landes durchaus beeinflussen, sie wird sich aber in der Regel als Free Rider verhalten. Der globale externe Effekt wird bereits bei Autarkie geflissentlich übersehen und liefert deshalb kein (zusätzliches) strategisches Potential.

Wirklich von Interesse sind in unserem Zusammenhang demnach wieder nur jene Varianten, die an Szenario II erinnern, und auch diese bloß dann, wenn die Regierung grundsätzlich bereit ist, den aus dem Ausland einströmenden Schaden zur Kenntnis zu nehmen. Gäbe sie sich „beleidigt" und würde sie den inländischen Produzenten nur jene Schäden anlasten, die hausgemacht sind, würde der grenzüberschreitende Teil der Externalität abermals kein strategisches Potential erzeugen. Es sei jedoch unterstellt, der auf das Inland wirkende grenzüberschreitende Effekt verändere das Kalkül der inländischen Regierung. Dann tritt wieder der bereits im Zusammenhang mit der Optimalstandardpolitik beschriebene Leck-Effekt auf. Ein hoher inländischer Umweltstandard zwingt den heimischen Produzenten, seine Absatzmenge zu verringern. Im Duopol bei Cournot-Verhalten ist unmittelbar einsichtig, daß der ausländische Konkurrent daraufhin sein Angebot ausdehnen wird. Während also die im Inland verursachten Schäden zurückgehen, steigen die aus dem Ausland unfreiwillig importierten Lasten an. Es ist unter diesen Umständen äußerst ineffektiv und ineffizient, den heimischen Produzenten alle von ihnen verursachten externen Grenzkosten anzulasten. Die Regierung wird einen zu niedrigen Umweltstandard festlegen (Conrad 1996, 1993).

Dieser Leck-Effekt hängt eng mit dem üblichen Rent-shifting-Effekt zusammen. Beide signalisieren das gleiche: Das inländische Unternehmen stellt zu wenig her, wenn es die gesamten Grenzkosten der Produktion selbst tragen muß. Es ist jetzt doppelt schädlich, dem Ausland einen großen Marktanteil zu überlassen. Das schadet dem Inland indirekt, weil es mit strategischem Verhalten mehr Rente an sich ziehen könnte. Es schadet dem Inland direkt, weil die grenzüberschreitenden Belastungen größer ausfallen als bei strategischem Verhalten. Beide Effekte wirken darauf hin, daß der Umweltstandard gelockert wird, und zwar umso mehr, je „globaler" das Problem wird (Karp/Sacheti 1995: 9). Das strategische Potential wird untermauert und vergrößert. Bei national begrenzt auftretenden Externalitäten hatte sich gezeigt: Die Reaktionsfunktion des inländischen Anbieters verschiebt sich bei strategischem Verhalten der Regierung nie so weit nach außen, daß der Stackelberg-Punkt auf der ausländischen Reaktionsfunktion erreicht wird, denn der wohlwollende Diktator muß die zusätzliche Rente gegen die zusätzlichen externen Effekte abwägen. Bei grenzüberschreitenden Effekten im Szenario II jedoch kann es theoretisch sinnvoll sein, den Stackelberg-Punkt sogar zu überschreiten, weil durch verstärkte Eigenproduktion die externen Effekte aus dem Ausland abnehmen (Rauscher 1995b). Zudem zeigen Simulationen in einem kalibrierten Modell für die Düngemittelindustrie, daß der Leck-Effekt bei unvollkommenem Wettbewerb wesentlich größer sein kann als bei einer atomistischen Marktstruktur (A. Ulph 1996d).

Des weiteren wird von einem „Pollution shifting effect" gesprochen, der entgegensetzt zum Leck-Effekt wirken soll (Kennedy 1994). Ein höherer Umweltstandard im Inland verschiebt einen Teil der Produktion und die damit verbundene Umweltbelastung ins Ausland. Es handelt sich letztlich um den Effekt, der das „Not in my backyard" (NIMBY)-Phänomen im Modell von Markusen, Morey und Olewiler (1995, 1993, 1992) auslöst. Während der wohlwollende Diktator bei MMO das Unternehmen allerdings komplett aus dem Inland vertreibt, kann der „Pollution shifting effect" auch bei marginalen Veränderungen eintreten. Das vermeintliche Paradoxon von Leck-Effekt (Tendenz zu laxen Standards) und Pollution-shifting-Effekt (Tendenz zu strengen Standards) ist aber künstlich aufgebaut. Letzten Endes geht es darum, wie „global" das vorliegende Externalitätenproblem ist. Bei einem national begrenzten Problem ist der Pollution-shifting-Effekt stark, und ohne ihn eigens so zu bezeichnen, trat er in allen bisher in dieser Arbeit diskutierten Konstellationen auf. Allerdings hat er trotzdem nie zur Folge, daß ein Land „überinternalisiert". Wenn nun das Problem allmählich „globaler" wird, verliert der Pollution-shifting-Effekt stetig an Bedeutung. Es lohnt sich immer weniger, Produktion ins Ausland zu verdrängen, weil die externen Effekte der ausländischen Produktion immer stärker auf das Inland zurückwirken. Allerdings zeichnet sich ein noch nicht rein globales Problem typischerweise dadurch aus, daß eine im Ausland erzeugte Einheit der Emission im Inland immer noch weniger Schaden anrichtet, als wenn sie im Inland entstanden wäre. Eine Externalität wird also „globaler", wenn die *Spillovers* zunehmen (Karp/Sacheti 1995). Bei einem rein globalen Problem verschwindet der Pollution-shifting-Effekt völlig, denn dieses Problem tritt ja ganz unabhängig davon auf, wo produziert wird.

Mit dem Leck-Effekt verhält es sich etwas anders. Er ist zwar ebenfalls gleich null, wenn ein rein globales Problem vorliegt, weil das Leck dann niemals begrenzt werden kann. Im Unterschied zum Pollution-shifting-Effekt verschwindet er aber auch bei rein lokalen Problemen, weil die Bekämpfung dieser Probleme definitionsgemäß kein Leck aufweist. Er entfaltet seine größte Bedeutung in einem mittleren Bereich, wenn grenzüberschreitende Rückwirkungen auftreten und die Höhe der insgesamt im Inland auftretenden Lasten durchaus noch davon abhängt, ob im Inland oder im Ausland produziert wird. Insgesamt ergibt sich in etwa der folgende Verlauf: Bei weitgehend lokalen Problemen tendieren die Regierungen noch zu einem weitgehend effizienten Standard („Pollution shifting"); nimmt der grenzüberschreitende Charakter zu, wird ein immer niedrigerer Standard angestrebt (Leck-Effekt); bei einem nahezu globalen Problem tendiert dieser Standard schließlich gegen null.

Wie schon bei national begrenzt auftretenden Externalitäten diskutiert wurde, sind die Empfehlungen des Grundmodells Strategischer Umweltpolitik äußerst unsicher. Alle dort angesprochenen Aspekte ließen sich nahtlos fortschreiben, aber der zusätzliche Erkenntnisgewinn wäre gering. Als besonders markantes Beispiel sei hier lediglich auf die Veränderungen beim Übergang von der Cournot- zur Bertrand-Verhaltensannahme hingewiesen. Gemäß Bertrand wählen die Unternehmen den Preis als Aktionsparameter. Sie gehen davon aus, der Konkurrent behalte seinen bisherigen Preis bei, wenn sie selbst ihr Angebot teurer oder billiger machen. Tatsächlich paßt der Konkurrent seinen Preis aber in der gleichen Richtung an. Im Nash-Gleichgewicht bieten deshalb beide eine zu große Menge bei einem zu niedrigen Preis an, und die potentiell erzielbare Rente wird nicht voll ausgeschöpft. Der wohlwollende Diktator wirkt deshalb darauf hin, daß der heimische Produzent seinen Preis erhöht. Die Regierung muß also die Grenzkosten des inländischen Anbieters erhöhen. Verwendet sie den Umweltstandard als strategisches Instrument, sollte sie einen besonders strengen Standard setzen, ganz im Gegensatz zur Strategie bei Cournot-Verhalten.

Der Leck-Effekt kann aber weiterhin auftreten, und er wirkt wie gehabt. Falls der ausländische Konkurrent seine Angebotsmenge als Reaktion auf einen inländischen Preisanstieg erhöht und falls damit höhere grenzüberschreitende Externalitäten auf das Inland einwirken, hat das Inland ein Motiv, seinen Umweltstandard eher niedrig anzusetzen. Der Leck-Effekt steht dann dem Rent-shifting-Effekt genau entgegen. Beide Voraussetzungen sind freilich nicht immer erfüllt. Das Angebot des ausländischen Konkurrenten kann, muß aber nicht zunehmen, wenn der inländische Produzent seinen Preis erhöht. Einerseits reagiert die ausländische Menge zwar direkt positiv auf einen Preisanstieg im Inland. Andererseits erhöht aber auch der ausländische Konkurrent seinen Preis, wenn der Preis im Inland gestiegen ist, so daß seine Angebotsmenge nicht oder doch nicht sehr stark steigt. Zudem ist das Inland ja nur dann negativ von steigenden Externalitäten im Ausland betroffen, wenn wir uns im Szenario II oder einer ähnlichen Konstellation befinden. Insgesamt ist deshalb unklar, ob der Rent-shifting-Effekt (hoher Umweltstandard) oder der Leck-Effekt (niedriger Standard) dominiert. Damit besteht auch eine große Unsicherheit, wohin das Verhalten der Regierung tendieren sollte. Allgemein läßt sich bloß festhalten: Solange das Ausland keine nennenswerten Externalitäten auf das Inland ausübt, scheint ein strenger Standard geboten. Wenn die aus dem Ausland stammenden Externalitäten umfangreich sind, mag unter Umständen ein niedrigerer Standard sinnvoller sein (vgl. Conrad 1996, Rauscher 1995b).

Am Beispiel des Übergangs von der Cournot- zur Bertrand-Verhaltensannahme wird deutlich, daß sich die Unschärfen und Zweideutigkeiten fortsetzen, die schon bei den unterschiedlichen Erweiterungen des Grundmodells Strategischer Umweltpolitik bei lokalen Externalitäten zutage getreten sind. Mit dem Leck-Effekt kommt eine weitere schwer abschätzbare Größe hinzu, so daß es noch schwieriger wird, gültige Handlungsanweisungen aus diesem Modell abzuleiten. In der Realität ist es unmöglich, alle Effekte und Gegeneffekte zu quantifizieren und gegeneinander abzuwägen. Die Politikempfehlung bleibt deshalb eindeutig, keine Versuche der strategischen Verzerrung zu unternehmen. Sobald der Leck-Effekt auftritt, spricht zwar eine gewisse A-priori-Vermutung für eher laxe Standards. Dabei ist jedoch zweierlei zu beachten. Erstens kann sich eine Regierung nie sicher sein, daß nicht gleichzeitig gegenläufige Effekte dominieren - gerade das Bertrand-Verhalten der Unternehmen führt häufig zu diesem Ergebnis. Zweitens entspringt diese Tendenz ja nicht ursächlich den handelspolitischen Anreizen, sondern dem umweltpolitischen Versagen der Regierungen. Der Koordinationsbedarf bleibt erhalten, obwohl möglicherweise die grenzüberschreitenden Effekte unbeabsichtigt zurückgehen, wenn die Regierungen aus strategischen Gründen „zu strenge“ Standards setzen.

4. Konsequenzen für den Standortwettbewerb

Um die Veränderungen durch den grenzüberschreitenden Charakter der Externalitäten deutlich zu machen, beschränken wir uns auf einen sehr einfachen Fall, der dadurch gekennzeichnet ist, daß kein Gewinn auftritt. Damit werden zwei Varianten erfaßt: Entweder es herrscht vollkommener Wettbewerb auf den Gütermärkten, so daß einfach kein Gewinn ensteht. Oder es herrscht zwar unvollkommener Wettbewerb auf den Gütermärkten, aber der Gewinn fällt nicht in den betrachteten Ländern an. Für die Regierung eines Landes sind dann nur die Konsumentenrente, der Umweltschaden und die potentiellen Steuereinnahmen entscheidungsrelevant. In den Szenarien I und III gelangen wir zu wenig überraschenden Ergebnissen. Im Szenario I berücksichtigt die Regierung den ins Ausland abfließenden Teil der Externalität bekanntlich sowieso nicht. Völlig analog zu früheren Überlegungen können wir deshalb festhalten, daß ein Race to the bottom diesbezüglich schon logisch unmöglich ist.

Im Szenario III existiert der globale externe Effekt unabhängig davon, wo produziert wird, also spielt es auch keine Rolle, ob sich das Unternehmen im Inoder Ausland ansiedelt. Ein Land ist ganz allgemein daran interessiert, Standort des Unternehmens zu werden, solange die Summe von Konsumentenrente und Steuereinnahmen über den erlittenen Umweltschäden liegt. Im speziellen Fall von Szenario III ist sowohl die Konsumentenrente als auch die Höhe der Umweltschäden aus der Sicht eines einzelnen Landes exogen vorgegeben. Das Unternehmen bedient den gesamten Weltmarkt, setzt den Preis und bestimmt damit die Konsumentenrente unabhängig von seinem Standort, vorausgesetzt, wir abstrahieren von Transportkosten. Das Unternehmen entscheidet sich natürlich auch für eine gewisse Produktionsmenge, legt damit die globale Externalität fest und schädigt alle Länder, ebenfalls unabhängig von seinem Standort. Die Regierung eines Landes kann an der Konsumentenrente und an den Umweltschäden nichts drehen und wenden. Dann sind offenbar die Opportunitätskosten der Unternehmensansiedlung gleich null. Jedes Land leidet so oder so unter dem globalen externen Effekt, egal ob dieser Effekt im Inland oder irgendwo anders verursacht wird. Die entscheidende Größe sind deshalb die Steuereinnahmen. Wenn diese Einnahmen auch nur marginal positiv sind, hat jede Regierung einen Anreiz, das Unternehmen ins Inland zu locken. Der Wettbewerb führt in diesem Extremszenario zu einem völligen Verzicht auf die Besteuerung. Und doch trägt dieser Wettbewerb einmal mehr nicht die Züge eines Race to the bottom. Er bestätigt lediglich aus einem anderen Motiv heraus das Ergebnis, das auch bei Autarkie zu erwarten ist: Keine Regierung bemüht sich darum, einen globalen externen Effekt zu internalisieren.

In Szenario II treten dagegen Opportunitätskosten der Unternehmensansiedlung auf. Wenn das Unternehmen im Inland produziert, verursacht es direkt „heimische“ Umweltschäden. Falls es sich im Ausland ansiedelt, ist das Inland aber von grenzüberschreitenden Effekten betroffen. Die inländische Umweltpolitik muß also zwei Ziele gegeneinander abwägen: Direkte Internalisierung heimischer Externalitäten und indirekte Internalisierung der im Ausland verursachten Externalitäten durch eine attraktive Standortpolitik (Killinger 1995). Die Opportunitätskosten der Unternehmensansiedlung finden ihren Niederschlag in der Differenz der beiden Zielgrößen. Je stärker das Inland c.p. von grenzüberschreitenden Effekten betroffen ist, desto kleiner wird diese Differenz, oder anders ausgedrückt: desto größer wird der Leck-Effekt einer strengen Umweltpolitik. Für den Steuerwettbewerb ist nun der Vergleich von potentiellen Steuereinnahmen und Opportunitätskosten entscheidend. Das Land mit den niedrigsten Opportunitätskosten wird sich in diesem Wettbewerb durchsetzen. Es kann sich dabei um ein Land handeln, in dem bei inländischer Produktion besonders wenig Umweltschäden entstehen. Es könnte aber auch sein, daß dieses Land aufgrund seiner Lage außergewöhnlich stark von grenzüberschreitender Umweltverschmutzung aus anderen Ländern betroffen ist. Schließlich kann erneut das NIMBY-Phänomen auftreten, wenn sich die im Inland (potentiell) verursachten externen Effekte gravierend auswirken würden, aber grenzüberschreitende Effekte relativ harmlos sind.

Dieser Sachverhalt läßt sich mit dem Beispiel Nordseeverschmutzung illustrieren (Rauscher 1995a: 240). Die vorherrschenden Wasserströmungen führen zu einer in etwa dreieckigen Matrix der grenzüberschreitenden Effekte. Großbritannien verschmutzt das eigene Land selbst am wenigsten, wenn sich Unternehmen dort ansiedeln, verglichen mit den anderen Nordseeanrainern. Ein Großteil der Lasten wird exportiert. Auf der ersten Blick sollte man meinen, Großbritannien hätte deshalb die beste Position im Wettbewerb um Unternehmen. Dänemark jedoch ist von der Nordseeverschmutzung sehr stark betroffen, auch wenn diese in Großbritannien verursacht wird. Deshalb sind die Opportunitätskosten der Unternehmensansiedlung in Dänemark aus der Sicht eines wohlwollenden Diktators gering, solange keine Koordination mit Großbritannien möglich ist. Dänemark leidet sowieso unter einem großen Teil der Verschmutzung - da können die Produzenten sich auch gleich dort ansiedeln. So betrachtet, könnte Dänemark im Steuerwettbewerb Großbritannien möglicherweise noch unterbieten.

Zudem kann ein sogenannter Wettbewerbseffekt auftreten (D. Ulph 1994). Nehmen wir an, es konkurrierten mehrere Unternehmen im Oligopol, wobei jedes Unternehmen die Standorte seiner Betriebsstätten wählen kann. Transportkosten trennen die unterschiedlichen nationalen Märkte voneinander, die Preise auf diesen Märkten können deshalb unterschiedlich hoch sein. Vertreibt ein Land einige Betriebe, weil es einen hohen Umweltstandard setzt, sind die verbleibenden Betriebe durch die Transportkosten zu einem gewissen Grad geschützt. Der hohe Umweltstandard führt auch angesichts der geringeren Wettbewerbsintensität zu einem steigenden Preis im Inland, wodurch das angestrebte umweltpolitische Ziel zunächst erreicht wird. Andererseits siedeln sich die vertriebenen Produktionsstätten im Ausland mit niedrigen Umweltstandards an. Dort wird der Wettbewerb aus diesem Grund intensiver, der Preis sinkt, wenn das auserwählte Land nicht ebenfalls mit einem höheren Standard gegensteuert. Der Leck-Effekt kann deshalb stärker sein als bei vollkommenem Wettbewerb oder fehlender Mobilität der Produzenten. Diese Hypothese wurde in einem weiteren mit Daten der Düngemittelindustrie kalibrierten Modell untersucht (A. Ulph 1994, Ulph 1996d). Tatsächlich ergaben die Simulationen starke

Leck-Effekte bis zu 64% - das heißt, fast zwei Drittel der ursprünglich erreichten Reduktion der Externalität wurden durch Mobilität und Wettbewerbseffekt wieder zunichte gemacht.

5. *Wie werden erfolgreiche Kooperationsabkommen erreicht?*

5.1 Die Struktur des Gefangenendilemmas

Grenzüberschreitende Externalitäten verknüpfen die auslösenden und betroffenen Volkswirtschaften miteinander. Jeder Versuch, zu einer Internalisierung zu gelangen, muß diesen Umstand berücksichtigen. Denn weil sie über das Umweltproblem oder die psychischen Externalitäten bei einem sozialen Mißstand miteinander verbunden sind, reagieren die Regierungen der einzelnen Länder stets darauf, wie sich andere Länder bezüglich des Problems verhalten; die Beteiligten befinden sich in ständiger Interaktion. Dieses Zusammenspiel führt meist zu einem Ergebnis, das zwar individuell, aber eben nicht kollektiv rational ist. Das klassische Beispiel für diese Situation ist die Struktur eines Gefangenendilemmas, die einen geeigneten Startpunkt für die Suche nach internationalen Abkommen darstellt. Das Gefangenendilemma muß auf dem einen oder anderen Wege durchbrochen werden.

In Tabelle 5-1 wird die Struktur des Gefangenendilemmas mit einem Zahlenbeispiel verdeutlicht. Die Zahlen in den Feldern symbolisieren den Zahlungsstrom (die „Wohlfahrt"), den die Länder bei unterschiedlichem Verhalten erzielen, wobei die erste Zahl jeweils für Land A gilt. Für beide Länder ist Nichtstun die dominante Strategie, weil sie unabhängig vom Verhalten des anderen Akteurs den höheren Ertrag erbringt. Deshalb ist beiderseitiges Nichtstun das einzige Nash-Gleichgewicht. Offenbar ist das Ergebnis ineffizient, weil beide Länder sich besserstellen könnten, wenn sie internalisieren würden.

Die Struktur des Gefangenendilemmas ist insbesondere für „hinreichend globale", also nicht ausschließlich von einem Land in das andere Land gerichtete, Umweltprobleme sehr charakteristisch, wenn die Länder groß sind. Mit den Zahlenwerten in Tabelle 5-1 läßt sich dies folgendermaßen illustrieren. Im ineffizienten Nash-Gleichgewicht leiden beide unter einem globalen Umweltschaden, der die Wohlfahrt auf den Wert 3 absenkt. Internalisiert das eine Land, so muß es dafür Kosten aufwenden (beispielsweise in Höhe von 4), während der Umweltschaden bloß um 3 zurückgeht. Das andere, untätige Land dagegen trägt keine Kosten, kann den Rückgang der globalen Umweltbelastung um 3 aber ebenfalls voll für sich vereinnahmen; die Reduktion des Schadens ist ein reines öffentliches Gut. Internalisieren beide Länder, so kostet dies beide je 4 Einheiten. Der Schaden sinkt dann allerdings um 6, so daß die globale Wohlfahrt maximiert wird.

Tabelle 5-1: Die Struktur des Gefangenendilemmas

		Land B	
		Internalisieren	Nichtstun
Land A	Internalisieren	5,5	2,6
	Nichtstun	6,2	3,3

Angesichts des ineffizienten Ergebnisses wäre es vorteilhaft, ein Abkommen zu vereinbaren, das beide Parteien auf die Strategie „Internalisieren" festlegt. Mit dem Abkommen an sich ist es aber noch nicht getan, denn das Nash-Gleichgewicht Nichtstun bleibt durch eine bloße Absichtserklärung unberührt. Die Akteure können dieses Dilemma nur durchbrechen, wenn es ihnen gelingt, die Zahlungsströme gezielt zu verändern. Sie vereinbaren deshalb zusätzlich einen Sanktionsmechanismus. Wenn einer der beiden das Abkommen verletzt und nichts tut, muß er dem anderen eine Strafe in Höhe von 2 bezahlen. Falls also zum Beispiel A internalisiert und B nicht, erhält B eine Auszahlung von 6 abzüglich der Strafe, das heißt 4. Die neue Struktur des Spiels ist in Tabelle 5-2 dargestellt. Jetzt zahlt es sich für Land A wie auch für B auf jeden Fall aus, zu internalisieren, egal was der andere Akteur tut. Das neue, einzige Nash-Gleichgewicht ist das effiziente Ergebnis. Es scheint so, als sei das Dilemma gelöst (Barrett 1997a: 241).

Tabelle 5-2: Abkommen mit Sanktionsmechanismus

		Land B	
		Internalisieren	Nichtstun
Land A	Internalisieren	5,5	4,4
	Nichtstun	4,4	3,3

Das charakteristische Problem internationaler Abkommen tritt nun aber genau an diesem Punkt auf. Es gibt keine von beiden Ländern unabhängige Weltregierung, die das Abkommen mit seinem Sanktionsmechanismus durchsetzen könnte. Internationale Umweltabkommen und Abkommen über soziale Rechte, die vor allem in der ILO vereinbart werden, sind dabei durchaus vergleichbar (Adlung 1997). Beide Länder können sich zudem auf das Prinzip der Souveränität berufen und eine Einmischung in ihre „inneren Angelegenheiten" abwehren. Unter diesen Vorzeichen hat das Abkommen keine Chance, beide

Länder zu binden. Weil Land A weiß, daß es zur Zahlung der Strafe nicht gezwungen werden kann, ist seine rationale Strategie nach wie vor das Nichtstun, und das gleiche gilt in diesem symmetrischen Spiel für Land B. Ein Abkommen, das erfolgreich sein soll, muß selbstdurchsetzend (Self-enforcing) sein. Bei dem hier skizzierten Vorschlag ist allein das ursprüngliche Nash-Gleichgewicht (Nichtstun, Nichtstun) selbstdurchsetzend.

Die hier dargestellten wechselseitigen Abhängigkeiten betreffen häufig nicht nur zwei, sondern viele Länder. Die Struktur des Gefangenendilemmas läßt sich problemlos auf N Akteure übertragen. Jedes einzelne Land reagiert dann auf das Verhalten der N-1 anderen Betroffenen. Entscheidet es sich für „Internalisieren", erzielt es eine Wohlfahrt von W_K. Bleibt es untätig, erreicht es W_N. Welchen Wert diese beiden Alternativen annehmen, hängt von der eigenen Ausgangsposition ab, aber auch davon, wieviele Länder k insgesamt (evt. inklusive des eigenen Landes) sich kooperativ verhalten und internalisieren. Die Zahlungsströme lassen sich allgemein formulieren als:

(1) $$W_N = a + bk$$

(2) $$W_K = c + dk$$

Für a, b, d=3 und c=-1 ergibt sich bei zwei Ländern die Matrix in Tabelle 5-1. Bei einer größeren Länderzahl, etwa N=10, bietet sich die graphische Darstellung in Abb. 5-1 an.

Abbildung 5-1: N Länder im Gefangenendilemma

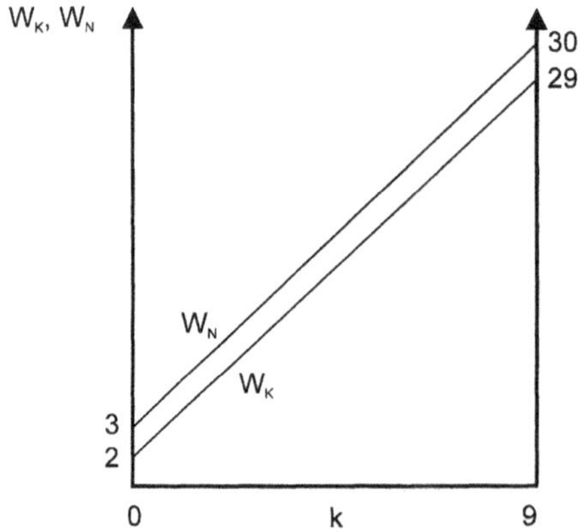

Quelle: Barrett 1997a: 243

Die Länder seien weiterhin bezüglich der Parameter a, b, c und d identisch. Für ein einzelnes Land bleibt es individuell rational, nicht zu internalisieren, auch wenn sich andere kooperativ verhalten. Das einzige Nash-

Gleichgewicht ist k=0, und alle Beteiligten erhalten eine Wohlfahrt W_N in Höhe von 3. Der aggregierte Zahlungsstrom ist

$$W = kW_K + (N-k)W_N$$

Für das hier gegebene Zahlenbeispiel gilt

$$W = 30 + 26k$$

Das Nash-Gleichgewicht mit k=0 ist also eindeutig das kollektiv schlechteste Ergebnis überhaupt. Global wohlfahrtsmaximierend wäre demgegenüber die Internalisierung durch alle N Länder. Kein einziges Land wird sich jedoch dafür entscheiden (Barrett 1997a). Multilaterale Abkommen sind jedoch nicht nur deshalb schwer zu erreichen, weil die Interdependenzen zwischen den Ländern häufig in unkooperatives Verhalten münden. Oft sind sich die Verhandlungspartner noch nicht einmal darüber einig, wie groß das zu lösende Problem ist, ja ob es überhaupt existiert. Bei sozialen Mißständen kommt der grenzüberschreitende Effekt typischerweise nur auf der psychischen Ebene vor. Die Größe dieser Effekte läßt sich nicht messen, so daß eine Einigung der Verhandlungspartner auf dieser Basis unmöglich erscheint. Die als Verursacher dieses „Leidensdrucks“ beschuldigte Regierung wird der Gegenseite stets unterstellen, sie äußere sich strategisch über ihre angebliche Betroffenheit, und im übrigen habe die eigene Bevölkerung gar kein Problem mit dem angeblichen Mißstand. Aber auch die scheinbar „handfesteren“ internationalen Umweltprobleme sind eine schwer greifbare Angelegenheit, und das kann durchaus im Wortsinne verstanden werden. Von daher ist häufig schon umstritten, wie weit die naturwissenschaftliche Evidenz trägt. Liegt überhaupt ein Problem vor, und wie gravierend ist es? Nach wie vor ist etwa durchaus umstritten, ob der sogenannte Treibhauseffekt überhaupt existiert, und erst recht ist fraglich, wie er sich auswirkt. Die prognostizierte Erwärmung könnte in manchen Gegenden die Bodenfeuchte reduzieren und zur Desertifikation führen, in anderen aber die Wachstumsperiode ausdehnen (Cuervo/Gandhi 1998: 7). Es gibt Studien, die für trockene Gebiete in Indien und Afrika durchaus positive Folgen der Klimaveränderung vorhersagen, während beispielsweise der „grain belt“ in den USA leiden wird. Extreme Stimmen vermuten gar, es handle sich möglicherweise um eine bloße Nullsummen-Umverteilung klimatischer Vor- und Nachteile, also keineswegs um ein Negativsummen-Spiel nach Art des Gefangenendilemmas (Lal 1996). Zynisch ausgedrückt: „Unless we define ‘humanity’ to be identical with the interests of US farmers, it is difficult to see how humanity as a whole will be hurt (...)“ (Lal 1996: 157f.). Zugleich können die erst langfristig wirklich erkennbaren negativen Folgen globaler Umweltprobleme so gravierend und irreversibel sein, daß dennoch kooperative Selbstbeschränkung angezeigt wäre. Unsicherheit und Ungewißheit ist aber sicher nicht förderlich für die Verhandlungen über ein Abkommen.

Selbst wenn sich die Länder über das zu lösende Problem einig sind, fällt es sehr schwer, die Verantwortung für dieses Problem zuzuweisen. Letztlich geht es darum, Eigentumsrechte für ein bisher freies Gut zu schaffen. Vor allem in der Diskussion über international handelbare Zertifikate für Kohlendioxid-Emissionen wird diese Schwierigkeit aufgegriffen. Denn der entscheidende Punkt bei dieser Zertifikatslösung ist die Erstzuteilung der Emissionsrechte. Würde jedem Bewohner der Erde das gleiche Verschmutzungsrecht zugestanden (Pro-Kopf-Zuteilung), wäre dies selbstverständlich vorteilhaft für bevölkerungsreiche und wenig industrialisierte Länder - sofern nicht auf die Bevölkerungszahl vor Jahrzehnten, beispielsweise im Jahr 1950, abgestellt und damit rasches Bevölkerungswachstum bestraft wird. Einige Entwicklungsländer argumentieren, die Industrieländer seien für einen Großteil der historisch akkumulierten Treibhausgase verantwortlich und hätten mithin ihre Quoten schon weitgehend verbraucht (Eckaus 1994). Dieser Logik folgend, könnte die Zuteilung invers an die von einem Land in den letzten hundert Jahren emittierte Menge von Treibhausgasen gekoppelt werden. Ganz anders sieht es aus, wenn von allen Ländern einfach die gleiche (oder nur wenig nach Ländergruppen differenzierte) prozentuale Verminderung der Emissionen, ausgehend vom historisch gegebenen Niveau, verlangt wird. Diese „First come, first served" - Logik diskriminiert erheblich zugunsten der stark industrialisierten Nationen. Diese könnten sich wiederum zugute halten, sie hätten in der Vergangenheit in Unkenntnis der möglichen klimatischen Konsequenzen gehandelt. So groß die Zahl der Optionen auch sein mag - es dürfte sehr schwer fallen, eine von allen als „gerecht" empfundene Lösung zu finden (Blackhurst/ Subramanian 1992, GATT 1992: 29ff.).

5.2 Gründe für kooperatives Verhalten

Die Struktur des Gefangenendilemmas stimmt äußerst pessimistisch, erst recht wenn man auch noch die daneben existierenden Schwierigkeiten bedenkt. Das kollektiv wünschenswerte Ergebnis bleibt unerreichbar, weil kein selbstdurchsetzendes Abkommen denkbar ist, das die einzelnen Akteure zuverlässig an kooperatives Verhalten binden könnte. Um so mehr erstaunt, wie viele multilaterale Umweltabkommen inzwischen existieren und mehr oder minder gut funktionieren. Tatsächlich hat dieser erklärungsbedürftige Sachverhalt die Theorie internationaler Umweltabkommen stark motiviert. Zwei Eigenheiten der existierenden Abkommen sind besonders auffällig. Erstens sind sie in aller Regel unvollständig, nicht alle betroffenen Länder stimmen der Kooperation zu. Zweitens treten sie meist erst dann in Kraft, wenn eine festgelegte Mindestanzahl der Unterzeichner das Abkommen ratifiziert hat. Die einfache Struktur des Gefangenendilemmas reicht nicht aus, um diese Merkmale und das Zustandekommen der Abkommen überhaupt zu begründen.

Das Gefangenendilemma in Abb. 5-1 kommt nur dank der spezifischen Parameterwahl zustande. Unterstellen wir beispielsweise, abweichend von den obigen Werten, c sei 4 und d=2, so ergibt sich das in Abb. 5-2 dargestellte Spiel. Es ist jetzt nicht mehr durchgängig besser, untätig zu bleiben: Solange weniger als drei andere Länder internalisieren, ist die Wohlfahrt W_K bei eigenem Engagement höher als der Vergleichswert W_N bei Nichtkooperieren. Falls schon drei andere Länder die Umwelt schützen, sind die Entscheidungsalternativen gleichwertig, ab vier empfiehlt sich wieder das Nichtstun.

Die Folge ist ein stabiles Nash-Gleichgewicht mit vier „sauberen" und sechs „schmutzigen" Ländern[23]. Es kommt zur in der Realität beobachteten partiellen Kooperation. Dieses Gleichgewicht ist selbstdurchsetzend; es ist freilich immer noch ineffizient, weil es am besten wäre, alle könnten sich zu kooperativem Verhalten durchringen. Das Gefangenendilemma ist nicht völlig beseitigt. Da alle N Länder identisch sind, bleibt unklar, wer die Rolle des umweltpolitischen Vorreiters einnimmt. Letztlich handelt es sich um ein Chicken game, weil zwar alle daran interessiert sind, daß die partielle Kooperation zustandekommt, aber keiner selbst kooperieren möchte.

Abbildung 5-2: Partielle Kooperation

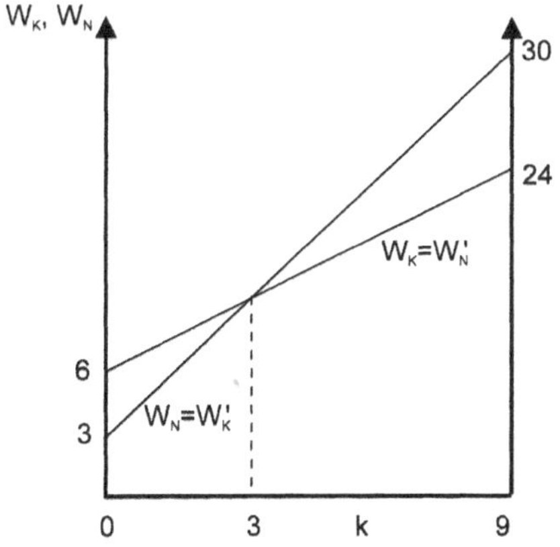

[23] Dabei wird analog zu Barrett (1997) unterstellt, daß sich das indifferente „vierte Land" für die Internalisierung entscheidet. Das ist insofern kritikwürdig, als sich die sechs Schwarzfahrer dann besser stellen als die umweltbewußten Länder. Wenn alle Regierungen die Spielstruktur genau kennen, würde wohl keine die Position des vierten Landes anstreben.

Unterstellen wir die Parameterwerte a=6, b=2, c=0 und d=3, wandelt sich das Spiel erneut grundlegend. Die beiden Kurven in Abb. 5-2 werden vertauscht, W_N' verläuft flacher als W_K'. In diesem Fall gibt es zwei Gleichgewichte, das ineffiziente Gefangenendilemma mit k=0 und die effiziente Situation mit Kooperation aller Beteiligten. Nun wird deutlich, warum es so wichtig sein kann, eine bestimmte Mindestzahl von Ratifizierungen festzulegen. Es gilt, die kritische Masse zu überwinden (Schelling 1978: 91ff.). Solange niemand oder nur ein, zwei Länder internalisieren, unternimmt kein weiteres Land eigene Anstrengungen. Drei umweltbewußte Länder stellen das kritische Minimum dar, ab dem es sich auch für alle anderen Unterzeichner auszahlt, das Abkommen umzusetzen. Eine Vereinbarung, die erst in Kraft tritt, sobald sie von drei Ländern ratifiziert wurde, wird mit großer Wahrscheinlichkeit Erfolg haben. Niemand läuft Gefahr, etwas zu verlieren, wenn er selbst ratifiziert. Solange nicht mindestens zwei andere es ihm gleichtun, wird das Abkommen gar nicht wirksam, falls doch, kann er nur gewinnen. Ein solchermaßen formulierter Vertrag ist selbstdurchsetzend und führt zum kollektiv wie individuell wohlfahrtsmaximierenden Ergebnis.

Diese Situation ist bei globalen Umweltproblemen gar nicht so unwahrscheinlich. Wenn ein Land beispielsweise im Alleingang seine CO_2-Emissionen senkt, so trägt es die dabei enstehenden Kosten selbst, während alle Nutzen daraus ziehen. Wenn sich aber weitere Länder engagieren, bleiben die Kosten des Vorreiters unverändert, während der Nutzen für ihn immer größer wird, da ja nun insgesamt mehr gegen das Umweltproblem getan wird. Das Verhältnis von Kosten und Nutzen wird immer günstiger, je mehr Länder mitmachen. Bei einer ganz bestimmten Zahl von Teilnehmern wird es attraktiv, sich auch zu beteiligen. Die „Minimum critical coalition“ erfüllt zwei Bedingungen: Der Nutzen entspricht bei dieser Teilnehmerzahl mindestens den Kosten des Umweltstandards; dies gilt jedoch für keine Subkoalition mit weniger Teilnehmern. Nun kommt es noch darauf an, ob Seitenzahlungen zwischen den Parteien möglich sind. Falls ja, genügt es, wenn der insgesamt auftretende Nutzen mindestens so groß ist wie die Summe der Kosten aller Länder. Falls nein, muß die strengere Bedingung erfüllt sein, daß für jedes einzelne Land der Nutzen nicht kleiner als die Kosten ist (Heal 1994).

Ein altruistischer Vorreiter „auf eigene Faust“, das heißt bevor ein Abkommen mit einer festgelegten kritischen Koalition vereinbart wurde, wird sich dagegen meist schlechter stellen. Andere Länder könnten darauf reagieren, indem sie ihre eigenen Umweltstandards senken. Das Vorreiterland schwächt zudem seine Position in den Verhandlungen über ein Abkommen. Es wird von den Verhandlungspartnern zu niedrigeren kooperativen Emissionen gezwungen, weil es ja bereits demonstriert hat, wie leicht ihm der Umweltschutz fällt. Die Partner selbst wiederum gönnen sich höhere Emissionsniveaus als in einer Verhandlung unter „gleich egoistischen" Ländern. Schlimmstenfalls steigt deshalb sogar das vereinbarte Emissionsziel insgesamt an, die globale Wohlfahrt sinkt - und der Vorreiter erreicht das Gegenteil dessen, was er sich erhofft hat. Auszahlen wird sich das Vorreiterverhalten höchstens dann, wenn einige unsichere Effekte eintreten. Möglicherweise verbessert sich das Verhandlungsklima, nachdem ein Land guten Willen gezeigt hat. Interessengruppen in anderen Ländern, die bisher behaupteten, strengere Umweltstandards seien gar nicht finanzierbar, werden eines Besseren belehrt und kommen unter Druck (Endres/Finus 1998, Hoel 1991).

Partielle, ja sogar vollständige Kooperation ist also durchaus möglich, obwohl die Interaktion der Betroffenen abschnittsweise an ein Gefangenendilemma erinnert. Allerdings wurde dies bisher nur für willkürlich unterstellte Parameterwerte gezeigt. Die wichtigste Frage ist noch ungelöst, nämlich welche Mechanismen dazu beitragen können, ein reines Gefangenendilemma in eine Situation mit zumindest partieller Kooperation zu überführen (Batabyal 1996).

5.3 Mechanismen zur Stabilisierung kooperativen Verhaltens

Wie bereits festgehalten wurde, kann ein Ausbruch aus dem Gefangenendilemma nur dann gelingen, wenn die betroffenen Parteien ein Kooperations-Abkommen vereinbaren, das sich selbst durchsetzt. Zumindest für einen Teil der Betroffenen muß es vorteilhafter sein, die Absprachen einzuhalten, als die Schwarzfahrer-Position zu wählen. Ein Abkommen ist bei der Teilnehmerzahl k* „Self-enforcing", die den Unterzeichnern s keinen Anreiz gibt, dessen Bestimmungen zu verletzen (Lower stability), und bei der die Nicht-Unterzeichner n kein Interesse daran haben, diesem Abkommen beizutreten (Upper stability). Sowohl die „Lower stability" als auch die „Upper stability" muß gewährleistet sein (Ecchia/Mariotti 1997), damit das Abkommen in der gegebenen Form Bestand hat. Allgemein und formal ausgedrückt:

$$W_s(k^*) \geq W_n(k^*-1)$$

$$W_n(k^*) \geq W_s(k^*+1)$$

Im reinen Gefangenendilemma ist, wie wir gesehen haben, kein Abkommen mit k*>0 selbstdurchsetzend. Die erste Bedingung ist nie erfüllt, die zweite jedoch bei jeder beliebigen Teilnehmerzahl: Es lohnt sich individuell auf keinen Fall, Vermeidungsanstrengungen zu unternehmen. Bessere Ergebnisse sind nur dann zu erwarten, wenn auf die beiden Bedingungen Einfluß genommen wird. Dafür gibt es grundsätzlich zwei Ansatzpunkte: Entweder wird die Position der Unterzeichner verbessert, indem ihnen eine Belohnung für ihr kooperatives Verhalten zukommt. Oder aber die Position der Nicht-Unterzeichner wird gezielt verschlechtert, indem ein Sanktionsmechanismus ihr unkooperatives Verhalten bestraft. Bekanntlich genügt es nicht, diesen Mechanismus auf dem Papier festzuschreiben. Auch er muß selbstdurchsetzend sein, und es wird sich zeigen, daß er insbesondere eine glaubwürdige Drohung darstellen muß.

Die beiden Bedingungen für ein selbststabilisierendes Abkommen sind neuerdings selbst unter Beschuß geraten. Diesem Konzept wird vorgeworfen, es unterstelle eine übertriebene Kurzsichtigkeit der beteiligten Länder (Ecchia/Mariotti 1997). Nehmen wir an, es gebe drei Länder A, B und C. Zur Zeit befinden sich die Länder A und B in einer Koalition; Land C könnte seine Lage verbessern, wenn es dieser Koalition beitritt und damit die große Koalition zustandekommt. Die „Upper Stability"-Bedingung nach der obigen Definition ist im Status quo also nicht erfüllt. Land C tritt der Koalition demnach bei. Es könnte nun sein, daß eines der Länder A, B aus der großen Koalition ausschert, sobald C beigetreten ist, weil es (gegeben die Kooperation der beiden anderen Länder) als Schwarzfahrer höhere Erträge erzielt. In einer Koalition A, C oder B, C stellt sich das Land C aber möglicherweise schlechter als im Ausgangspunkt. Wenn Land C also nicht kurzsichtig ist, sondern zwei Schritte vorausschaut, wird es der Koalition A, B gar nicht beitreten - demnach ist die Koalition A, B doch „stabil nach oben".

„Weitsichtigkeit" der Länder würde die Chancen für ein selbststabilisierendes Abkommen ganz wesentlich erhöhen. Dabei ist diese Weitsichtigkeit nicht zu verwechseln mit der häufig erhobenen Forderung, die Politiker sollten daran denken, welch gravierende Folgen Nichtstun längerfristig haben könnte. Es geht „nur" darum, daß weitsichtige Akteure berücksichtigen, wie andere Länder auf ihr Verhalten reagieren werden. Gehen wir davon aus, die Akteure hätten sich in einer Situation des Gefangenendilemmas auf kooperatives Verhalten geeinigt. Bei kurzsichtigen Vertragsparteien ist dieses Abkommen das Papier nicht wert, auf dem es gedruckt ist, denn jeder wird versuchen, als Schwarzfahrer höhere Erträge abzuschöpfen. Der weitsichtige Akteur jedoch denkt daran, daß die anderen Parteien seinem Verhalten folgen werden, falls er sich selbst als Schwarzfahrer gebärdet, so daß die Vereinbarung zusammenbricht und er selbst schlechter dasteht, als wenn er der Free-rider-Verlockung widerstanden hätte. Weil er diese Kettenreaktion voraussieht, wird sich der weitsichtige Akteur vertragstreu verhalten. Erstaunlicherweise ist es gerade die Stärke des Schwarzfahrer-Anreizes im Gefangenendilemma und damit die große Wahrscheinlichkeit, daß ein Schwarzfahrer sofort Nachahmer findet, die alle Akteure bei der Stange hält (Ecchia/Mariotti 1997).

So faszinierend die Idee der „Weitsichtigkeit" auch erscheint, mangelt es ihr wohl doch an der Realitätsnähe. Sie stellt hohe Anforderungen an die Rationalität der verhandelnden Regierungen, was noch angehen mag. Darüber hinaus setzt sie vollkommene Information voraus, zwar nicht unbedingt über die exakten Zahlungsströme für jeden einzelnen Beteiligten in jeder Lage, aber immerhin über die veränderten Anreize in allen möglichen Konstellationen. Schließlich deuten Public-choice-Überlegungen darauf hin, daß für Politiker oftmals ein kurzfristiger (Schwarzfahrer-)Gewinn verlockend erscheint, während längerfristige Einbußen nicht so bedrohlich wirken. Dieser Argumentation wird beispielhaft entgegengehalten: „(...) one does not observe tariff wars all the time (...)“ (Ecchia/Mariotti 1997: 25). Andererseits ist der Protektionismus aber auch nicht tot. Insofern soll hier die bescheidenere Suche nach Mechanismen, die Vereinbarungen eher kurzsichtiger Länder stabilisieren könnten, betrieben werden.

5.3.1 Endogene Standardsetzung

Ein erster und besonders einfacher Belohnungs-/ Bestrafungs-Mechanismus ergibt sich durch eine Verfeinerung der Entscheidungssituation. Bisher ging es um 0-1-Entscheidungen, die Länder blieben entweder untätig oder entschlossen sich zur Internalisierung. Den realen Verhandlungsprozessen entspricht eher eine zweistufige Struktur. Im ersten Schritt entscheiden sich die Betroffenen, ob sie zu einem gemeinsamen Vorgehen bereit sind oder nicht. Im zweiten Schritt legen die Unterzeichner fest, wie stark sie sich um eine Internalisierung bemühen wollen. Üblicherweise wird davon ausgegangen, daß sie ein innerhalb ihrer Gruppe optimales Emissionsniveau festlegen. Ebenso wählen die Nicht-Unterzeichner erst im zweiten Schritt das für sie wohlfahrtsmaximierende Emissionsniveau. Damit entsteht ein ganzes Kontinuum unterschiedlicher Umweltstandards, von völliger Untätigkeit bis zur kollektiv optimalen vollständigen Internalisierung (Barrett 1994b, Hoel 1992).

Es ist leicht vorstellbar, wie die Außenstehenden nun dazu bewegt werden könnten, dem Abkommen beizutreten. Sobald ein neues Mitglied hinzukommt, erhöhen die bisherigen Unterzeichner ihre eigenen Anstrengungen, sie senken ihr Emissionsniveau noch weiter ab. Das potentielle Neumitglied wird also für seine Kooperationsbereitschaft belohnt. Selbstverständlich wird es trotzdem nur dann beitreten, wenn es infolge dieser Belohnung insgesamt attraktiver erscheint, dem Abkommen beizutreten, als weiterhin abseits zu stehen. Immerhin erhöht sich aber die relative Vorteilhaftigkeit des Unterzeichner-Status. Dieser Mechanismus funktioniert auch in der entgegengesetzten Richtung. Sobald ein Unterzeichner seine Pflichten verletzt und aus dem Abkommen ausscheidet, reduzieren die verbleibenden Insider ihren Umweltstandard und bestrafen so den Vertragsbrüchigen. Der Austritt wird also relativ unattraktiver.

Damit dieser Mechanismus funktioniert und ein selbstdurchsetzendes Abkommen sichert, muß es allerdings für die Gruppe der Unterzeichner rational sein, sich entsprechend zu verhalten - nur dann ist er glaubwürdig. Die Unterzeichner wählen jeweils den für ihre Gruppe wohlfahrtsmaximierenden Umweltstandard. Wenn ein Unterzeichner ausscheidet, muß der optimale Standard für die Verbliebenen niedriger sein als bisher (mehr Emissionen) und umgekehrt. Simulationen dieses einfachen Mechanismus' kommen allerdings zu ernüchternden Ergebnissen (Barrett 1994b). In vielen Situationen ist ein Abkommen nur bei sehr kleinen Teilnehmerzahlen (meist 2 oder 3) selbstdurchsetzend, obwohl der hier beschriebene Mechanismus glaubwürdig ist. Das gilt auch und gerade bei sehr vielen Betroffenen, so daß diese Abkommen kaum eine Verbesserung gegenüber dem nicht-kooperativen Status quo erreichen. Je mehr Betroffene vorhanden sind, desto schwieriger wird es, einzelne Schwarzfahrer zu entlarven. Zudem werden die vielen anderen Länder durch das Fehlverhalten eines einzelnen „Sünders" kaum betroffen, so daß sich für eine große Gruppe von Unterzeichnern der optimale Umweltstandard kaum verändert und keine wirksame Strafe darstellt. Auch deshalb kann die Unterzeichner-Koalition nur klein sein. Schließlich verlangt die Bestrafung durch endogene Umweltstandards ein gemeinsames Vorgehen der Unterzeichner, das ebenfalls bei großen Koalitionen schwer vorstellbar ist (Ködding 1997: 45f.). Unter bestimmten funktionalen Voraussetzungen ist zwar eine große Teilnehmerzahl oder sogar volle Kooperation erreichbar, bloß ist in diesen Fällen die Wohlfahrtsdifferenz zwischen dem nicht-kooperativen und dem vollständig kooperativen Ergebnis minimal. Möglicherweise fällt das Montrealer Protokoll über den Schutz der Ozonschicht in diese Kategorie. Viele Nationen unterzeichneten dieses Abkommen, aber inzwischen wurde empirisch gezeigt, daß zumindest in der ersten Version des Protokolls nur Schritte vereinbart wurden, die die Länder sowieso unternommen hätten (Murdoch/Sandler 1997). Sobald der potentielle Wohlfahrtsgewinn aus der Kooperation zunimmt, geht das k* des selbstdurchsetzenden Abkommens dramatisch zurück, und erneut ist kein nennenswerter Erfolg zu verzeichnen (Barrett 1994b, Finus/Rundshagen 1997). Der glaubwürdige und einfache Mechanismus endogener Standardsetzung der Unterzeichner ist ausgesprochen schwach.

5.3.2 Nicht-Kooperation als Antwort auf Schwarzfahrer

Die Grundidee des vorangehenden Abschnitts war, einen Belohnungs- und Bestrafungs-Automatismus im Abkommen zu etablieren, der auf der endogenen Veränderung des umweltpolitischen Ziels aufbaut. Je mehr Länder sich kooperativ zeigen, desto anspruchsvoller wird das Ziel der kooperierenden Nationen. Umgekehrt wird mangelnde Kooperationsbereitschaft mit geringeren Internalisierungsbemühungen bestraft. Diese Idee kann nun auf die Spitze getrieben werden, indem man die möglichen Alternativen beschränkt. Die einfachste Verhandlungsstruktur dieser Art beinhaltet nur zwei Optionen für das Handeln der einzelnen Regierungen: Beteilige Dich an dem Abkommen, wenn alle anderen auch dazu bereit sind. Setze jedoch Deinen nicht-kooperativen Umweltstandard (gar keine Internalisierung von globalen Externalitäten), sobald auch nur ein anderer sich nicht daran beteiligen will. Der große Vorteil dieses Verhandlungsprozesses ist sein erhebliches Bestrafungspotential. Ein Blick zurück auf das Gefangenendilemma in Abb. 5-1 zeigt dies deutlich. Jedes Land kann durch die Kooperation aller eine Wohlfahrt in Höhe von 29 erreichen. Ohne ein selbstdurchsetzendes Abkommen ist die Kooperation aber undenkbar, weil die Schwarzfahrer-Position stets einen noch höheren Zahlungsstrom verspricht. Die hier vorgeschlagene Verhandlungsstruktur räumt diesen Anreiz zum individuellen Fehlverhalten aus, indem sie bloß zwei Alternativen bietet: Entweder kooperiert das Land (wie alle anderen auch) und erhält den Zahlungsstrom 29. Oder es kooperiert nicht, woraufhin auch alle anderen Länder untätig bleiben, und erhält bloß 3 Einheiten. Die Schwarzfahrer-Verlockung ist damit gebannt.

Der Haken an der Geschichte ist jedoch, daß sich die kooperationswilligen Länder mit dieser harten Strafe (auch) selbst treffen. Schließlich leidet nicht nur der Vertragsbrüchige unter der Auflösung der Kooperation, sondern alle Länder gleichermaßen. Die Strafe ist insofern irrational für die Gruppe der verbliebenen Unterzeichner, die deshalb ziemlich schnell von dieser harten Sanktion absehen werden. Kam die Kooperation aller N Länder nicht zustande, so ist es für die verbliebenen N-1 Länder in aller Regel besser, sich an einen Tisch zu setzen und ein neues Abkommen auszuhandeln, als dauerhaft auf jede Kooperation zu verzichten. Auch dies ist in der oben dargestellten Situation (Abb. 5-1) erkennbar. Die verbliebenen neun Länder entscheiden sich nach der Ablehnung des zehnten Landes für eine partielle Kooperation, weil sie dann einen Zahlungsstrom von immerhin 26 (gegenüber 3 bei Nicht-Kooperation) erreichen können. Dann zahlt sich die Außenseiterposition für den einen Schwarzfahrer jedoch aus, er erzielt 30 und hat seine Wohlfahrt gegenüber Vertragstreue verbessert. Natürlich werden dies alle N Regierungen erkennen, und das Gefangenendilemma setzt sich mit aller Macht durch. Als Quintessenz läßt sich eine weitere Bedingung für ein erfolgreiches Abkommen herauslesen. Es muß vollkommen „Renegotiation proof" sein, das heißt, wenn der Vertrag tatsächlich so nicht akzeptiert wird, dürfen dennoch keine Anreize bestehen, ein anderes Abkommen auszuhandeln. Die harte Drohung mit völligem Verzicht auf künftige Kooperationsversuche in anderen Konstellationen ist meist unglaubwürdig, weil sie eben nicht immun gegen Neuverhandlung ist. Nur in gezielt konstruierten Fällen zieht diese Drohung, nämlich dann, wenn sich Kooperation wirklich einzig und allein bei Teilnahme aller auszahlt (Barrett 1997a, Chander/Tulkens 1994, 1995).

5.3.3 Abkommen über mehrere Perioden

Die bisherigen Überlegungen basieren alle auf einperiodigen Spielen, auch wenn sie wie im vorangegangenen Abschnitt den Eindruck einer gewissen Schein-Dynamik erweckt haben. Laufen Spiele jedoch über mehrere Perioden ab, verändern sich die Entscheidungsgrundlagen der Akteure, möglicherweise zugunsten einer kooperativen Lösung. Ein Gefangenendilemma kann sich von selbst auflösen, wenn die Akteure wieder und wieder aufeinandertreffen und das Verhalten des Gegenübers in den bisherigen Spielrunden kennen. Diese Aussage ergibt sich aus der allgemeinen Erkenntnis, daß das voll kooperative Ergebnis eines einperiodigen Spiels als teilspielperfektes Gleichgewicht eines unendlich oft wiederholten (Super-)Spiels aufrechterhalten werden kann, wenn die Diskontrate hinreichend klein ist. Bei Spielen über mehrere Runden hat diese Rate also einen zentralen Einfluß. Sie markiert die „Ungeduld" eines Landes und damit seine Bereitschaft, kurzfristig auftretende Kosten zugunsten langfristiger Gewinne hinzunehmen. Für ein in diesem Sinne sehr ungeduldiges Land mit hoher Diskontrate ist die Versuchung groß, ein Abkommen zu brechen und eine Periode lang schwarz zu fahren, obwohl es später dafür bestraft wird.

Die Diskontrate eines Landes i sei r_i, seine Wohlfahrt bei vollständiger Kooperation W_i^K, ohne Kooperation W_i^N und für den Fall, daß Land i und nur Land i schwarzfährt W_i^S. Aus der Diskontrate ergibt sich der Diskontfaktor δ_i. Je größer der Diskontsatz ist, je ungeduldiger das Land i sich gebärdet, desto kleiner wird der Diskontfaktor:

$$\delta_i = \frac{1}{1+r_i} \qquad 0 < \delta_i < 1$$

Die unendlich wiederkehrenden Perioden-Zahlungsströme werden auf den heutigen Zeitpunkt abdiskontiert, wobei die Zeit diskret gemessen wird:

$$W_i = \sum_{t=0}^{\infty} \delta_i^t W_{it}$$

Wenn die Perioden-Zahlungsströme stets gleich sind, ist deren Barwert als Ergebnis einer unendlichen geometrischen Reihe einfach zu bestimmen:

$$W_i = \sum_{t=0}^{\infty} \delta_i^t W_{it} = W_{it} \sum_{t=0}^{\infty} \delta_i^t = \frac{1}{1-\delta} W_{it}$$

Ein Abkommen wird nur dann dauerhaft selbstdurchsetzend sein, wenn in jedem Zeitpunkt der Ertrag der Kooperation über alle Perioden hinweg größer oder wenigstens gleich groß ist wie der Ertrag aus einer Schwarzfahrer-Periode plus anschließender immerwährender Nicht-Kooperation. Formal ausgedrückt (Stähler 1996):

(1) $$\frac{1}{1-\delta_i} W_i^K \geq W_i^S + \frac{\delta_i}{1-\delta_i} W_i^N$$

W_i^K wird nach dem obigen Muster auf den betrachteten Zeitpunkt abdiskontiert. Bei W_i^S ist das nicht nötig, weil der Schwarzfahrer-Gewinn nur einmal, und zwar in der jetzt relevanten Periode, auftreten kann. W_i^N tritt danach unendlich lange auf, allerdings eben erst ab der nächsten Periode; also gilt:

$$\sum_{t=1}^{\infty} \delta_i^t W_i^N = \sum_{t=0}^{\infty} \delta_i^t W_i^N - W_i^N = W_i^N \left(\frac{1}{1-\delta_i} - \frac{1-\delta_i}{1-\delta_i} \right) = \frac{\delta_i}{1-\delta_i} W_i^N$$

Diese Beziehung, die auch in der Oligopoltheorie gebräuchlich ist, kann nun nach δ_i aufgelöst werden (Safadi/ Low 1992: 294, Shapiro 1989: 364):

$$(2) \qquad \delta_i \geq \frac{W_i^S - W_i^K}{W_i^S - W_i^N}$$

Es ist unmittelbar ersichtlich, wie wichtig Geduld oder Ungeduld eines Landes für die Stabilität des kooperativen Abkommens sind. Gewichtet das Land die Zukunft stark, werden die künftigen Erträge kaum abdiskontiert und der Diskontfaktor geht gegen eins. Ein geduldiges Land wird deshalb kaum jemals das Abkommen brechen, wie ein Blick auf die rechte Seite der Gleichung verdeutlicht. W_i^K ist größer als W_i^N, wenn das Abkommen nicht trivial sein soll. Der gesamte Ausdruck ist also stets kleiner als eins. Bei sehr geringen Diskontsätzen genügen also minimale Strafandrohungen, um Land i zur dauerhaften Kooperation zu bewegen; W_i^N muß nur wenig kleiner als W_i^K sein, damit das Abkommen stabil ist. Diese Aussage entspricht dem Folk-Theorem, das aufgrund seiner Plausibilität schon vor seiner schriftlichen Fassung als „Folk wisdom" der Spieltheorie angesehen wurde (Fudenberg/ Tirole 1991: 150ff.).

Die obige Bedingung und das Folk-Theorem allgemein stimmen zunächst optimistisch. Während bei den einperiodigen Spielen das kooperative Gleichgewicht nur unter sehr speziellen Annahmen mit einem selbstdurchsetzenden Abkommen erreicht werden kann, scheint dies bei unendlich oft wiederholten Spielen erheblich leichter möglich zu sein. Mehrere Probleme bleiben dennoch zu lösen. Die Weisheit des Folk-Theorems gilt auch umgekehrt: Ein sehr ungeduldiges Land mit hoher Zeitpräferenzrate und einem Diskontfaktor, der gegen null tendiert, hat auch in einem infiniten Spiel starke Anreize, das Abkommen zu brechen. Dieses Problem ist gerade bei internationalen Umweltabkommen allgegenwärtig. Typischerweise müssen diese Abkommen auch weniger entwickelte Länder umfassen, um dem globalen Charakter der zugrundeliegenden Externalitäten gerecht zu werden. Die Bevölkerung eines Entwicklungslandes ist aber besonders ungeduldig, weil die vorherrschende Armut zu kurzfristigen materiellen Verbesserungen zwingt. Für globale Umweltprobleme ist schlicht „keine Zeit" übrig, und künftig zu erwartende Schäden beim Scheitern kooperativer Vereinbarungen schrecken kaum ab. Unter diesen Umständen ist es selbst bei infinitem Zeithorizont sehr schwer, ein stabiles Abkommen zu konstruieren.

Diese Überlegungen zeigen auch, daß jede Behinderung der wirtschaftlichen Entwicklung dieser Länder äußerst kontraproduktiv sein kann. Nur wenn das Armutsproblem gelöst wird und der allgemeine Wohlstand der Bevölkerung steigt, kann die Regierung eines sich entwickelnden Landes bei ihrer Entscheidung über Kooperation oder Nicht-Kooperation allmählich sinkende Zeitpräferenzraten ansetzen. Umweltklauseln, die heute bestimmte Standards aufzwingen, könnten also auf subtile Art und Weise den künftigen Erfolg freiwillig vereinbarter Abkommen stark einschränken. So betrachtet, wird mehr Geduld der höher entwickelten Länder langfristig sinnvoller sein als der Versuch, heute bestimmte Klauseln gegen den ökonomisch begründeten Widerstand anderer Länder durchzusetzen.

Implizit unterstellt die obige Bedingung (1) zudem eine ganz bestimmte Spielstrategie, die sogenannte Grim-Strategie. Sie überträgt die Idee des vorhergehenden Abschnitts in einen dynamischen Kontext, indem folgende Regel eingehalten wird: Kooperiere in der ersten Spielrunde und in jeder weiteren Periode, sofern kein Mitspieler zuvor das Abkommen verletzt hat. Setze aber für alle Zukunft Deinen nicht-kooperativen Standard, falls auch nur ein Mitspieler in der vergangenen Runde schwarzgefahren ist. Die Spieler „ärgern" sich demnach sehr nachhaltig über das Fehlverhalten eines anderen. Der Vorteil dieser Spielstrategie ist ihr großes Drohpotential. Das völlig unkooperative Verhalten nach Vertragsbruch erbringt das geringste Wohlfahrtsniveau und stellt deshalb die schärfste denkbare Strafe dar. Die rechte Seite von (2) wird so klein wie nur möglich, die Anforderungen an den Diskontierungsfaktor werden damit minimiert und auch relativ ungeduldige Länder haben angesichts der drohenden Strafe noch einen Anreiz, sich kooperativ zu verhalten.

Diese Drohung ist aber auch in einem Spiel über unendlich viele Perioden kaum glaubwürdig. Die Bestrafenden treffen sich auch selbst und haben ebenso wie der Bestrafte ein großes Interesse daran, erneut ein Kooperationsabkommen zu schließen. Weil jeder Mitspieler dies ganz genau weiß, beschreibt die Grim-Strategie kein selbstdurchsetzendes Abkommen. Optimismus in bezug auf die Chance zur Kooperation ist deshalb unangebracht. Die Bedingung 3-1 genügt meist nicht, das Abkommen muß so konstruiert sein, daß Neuverhandlungen ausgeschlossen werden können. In diese Richtung gehen die Bedingungen des „Weak-renegotiation-proofness"-Konzepts (Farrell/Maskin 1989). Dieser Vorschlag berücksichtigt einerseits die unverzichtbare Bestrafung eines Schwarzfahrers, andererseits läßt er erneute Kooperation nach der Schwarzfahrerperiode zu. Weak renegotiation proofness definiert aus diesem Grund die folgende Strategie. Alle Spieler verhalten sich auch hier kooperativ, solange kein anderer das Abkommen bricht. Neu ist nun allerdings, daß auch alle Spieler nach einem individuellen Vertragsbruch das Abkommen erneut erfüllen, sobald der reuige Sünder eine Periode lang einseitig zu seiner Pflicht zurückgekehrt ist. Die Bestrafung wird hier also anders definiert. Es gibt nur eine einzige Bestrafungsperiode. Alle Spieler sind ja daran interessiert, möglichst rasch zur Kooperation zurückzukehren. Andererseits muß aber eine Strafe angedroht werden, weil das Abkommen sonst kaum Aussicht auf Erfolg hat. Innerhalb der Bestrafungsperiode setzen die vertragstreuen Parteien nicht unbedingt ihren nicht-kooperativen Standard (der ihnen selbst schaden kann), sondern exakt den, der für ihre Gruppe rational ist. Der Schwarzfahrer zeigt sich sehr schnell reuig, indem er in der Bestrafungsperiode freiwillig und einseitig den kooperativen Standard setzt. Die Spieler halten sich demnach an eine „Getting-even"-Strategie (Barrett 1997c). Um das Verhalten des Schwarzfahrers sowie der restlichen Parteien deutlicher darstellen zu können, indexieren wir die W-Variablen nun doppelt. $W^{K,B}$ steht beispielsweise für die Bestrafungsperiode, in der sich der Schwarzfahrer kooperativ verhält (K) und die übrigen Spieler ihren gruppenrationalen Straf-Standard wählen (B). Die weiteren Indexierungen sind sinngemäß zu verstehen. Zwei weitere Bedingungen charakterisieren dann Weak renegotiation proofness:

$$(1+\delta_i)W_i^{K,K} \geq W_i^{N,K} + \delta_i W_i^{K,B}$$

Diese Bedingung bezieht sich auf die beiden entscheidenden Zeitabschnitte: Die Schwarzfahrerperiode und die direkt anschließende Bestrafungsperiode. Auf der linken Seite steht als Vergleichsmaßstab das Ergebnis bei kooperativem „Wohlverhalten" über zwei Perioden hinweg. Rechts ist dagegen die Summe aus Schwarzfahrer-Ertrag und (abgezinstem) Ertrag in der Bestrafungsperiode festgehalten. Die Aussage dieser Ungleichung ist klar. Beständige Kooperation darf nie weniger lohnend sein als einmaliges Schwarzfahren mit anschließender Buße. Es genügt, diese beiden zentralen Perioden zu betrachten, weil davor und danach immer volle Kooperation vorliegt.

Unbefriedigend ist daran immer noch, daß einfach unterstellt wird, der Schwarzfahrer sei bereit dazu, eine Periode lang Buße zu tun, indem er allein den kooperativen Standard setzt. Deshalb muß eine weitere Bedingung eingeführt werden, die diese Bereitschaft explizit aufgreift.

$$W_i^{K,B} + \frac{\delta_i}{1-\delta_i} W_i^{K,K} \geq \frac{1}{1-\delta_i} W_i^{N,B}$$

Die Betrachtung beginnt hier, nachdem der Vertrag gebrochen wurde. Auf der linken Seite ist dargestellt, welches Gesamtergebnis ein reuiger Sünder erwarten kann. Er nimmt in der ersten Periode seine Strafe hin und verhält sich kooperativ, erzeugt damit neues Vertrauen und kann anschließend auf immerwährende Kooperation zählen. Falls er sich jedoch in der Bestrafungsperiode nicht-kooperativ zeigt, bleiben seine Mitspieler bei ihrem gruppenrationalen Standard. Wenn die linke Seite nicht kleiner als die rechte ist, hat der Schwarzfahrer keinen Grund, sich starrsinnig zu gebärden. Schwarzfahren wird dann in diesem Konzept als ein Unfall angesehen, ein Mißgeschick, das alle Beteiligten möglichst schnell wieder aus der Welt räumen wollen.

Das Konzept der Strong renegotiation proofness geht noch einen Schritt weiter. Es könnte sein, daß ein oder mehrere weitere mögliche Abkommen in Frage kommen, die ebenfalls schwach vor Neuverhandlung gesichert sind. Falls eines dieser weiteren potentiellen Abkommen das derzeit bestehende Abkommen Pareto-dominiert, werden sich die Spieler nach dem Vertragsbruch vom aktuellen Abkommen distanzieren und zu der neuen Vereinbarung gelangen. Es kommt also doch zu Neuverhandlungen, das ursprüngliche Abkommen ist nicht „stark" gesichert, und der gesamte Bestrafungsmechanismus fällt in sich zusammen. Üblicherweise wird im Zusammenhang mit internationalen Umweltabkommen dennoch unterstellt, Weak renegotiation proofness genüge als Anforderung an ein selbststabilisierendes Abkommen. Um dies zu rechtfertigen, muß eine gewisse Selbstverpflichtung (Commitment) der Vertragsparteien vorliegen, keinesfalls auf die Bestrafung zu verzichten und nicht neu zu verhandeln. Dieses Commitment wird empirisch bestätigt und läßt sich damit begründen, daß die öffentliche Meinung darauf drängt, ein vertragsbrüchiges Land tatsächlich zu bestrafen, anstatt erneut mit ihm zu verhandeln (Stähler 1996). Zudem müssten die Beteiligten auch erneut Kosten für die Verhandlungen aufwenden.

Im Zusammenhang mit internationalen Umweltabkommen werden mehrperiodige Spiele auch dem Aspekt des „Compliance" besser gerecht, also des Einhaltens der vereinbarten Standards. Damit ist nicht die Gefahr eines offenen Vertragsbruchs gemeint, sondern die Versuchung für jeden Unterzeichner, geringfügig von der eigenen Verpflichtung abzuweichen, die ja im Abkommen den kollektiven, nicht den individuellen Zahlungsstrom maximiert. Bei einperiodigen Spielen kann die in der Realität weithin anzutreffende Compliance nur unterstellt werden. In mehrperiodigen Spielen gehört sie dagegen zu den endogen ermittelten Spielergebnissen, weil ein laxer Umgang mit den eigenen Pflichten in späteren Perioden stets sanktioniert werden kann (Barrett 1997a). Allerdings ist es gerade bei internationalen Umweltabkommen fast unmöglich, Non-compliance überhaupt zu entdecken. So fällt es beispielsweise schon schwer, den Beitrag einzelner Länder zur globalen Klimaveränderung zu ermitteln. Noch schwieriger wird es sein, zu überprüfen, ob ein Land seine Reduktionsverpflichtungen erfüllt. Es genügt, auf die Ungenauigkeit der vorhandenen Daten hinzuweisen, um sich des Vorwurfs einer Vertragsverletzung zu erwehren (Rotillon/Tazdait 1996).

Die Chancen für ein selbststabilisierendes Abkommen erhöhen sich insgesamt beträchtlich, wenn die Vertragsparteien von einem unendlichen Horizont ausgehen. Das ist ermutigend, aber häufig trotzdem nicht ausreichend. Insbesondere bei großer „Ungeduld", das heißt einer hohen Zeitpräferenz der beteiligten Länder wird die infinite Perspektive allein kaum ausreichend sein, um die Kooperation auf breiter Basis dauerhaft zu sichern. Nach wie vor wäre es vorteilhaft, wenn die Zahlungsströme so verändert werden könnten, daß Kooperation für möglichst viele Länder attraktiv erscheint.

5.3.4 Pro und Contra von Transferlösungen

Die bisher diskutierten Mechanismen haben den Vorzug, quasi automatisch innerhalb des Spielgeschehens zu funktionieren. Sie setzen allerdings in der Regel eher subtile Kooperationsanreize, die offenbar selten ausreichen, um zu einem stabilen Abkommen mit vielen Teilnehmern zu gelangen. Aus diesem Grund sind „handfestere", explizit zum eigentlichen Abkommen hinzugefügte Belohnungen oder auch Bestrafungen wohl unverzichtbar. Transfers zwischen Ländern sind ein naheliegendes Instrument, wenn es darum geht, zusätzliche Parteien zur Mitarbeit in einem stabilen internationalen Abkommen zu bewegen. Genauer gesagt kommen zwei unterschiedliche Motive für Transferzahlungen in Frage. Erstens lassen sich unkooperative Länder möglicherweise durch Transferzahlungen „bestechen" und auf einen strengeren Umweltstandard verpflichten. Ein Transfermechanismus erhöht die Erträge des kooperativen Verhaltens. Wenn W_i^K die Wohlfahrt des Landes i bei Kooperation angibt, W_i^N seine Wohlfahrt bei unkooperativem Verhalten und T_i die Höhe des empfangenen Transfers, läßt sich dieses Motiv für Transferzahlungen folgendermaßen ausdrücken (Carraro 1998):

$$W_i^K + T_i \geq W_i^N$$

Zweitens können Seitenzahlungen auch dazu dienen, die Stabilität eines Abkommens zu erhöhen. Es genügt bekanntlich nicht, ein für alle Unterzeichner lohnendes Abkommen zu schließen, es müssen auch Anreize bestehen, dieses Abkommen wirklich zu erfüllen. Gehen wir davon aus, ohne Transfers sei eine Koalition von k Ländern selbststabilisierend, jedes Land i in dieser Koalition erziele eine Wohlfahrt $W_i^K(k)$. Der gemeinsame zusätzliche Ertrag dieser Koalition für den Fall, daß ein weiteres Land j in die Koalition eintritt, ist

$$\sum\nolimits_{i \in k} \left[W_i^K(k+j) - W_i^K(k) \right] > 0 .$$

Für Land j bestehe aber ein Anreiz zum Schwarzfahren, was sich folgendermaßen ausdrücken läßt:

$$W_j^S(k) - W_j^K(k+j) > 0$$

Eine Koalition unter Einschluß von j wäre demnach zwar für die bisherigen k Unterzeichner des Abkommens lohnend, aber nicht für den Beitrittskandidaten j selbst. Die Koalition k+j ist nicht selbststabilisierend. Sie kann aber durch einen geeigneten Transfermechanismus stabilisiert werden, falls drei Bedingungen erfüllt sind (Carraro 1998: 7, 1997: 4):

(1) Die potentiellen zusätzlichen Erträge bei einem Beitritt von Land j müssen größer sein als der Schwarzfahrer-Anreiz für Land j:

$$\sum\nolimits_{i\in k}\left[W_i^K(k+j)-W_i^K(k)\right]>W_j^S(k)-W_j^K(k+j)$$

Allgemeiner gesagt müssen nicht-triviale Transfers aus den zusätzlichen Erträgen finanzierbar sein. Ohne diese Beschränkung könnten zwar beliebig viele Schwarzfahrer mit beliebig hohen Summen gelockt werden, aber der Mechanismus wäre nicht glaubwürdig.

(2) Es muß eine Verteilungsregel innerhalb des Abkommens geben, die jedem der k Unterzeichner einen Zugewinn bei der Erweiterung der Koalition auf k+j Länder garantiert - obwohl die k Unterzeichner gemeinsam die Transferzahlung aufbringen müssen:

$$W_i^K(k+j)-W_i^K(k)>0 \quad \text{für alle } i\in k$$

Als besonders vorteilhaft hat sich die Verteilung der „Bestechungskosten" nach dem Shapley-Wert erwiesen (Nett 1998).

(3) Die k Unterzeichner müssen sich zur Koordination verpflichtet haben.

Die dritte Bedingung ist besonders heikel. Transfermechanismen können nur dann funktionieren, wenn sich die bisher schon kooperierenden Länder aus dem einen oder anderen Grunde zu kooperativem Verhalten verpflichten (können), ein gewisser Grad an „Commitment" ist unverzichtbar. Denn sobald Transfers eingeführt werden, verändert sich die Entscheidungsgrundlage für alle Betroffenen und eben nicht nur für die bisherigen Free Rider; die Karten werden völlig neu gemischt. Ein Land, das ohne Transfers dazu bereit wäre, sich kooperativ zu verhalten, wählt unter Umständen die Free-rider-Position, sobald es erwarten kann, mit dieser Haltung Bestechungsgelder anzulocken. Das ist die Krux der Transfer-Idee. Es kommt hier also ganz besonders darauf an, das „Commitment" plausibel zu erklären. Dieses Problem tritt bloß dann nicht auf, wenn es für alle Unterzeichner $i\in k$ auch in der um j erweiterten Koalition lohnender ist, sich kooperativ zu verhalten, als auszuscheren und wenn diese Kooperationsgewinne den Schwarzfahrergewinn des Landes j übersteigen. Formal ausgedrückt:

$$W_i^K(k+j)-W_i^S(k+j-i)>0 \qquad \text{für alle } i\in k$$

und

$$\sum\nolimits_{i\in k}\left[W_i^K(k+j)-W_i^S(k+j-i)\right]>W_j^S(k)-W_j^K(k+j)$$

Intuitiv läßt sich dies noch einmal so ausdrücken: In der eckigen Klammer steht die Differenz der Erträge aus kooperativem Verhalten in der Koalition k+j und der Erträge aus Schwarzfahrerverhalten auf der Basis dieser Koalition. Mehr als diese Differenz darf der Transfermechanismus einem Land auf keinen Fall abverlangen, denn sonst ist die Schwarzfahrer-Option doch die bessere Wahl. Diese maximalen Beiträge eines jeden Landes werden nun auf der linken

Seite der Ungleichung summiert. Insgesamt ergibt sich somit die Transfersumme, die maximal finanzierbar ist, ohne die Kooperationsbereitschaft der k Unterzeichner aufs Spiel zu setzen. Ist diese Transfersumme größer als der Schwarzfahrergewinn von Land j, der auf der rechten Seite steht, kann Land j zur Mitarbeit bewegt werden, ohne daß ein Land $i \in k$ abspringt und ohne daß sich alle Länder $i \in k$ per Commitment zur weiteren Kooperation verpflichten müssen. Sie werden weiterhin kooperieren, weil sich das trotz des Beitrags zur Transferzahlung auch weiterhin lohnt, also individuell rational ist (Botteon/Carraro 1997)[24].

Diese elegante Lösung tritt allerdings niemals ein, wenn wir bei der bisher stets unterstellten vereinfachenden Annahme bleiben, alle Länder seien identisch. Die notwendige Bedingung kollidiert mit den Anforderungen an ein selbststabilisierendes Abkommen. In diesem symmetrischen Fall reduziert sich die obige Bedingung nämlich auf:

$$W^K(k+1) > W^S(k),$$

da es bei identischen Ländern völlig gleichgültig ist, *welches* Land zur Koalition k gehört. Ein stabiles Abkommen mit der Teilnehmerzahl k existiert jedoch nur, wenn

$$W^K(k+1) < W^S(k)$$

gilt. Alle k Teilnehmer der ursprünglichen Koalition haben also einen Anreiz, den erweiterten Vertrag zu brechen. Die Tatsache, daß sie auch noch dazu veranlaßt werden müßten, einen Transfer zu finanzieren, macht das Dilemma nur noch schlimmer. Die erweiterte Koalition symmetrischer Länder ist immer instabil, es sei denn, es liegt ein Commitment vor (Carraro/Siniscalco 1993). Um mehr Spielraum für stabile Koalitionen zu schaffen, empfiehlt es sich also, Heterogenität der Länder zuzulassen. Abgesehen von den starken Anforderungen an die Selbstverpflichtung ist es gerade bei Transfermechanismen auch unplausibel, von identischen Ländern auszugehen. Welche Länder die Koalition eingehen sowie Transfers zahlen und welche Länder den Transfer kassieren, bleibt in diesem symmetrischen Fall völlig ungeklärt. Jedes Land könnte beide Positionen einnehmen, keines wird sich gerne kooperativ verhalten, und die Koalition kann nur als Ergebnis eines Chicken games begründet werden.

Heterogenität der Länder hat allerdings weitere, unangenehme Konsequenzen, wenn das Abkommen den Kriterien der Kosten-Effektivität und der Effizienz genügen soll. Betrachten wir den (in mathematischer Hinsicht) einfachen Fall eines rein globalen Umweltproblems. Hier kommt es allein auf die Summe der Emissionen an, während es keine Rolle spielt, wo diese verursacht

---

[24] Botteon und Carraro (1997) stellen dies allerdings nicht als W-Maximierung dar, sondern als eine Art (Emissions-) Kostenminimierung, so daß ihre formale Darstellung von der hier gewählten abweicht.

werden. Die Summe der nationalen Emissionen E_i soll einen bestimmten Wert E^* nicht überschreiten. Mit Kosten-Effektivität ist nun gemeint, daß dieses vorgegebene Ziel mit möglichst geringen Gesamtkosten erreicht wird. Wenn wir die Status-quo-Emissionen der Länder als E_i^0 und die Vermeidungskosten als C_i bezeichnen, lautet das Minimierungsproblem:

Minimiere $\sum_i C_i(E_i^0 - E_i)$

unter der Nebenbedingung $\sum_i E_i \leq E^*$

Die Bedingung erster Ordnung hieraus verlangt:

$$c_i(E_i^0 - E_i) = \lambda$$

Die nationalen Grenzkosten der Emissionsvermeidung sollten allesamt mit dem Schattenpreis der Nebenbedingung (Reduktionsziel) übereinstimmen, und sie sollten deshalb auch in allen Ländern gleich sein. Dieses Ziel ist natürlich unerreichbar, wenn die Grenzkosten konstant und gleichzeitig zwischen den Ländern verschieden sind. Es ist aber durchaus naheliegend, von steigenden Grenzkosten auszugehen. Gravierender ist, daß die Länder nur auf den ersten Blick gleich behandelt werden, wenn die nationalen Grenzkosten in Deckung gebracht werden sollen. Ein Land mit hohen Grenzkosten müßte nämlich unter diesen Umständen nur einen kleinen Beitrag leisten, während die Länder mit geringeren Grenzkosten die Hauptlast tragen müßten und deshalb unter hohen Gesamtkosten leiden. Das ist für sie nur dann akzeptabel, wenn sie für ihr besonders großes Engagement kompensiert werden. Die globale Kosten-Effektivität wird für die einzelnen Länder bloß dann relevant, wenn kompensierende Transfers möglich sind (Hoel 1993). Dabei könnte es sich auch um implizite Transfers handeln. So wurde beispielsweise unter diesem Gesichtspunkt vorgeschlagen, einen Markt zu schaffen, auf dem das Gut „Emissionsvermeidung" gehandelt wird. Ein Land mit einer besonders hohen Zahlungsbereitschaft für Umweltschutz würde auf diesem Markt als Käufer auftreten. Es bezahlt andere Länder dafür („Transfer"), daß sie ihre Emissionen reduzieren, um angesichts steigender Grenzkosten der Vermeidung im eigenen Land nicht die komplette Emissionsvermeidung selbst betreiben zu müssen. Allerdings wird dieser Käufer nur in Aktion treten, wenn er auch selbst profitiert. Am ehesten gelingt ihm das, wenn er sich monopsonistisch sowie perfekt preisdiskriminierend verhalten und somit sämtliche Produzentenrenten an sich ziehen kann (Eykmans/Proost 1996).

Ein Abkommen sollte zudem nicht nur kosten-effektiv, sondern effizient sein. Um Effizienz zu erreichen, dürfen die Reduktionsziele nicht exogen vorgegeben werden, sondern müssen endogen bestimmt sein. Wir spezifizieren deshalb den Nutzen der Emissionsreduktion für Land i als B_i und seine potentiellen Netto-Erträge als:

$$W_i = B_i(E_i^0 - E_i) - C_i(E_i^0 - E_i)$$

Ein effizientes Abkommen maximiert die Summe der individuellen Netto-Erträge, so daß sich als Bedingung erster Ordnung ergibt:

$$c_i(E_i^0 - E_i) = \sum_i b_i(E_i^0 - E_i)$$

Dabei steht b_i für den Grenzertrag von Land i. Effizienz verlangt also die Übereinstimmung der individuellen Grenzkosten mit der Summe der individuellen Grenzerträge. Diese Effizienzbedingung garantiert zugleich auch Kosten-Effektivität, sie führt zu der kosten-effektiven Allokation bei optimal gewählten Zielen. Seitenzahlungen sind weiterhin notwendig, wenn die Kostenverläufe in den einzelnen Ländern unterschiedlich sind. Sogar bei identischen Kostenfunktionen sind Transfers in aller Regel unverzichtbar, damit Effizienz erreicht wird. Die nationalen Regierungen interessieren sich ja nicht für die Summe der Grenzerträge, sondern nur für die Lage des eigenen Landes. Falls die Emissionsverminderung in einem Land kaum Nutzen stiftet (im Extremfall ist b_i gleich null), erfordert ein breit angelegtes Abkommen Seitenzahlungen (Hoel 1992). Im vorliegenden Kontext ist diese Erkenntnis wenig erfreulich. Von Seitenzahlungen erhoffen wir uns einen Beitrag zur Stabilisierung größerer Koalitionen. Vor allem bei heterogenen Ländern kommen Transfers in Frage. Nun zeigt sich aber, daß Transfers bei heterogenen Ländern schon deshalb notwendig sind, damit kosten-effektive Arrangements für alle Beteiligten attraktiv werden. Die Seitenzahlungen dienen also zwei unterschiedlichen Zielen, Stabilität und Profitabilität, und sie werden wie üblich nicht beide Ziele perfekt erreichen können (Carraro 1998: 9). Unter diesem Vorbehalt sind die weiteren Anmerkungen zur stabilitätssichernden Funktion von Transfers zu sehen.

Auch bei heterogenen Ländern ist es kein Kinderspiel, einen funktionierenden Transfermechanismus ohne Commitment zu etablieren. Ob dies gelingt, hängt wesentlich davon ab, wie die Koalitionsmitglieder die entstehenden Lasten der gemeinsamen Politik aufeinander aufteilen (Botteon/Carraro 1997). Unter Verwendung einer geeigneten Lastenteilungsregel können verschiedene Situationen mit heterogenen Ländern und einem Transfermechanismus simuliert werden (Barrett 1997b). Interessanterweise kommt es zu sehr ähnlichen Ergebnissen wie in einer früheren Untersuchung für identische Länder (Barrett 1994b). Ein selbststabilisierendes Abkommen trägt meist nicht mehr als drei Länder. Wenn eine große Zahl von Ländern zu einer stabilen Vereinbarung kommt, bewirkt die Kooperation nur eine geringfügige Verbesserung gegenüber dem nicht-kooperativen Ergebnis. Selbst wenn die wichtigsten Länder, also die am stärksten Betroffenen, zur Kooperation zusammenfinden, bewirkt dies nur wenig. Man kann diese Schlußfolgerungen allerdings auch ins Positive wenden (Barrett 1997b). Das erreichbare stabile Abkommen mag zwar kaum besser sein als Nicht-Kooperation. Das kann aber auch daran liegen, daß die nichtkooperative Internalisierung gar nicht weit von der voll kooperativen abweicht. Bei sehr starken Asymmetrien zwischen den Ländern gibt es nur ein paar wirklich bedeutende Verschmutzer der Welt. Wenn diese Länder zugleich auch stark von der Verschmutzung betroffen sind (weil sie auch große Landflächen und Einwohnerzahlen aufweisen), haben sie auch ohne ein Abkommen starke Anreize, ihre eigenen Emissionen zu senken. Kommt dagegen ein Abkommen zustande, werden diese bedeutenden Länder ihre eigenen Anstrengungen zurücknehmen und den kleineren Kooperationspartnern einen Teil der Lasten auferlegen; insgesamt mag sich wenig verändern.

Letztlich führt ein Abkommen mit oder ohne Transfermechanismus also hauptsächlich zu einer mehr oder weniger erfolgreichen Umverteilung der Lasten. Oder optimistisch ausgedrückt: „Precisely because countries are heterogeneous, failure to reach an agreement implementing the full cooperative outcome may not be calamitous“ (Barrett 1997b: 24). Je stärker die Asymmetrie der beteiligten Länder, desto unproblematischer wird nicht-kooperatives Verhalten. Bestätigt wurde dies in einem Kontext mit zwei Ländern, die sich lediglich durch ihre Bevölkerungsgröße unterscheiden (Schmidt 1996). Ein Extrembeispiel veranschaulicht, warum das so ist: Die stärkste Asymmetrie liegt dann vor, wenn sich die gesamte Bevölkerung in einem Land ansiedelt. Dann ist internationale Koordination überflüssig, weil es keine Opfer im anderen Land und damit auch keine grenzüberschreitenden Externalitäten gibt (Schmidt 1996: 14).

Freilich sind die Anforderungen an den Transfermechanismus auch bei asymmetrischen Ländern sehr hoch. Unterstellt man dagegen einen gewissen Grad an Commitment, kommen weitere Koalitionsmöglichkeiten in Sichtweite (Botteon/Carraro 1997). Aber dann ist wieder begründungsbedürftig, warum die Selbstbindung möglich wird. Möglicherweise fühlt sich die Regierung eines Landes bestimmten sozialen Normen und Konventionen verpflichtet (Hoel/Schneider 1997). Obwohl es sich auszahlen würde, als Schwarzfahrer die Transfersumme zu kassieren, mag sich ein Land trotzdem an sein bisher kooperatives Verhalten gebunden fühlen. Heterogen sind die Länder, insofern dieser Normenkodex national unterschiedlich ausgeprägt ist. Allerdings ist auch die Kraft derartiger Normen begrenzt. Der Anreiz zum Schwarzfahren nimmt zu, wenn Transfers ins Spiel kommen. Trotz einer gewissen Selbstbindung ist die stabile Koalition von Unterzeichnern meist kleiner als in einer Situation ohne Transfers, selbst wenn die soziale Norm nicht „verwässert“ wird. Zwar halten sich die Nicht-Unterzeichner nun an einen strengeren Umweltstandard, weil sie nur unter dieser Bedingung die Transferzahlung bekommen. Die Unterzeichner wählen jedoch den für ihre jetzt kleinere Gruppe optimalen Standard und lassen im Sinne der oben beschriebenen endogenen Standards mehr Umweltverschmutzung zu. Deshalb ist gar nicht allgemein feststellbar, ob die gesamte Umweltbelastung überhaupt zurückgeht (Hoel/Schneider 1997).

Commitment kann auch dann plausibel begründet werden, wenn die Regierungen ihre Spielzüge nicht simultan, sondern nacheinander vollziehen (Schmidt 1997). Anschaulich darstellen läßt sich dieses Konzept für den Fall von zwei heterogenen Ländern. Die Heterogenität der Länder dient dazu, die Richtung der Transferzahlung zu begründen. Land A zeichne sich dadurch aus, daß es höhere Wohlfahrtsgewinne aus dem Abkommen erzielen kann als Land B, das deshalb zur Kooperation „überredet" werden muß. Die Struktur des Spiels sieht dann so aus: Im ersten Schritt vereinbaren die beiden Regierungen die umweltpolitische Kooperation. Die kooperativen Umweltstandards und die Höhe der Transferzahlung werden vereinbart. Zudem einigen sich die Länder darauf, eine dritte Institution zu schaffen, die allein der ordnungsgemäßen Verwaltung der Transferzahlung dient. In der Realität müßte diese institutionelle Struktur nicht unbedingt neu aufgebaut werden. So gibt es mit der „Global Environmental Facility" bereits heute eine internationale Institution unter dem Dach von Weltbank, UNDP und UNEP, die länderübergreifende Zahlungen für Umweltschutzprojekte durchführt (Sand 1996). Damit eine Institution dieser Art überleben kann und nicht für andere Zwecke mißbraucht wird, bedarf es erneut eines gewissen Commitments der Vertragsparteien.

Im zweiten Schritt beginnt Land A damit, das Abkommen zu erfüllen. Es erhöht seinen Umweltstandard auf das vereinbarte Niveau und deponiert die vertraglich festgelegte Transfersumme bei der dafür zuständigen Institution. Dies ist der kritischste Schritt des Spiels, und es ist wichtig, daß Land A zuerst „zieht". Land A kann nämlich schlecht sanktioniert werden. Nehmen wir an, A deponiere zwar seinen Transfer, halte aber den vereinbarten Umweltstandard nicht ein. Es bietet sich an, Land A dann damit zu bestrafen, daß ihm die transferierte Summe nicht zurückerstattet wird; das ist aber keine wirksame Strafe, weil A eben diese Summe auch bei vertragskonformem Verhalten bezahlen müßte. Weil keine wirkungsvolle Sanktionierung möglich ist, muß Land A den ersten Zug machen und seine Karten offen auf den Tisch legen. Durch diese Vorleistung bindet sich Land A selbst an seine Zusagen.

Im dritten Schritt entscheidet sich Land B, ob es den Vertrag erfüllt oder nicht. Falls ja, erhält es im vierten Schritt die Seitenzahlung, falls nein, fließt das Geld wieder an Land A zurück. Das Abkommen ist erfolgreich und Land B kommt seinen Pflichten nach, wenn die folgenden einfachen Bedingungen erfüllt sind:

$$T \leq W_A^K - W_A^N$$

$$T \geq W_B^N - W_B^K$$

$$T \geq W_B^S - W_B^K$$

Nach den ersten beiden Bedingungen muß der Transfer selbstfinanzierbar sein und zugleich so groß, daß das Abkommen für Land B attraktiv ist. Die dritte Bedingung verlangt eine Transferhöhe, die den Schwarzfahreranreiz für Land B zumindest kompensiert. Die entsprechende Bedingung für Land A fehlt, erfreulicherweise, denn dadurch steigen die Realisierungschancen für ein stabiles Abkommen mit diesem Transfermechanismus. Der Schwarzfahreranreiz für A ist durch die sequentielle Struktur des Spiels und die damit mögliche Selbstbindung von A gebannt. Dieser Mechanismus erweist sich im Fall von nur zwei Ländern als erfolgreich. Sobald jedoch drei Länder involviert sind, entsteht ein zusätzliches Schwarzfahrer-Problem, weil ein Land von der Kooperation der beiden anderen profitieren kann. Unter Umständen kommt es trotzdem zur vollständigen Kooperation, allerdings sind dann zusätzliche Transfers notwendig (Schmidt 1997). Dieses Ergebnis ist bemerkenswert, insbesondere als Kontrast zu den bereits zitierten Ergebnissen (Barrett 1997, Hoel/Schneider 1997). Es ist wesentlich davon abhängig, daß die beteiligten Länder dazu bereit und in der Lage sind, ihre Handlungen nacheinander zu vollziehen. Nur so kann das Commitment seine Wirkung entfalten.

Mit der Idee, eine übergeordnete, wenn auch schwache Institution zu schaffen, nähert sich dieser Vorschlag dem Konzept einer föderalen Ordnung mit schwacher Zentralgewalt. Interessanterweise ergeben sich ähnliche Zusammenhänge, wenn explizit föderale Strukturen unterstellt werden (Silva/Caplan 1997). Auch in diesem Kontext gilt die zeitliche Abfolge der Entscheidungen als kritischer Baustein der erfolgreichen Internalisierung von Umweltproblemen, die die Grenzen lokaler Gebietskörperschaften überschreiten. Zu einer effizienten Lösung kommt es nur, wenn die lokalen Gebietskörperschaften als Stackelberg-Führer gegenüber der Zentralregierung auftreten und im ersten Schritt ihre Entscheidung über den lokalen Umweltstandard treffen. Die Zentralregierung folgt im zweiten Schritt, indem sie interregionale Transferzahlungen erwirkt. Sie bezweckt damit den Ausgleich der Nutzen zwischen den lokalen Gebietskörperschaften. Wenn die Regionen diesen Nutzenausgleich korrekt antizipieren und sich somit bewußt sind, daß sie sich nicht auf Kosten der anderen besserstellen können, haben sie bei ihrem ersten Zug ein Interesse daran, den Nutzen für den Zentralstaat insgesamt zu maximieren. Konsequenterweise berücksichtigen sie auch die Rückwirkungen ihres Verhaltens auf die Nachbarn und setzen die effizienten Umweltstandards. Würde dagegen die Zentralregierung schon im ersten Schritt die Transfers festlegen, könnten die lokalen Regierungen im zweiten Schritt ihren Nutzen unter Einschluß der schon bekanntgewordenen Transferzahlungen maximieren, ohne Rücksicht auf das Wohlergehen der anderen Gliedstaaten (Silva/Caplan 1997).

Zu großer Optimismus ist trotzdem unangebracht. Gerade wenn Seitenzahlungen ins Spiel kommen, besteht schon im ersten Schritt, der Vereinbarung des Abkommens, ein weiterer Anreiz zu strategischem Verhalten. Das Abkommen spezifiziert die von den einzelnen Ländern anzustrebenden Umweltstandards. Die Vertragsparteien können die Festlegung einer internationalen Behörde übertragen (Steiner 1997a). Die Aufgabe dieser Behörde besteht darin, das globale Gesamtziel in nationale Vorgaben aufzuteilen, und zwar in Abhängigkeit von den nationalen Kosten der Internalisierung, die in der Realität sehr unterschiedlich sein können. Allerdings sind die nationalen Kostenfunktionen kein Common knowledge, sondern nur den jeweiligen Regierungen bekannt[25]. Die Behörde kann angesichts dieser Informationsasymmetrie nur die derzeit geltenden Umweltstandards beobachten und die Vorgaben im Abkommen daran ausrichten. Tatsächlich sind nahezu alle existierenden Abkommen im Umweltbereich so konstruiert, sie verlangen meist, den Ausstoß der schädlichen Stoffe um einen bestimmten Prozentsatz gegenüber einem Basisjahr zu verringern. Mit der Zeit verfestigt sich deshalb bei grundsätzlich kooperationswilligen Ländern der Eindruck, auch künftige Abkommen würden auf diese Art und Weise vorgehen. Damit besteht ein großer Anreiz für die einzelnen Länder, in der Phase vor der Vereinbarung eines Abkommens besonders laxe Standards zu setzen. Sie signalisieren hohe Kosten und hoffen auf schwache Verpflichtungen im Abkommen. Die internationale Behörde wiederum antizipiert dieses Verhalten und versucht, die wahre Natur der beteiligten Länder im Signalling-Spiel zu enthüllen. Deshalb muß ein Abkommen bei Vorliegen asymmetrischer Information immer einen Enthüllungsmechanismus beinhalten (Chillemi 1997, Eaton/Engers 1994, Güth/Pethig 1992).

Im einfachsten Fall gibt es nur zwei Typen von Ländern, Typ 1 mit tatsächlich hohen Kosten und Typ 2 mit niedrigen Kosten, und auch nur zwei unterschiedliche Reduktionsverpflichtungen, die diesen Typen zugeordnet sind. Beide Ländertypen haben ein starkes Interesse daran, als Typ 1 identifiziert zu werden. Das Land vom Typ 2 versucht, das Verhalten von Typ 1 zu imitieren, seinen wahren Charakter also zu verschleiern, um seine Wohlfahrt bei Inkrafttreten des Abkommens zu erhöhen. Ein Land vom Typ 1 will dagegen als solches erkannt werden und möchte vor allem seine Nachahmer vom Typ 2 bloßstellen, indem es sich von ihnen abgrenzt. Nur dann kann Typ 1 mit einer Vorzugsbehandlung rechnen, denn falls die Behörde die Unterschiede zwischen den Ländern nicht herausfinden kann, muß sie ja einheitliche (für den wahren Typ 1 relativ hohe) Standards setzen. Auch das Land vom Typ 1 muß deshalb übertreiben, damit die Imitation für das Land vom Typ 2 kostspieliger wird, in dem Sinne, daß Typ 2 noch weiter von seinem nichtkooperativ optimalen Standard abweichen muß. Bei vollständiger Information dagegen hätte Typ 1 kein Interesse daran, seinen Standard aufzuweichen (und Typ 2 hätte zwar ein Interesse daran, aber keine Chance, sich zu verstellen).

---

[25] Wahrscheinlich sind diese Kostenfunktionen selbst den nationalen Regierungen nur lokal in der Nähe des derzeitigen Emissionsniveaus bekannt, vgl. Germain/Toint/Tulkens 1996.

Es gelingt Typ 1 nicht immer, sich von Typ 2 abzusetzen. Je größer die „naturgegebene“ Wahrscheinlichkeit ist, daß die Länder hohe Kosten aufweisen, desto eher kommt es zu einem Pooling-Gleichgewicht, in dem beide Ländertypen das gleiche Signal aussenden und die internationale Behörde keine korrekte Information gewinnen kann. So oder so werden aber die Emissionen in der Phase vor dem endgültigen Abschluß des Abkommens steigen, verglichen mit einer Situation, in der ein künftiges Abkommen gar nicht in Frage kommt. Die Lage ist also verzwickt; sobald die Länder beginnen, grundsätzlich Kooperationsbereitschaft zu zeigen, setzen die Anreize zu strategischem Signalling ein, und das Externalitätenproblem wird noch verschärft. In der Verhandlungsphase wird also das Gegenteil dessen erreicht, was eigentlich wünschenswert wäre. Falls die Regierungen dieses Dilemma erkennen und als gewichtig einschätzen, scheuen sie sich möglicherweise davor, überhaupt in Verhandlungen einzutreten. Der Abschluß einer Kooperationsvereinbarung könnte in unerreichbare Ferne rücken, obwohl die einzelnen Länder sich gerne kooperativ verhalten würden, wenn das Abkommen denn schon da wäre (Steiner 1997a).

Es gibt verschiedene Mittel, die dieses Dilemma wenigstens abschwächen könnten. Am besten wäre es natürlich, die Informationsasymmetrie abzubauen. Es wird aber sehr teuer sein, wenn die internationale Behörde als möglichst unabhängige Institution eigene Länderstudien erstellt. Läßt sich die Asymmetrie der Informationsverteilung nicht verringern, bleiben nur indirekte Wege übrig. Wenn das Abkommen keine allzu strengen Umweltstandards anstrebt, sinkt für Niedrigkosten-Typ 2 der Ertrag des „Mimikrys“, es ist nicht so schlimm, entlarvt zu werden. Der Nachteil ist offenkundig: Das Abkommen kommt zwar zustande, erreicht aber wenig. Eleganter erscheint es, das Versteckspiel zu verteuern. So könnte die mit der Standardsetzung beauftragte Behörde nicht ein einziges Basisjahr, sondern einen längeren Zeitraum zugrundelegen. Je länger ein suboptimaler Standard national durchgehalten werden muß, um das verzerrte Signal abzugeben, desto unattraktiver wird dieses Verhalten. Schließlich könnte auch der Verhandlungsmechanismus verbessert werden. Die Parteien einigen sich beispielsweise darauf, das Abkommen trete nur in Kraft, wenn eine ausreichende Zahl von Ländern zugibt, das Umweltproblem kostengünstig lösen zu können. Wer sich jetzt noch strategisch verstellt, gefährdet das ganze Abkommen und riskiert den Totalverlust seiner eigenen Gewinne daraus. Dieser Mechanismus erinnert an die Diskussion der Minimum critical coalition (Heal 1994). Nun wird auch deutlich, warum Seitenzahlungen bei asymmetrischer Information ein problematisches Instrument sind. Sie dienen sicherlich nicht der Ehrlichkeit der Verhandlungspartner, sondern steigern die Anreize zu strategischem Verhalten. Es wird noch attraktiver, sich wie ein Hochkosten-Land vom Typ 1 zu verhalten, wenn diese Länder eine (nicht auf Kosten-Effektivität, sondern auf Stabilität abzielende) Kompensationszahlung erwarten dürfen. Unter diesem Gesichtspunkt wirkt ein Transfermechanismus nicht kooperationsfördernd, sondern reduziert die Erfolgsaussichten (Steiner 1997a, b, Ludema/Wooton 1997).

Mit einem eleganten Mechanismus könnte man den schädlichen Einfluß asymmetrischer Informationsverteilung möglicherweise ganz vermeiden (Falkinger/Hackl/Pruckner 1996). Das Konzept kommt ohne eine standardsetzende internationale Behörde aus, die Standards ergeben sich vielmehr endogen. „Umweltschutzleistungen" sollen auf einem eigenen Markt gehandelt werden. Unternehmen bieten auf diesem Markt an, ihre Emissionen zu verringern, und die Regierungen treten als Nachfrager auf, wobei sich ein Preis pro Einheit Emissionsreduktion herausbildet. Die Entscheidung darüber, wieviel Umweltschutz ein Land kauft, fällt also dezentral. Insofern ist es gar nicht nötig, die bloß in den einzelnen Ländern vorliegenden Informationen zu enthüllen, das Problem wird umgangen. Dennoch bleibt eine zentrale Behörde unverzichtbar. Sie berechnet die durchschnittliche Nachfrage der Länder nach Emissionsreduktionen, dieser Durchschnittswert gilt dann als endogen ermittelte Norm. Anschließend bestraft oder belohnt sie die einzelnen Länder nach deren jeweiliger Abweichung von der Norm. Wer sich im ersten Schritt unterdurchschnittlich anspruchsvoll gezeigt hat, muß nun eine Steuer entrichten. Aus den Steuereinnahmen werden wiederum jene Länder subventioniert, die mehr als der Durchschnitt getan haben. So interessant dieser Mechanismus auch erscheint, um das Problem der asymmetrischen Informationsverteilung zu lösen, bleibt doch unklar, wie ein selbststabilisierendes Abkommen zustande kommen soll, wenn die Länder gar nicht wissen, welchen Standards sie sich letztlich unterwerfen müssen. Das ursprüngliche Problem grenzüberschreitender Externalitäten erscheint stark unterbelichtet, wenn implizit unterstellt wird, die Länder seien dazu bereit, Steuern an eine übergeordnete Behörde zu entrichten. Zudem stellen sich nie alle Länder besser, es sind nur potentielle Pareto-Verbesserungen nach dem Hicks-Kaldor-Kriterium erreichbar (Falkinger/Hackl/Pruckner 1996). Weitere Seitenzahlungen über das beschriebene Steuer-Subventions-Schema hinaus sind offenbar notwendig und tragen kaum zur Stabilität des Mechanismus bei.

5.3.5 Issue linkage oder „Tauschgeschäfte"

Seitenzahlungen sind offenbar nur begrenzt dazu geeignet, den Teilnehmerkreis eines stabilen Abkommens zu erweitern, obwohl sie als ein naheliegendes Instrument erscheinen. In jüngster Zeit findet deshalb eine weitere Idee viel Beachtung, das sogenannte Issue linkage. Statt „nur" über die globalen Umweltprobleme zu verhandeln, sollten sich die Länder nach diesem Ansatz gleichzeitig über mehrere Abkommen in unterschiedlichen Bereichen einigen. So könnten Vereinbarungen über eine engere Zusammenarbeit im Bereich von Forschung und Entwicklung, über eine weitere Liberalisierung der Handelsströme oder auch über eine sicherheitspolitische Konzeption mit der umweltpolitischen Verhandlung verknüpft werden. Die Idee kommt nicht von ungefähr, denn einige bereits existierende Abkommen im Umweltbereich beinhalten thematische Verknüpfungen mit anderen Bereichen. Monetäre Seitenzahlungen sind dagegen äußerst selten. Das Montrealer Protokoll zur Ächtung der FCKW wurde beispielsweise in späteren Verhandlungen um ein Abkommen zum Technologietransfer erweitert. Wie dieses Beispiel zeigt, ist Issue linkage nicht sehr weit von der ursprünglichen Transfer-Idee entfernt. Ein Land, das im Umweltabkommen wenig gewinnt oder sogar etwas verliert, wird durch Zugeständnisse in einem anderen Bereich kompensiert. Diese Form einer häufig „unscharfen" themenübergreifenden Kompensation ist in internationalen Verhandlungen anscheinend leichter durchsetzbar als präzise festgelegte monetäre Transfers.

Issue linkage bietet sich ähnlich wie Seitenzahlungen dann an, wenn die Länder realistischerweise heterogene Eigenschaften aufweisen. Heterogenität bedeutet nun aber vor allem, daß ein Land ein großes Interesse an der Lösung des Umweltproblems hat und der potentielle Vertragspartner eine kooperative Lösung in einem anderen Bereich als wohlfahrtssteigernd erachtet. Jedes Land muß ein Kooperationsangebot in der Tasche haben, das für den anderen attraktiv ist. So betrachtet, ist Issue linkage ein politischer Tauschhandel auf hohem Niveau. Je mehr Länder in diesen Tauschhandel involviert sind, desto schwieriger wird es, für jeden Partner ein in etwa gleichwertiges Bündel von Vereinbarungen zu schnüren. Insofern zeichnen sich die Grenzen des Issue Linkage unmittelbar ab. Was bei lediglich zwei Partnern noch gut funktionieren mag, wird immer komplexer, je mehr wir uns der gewünschten vollen Kooperation annähern. Ein Abkommen mit vielen Teilnehmern läßt sich durch Issue linkage am ehesten stabilisieren, wenn sich diese Teilnehmer in wenigen Gruppen mit jeweils weitgehend homogenen Interessen zusammenfinden. Der Gedanke an klassische „Nord-Süd-Probleme" wie der Schutz der tropischen Regenwälder drängt sich geradezu auf (Abrego et al. 1997).

Spieltheoretisch dargestellt, befinden sich beispielsweise zwei Länder zunächst in einem asymmetrischen Gefangenendilemma bezüglich des Umweltproblems. Zugleich können die Länder über ein weiteres Thema verhandeln, das zunächst nicht näher spezifiziert werden soll, so daß nur die allgemein wünschenswerten Eigenschaften dieses zweiten Spiels interessieren (vgl. Cesar/de Zeeuw 1996). Beide Spiele laufen über unendlich viele Perioden, die Regierungen haben nur die Alternativen Internalisieren oder Nichtstun und verwenden keine gemischten Strategien. Tabelle 5-3 illustriert die Entscheidungssituation in einer Periode mit willkürlich gewählten Zahlenwerten. Die Länder befinden sich in einem Gefangenendilemma, weil Nichtstun für beide die dominante Strategie ist, obwohl der gemeinsame Zahlungsstrom bei Kooperation maximal wird. Darüber hinaus ist dieses Gefangenendilemma asymmetrisch, denn für Land A wirft die Kooperation mehr Gewinn ab als für Land B. Wie sollte nun das zweite Spiel aussehen, das die Asymmetrie des hier vorliegenden Gefangenendilemmas auflöst?

Tabelle 5-3: Asymmetrisches Gefangenendilemma

		Land B	
		Kooperieren K	Nichtstun N
Land A	Kooperieren K	4,-1	-1,2
	Nichtstun N	5,-3	0,0

Im Idealfall ist das Spiel um den zweiten Verhandlungsgegenstand ein genaues Spiegelbild des ersten Spiels. Land B könnte im zweiten Bereich genau so stark von kooperativem Verhalten profitieren wie Land A im ersten Bereich. Die Zahlungsströme werden gespiegelt, wir gelangen zu der in Tabelle 5-4 dargestellten Spielstruktur.

Tabelle 5-4: Spiegelbild des asymmetrischen Gefangenendilemmas

		Land B	
		Kooperieren K	Nichtstun N
Land A	Kooperieren K	-1,4	-3,5
	Nichtstun N	2,-1	0,0

Werden beide Verhandlungen miteinander verknüpft, erweitern sich die Optionen der beiden Länder zu einer 4*4-Matrix. Sie können in keinem, in einem oder beiden Bereichen kooperieren. Für die unterstellten Zahlenwerte ist die Entscheidungssituation in Tabelle 5-5 dargestellt. Die Spielstruktur läuft immer noch auf ein Gefangenendilemma hinaus, allerdings handelt es sich nun um ein symmetrisches Problem. Für beide Länder wäre es von Vorteil, wenn ein Kooperations-Abkommen zustandekommen würde, das beide Bereiche zugleich abdeckt. Wie wir bereits gesehen hatten, kann ein symmetrisches Gefangenendilemma bei unendlicher Wiederholung aufgelöst werden, wenn die Zeitpräferenzrate der Akteure nicht zu hoch ist. Mit den hier vorgegebenen Zahlenwerten läßt sich der kritische Wert leicht ausrechnen. Der Anreiz zum Vertragsbruch ist in Tabelle 5-5 jedenfalls direkt ablesbar. Die beiden Länder vereinbaren das Verhalten K,K/ K,K, beide erkennen jedoch, daß sie sich bei eigener Nichtkooperation am besten stellen können, wenn der Partner kooperiert.

Tabelle 5-5: Verknüpfung der beiden Dilemmata

		Land B			
		K,K	K,N	N,K	N,N
	K,K	3,3	1,4	-2,6	-4,7
Land A	K,N	6,-2	4,-1	1,1	-1,2
	N,K	4,1	2,2	-1,4	-3,5
	N,N	7,-4	5,-3	2,-1	0,0

Nehmen wir an, Land B erliegt diesem Anreiz und spielt N,N, während Land A das Abkommen einhält und K,K wählt. In der Schwarzfahrerperiode erzielt Land B den Gewinn 7 und Land A den Verlust -4. Anschließend wählt Land A mit Sicherheit N,N als beste Antwort auf das unkooperative Verhalten von Land B. Der Vertragsbruch lohnt sich für Land B also nicht, wenn gilt:

$$\frac{1}{1-\delta_i}3 \geq 7 + \frac{\delta_i}{1-\delta_i}0$$

Diese Bedingung ist im vorliegenden Zahlenbeispiel für alle Diskontierungsfaktoren größer oder gleich 0,57 erfüllt, die Zeitpräferenzrate darf also maximal 75 Prozent betragen. Bekanntlich genügt diese Bedingung jedoch nur bei der Grim-Strategie. Sinnvoller ist es, das Konzept des Renegotiation proofness anzuwenden, so daß zwei weitere Voraussetzungen erfüllt sein müssen. Zum einen muß es lohnender sein, über zwei Perioden hinweg zu kooperieren, als wenn man eine Periode lang schwarz fährt und sich anschließend eine Periode lang bestrafen läßt:

$$(1+\delta_i)3 \geq 7 + \delta_i(-4)$$

Zum anderen muß es aber auch individuell rational sein, sich eine Periode lang bestrafen zu lassen, wenn man anschließend wieder mit Kooperation rechnen kann:

$$-4 + \frac{\delta_i}{1-\delta_i}3 \geq \frac{1}{1-\delta_i}0$$

Es zeigt sich, daß bei der hier gewählten einfachen Spielstruktur auch diese beiden weiteren Bedingungen des Weak renegotiation proofness erfüllt sind, solange die Zeitpräferenzrate 75 Prozent nicht übersteigt. Das Abkommen ist sogar Strong renegotiation proof, weil keine andere Vereinbarung zustandekommen wird. Die Alternativen beständen ja darin, sich nur in einem Bereich auf kooperatives Verhalten zu einigen. Das ist aber für jeweils ein Land nicht lohnend. Erst die Verknüpfung der beiden Verhandlungsgegenstände eröffnet einen realistischen Spielraum für ein selbststabilisierendes Abkommen (Cesar/de Zeeuw 1996).

Das Beispiel zeigt, wie Issue linkage dazu beitragen könnte, eine für alle Parteien lohnende Vereinbarung zu schließen. Der zweite wichtige Aspekt, die

Stabilität, ist allerdings etwas unterbeleuchtet, denn stabil wird das Abkommen nicht wegen der Verknüpfung mehrerer Themen, sondern durch die unendliche Wiederholung des Spielgeschehens. Issue linkage kann aber auch stabilitätsfördernd wirken, wenn die richtigen Themen miteinander verknüpft werden (Botteon/Carraro 1996, Carraro/Siniscalco 1997). In einem einperiodigen Spiel werde die Verhandlung über das Umweltproblem verknüpft mit Gesprächen über eine F&E-Kooperation. Die beiden Verhandlungsgegenstände weisen eindeutig unterschiedliche Eigenschaften auf. Umweltschutz ist bei globalen Externalitäten ein reines öffentliches Gut, das allen Akteuren unabhängig von ihrem eigenen Verhalten Nutzen stiftet. Der Zugriff auf F&E-Ergebnisse ist dagegen wenigstens zum Teil ausschließbar. F&E-"Externalitäten" stellen daher ein Club-Gut dar, das nur den Kooperationsteilnehmern in vollem Umfang zur Verfügung steht. Kombinierte Verhandlungen über beide Bereiche können die Stabilität fördern, weil dem Schwarzfahrer-Anreiz bezüglich des ersten Problems der Wille entgegensteht, zum F&E-Club zu gehören. Tritt ein Land dem Abkommen bei, muß es seinen Umweltstandard verschärfen, zugleich profitiert es aber von größeren technologischen Spillovers aus den Partnerländern. Ein direkter Technologietransfer könnte ebenso wie die Vereinbarung gemeinsamer F&E-Projekte zu diesen Spillovers führen.

Simulationen bestätigen die stabilitätsfördernde Wirkung des Issue linkage (Botteon/Carraro 1996). Je größer die F&E-Spillovers werden, desto umfassender werden auch die selbststabilisierenden Koalitionen. Allerdings stellt sich heraus, daß diese stabilen Koalitionen häufig keine optimalen Koalitionen sind. Optimal ist für ein Land jene Koalition, die seinen eigenen Zahlungsstrom maximiert; die stabilen Koalitionen überschreiten jedoch oft die optimale Teilnehmerzahl. Auf den ersten Blick verwundert dies - suchen wir nicht die ganze Zeit nach Möglichkeiten, volle Kooperation herzustellen? Was das Umweltproblem angeht, wäre es tatsächlich auch weiterhin am besten, wenn alle Länder kooperierten. Die F&E-Spillovers werfen den höchsten Ertrag jedoch bei partieller Kooperation ab. Das liegt einfach daran, daß in einer Modellwelt mit Forschung und Entwicklung von unvollkommenem Wettbewerb auf den Gütermärkten ausgegangen werden muß (Botteon/Carraro 1996). Jene Länder, die einem F&E-Abkommen beitreten, haben zwei Vorteile. Zum einen verfügen die heimischen Unternehmen über modernere Technologien und können möglicherweise ihre Produktionskosten senken. Zum anderen haben sie einen Wettbewerbsvorteil gegenüber ihren Konkurrenten in außenstehenden Ländern. Im Cournot-Oligopol vergrößern die heimischen Anbieter ihren Marktanteil und die Gewinne. Der Wettbewerbsvorteil wird aber zunichte gemacht, wenn alle oder fast alle Länder miteinander kooperieren. Falls das Wettbewerbsmotiv stark ist, kann es in einem kombinierten Abkommen den Wunsch nach einer großen umweltpolitischen Koalition dominieren. Unter Umständen finden sich weniger Länder zu einer Koalition zusammen als bei einer isolierten Verhandlung über das Umweltproblem. Schlimmstenfalls kommt kein Abkommen zustande, weil Land A zwar gern mit Land B und C kooperieren würde, Land B jedoch eine Koalition mit D und E vorzieht und so weiter (Carraro 1998).

Häufig kooperieren allerdings nicht die Regierungen, sondern die einzelnen Unternehmen im Forschungsbereich. Vor allem jedoch haben die Unternehmen selbst starke Anreize zur F&E-Kooperation und entscheiden auch selbst darüber, ob mehr oder weniger Wissens-Spillovers zu den Kooperationspartnern gewinnmaximierend sind. Das Ausmaß dieses Informationsflusses sollte also endogen bestimmt werden. Die Regierungen können kein exogenes Diktat der bedingungslosen Offenheit setzen, sondern lediglich indirekt auf das F&E-Verhalten der Unternehmen einwirken. Des weiteren erscheint die Verbindung von Umwelt- und F&E-Bereich ziemlich willkürlich. Wenn ein Abkommen über die Kooperationsförderung im F&E-Bereich die Wohlfahrt aller beteiligten Länder erhöht, könnten sie dieses Abkommen auch ohne Linkage zum Umweltbereich abschließen. Offenbar wird vorausgesetzt, die Länder würden entweder ein kombiniertes Abkommen oder aber gar keines abschließen. Das ist eine Form von Commitment, die sich schwer begründen läßt (Katsoulacos 1997).

Ein weiterer Vorschlag kommt ohne Commitment aus (Katsoulacos 1997). Dieses Konzept unterstellt, von zwei Ländern A und B habe Land B ein Interesse an Kooperation im Umweltbereich, Land A nicht. Land B schlägt nun Land A vor, ein nach den bisherigen Überlegungen ohnehin schon bestehendes Research joint venture der nationalen Unternehmen gemeinsam zu subventionieren. Diese Subvention kann wohlfahrtssteigernd wirken, weil sie Unvollkommenheiten der „natürlichen" F&E-Kooperation von Unternehmen bekämpft und das F&E-Niveau sowie das Ausmaß an Spillovers auf das First-best-Optimum bringt. Land B koppelt sein Angebot jedoch an die Voraussetzung, daß Land A seinen Umweltstandard verschärft. Ein kombiniertes Abkommen kommt zustande, wenn zwei hinreichende Bedingungen erfüllt sind. Die eine Bedingung berücksichtigt, daß jedes der beiden Länder das Research joint venture an sich auch im Alleingang subventionieren könnte:

$$S_i \geq W_i^{JV} - W_i^0 > 0$$

In diesem Fall würde es (implizit) einen Teil der Subvention ins andere Land transferieren, denn die Erträge des Joint venture kommen beiden Ländern zugute. Dieser Subventionstransfer wird hier als S_i bezeichnet. Auf der rechten Seite ist der Wohlfahrtsgewinn des Landes i aus dem Joint venture abgetragen, und zwar als Differenz aus der Wohlfahrt mit dem subventionierten Projekt, W_i^{JV}, und der Wohlfahrt im Status Quo, W_i^0. Die Bedingung verlangt, daß der nötige Subventionstransfer mindestens so groß ist wie der potentielle Wohlfahrtsgewinn. Dies bedeutet, daß keines der beiden Länder alleine zur F&E-

Subvention greifen würde; sie sind auf Kooperation angewiesen. Zweitens wird verlangt:

$$W_i^{JV} - W_i^0 \geq W_i^S - W_i^U$$

Der Gewinn aus dem Joint Venture muß mindestens so groß sein wie der Gewinn eines umweltpolitischen Schwarzfahrers, der auf der rechten Seite angegeben ist. W_i^S ist die Wohlfahrt bei Schwarzfahrerverhalten, W_i^U die Wohlfahrt bei Kooperation im Umweltbereich (Katsoulacos 1997).

Diese Stabilitätsbedingung erinnert natürlich an die ähnlichen Definitionen in früheren Abschnitten. Sie reicht nur aus, wenn die Kooperation in beiden Bereichen sukzessive zustandekommt. Land B macht es zur Conditio sine qua non, daß sich Land A zunächst im Umweltbereich kooperativ verhält. Nur dann kommt es zum Joint venture im F&E-Bereich. W_i^0 ist die Wohlfahrt im Ausgangszeitpunkt; unterstellen wir zur Illustration $W_i^0 = 100$. Das Joint venture allein bringt beiden Ländern einen Gewinn, beispielsweise ist $W_i^{JV} = 120$. Land B kann sich noch verbessern, wenn auch im Umweltbereich kooperiert wird. Interessanter ist natürlich Land A, das ja kein starkes Interesse an Umweltschutz hat und dennoch in einem kombinierten Abkommen die Kosten eines höheren Umweltstandards tragen muß. Nehmen wir an, für Land A sei die Wohlfahrt bei einer auf den Umweltbereich begrenzten Kooperation $W_i^U = 95$. Verletzt es dagegen das umweltpolitische Abkommen, erreicht es als Schwarzfahrer $W_i^S = 105$.

Die Logik der Bedingung können wir uns dann so vorstellen: Keines der beiden Länder ist allein dazu bereit, das Joint venture zu subventionieren. Beide sind aber an einer gemeinsamen Subventionierung interessiert. Land B nutzt diesen Umstand aus, um die Forderung nach einem höheren Umweltstandard als Voraussetzung für die gemeinsame Subventionierung ins Spiel zu bringen. Land A steht dann vor folgendem Entscheidungsproblem: Entweder es bricht die Vereinbarung im Umweltbereich und realisiert einen Schwarzfahrergewinn von 10 Einheiten. Die Forschungskooperation bleibt ein Traum. Oder Land A hält sich an den festgelegten Umweltstandard und das Joint venture geht an den Start. In diesem Fall realisiert es den Joint-venture-Ertrag von 20 Einheiten, muß jedoch auf den Schwarzfahrergewinn verzichten. Da letzterer bloß 10 Einheiten beträgt beziehungsweise weil die Differenz von Joint-venture- und Schwarzfahrer-Gewinn positiv ist, ensteht ein selbststabilisierendes Abkommen über beide Bereiche hinweg. Die vorteilhaften Stabilitätseigenschaften der F&E-Vereinbarung werden im Interesse von Land B auf den Umweltbereich übertragen.

Strategische Anreize können die Erfolgschancen des Issue linkage allerdings reduzieren (Botteon/Carraro 1996). Unter Umständen nutzen einige Länder die Kooperation im F&E-Bereich sogar gezielt aus, um ihre eigenen umweltpolitischen Bemühungen zu vermindern, was sich am Beispiel eines „Nord-

Süd-Konflikts“ zeigen läßt (Stranlund 1996); das ist, wie gesagt, auch der plausibelste Kontext. Der Norden verfügt über moderne und umweltfreundliche Technologien. Anders als bei Katsoulacos (1997) geht es nicht darum, diese Technologien in einem Joint venture voranzubringen, der Nachholbedarf des Südens mag dafür zu groß sein. Vielmehr überlegt sich der Norden, ob er den Süden an seinem technischen Wissen teilhaben lassen soll, indem Produktionsanlagen oder Know-how transferiert werden. Ein explizites kombiniertes Abkommen wird dabei nicht angestrebt. Der Transfer geschieht frei von Bedingungen, der Süden muß die höherwertige Technologie nicht bezahlen und muß sich auch nicht auf einen strengeren Umweltstandard verpflichten. Das erste Motiv des Nordens erinnert implizit trotzdem an Issue linkage. Er erhofft sich, daß der Süden die moderne Technologie einsetzt und so seine Emissionen verringert. Diese Hoffnung ist durchaus begründet, weil sich der bisher im Süden geltende Umweltstandard mit der neuen Produktionstechnologie kostengünstiger realisieren läßt (die Gesamt- sowie die Grenzkosten sinken) und infolgedessen suboptimal wird, da er ja Grenzkosten und Grenzertrag des Umweltschutzes in Einklang bringen soll. Bei einem monetären Transfer könnte ein Einkommenseffekt ähnlich wirken (Buchholz/Konrad 1995). Hinzu kommt aber ein strategisches Motiv des Nordens. Da der Süden nun zu mehr Umweltschutz bereit ist, senkt der Norden seinen eigenen Umweltstandard. Die Reduktionskosten der beiden Ländergruppen haben sich einander angenähert, die Lastenaufteilung wird gleichmäßiger. Genau das gleiche Motiv spielt auch dann eine Rolle, wenn sich ein Land auf eine Technologie mit hohen Vermeidungskosten festlegt (Buchholz/Konrad 1994). Es kann bei Technologietransfers zu einem totalen Crowding out des jetzt strengeren Standards im Süden kommen, insbesondere dann, wenn der Norden eine deutlich stärkere Präferenz für Umweltschutz und viel niedrigere Umweltschutzkosten als der Süden hat (Stranlund 1996).

Während sich ein Großteil der Literatur zum Issue linkage auf eine mögliche Verknüpfung von Umwelt- und F&E-Abkommen konzentriert, bietet auch die Handelspolitik ein großes Potential, insbesondere der latente Nord-Süd-Konflikt in den Themenbereichen Handel und Umwelt (Abrego et al. 1997). Der Süden verfügt über natürliche Ressourcen, an deren Schutz der Norden großes Interesse hat - zum Beispiel über tropische Regenwälder. Roden die Länder des Südens ihre Waldbestände, verursacht dies globale Externalitäten, die in einem etwas unscharfen Grenzbereich zwischen physischen Effekten (beispielsweise: Verlust von Pflanzenarten, die zur Arzneimittelherstellung dienen könnten) und psychischen Externalitäten („Verlust von Existenzwerten“) liegen. Ein internationales Umweltabkommen wird ohne erhebliche Seitenzahlungen niemals zustandekommen, weil Kosten und Nutzen extrem ungleich verteilt sind. Andererseits zögert der Norden, den Welthandel weiter zu liberalisieren, weil er die komparativen Vorteile des Südens fürchtet. Ohne „Konzessionen“ des Südens wird der Norden seine Handelsschranken nicht weiter absenken. Fügen die Parteien nun allerdings beide Bereiche zusammen, wird eine Einigung erheblich wahrscheinlicher. Simulationen zeigen, daß beide Parteien hohe Erträge realisieren könnten (Abrego et al. 1997). Allerdings wäre es für den Süden noch lohnender, ein Umweltabkommen mit Seitenzahlungen abzuschließen. Wie wir gesehen haben, sind Transfers aber ein problembehaftetes Instrument. Zentral ist bei der Verbindung von Handels- und Umweltbereich, daß nur ein kombiniertes Abkommen für beide Ländergruppen lohnend ist. Die Stabilität kann allerdings zu kurz kommen, anders als bei Issue linkage mit F&E-Projekten. Bekanntlich sind auch Vereinbarungen zur Handelsliberalisierung häufig instabil, weil ebenso wie im Umweltbereich Schwarzfahreranreize bestehen. Die Verknüpfung mag deshalb zwar die Ertragsaussichten verbessern, kann aber zugleich destabilisierend wirken.

Die hier dargestellten Ergebnisse legen nahe, daß auch Issue linkage nicht als Wundermittel taugt. Kombinierte Abkommen kommen nur dann in Frage, wenn genügend Tauschpotential vorhanden ist und die Fronten zwischen den Verhandlungspartnern ausreichend klar verlaufen, um einen für alle Beteiligten einigermaßen gleichwertigen Tauschhandel zu ermöglichen. Nur eine intelligente Konstruktion von Abkommen über mehrere Bereiche überträgt die Stabilitätseigenschaften eines „unproblematischen" Bereichs wie Forschung und Entwicklung auf den Umweltbereich. Trotzdem erweitert sich das Spektrum denkbarer Vereinbarungen und damit die Chance, zu einem selbststabilisierenden Abkommen zu gelangen, wenn Verhandlungen thematisch verknüpft sind.

5.3.6 Peitsche statt Zuckerbrot: die Rolle von Handelsbeschränkungen

Die bisher vorgestellten Fluchtwege aus dem Gefangenendilemma setzen im Grunde alle auf das gleiche Pferd. Der Wille, einem Umweltabkommen beizutreten, und die Bereitschaft, sich dauerhaft kooperativ zu verhalten, sollen gestärkt werden, indem die Vereinbarung möglichst hohe Erträge bietet. Nun ist es aber ebensogut möglich, die relative Attraktivität der Kooperation dadurch zu steigern, daß die Außenstehenden gezielt geschädigt werden. Diese Idee folgt dem Coase-Theorem. Wer die bisher diskutierten positiven Anreize setzt, erkennt seine Rolle als „zahlendes Opfer" an. Ist er jedoch nicht dazu bereit, wird er versuchen, die nicht kooperationsbereiten Verursacherländer möglichst empfindlich zu treffen, um sie an den Verhandlungstisch zu zwingen. Als Mittel kommen internationale Sanktionen aller Art in Frage. Selbst wenn die Peitsche dem Zuckerbrot vorgezogen wird, sind Handelsbeschränkungen nur eines der möglichen Mittel. Interessanterweise findet erneut eine Art Issue linkage zwischen Handel und Umwelt statt. Die Lastenverteilung ist allerdings genau umgekehrt. Nach Coase müßte das effiziente Ergebnis jedoch ebensogut auf diesem Weg erreichbar sein, solange die Information symmetrisch verteilt ist (Eaton/Engers 1994).

Sinnvollerweise unterscheiden wir zwischen Ex-ante-Handelsrestriktionen und Ex-post-Handelssanktionen. Die erste Form umfaßt jene Handelsbeschränkungen, die unkooperativen Ländern tatsächlich auferlegt werden. Die erlittenen Wohlfahrtseinbußen verändern die Entscheidungssituation der Außenstehenden. Sie „profitieren" nun beim Eintritt in ein Umweltabkommen (auch) deshalb, weil sie die Last der Handelssanktion abschütteln können. Ex-post-Sanktionen dagegen stellen lediglich eine Drohung für den Fall dar, daß ein Land seine vertraglichen Pflichten verletzt (Kirchgässner/Mohr 1996).

Handelsbeschränkungen sind aber selten sehr effektiv und noch seltener effizient. Von Spezialfällen wie dem internationalen Gütertransport abgesehen, verursacht nicht der Handel an sich das Umweltproblem (Lloyd 1992). Eine der seltenen Ausnahmen ist die Basler Konvention zum Müllexport (Basel Convention on the Control of Transboundary Movements of Hazardous Wastes and their Disposal). Soweit der Transport dieser Stoffe riskant ist, kann es optimal sein, den Handel direkt zu kontrollieren. In aller Regel sind die Sanktionen aber bestenfalls noch ein Second-best-Instrument. Es ist häufig schwierig, die ausländischen Verursacher der Externalität zu treffen, weil deren Produkte nur zum Teil in anderen Ländern oder gar in dem Land, das die Sanktion einführt, abgesetzt werden (Adlung 1997). So könnte etwa ein Einfuhrverbot für tropische Hölzer die Rodung der tropischen Regenwälder kaum stoppen. Das Holz wird in den Ausfuhrländern häufig schon weiterverarbeitet oder als Baumaterial verwendet. Ein großer Teil geht ohnehin in Rauch auf, denn nicht das Holz ist das Motiv für großflächige Rodungen, sondern der Boden, auf dem es gewachsen ist - als Standort für Bergwerke, Siedlungsanlagen oder agrarische Nutzung. Auch im Kampf gegen Kinderarbeit sind Sanktionen weitgehend diskreditiert. Kinder arbeiten in Entwicklungsländern häufig nicht im formellen Sektor oder gar in direkt für den Export produzierenden Betrieben, sondern im informellen Sektor, also beispielsweise auf dem Acker ihrer Eltern. Schließlich zeigt ein Blick auf die in der Vergangenheit verhängten Sanktionen, daß diese selten hundertprozentig eingehalten wurden. Geographische Gegebenheiten, beispielsweise lange und schwer kontrollierbare Grenzen, spielen ebenso eine Rolle wie mangelnder politischer Wille. Fast immer wird sich ein „freundlicher Nachbar" finden, der aus Angst oder Überzeugung die Sanktion nicht mitträgt.

Um den gewünschten Effekt einigermaßen zuverlässig zu erreichen, muß eine Handelsbeschränkung sehr breit angelegt sein. Dies läßt sich eindrücklich am Beispiel des „Delphin-Thunfisch-Falls" demonstrieren (Chang 1996). Die USA hatten ein Importverbot für mexikanischen Thunfisch erlassen, weil die mexikanische Fangflotte im Unterschied zur US-amerikanischen Netze verwendete, in deren Maschen sehr viele Delphine umkommen. Vor einem GATT-Panel klagte Mexiko jedoch erfolgreich gegen diese Handelsbeschränkung. Im übrigen war das Importverbot eine unilaterale Maßnahme und nicht Teil eines Abkommens. Die USA argumentierten jedoch, sie hätten seit Jahren versucht, zu einer Vereinbarung mit Mexiko zu gelangen. Es handelt sich also um eine typische Ex-ante-Restriktion. Wie müßte das Importverbot konstruiert sein, um seine Wirkung voll zu entfalten? Unterstellen wir, nur ein Teil der mexikanischen Flotte fange Thunfisch mit dephinschädlichen Methoden. Die US-Behörden sollen „Dolphin-safe"- und „Dolphin-unsafe"-Thunfisch unterscheiden können. Genügt ein Importverbot für die unerwünschte Kategorie? Wohl nicht, denn Mexiko hat möglicherweise schon vor dem Inkrafttreten des selektiven Verbots genügend delphinsicheren Thunfisch hergestellt, um damit jetzt die gesamten Exporte in die USA zu decken. Kein einziger Delphin überlebt zusätzlich. „Leakage" ist ebenfalls zu befürchten. Die US-amerikanischen Fischer werden dazu verpflichtet, nur delphinsichere Netze zu verwenden, was ihre Produktionskosten erhöht. Der inländische Gleichgewichtspreis steigt deshalb, wodurch zusätzliche Importe mexikanischen Thunfischs angelockt werden. Mexiko könnte delphinsicheren Thunfisch in die USA umlenken, der bisher in anderen Ländern abgesetzt wurde, und mehr delphinschädlichen Thunfisch produzieren, der die Nachfrage der anderen Länder deckt.

Reicht ein Importverbot für sämtlichen mexikanischen Thunfisch aus, um die Delphine zu schützen? Erstaunlicherweise kann die Antwort immer noch nein lauten. Mexikanischer Thunfisch, der nicht mit delphinsicheren Methoden gefangen wurde, könnte auf Umwegen in die USA gelangen. Mexiko exportiert seinen delphinsicheren Thunfisch beispielsweise nach Japan, von dort aus gelangt er in die USA. Da sich das heimische Angebot in den USA bekanntlich verteuert hat, wird die gesamte Importmenge ansteigen, und am Ende dieses Umwegs fangen die Mexikaner möglicherweise doch wieder mehr Thunfisch mit delphinschädlichen Netzen.

Die USA müssen angesichts dieser Gefahr das Importverbot auf sämtlichen mexikanischen Thunfisch ausdehnen, egal ob er direkt aus Mexiko oder auf Umwegen über andere Länder exportiert wird. Abgesehen von den erheblichen Kontrollproblemen, die damit verbunden sein dürften, ist selbst diese Maßnahme immer noch unvollkommen. Japan könnte vermehrt delphinsicheren Thunfisch aus eigener Produktion in die USA liefern, während der japanische Bedarf durch verstärkten Import aus Mexiko gedeckt wird. Dieses Szenario ist keineswegs unwahrscheinlich, weil das Marktgeschehen diese Lösung förmlich aufdrängt: In den USA steigt der Thunfisch-Preis tendenziell, so daß der Markt für die japanischen Fischer an Attraktivität gewinnt. Der Preisanstieg überträgt sich teilweise auf den japanischen Markt, und Importe aus Mexiko werden interessanter - zumal die Thunfisch-Preise in Mexiko aufgrund des US-

Importverbots vermutlich sinken. Der Bannstrahl trifft Mexiko nicht, und für die Delphine ist nichts getan.

Haben sich die USA einmal auf die Handelsbeschränkung eingelassen, ist es deshalb nur logisch, einen weiteren, drakonischen Schritt zu gehen. Thunfisch-Importe aus allen Ländern, die selbst mexikanischen Thunfisch importieren, müssen ebenfalls ferngehalten werden. Das bedeutet nicht weniger als daß die USA einigen Ländern Kosten („Strafen") auferlegen, die möglicherweise ihre eigenen Fischer strengen Schutz-Standards unterworfen haben. Konflikte mit diesen Ländern sind programmiert. Dennoch ist die Effektivität der Sanktion immer noch nicht zweifelsfrei gesichert. Mexiko könnte seinen Thunfisch nach Japan exportieren, Japan seine eigenen Fänge beispielsweise an Deutschland verkaufen, wo sie weiterverarbeitet werden - und anschließend in die USA gelangen. Natürlich werden diese Umwege mit zunehmender Länge immer unattraktiver, aber es gibt sie. Man muß sich vor Augen halten, daß nur die vollständige Abschottung des US-Binnenmarktes eine wirksame Sanktion darstellt.

Das Ausmaß der Intervention ist gewaltig, sofern sie überhaupt einen Sinn haben soll. Im Thunfisch-Fall sind wir sogar noch von der idealistischen Annahme ausgegangen, die Herstellungsmethode (delphinsicher/-schädlich) lasse sich anhand des Endprodukts identifizieren. Häufig ist dies aber völlig undenkbar; es läßt sich beispielsweise nicht feststellen, ob ein Stück Elfenbein von einem gewilderten oder einem legal erlegten Elefanten stammt. Nur ein totales Handelsverbot ist effektiv, trifft aber selbstverständlich auch alle Länder guten Willens. Das bedeutet unter anderem, daß wirklich alle Staaten derartige Verbote durchsetzen müssen. Aber nur bei einem winzigen Bruchteil der vermeintlichen oder tatsächlichen Probleme wird die Welt einer Meinung sein. Und selbst wenn die Front der Regierungen einigermaßen geschlossen ist, entstehen in der Regel rasch florierende Schwarzmärkte.

Es ist kein Zufall, daß Handelsbeschränkungen zudem fast immer hochgradig ineffizient sind. Handel wird ja nicht als Selbstzweck betrieben, sondern weil er wohlfahrtssteigernd ist. Da annähernd effektive Handelsbeschränkungen sehr umfassend angelegt sein müssen, sind gravierende Wohlfahrtsverluste zu erwarten. Diese Interventionen setzen stets Anreize zur Umgehung, sei es durch die beschriebenen Umwege oder durch Schwarzmärkte; die Wohlfahrtsverluste potenzieren sich. Zugleich entstehen attraktive Renten. Die Handelsbeschränkungen für Elfenbein beispielsweise sollen so hohe Renten geschaffen haben, daß letztlich eher mehr als weniger Elefanten erlegt wurden (Low/Safadi 1992). Wer Handelsbeschränkungen verwendet, betritt außerdem ein „Slippery slope", eine rutschige schiefe Ebene, die ins Nichts der immer weiter um sich greifenden gegenseitigen Abschottung führt. Damit ist gemeint, daß es womöglich nicht bei einzelnen, begrenzten Handelsrestriktionen bleibt. Erstens, um es noch einmal zu wiederholen, sind moderate Beschränkungen äußerst ineffektiv, nur drastische Maßnahmen versprechen Erfolg. Zweitens ist es häufig nicht einmal möglich, an den Gütern anzusetzen, deren Produktion oder Konsum die unerwünschten Effekte auslöst. Entweder werden diese Güter nur in geringem Umfang exportiert (Beispiel Kinderarbeit), oder das von den Effekten negativ betroffene Land ist kein wesentlicher Abnehmer der Exporte. Als beispielsweise die USA ihr Importverbot gegen Mexiko verhängten, gingen nur drei Prozent der mexikanischen Thunfisch-Exporte in die Vereinigten Staaten (Chang 1996: 662, FN 178)[26]. In dieser Situation mag das betroffene Land willkürlich Importbeschränkungen für andere Güter errichten, nach der Maßgabe: was schmerzt meinen Kontrahenten am meisten? Dann ist man die schiefe Ebene schon ein großes Stück hinuntergerutscht. Drittens wird das bestrafte Land nicht unbedingt zur „richtigen Einsicht" gelangen und die Strafe einfach hinnehmen (oder die inkriminierte Verhaltensweise ändern). Realistisch erscheint eher, daß es mit einer ähnlichen Maßnahme antworten wird, sofern es dazu in der Lage ist. Ein Handelskrieg droht, ähnlich wie beim Versuch, Optimalstandards zu setzen, nur aus einer anderen Motivation heraus.

All diese Überlegungen werfen kein gutes Licht auf Handelsbeschränkungen. Und doch können sie unter glücklichen Umständen einen Beitrag zur Größe und Stabilität von Abkommen leisten - und zwar immer dann, wenn sie zwar glaubhaft angedroht, jedoch nie oder fast nie verwendet werden (Bothe 1996: 35). Ex ante eingeführte Beschränkungen erscheinen grundsätzlich gefährlicher, weil sie zeitlich vor dem Zustandekommen der Kooperation liegen. Sie richten aber keinen Schaden an, wenn viele Länder die zu erwartenden Sanktionen fürchten und deshalb rasch dem vereinbarten Abkommen beitreten. Das Montrealer Protokoll (Montreal Protocol on Substances that Deplete the Ozone Layer) ist ein Erfolgsbeispiel dafür. Art. 4 des Protokolls enthält einige harte Maßnahmen gegen Länder, die der Vereinbarung nicht beitreten: Importe von ozongefährdenden Substanzen aus diesen Ländern waren sofort verboten, als das Protokoll in Kraft trat, später auch Exporte in diese Länder. Nachdem eine entsprechende Liste aufgestellt worden war, wurden auch Importe von Produkten, die diese Substanzen enthalten, verboten. Art. 4 legt den Unterzeichnern außerdem nahe, keine zur Herstellung von FCKW geeignete Technologie zu exportieren oder entsprechende Projekte in Nicht-Vertragsstaaten zu subventionieren. Ein wesentliches Motiv für Art. 4 war das Vermeiden von Leakage-Effekten. Die Unterzeichner verpflichteten sich selbst mit dieser Klausel, darauf zu verzichten, ihre FCKW-Produktion in andere Staaten auszulagern. Das zweite wichtige Motiv war die Bekämpfung von Schwarzfahrerverhalten,

---

[26] Mexiko exportierte vorrangig nach Europa und Japan; das ist natürlich auch ein Anlaß für die oben beschriebene weite Ausdehnung des Importverbots auf Europa und Japan.

oder, wie es der Chef-Unterhändler der US-Regierung formuliert, „(...) to stimulate as many nations as possible to participate in the protocol, by preventing nonparticipating countries from enjoying competitive advantages (...)" (Benedick 1991: 91). Eine Untersuchung des UNEP kommt zum Ergebnis, daß zumindest einige Länder dem Protokoll beigetreten sind, weil sie diese Handelsbeschränkungen fürchteten. Inzwischen gilt das Montrealer Protokoll praktisch universal, ein außerordentlicher Erfolg (Lang 1996).

6. Zusammenfassung von Teil III

Mit den grenzüberschreitenden externen Effekten kommt eine weitere Ebene der Komplexität zur Analyse hinzu. Die Existenz dieser internationalen Externalitäten führt an sich schon zu Verzerrungen im weltwirtschaftlichen Geschehen. Sie bedarf deshalb einer eigenständigen Lösung. Das gilt allerdings auch schon bei Autarkie - insofern hat der Koordinationsbedarf, der durch die sogenannten Spillovers entsteht, mit der Tatsache der zunehmenden Integration der Weltwirtschaft herzlich wenig zu tun. Selbst wenn die Länder alle völlig autarke „Inseln" wären, könnten sie nur gemeinsam versuchen, die grenzüberschreitenden Marktunvollkommenheiten in den Griff zu bekommen. Sollen die grenzüberschreitenden Probleme gelöst werden, müssen sich die betroffenen Volkswirtschaften auf ein gemeinsames Vorgehen verständigen. Wie unsere Analyse gezeigt hat, werden die externen Effekte in diesem Fall sonst entweder gar nicht internalisiert - oder sie werden zwar teilweise internalisiert, aber sicherlich nicht auf dem effizienten Niveau. Es ist also keinesfalls die „Globalisierung", verstärkter Außenhandel oder die höhere Mobilität von Unternehmen, die den Koordinationsbedarf auslösen. Durch internationale Güter- und Faktorströme können die Probleme zwar quantitativ verstärkt werden, weil die (unter Vernachlässigung der Externalität) effiziente Arbeitsteilung die weltweiten Produktionsmöglichkeiten ausdehnt. Zudem könnte es sein, daß zusätzliches strategisches Potential entsteht, denn es fällt natürlich leichter, die eigenen Standards zu senken, wenn die Last größerer Externalitäten wenigstens zum Teil von anderen Ländern getragen wird. Der grundlegende Koordinationsbedarf besteht jedoch so oder so. Das zeigt sich gerade bei der stärksten Kategorie grenzüberschreitender Probleme, den globalen Externalitäten. Zu ihrer Lösung würde kein Land - rein ökonomisch betrachtet - aus freien Stücken irgend etwas tun. Denn die Erträge einer Internalisierung dieser externen Effekte kommen allen Ländern gleichmäßig zugute. Es ist daher für ein einzelnes Land nicht einsichtig, warum es selbst Kosten aufwenden soll, obwohl es nur einen Bruchteil des gesamten Gewinns für sich vereinnahmen kann.

An diesem Punkt hätten wir konsequenterweise einen Schlußstrich ziehen können. Wenn Außenhandel und Mobilität gar nicht der Auslöser des Problems sind, warum sollten dann internationale Mindeststandards, die ja an diesen Dimensionen ansetzen würden, eine sinnvolle Lösung darstellen? Stattdessen wurde hier aber ein anderer Weg eingeschlagen. Es wurde diskutiert, wie die globalen Probleme mit Hilfe internationaler Koordination direkt internalisiert werden könnten. Für den Umgang mit grenzüberschreitenden Umweltproblemen existieren bereits einige internationale Abkommen, während im sozialen Bereich die ILO als eine koordinierende Institution angesehen werden könnte. Klauseln in Handelsverträgen interessierten nach dem bisher Gesagten nur insofern, als sie in Verbindung mit Sanktionsdrohungen möglicherweise komplementär zu diesen Abkommen wirken könnten, obwohl sie zunächst gar nicht unmittelbar am hier ermittelten Koordinationsproblem ansetzen.

Wesentliches Ergebnis dieser Analyse: Das Drohpotential von Sanktionen muß so groß sein, daß kein Land von dem Verhalten abweicht, das in einem internationalen Abkommen festgelegt wurde. Angedrohte Sanktionen sollten deshalb so hart wie nur irgend möglich sein. Nun stößt die Härte der Maßnahmen aber meist rasch an Grenzen, nicht nur, weil Handelssanktionen häufig ineffektiv sind, sondern vor allem, weil sie glaubwürdig sein müssen. Es ist sinnlos, drakonische Strafen anzukündigen, wenn einem das Gegenüber nicht abnimmt, daß man diese Strafe auch vollziehen wird. Glaubwürdig sind allerdings nur jene Handelsbeschränkungen, die das strafende Land selbst nicht oder doch nur wenig treffen. Im allgemeinen leidet jedoch auch dieses Land unter den reduzierten Handelsströmen. Ein einfacher Umkehrschluß aus der traditionellen Außenhandelstheorie reicht aus, um dies zu begründen: Wenn alle Länder bei Freihandel ein Wohlfahrtsmaximum erreichen, verlieren auch alle Länder, die in eine Handelsbeschränkung involviert sind, egal auf welcher Seite sie stehen. Erst wenn der Außenhandel durch unvollkommenen Wettbewerb zwischen den Ländern und/oder den Unternehmen gekennzeichnet ist, eröffnen sich Aussichten für glaubwürdig angedrohte Maßnahmen. Wenn das sanktionierende Land beispielsweise durch die Handelsbeschränkung Terms-of-trade-Gewinne einfährt, ist seine Drohung sehr ernst zu nehmen. Eine wichtige Voraussetzung dafür ist allerdings, daß das drohende Land nicht schon zuvor seine Optimalzölle gesetzt hat - es hätte sich damit seines Drohpotentials begeben. Zudem sinkt die Glaubwürdigkeit der Optimalzolldrohung, wenn der oder die Kontrahenten zur Retorsion fähig sind. Ähnliches gilt, wenn Rent-shifting-Motive die Glaubwürdigkeit der Drohung untermauern sollen.

Aus mehreren Gründen kann also nur ein großes Land oder ein eisern geschlossenes Bündnis von Ländern Handelsbeschränkungen verwenden: Der Drohende sollte ein Gut in nennenswertem Umfang importieren, das möglichst eng mit dem zu bekämpfenden Problem in Zusammenhang steht, damit die Handelsbeschränkung wenigstens dem Second best nahekommt. Er muß in jedem Fall ein gewichtiger Akteur auf den Weltmärkten sein respektive über ein

Unternehmen verfügen, das in einem engen Oligopol möglichst Marktführer ist. In der Realität kann dies bedeuten, daß große Länder unilateral, das heißt ohne vorherige Verständigung auf globale Notwendigkeiten, gegen kleine Länder vorgehen - so geschehen nicht nur im hier beschriebenen Thunfisch-Delphin-Fall, in dem die USA Handelssanktionen gegen Mexiko verhängten.

Es bedarf keiner großen Phantasie, um sich die vielfältigen Möglichkeiten für einen Mißbrauch auszumalen. Noch dramatischer wird es, wenn die Regierung dieses großen Landes oder die Zentrale einer Ländergruppe nicht zum Typus des wohlwollenden Diktators gezählt werden kann. Einerseits ist es natürlich sehr glaubwürdig im spieltheoretischen Sinne, wenn mit einer Importbeschränkung gedroht wird, die einer importkonkurrierenden inländischen Branche hilft (Kirchgässner/Mohr 1996). Eher unglaubwürdig erscheint dann allerdings die vorgebliche Intention, man strebe eine bessere Welt an.

Wir können als Ergebnis festhalten: Sanktionen sind tatsächlich *höchstens* dann gute Sanktionen, wenn sie *nicht* vollzogen werden. Das Ziel der Sanktionsdrohung ist es, ein für alle Parteien lohnendes Abkommen in die Wege zu leiten und zu stabilisieren. Nun kommen verschiedene Möglichkeiten in Betracht:

- Im besten Fall ist die Sanktionsdrohung so glaubwürdig und so schlagkräftig, daß die gewünschte Kooperation funktioniert. Die Sanktion steht „nur" auf dem Papier und richtet keinen Schaden an.
- Möglicherweise ist die Sanktionsdrohung nicht glaubwürdig genug, um dieses Ziel zu erreichen - dann tritt das Abkommen nicht in Kraft, weil sich alle Länder wie Schwarzfahrer verhalten, und die Sanktionen sind hinfällig.
- Im schlimmsten Fall ist die Drohung zwar glaubwürdig, aber nicht schlagkräftig. Dann kommt zwar die erwünschte Kooperation nicht zustande (mangelnde Schlagkraft der Drohung), und die Sanktion wird in die Tat umgesetzt, denn gerade deshalb war die ursprüngliche Drohung ja glaubwürdig. Das Umweltproblem bleibt aber ungelöst, und die weltweite Wohlfahrt sinkt infolge der Handelsbeschränkung.

Selbst im besten Fall - die Sanktion wird nicht vollzogen, weil sich die Länder kooperativ verhalten - ist aber keineswegs sicher, daß wir uns auf dem richtigen Weg befinden. Der Haken an der Geschichte ist nämlich, daß eine glaubwürdige und schlagkräftige Sanktionsdrohung auch ein Abkommen sichern könnte, das „unfair" ist. Unter Umständen konstruieren die Partner am Verhandlungstisch ein Abkommen, das gar nicht für alle Länder vorteilhaft ist. Wie wir bereits gesehen haben, hätte ein solches Abkommen an sich keine Überlebenschancen. Wird es jedoch mit einer Sanktionsdrohung bewehrt, sieht die Lage ganz anders aus. Möglicherweise verhalten sich nun manche Länder allein deshalb kooperativ, weil das Strafmaß der angedrohten Sanktion schwerer wiegt als die „Strafe“ des kooperativen Verhaltens. In diesem Fall wird zwar nicht ein Schwarzfahrer durch die *Sanktion* getroffen. Jedoch wird ein Kooperationspartner durch das unterliegende *Abkommen* getroffen, das Abkommen selbst bewirkt keine Pareto-Verbesserung und kann insofern nicht effizient sein. Deshalb sind *höchstens* jene Sanktionen gut, die nicht vollzogen werden. Ein Argument für sanktionsbewehrte Mindeststandards in der Welthandelsordnung kann unter diesen Umständen guten Gewissens nicht konstruiert werden. Der Einsatz dieses Instruments ist zu gefährlich, zu groß ist das Risiko, daß in den internationalen Handelsbeziehungen mehr zerstört wird als bei der Lösung grenzüberschreitender Externalitätenprobleme zu gewinnen ist.

Teil IV

Wer hat ein Interesse an internationalen Mindestandards in einer integrierten Weltwirtschaft?

Warum werden Sozial- und Umweltklauseln mit Nachdruck gefordert, noch dazu ohne eine klare Beschränkung auf grenzüberschreitende Probleme? Die normative Prüfung in Teil II und Teil III konnte diese Frage nicht stichhaltig beantworten. Am Rande tauchte immer wieder der Verdacht auf, daß die Forderung politökonomische Gründe haben könnte. Es liegt deshalb nahe, jetzt den positiven Blickwinkel einzunehmen. Dies soll in zwei Schritten geschehen. Zunächst werden die Ergebnisse einiger empirischer Studien vorgestellt, die sich mit dem Zusammenhang von Sozial- bzw. Umweltstandards und den internationalen Wirtschaftsbeziehungen befassen. Falls die vielfältigen, schwachen und widersprüchlichen Anreize, die im normativen Teil dieser Arbeit entdeckt wurden, in der Summe doch ein klares Muster pro „Dumping“ ergeben, muß sich dieses Muster in empirischen Ergebnissen niederschlagen. Danach wird versucht, die Forderung nach Sozial- und Umweltklauseln politökonomisch zu erklären.

1. Empirische Relevanz: Wie wirken sich international unterschiedliche Sozial- und Umweltstandards tatsächlich aus?

1.1 Wie wirken sich Sozialstandards aus?

Empirische Studien zum hier relevanten Zusammenhang sind äußerst dünn gesät. Um kein Mißverständnis zu erregen: In den letzten Jahren hat eine umfangreiche, auch mit empirischem Material geführte Diskussion über „Trade and Wages“ eingesetzt, die bis auf weiteres sicherlich nicht abgeschlossen ist (vgl. z.B. Krugman/Lawrence 1993, Bhagwati/Kosters 1994, Freeman 1995, Wood 1995). Das vorläufige Ergebnis dieser rege und kontrovers geführten Debatte ist, daß die nach dem Stolper-Samuelson-Theorem zu erwartende Angleichung der Faktorpreise empirisch bisher kaum auszumachen ist. Diese Debatte befaßt sich aber nicht exakt mit dem Themenbereich der vorliegenden Arbeit. Erstens ist eine Eins-zu-Eins-Verbindung zwischen Lohnsätzen und Sozialstandards keineswegs zwingend. Mindestens drei Wege stehen immer noch offen, um einen anderen Sozialstandard als das Ausland durchzusetzen: Die Arbeitnehmer sind bereit, einen größeren Teil ihrer Entlohnung in Form sozialer Wohltaten zu erhalten; oder die Regierung finanziert den Standard über das allgemeine Steueraufkommen; oder eine Abwertung der heimischen Währung reduziert den Lohnkostennachteil gegenüber dem Ausland (Rodrik 1996: 44). Der dritte Weg ist sehr problematisch, weil er allenfalls für ein kurzfristiges Abfedern von Schocks taugt und das Ziel der Preisniveaustabilität gefährdet. Der zweite bedarf zumindest einer genaueren Analyse, denn auch die allgemeinen Steuern können verzerrend wirken und insofern vom Außenhandel abhängig sein. Wichtig ist aber der Grundgedanke: Eine Gesellschaft kann sich das erwünschte Niveau des Sozialstandards „erkaufen“.

Zweitens propagieren die Befürworter von Sozialklauseln ja (bisher) nicht, die Löhne weltweit zwangsweise zu vereinheitlichen. Es sollen lediglich einige Mindeststandards im „Kernbereich“ gesetzt werden. Genau auf diesen Kernbereich sollte deshalb auch die empirische Prüfung abheben: Ist es so, daß Länder, die elementare Arbeitnehmer- oder gar Menschenrechte nicht garantieren, Vorteile im internationalen Wettbewerb haben? Diese präzise Frage stellen tatsächlich nur sehr wenige Studien (Surveys: Brown/Deardorff/Stern 1997, Maskus 1997). Das liegt auch daran, daß es zum Grad der Umsetzung von Kernstandards nur sehr spärliche Daten gibt.

Eine umfangreiche Studie der OECD (1996) konzentriert sich auf Daten zur Vereinigungsfreiheit. Die Autoren prüfen mit einer ganzen Reihe unterschiedlicher Ansätze, ob der Weltmarkterfolg eines Landes davon abhängt, inwieweit es die Vereinigungsfreiheit gewährt oder unterdrückt. Die betrachteten Länder wurden in vier Gruppen eingeteilt. Die Länder in Gruppe 1 (hauptsächlich handelt es sich um OECD-Länder) garantieren Vereinigungsfreiheit auf dem Papier und in der Praxis, während in Gruppe 4 als anderes Extrem jene Länder zu finden sind, die praktisch keine Vereinigungsfreiheit gewähren (dazu gehören China und Indonesien). Der Anteil der Exporte eines Landes am Welthandel wird als Indikator des Weltmarkterfolgs verwendet. Ein Anstieg des Exportmarktanteils gilt als eine Verbesserung der Außenhandels-Performance. Die Studie zeigt nun, daß kein klarer Zusammenhang zwischen der Zugehörigkeit zu einer der vier Ländergruppen und der Veränderung der Außenhandels-Performance von 1980-90 feststellbar ist. In jeder Ländergruppe gab es Gewinner und Verlierer. „Therefore, it might be argued that low standards are not an important explanatory factor behind changes in trade performance“ (OECD 1996: 92).

Die OECD-Studie prüft auch, ob starke Veränderungen der arbeitsrechtlichen Kernbestimmungen einen meßbaren Effekt auf den Außenhandelserfolg ausüben. In Argentinien, Südkorea und Taiwan findet die Studie einen Rückgang der Handels-Performance, nachdem den Arbeitnehmern einige Rechte eingeräumt wurden. Die Autoren führen dies jedoch auf andere Faktoren wie eine steigende Verschuldung zurück. Möglicherweise seien auch steigende Lohnforderungen zum Teil schuld gewesen, aber längerfristig ergebe sich kein klares Bild.

Des weiteren prüfen die Autoren, ob Länder in jenen Branchen, die über einen komparativen Vorteil verfügen, die Versammlungsfreiheit gezielt unterdrücken oder weniger sichern. Einige Beschwerden vor dem ILO Committee on Freedom of Association weisen darauf hin. Aber in aller Regel geht es dabei um Verstöße gegen das national geltende Recht eines Landes. Malaysia unterdrückt die Versammlungsfreiheit im erfolgreichen Elektroniksektor jedoch ganz offensichtlich. Auch für die vor allem in Entwicklungsländern beliebten Exportförderzonen (EFZ) ergibt sich kein klares Bild. Lediglich in sechs Fällen läßt sich eindeutig nachweisen, daß Arbeitnehmerrechte in diesen Zonen unterdrückt werden. Bangladesh verbietet Gewerkschaften in den Förderzonen und wirbt damit um ausländische Investoren. In der Türkei dürfen Arbeiter während der ersten zehn Jahre des Bestehens einer EFZ nicht streiken. In Jamaica, Sri Lanka, Pakistan und Panama existieren ähnliche Restriktionen. Andererseits seien die Löhne in den EFZ eindeutig höher als im Inneren der Länder, argumentieren die Autoren.

Das Ausmaß der Kernstandards müßte sich auch in den Güterpreisen niederschlagen, wenn diese Standards wettbewerbsrelevant sein sollen. Die OECD-Studie betrachtet deshalb die Preise von 39 verschiedenen Textilprodukten, die aus Ländern der vier oben beschriebenen Gruppen in die USA importiert werden. Es zeigt sich, wenig überraschend, daß Textilimporte aus den Hochstandard-OECD-Ländern viel teurer sind als jene aus Entwicklungsländern. Zwischen den Entwicklungsländern jedoch gibt es kaum Unterschiede, obwohl Vereinigungsfreiheit von diesen Ländern in ganz unterschiedlichem Ausmaß gewährt wird. Unterschiedliche Kernstandards haben offenbar keinen Einfluß, und den hochentwickelten Ländern ist es gelungen, sich über Produktdifferenzierung abzusetzen. Auch Kinderarbeit hat keine signifikanten Auswirkungen. Teppiche aus Nepal, wo Kinderarbeit weitverbreitet ist, sind deutlich teurer als Teppiche aus anderen Ländern, die nicht so sehr auf Kinderarbeit setzen. Aus Kunstfasern hergestellte Teppiche sind billiger aus Belgien und den Niederlanden zu beziehen als aus der Türkei, die zumindest teilweise Kinderarbeit zuläßt. Insgesamt kommt die OECD-Studie deshalb zum Ergebnis, der Umgang mit Kernstandards habe keinen nennenswerten Einfluß auf den Außenhandel. Damit geht sie noch einen Schritt weiter als die theoretische Analyse in dieser Arbeit, derzufolge schon gewisse Auswirkungen zu erwarten wären.

Rodrik (1996) prüft zunächst, ob soziale Standards die Kosten der Arbeit beeinflussen. Anschließend fragt er nach deren Einfluß auf die komparativen Vorteile (und damit die Handelsströme) sowie dem Einfluß auf Direktinvestitionen. Er verwendet dabei unterschiedliche Indikatoren für die Kernstandards. Sowohl die Zahl der in einem Land insgesamt ratifizierten ILO-Konventionen als auch die Zahl der umgesetzten ILO-Konventionen, die den Bereich der Kernstandards betreffen, ist positiv und statistisch signifikant mit den Arbeitskosten korreliert. Trotz ausgedehnter Versuche mit den unterschiedlichen Indikatoren kann Rodrik jedoch keine signifikanten Auswirkungen auf die komparativen Vorteile (gemessen am Verhältnis der Textil- und Bekleidungsexporte zu anderen Exporten) nachweisen. Einzige Ausnahme ist der positive Effekt der gesetzlich zugelassenen Arbeitsstundenzahl. In einer auf ärmere Länder beschränkten Regression wirkt sich allerdings auch Kinderarbeit positiv aus, verstärkt also den komparativen Vorteil. Dagegen wirkt sich Kinderarbeit negativ auf die Direktinvestitionen aus. „Taken at face value, these results indicate that low labor standards may be a hindrance, rather than an attraction, for foreign investors“ (Rodrik 1996: 57). Auch Rodrik verweist darauf, wie schwierig es ist, die Unterschiede zwischen den Ländern zu quantifizieren; er sei eher überrascht, überhaupt gewisse Regelmäßigkeiten gefunden zu haben.

Van Beers (1998) kritisiert einige der von Rodrik (1996) verwendeten Indikatoren. Ein Land, das beispielsweise viele ILO-Konventionen ratifiziert hat, bekundet damit bestenfalls sein Interesse daran, ein hohes Niveau der arbeitsmarktrelevanten Sozialstandards anzustreben. Inwieweit es aber konkrete Maßnahmen in Gesetzesform gießt, erschließt sich daraus nicht. Deshalb verwendet van Beers einen von der OECD konstruierten Indikator, der die tatsächlichen Arbeitsmarktregulierungen in 18 OECD-Ländern erfaßt. Es bleiben zwar gewisse Bewertungsprobleme, aber zumindest setzt dieser Indikator am „Output“ des politischen Prozesses an.

Um den Zusammenhang dieses Indikators mit den komparativen Vorteilen herauszufiltern, trennt van Beers arbeitsintensive und kapitalintensive Branchen voneinander. Zudem unterscheidet er danach, ob vor allem niedrigqualifizierte Arbeit oder Humankapital eingesetzt wird. Dies wird damit begründet, daß die Nachfrage nach Humankapital unelastischer als die nach einfacher Arbeit sei. Ein Anstieg der Arbeitskosten wirkt sich deshalb gravierender auf humankapitalintensive Branchen aus. Dieser Aspekt ist zur Differenzierung besonders wichtig, da van Beers lediglich OECD-Länder betrachtet. Beide Unterscheidungen müssen zusammen betrachtet werden. Am stärksten betroffen von hohen Standards ist demnach die Wettbewerbsfähigkeit bei arbeitsintensiv hergestellten Gütern, die vor allem hochqualifizierte Arbeit benötigen. Wenn die Produktionstechnologie viel Kapital und Humankapital braucht, sind noch recht starke Auswirkungen zu erwarten. Weniger unter Druck geraten jene Branchen, die vor allem auf einfache Arbeit setzen - sie können ihre Wettbewerbsfähigkeit durch Rationalisierung erhalten. Fast keine schädlichen Auswirkungen dürften in dieser Logik für Wirtschaftszweige eintreten, die mit viel Kapital und niedrigqualifizierter Arbeit produzieren. Ein komparativer Vorteil von Hochstandardländern müßte sich also genau in diesem Bereich nachweisen lassen. Im übrigen führen kostenträchtige Sozialstandards endogen zu diesem Branchentyp, weil Kapital relativ zur Arbeit günstiger wird.

Zunächst betrachtet van Beers nun die gesamten bilateralen Handelsströme und findet keinen Einfluß des Standard-Indikators. Er hält dies für wenig überraschend, da ja die Theorie der komparativen Vorteile schon signalisiert, daß Nachteile der Hochstandardländer bei arbeitsintensiven Gütern durch Vorteile bei kapitalintensiven Gütern kompensiert werden. Überraschenderweise erbringt aber auch die getrennte Betrachtung von arbeits- und kapitalintensiven Gütern, egal ob es um Exporte oder Importe geht, keine signifikanten Resultate. Lediglich die Vorzeichen entsprechen den Erwartungen.

Schließlich unterscheidet van Beers beide von ihm eingeführten Branchen-Merkmale und kommt zu einigen interessanten Ergebnissen. Die Bevölkerungsgröße ist eine wichtige Determinante der bilateralen Exporte von Gütern, die mit viel einfacher Arbeit hergestellt werden - es scheint sich hier um echte Heckscher-Ohlin-Güter zu handeln. Es ist deshalb frappierend, daß sich die Arbeitsstandards dennoch weder auf Exporte noch auf Importe dieser Güter signifikant auswirken. Vermutlich zeigt sich hier die hohe Elastizität der Nachfrage nach einfacher Arbeit. Diese Hypothese wird insofern indirekt bestätigt, als sich hohe Standards signifikant negativ auf Exporte jener Güter auswirken, die mit viel hochqualifizierter Arbeit hergestellt werden. Zudem findet van Beers auch die erwarteten Zusammenhänge bei den realkapitalintensiv hergestellten Gütern. Länder mit strengen Arbeitsstandards exportieren überdurchschnittlich viel von jenen Gütern, die Realkapital und einfache Arbeit benötigen. Das ist nicht überraschend, weil einfache Arbeit bei hohen Arbeitskosten durch Kapital substituiert werden kann. Bei den real- und gleichzeitig humankapitalintensiven Branchen ergibt sich ein leicht negativer Effekt. Kapital und die Fähigkeiten der Arbeitnehmer sind offenbar komplementär, so daß die Kosten hoher Standards auf diese Branchen durchschlagen.

Die bisher vorliegende empirische Evidenz ist möglicherweise zu begrenzt, um klare Schlußfolgerungen daraus zu ziehen. Dennoch zeichnet sich eine interessante Tendenz ab. Die OECD-Studie betrachtet gezielt einen Kernstandard und dessen Auswirkungen auf den Welthandel zwischen sehr unterschiedlichen Entwicklungs- und Industrieländern; sie kommt zu keinen klaren Ergebnissen. Rodrik kann gewisse Zusammenhänge zwischen Sozialstandards und Außenhandel oder Direktinvestitionen erst dann feststellen, nachdem er sich auf arme Länder konzentriert hat, zudem sind die Effekte der Kinderarbeit gegenläufig. Van Beers dagegen gelingt es, seine Hypothesen zu untermauern. Er betrachtet jedoch OECD-Länder, deren soziale Versorgung weit über das Niveau der Kernstandards hinausgeht. Es scheint so, als ob Sozialstandards erst auf diesem hohen Niveau ernsthaft wettbewerbsrelevant sind. Die Weltmarkt-Konkurrenz zwischen Entwicklungsländern und Industrieländern, also zwischen

Nationen ohne grundlegende Sozialstandards und solchen mit ausgebautem Wohlfahrtsstaat, ist offenbar gar nicht das Problem. Daraus läßt sich schwerlich ein Argument für die Einführung von Mindeststandards konstruieren. Daß das unterschiedliche Niveau dieser Standards die komparativen Vorteile beeinflußt, ließ die theoretische Analyse bereits erwarten, aber bedenklich ist diese Tatsache an sich nicht.

1.2 Wie wirken sich Umweltstandards aus?

Ganz im Gegensatz zu den Sozialstandards hat der Einfluß voneinander abweichender Umweltstandards seit den achtziger Jahren breite empirische Beachtung gefunden. Inzwischen existiert eine Fülle von Untersuchungen, die sich ganz unterschiedlicher Methoden bedienen. Ein Teil dieser Literatur stützt sich auf Unternehmensbefragungen, wobei entweder offene Fragen (beispielsweise: Welche Faktoren haben großen/weniger großen Einfluß auf ihre künftigen Investitionen) oder geschlossene Fragen (beispielsweise: Wie stark gewichten Sie bei Ihren Standortentscheidungen die Höhe der Umweltstandards relativ zu anderen Faktoren) gestellt werden. Diese Befragungen wecken aber große Skepsis, weil die Antworten aus Absicht oder Unwissenheit verzerrt sein können. Des weiteren wird empirisch getestet, ob Umweltstandards die Handelsmuster beeinflussen. Ein weiterer Strang dieser Literatur beschäftigt sich mit der Frage, ob Unternehmen jenen Ländern oder auch jenen Staaten der USA den Rücken kehren, die besonders strenge Standards eingeführt haben („Industrial flight"-Hypothese), beziehungsweise umgekehrt, ob es manchen Ländern mit besonders laxen Standards gelingt, Unternehmen anzulocken („Pollution haven"-Hypothese). Einige Studien sind durch die Bedenken im Vorfeld des NAFTA motiviert, ganze Branchen könnten aus den USA nach Mexiko abwandern. Aus der Vielzahl vorhandener Untersuchungen sollen hier lediglich einige der bedeutenderen Arbeiten seit Anfang der neunziger Jahre zitiert werden. Um es vorwegzunehmen: Die Grundtendenz ist ohnehin eindeutig, denn es gelingt sehr selten, nennenswerte Einflüsse der Umweltstandards zu beweisen (Survey bei Levinson 1996a).

Tobey (1990, 1993) testet die Hypothese, daß die den Unternehmen auferlegten Umweltschutzkosten die Handelsströme beeinflussen. Er verwendet das Heckscher-Ohlin-Vanek-(HOV)-Modell des Außenhandels in verschiedenen Varianten. In einer Variante führt er nicht-homothetische Präferenzen ein, in einer weiteren Skalenerträge und Produktdifferenzierung. Die Umweltschutzkosten stellen im HOV-Modell einen Indikator für die Knappheit des Produktionsfaktors Umwelt dar. Die Hypothese wird für Branchen mit besonders hohen Umweltschutzkosten untersucht (Papier, Chemie, Bergbau, Metalle). Obwohl Tobey eine ganze Reihe unterschiedlicher Tests durchführt, gelingt es ihm in keinem Fall, die Hypothese zu bestätigen. Er vermutet, die Umweltschutzkosten seien einfach zu gering, um im statischen Sinne einer gegebenen Ausstattung nennenswerte Spuren in den Handelsmustern zu hinterlassen. In keinem Fall liegen sie über 2,9 % der Gesamtkosten der betrachteten (verschmutzungsintensiven!) Branchen. Tobey prüft deshalb in einem weiteren Versuch, ob sich der *Anstieg* der Umweltstandards zwischen 1970 und 1984 in einer *Veränderung* der Handelsmuster niederschlägt. Nur für die chemische Industrie kommt er zu einem annähernd signifikanten Ergebnis - aber das Vorzeichen ist „falsch", nämlich positiv. Möglicherweise tragen Transportkosten, Zölle und Subventionen zu diesen Ergebnissen bei.

Auf die befürchteten Folgen des NAFTA gehen Grossman und Krueger (1991) ein. Sie betrachten das Verhältnis der US-Importe aus Mexiko zu den gesamten US-Exporten in der gleichen Branche als abhängige Variable. Die erklärenden Variablen schließen die Faktorintensitäten der Branchen, die Effektivzölle der USA und die Umweltschutzkosten mit ein. In einer weiteren Regressionsgleichung nehmen sie interessanterweise auch die Verletzungshäufigkeit in der jeweiligen Branche auf. Sie gilt als ein gewichtiger Indikator für die Kosten, die US-amerikanische Unternehmen infolge der Arbeitsschutzgesetze der USA tragen müssen. Im weitesten Sinne untersuchen Grossman und Krueger also gleichzeitig Umwelt- und Sozialstandards. Das Import-Export-Verhältnis sollte in diesem Modell mit dem Anteil der Umweltschutzkosten ansteigen. Es zeigt sich jedoch, daß der Einfluß dieser Kosten sowohl klein als auch statistisch insignifikant ist. Grossman und Krueger illustrieren dies anhand eines einfachen Beispiels mit zwei Branchen. Die eine weist durchschnittliche Umweltschutzkosten auf (beziffert als 1,38 % der Wertschöpfung dieser Branche), die andere erheblich höhere (4,85 % der Wertschöpfung). Nach den Schätzungen der Autoren ist das Import-Export-Verhältnis in der letzteren Branche lediglich um etwa 0,05 % höher als in der durchschnittlich verschmutzenden Branche. Auch die Verletzungshäufigkeit hat einen sehr schwachen und insignifikanten Einfluß. Weitere Tests, die auf die mexikanischen Maquiladoras (vergleichbar einer EFZ) zugeschnitten sind, scheitern ebenso. Stattdessen scheint vor allem Mexikos Reichtum an einfacher Arbeit dessen komparativen Vorteil zu erklären.

Auch Low (1992) setzt sich mit dem potentiellen Konflikt zwischen Mexiko und den USA auseinander. Er geht über die Analyse des Status quo hinaus und simuliert den Effekt politischer Gegenmaßnahmen der USA, wobei er ausdrücklich auf die mangelnde normative Begründung für derartige Maßnahmen hinweist. Low führt in seiner Simulation eine Steuer ein, die den Kostenvorteil Mexikos aufgrund niedrigerer Umweltstandards ausgleicht. Im Gegenzug werden sämtliche existierenden Zölle abgeschafft, womit der NAFTA-Effekt eingefangen werden soll. Die Simulation tendiert zur Überschätzung, weil unterstellt wird, die mexikanischen Unternehmen gäben bisher überhaupt nichts für Umweltschutz aus. Die „Angleichungssteuer“ entspricht deshalb dem gesamten Umweltschutzkosten-Anteil, den eine entsprechende Branche im Inland trägt. Dennoch erscheinen ihre Effekte sehr bescheiden, Mexiko verliert im Extremfall zwei Prozent der Exporteinkommen. Dieser Verlust, vermutet Low, würde Mexiko kaum dazu bringen, höhere Umweltstandards zu setzen. Das verbleibende Hauptmotiv der Steuer wäre dann die Protektion einiger US-amerikanischer Branchen, aber auch diesbezüglich wäre der Erfolg wohl bescheiden, weil die Umweltschutzkosten einen zu geringen Anteil an den Gesamtkosten haben. Ganz abgesehen von der mangelnden Legitimation einer Angleichungssteuer wäre sie also auch in jeder Hinsicht wenig effektiv.

Low und Yeats (1992) untersuchen den Revealed Comparative Advantage (RCA) in 40 verschmutzungsintensiven Branchen. Dabei interessiert sie nicht, welche komparativen Vor- und Nachteile ein bestimmtes Land in verschiedenen Branchen hat, sondern welche (109) unterschiedlichen Länder RCAs in diesem einen Bereich haben. Zwischen 1965 und 1988 nahm der Anteil der „schmutzigen“ Güter am Welthandel insgesamt ab. Während dieser Trend auch in den Exporten der Industrieländer erkennbar ist, war in Osteuropa, Lateinamerika und Westasien ein Anstieg zu beobachten. Dennoch bestritten die Industrieländer 1988 rund drei Viertel der gesamten Exporte in diesem Bereich, die EG alleine um die 40 %. Unter den 25 größten Exporteuren fanden sich lediglich acht Nicht-OECD-Länder. Ein Vergleich von 1966-68 mit 1986-88 zeigt, daß zum späteren Zeitpunkt erheblich mehr Länder RCAs in verschmutzungsintensiven Branchen hatten. Dies deutet zwar vor allem auf eine stärkere weltweite Zerstreuung hin, aber die Zahl der Entwicklungsländer mit RCA nahm besonders stark zu. Low und Yeats ziehen daraus die vorsichtige Schlußfolgerung, es könne nicht ausgeschlossen, angesichts der aggregierten Daten aber auch nicht klar bestätigt werden, daß umweltschutzinduzierte Kostendifferenzen diese Entwicklung begünstigt hätten. Sie verweisen selbst auf die anderen Studien, die diese Hypothese ablehnen. Zudem nennen sie konkurrierende Erklärungsansätze. Zum einen könnten die betrachteten Branchen arbeitsintensiv sein, wofür sie aber nur teilweise Evidenz finden. Überzeugender erscheint die These, die Daten reflektierten vor allem die Ausstattung mit natürlichen Ressourcen, so daß sie weniger auf komparative als vielmehr auf absolute Vorteile hinweisen. Zudem sind viele der verschmutzungsintensiven Branchen sogenannte Basisindustrien mit einfacher Technologie, die in frühen Stadien der wirtschaftlichen Entwicklung besonders stark vertreten sind.

Die bisher angesprochenen Studien verwenden hoch aggregierte Daten, die lediglich Netto-Veränderungen erfassen. Ob neue Betriebe oder Unternehmen entstanden sind und bestehende Betriebe erweitert, verkleinert oder geschlossen wurden, läßt sich daran nicht erkennen. Levinson (1993) versucht, diese Bewegungen zu ergründen, wobei er sich auf eine Analyse der US-Bundesstaaten beschränkt. Während der 80er Jahre verlagerte sich ein Großteil der umweltpolitischen Kompetenzen auf die Bundesstaaten. Levinson hält die Struktur der Effekte für besonders wichtig, weil „Grandfathering" in der US-Umweltpolitik weit verbreitet ist. Neue Umweltstandards werden auf bestehende Betriebe nicht angewandt und stellen deshalb Markteintrittsbarrieren dar. Der Anreizeffekt voneinander abweichender Umweltstandards sollte sich also besonders deutlich in den Neugründungen niederschlagen. Dafür spricht auch das Fixkostenargument, das im theoretischen Teil der vorliegenden Arbeit bereits thematisiert wurde. Ein Unternehmen wird zögern, einen bestehenden Betrieb zu schließen und abzuwandern, weil es am derzeitigen Standort Fixkosten gebunden hat. Zudem sind die Unternehmen in den USA strengen Haftungsregeln und Vorschriften zur Beseitigung von Altlasten unterworfen, wenn sie einen Standort aufgeben. Die Standortentscheidung für einen neuen Betrieb kann dagegen theoretisch auf kleinste Kostendifferenzen Rücksicht nehmen. Levinson betrachtet aus diesen Gründen lediglich neu gegründete Betriebe.

In einem ersten Ansatz, der alle neuen Betriebe umfaßt, haben nur wenige Merkmale der Bundesstaaten signifikante Auswirkungen mit dem erwarteten Vorzeichen. Nachdem Levinson das Datenset auf die 500 größten Unternehmen beschränkt hat, erweisen sich deutlich mehr Merkmale als relevant; die Umweltstandards gehören jedoch nicht dazu. Selbst bei einer Eingrenzung auf die 500 größten Unternehmen in verschmutzungsintensiven Branchen mit mehreren Betriebsstätten sind die Effekte sehr klein. So führt ein Anstieg der durchschnittlichen Umweltschutzkosten pro Beschäftigtem um 265% zu einem Rückgang der Ansiedlungswahrscheinlichkeit um lediglich rund 7 %. Levinson nennt zwei Gründe, warum überhaupt nur große Unternehmen auf Umweltstandards zu reagieren scheinen. Erstens haben sie möglicherweise schon Betriebsstätten in verschiedenen Bundesstaaten und kennen deren Politik aus erster Hand. Sie erzielen deshalb „steigende Skalenerträge" bei der Standortsuche. Zweitens vermutet er, ein Existenzgründer baue seinen Betrieb eher dort auf, wo er ohnehin schon lebt. Ein großes Unternehmen dagegen stellt Manager ein, egal wo der Betrieb eröffnet wird.

Auch Levinson macht sich Gedanken, warum das erwartete Ergebnis nicht zustandekommt. Möglicherweise sind die verwendeten Indikatoren für die Strenge des Umweltstandards zu ungenau. Vielleicht sind auch die Unterschiede zwischen den Bundesstaaten zu klein, um signifikante Resultate zu erzeugen. Schließlich wurden betriebsspezifische Eigenheiten vernachlässigt. Parallelen zur NAFTA-Diskussion zieht Levinson sehr vorsichtig. Zwar sei die Differenz der Umweltschutzkosten zwischen den USA und Mexiko wahrscheinlich viel größer als zwischen den US-Staaten, aber Transport- und Logistikkosten könnten dem Abwandern von Betriebsstätten entgegenwirken. In einer weiteren Studie (Levinson 1996b) zieht der Autor Konsequenzen aus dem unbefriedigenden Ergebnis, indem er weitere Indikatoren für die Strenge der Umweltstandards verwendet. Im wesentlichen bestätigt er jedoch nur die früheren Ergebnisse.

Van Beers und van den Bergh (1996, 1997) kritisieren die Methodik von Tobey (1990, 1993). Dessen Heckscher-Ohlin-Vanek-Ansatz könne lediglich die multilateralen Handelsströme erfassen. Stattdessen verwenden sie ein Gravitationsmodell, das die bilateralen Ströme berücksichtigt. Sie weisen auf zwei störende Umstände hin, die den Einfluß von Umweltstandards auf den Außenhandel verzerren können. Zum einen wird der Effekt verringert, wenn besonders betroffenen Branchen mit Subventionen unter die Arme gegriffen wird. Es sei deshalb ausgesprochen wichtig, einen sorgfältig konstruierten Indikator für den Umweltstandard zu verwenden, der nur die tatsächlich getragenen Kosten der Umweltpolitik mißt. Zum anderen werden höhere Standards eventuell begleitet von höheren Importbarrieren für schmutzige Güter. Die Importe steigen dann nicht, womöglich fallen sie sogar bei kräftiger Dosierung der Importschranken.

Als Indikator für den Umweltstandard verwenden van Beers und van den Bergh aufgrund ihrer Bedenken einen Output-orientierten Maßstab. Mit Output ist hier jedoch nicht die produzierte Gütermenge gemeint, sondern das meßbare Ergebnis der Umweltpolitik eines Landes. Unter anderem geht die Größe der geschützten Gebiete, der Marktanteil bleifreien Benzins und Recyclingraten für Papier und Glas in einen breit definierten Indikator ein. Ein zweiter, engerer Maßstab enthält nur die Veränderung der Energieintensität der Produktion von 1980-91 und das Niveau der Energieintensität 1980.

Zunächst wenden van Beers und van den Bergh ihr Modell für das Jahr 1975 an, in der Absicht, die Analyse von Tobey (1990) nachzuvollziehen. Auch sie können keine signifikanten Zusammenhänge zwischen Umweltstandard und Außenhandel erkennen. Im zweiten Ansatz betrachten die Autoren die Situation 1992, wobei sie sich auf 21 OECD-Länder beschränken, einerseits aus Datenmangel, andererseits um große Differenzen bei anderen Faktoren wie Technologie, Qualifikation der Arbeitnehmer oder politische Stabilität auszuschließen. Wird der breit definierte Indikator verwendet, kommen auch mit den Daten von 1992 keinerlei signifikante Ergebnisse zustande. Anders sieht es bei Verwendung des zweiten, enger gefaßten Indikators aus. In bezug auf die gesamten bilateralen Exportströme finden die Autoren einen signifikant negativen Einfluß. Wird der Datensatz auf verschmutzungsintensive Branchen begrenzt, verschwindet paradoxerweise die Signifikanz, und das Vorzeichen dreht sich um. Da die Autoren vermuten, daß dies vor allem am großen Anteil rohstoffbasierter und deshalb standortgebundener Unternehmen liegt, beschränken sie die Daten noch weiter auf verschmutzungsintensive „Footloose industries". Hier zeigt sich erneut ein signifikant negativer Effekt. Auf die Importseite angewandt, mißt das Modell jedoch merkwürdigerweise durchgängig signifikant negative Effekte, völlig im Widerspruch zur Außenhandelstheorie. Die Autoren spekulieren, man könne daran möglicherweise ablesen, daß Umweltpolitik eine Ausrede für höhere Importbarrieren darstellt.

Gray (1997) geht ähnlich wie Levinson (1996, 1993) vor. Er errechnet die „Geburtenrate" neuer Betriebe in Fünf-Jahres-Intervallen (von 1963-1987) für alle US-Bundesstaaten und sucht dann nach Einflüssen regional unterschiedlicher Umweltstandards. Die „Geburtenrate" ist definiert als Zahl der Neueröffnungen pro Periode dividiert durch die Gesamtzahl von Unternehmen im Basisjahr, eine Netto-Version stellt auf die Zahl der Neueröffnungen abzüglich der Schließungen ab. Gray verwendet für die Umweltstandards verschiedene Indikatoren, die in drei Gruppen zusammengefaßt werden können: Indikatoren für Umweltschutz-Ausgaben, die politische Unterstützung für Umweltschutz oder die Regulierungsdichte. Diverse weitere Variablen sollen andere Einflüsse wie Löhne, Pro-Kopf-Einkommen und Gewerkschaftsmitgliedschaft kontrollieren. Die meisten der Indikatoren für Umweltstandards sind negativ mit den Geburtenraten verbunden, wenn auch längst nicht immer signifikant. Auch Gray hält die Effekte für nicht sehr gravierend. Sehr verwirrend ist allerdings, daß die Koeffizienten für die Teilmenge der besonders verschmutzungsintensiven Branchen nicht größer, teilweise sogar kleiner sind als für die Gesamtheit der Unternehmen. Gray bietet zwei Hypothesen zur Erklärung an. Es könnte sein, daß die verwendeten Indikatoren für Umweltstandards nur stellvertretend für eine ausgelassene Variable stehen, beispielsweise für Unterschiede im „Geschäftsklima" oder für andere Regulierungen der Bundesstaaten. Die Ergebnisse der Studie müssen also mit großer Vorsicht gesehen werden. Möglicherweise ist es aber auch so, daß die stark umweltschädigenden Branchen überall strengen Vorschriften unterworfen werden und deshalb gar keine Gelegenheit zur Standort-Arbitrage erhalten. Ein Standard-Wettbewerb, wenn es ihn gibt, würde sich also eher im Bereich der leicht schädigenden Branchen abspielen. Diese Hypothese korrespondiert exakt zu den Ergebnissen der theoretischen Analyse des Race to the bottom in der vorliegenden Arbeit. Sehr schmutzige Betriebe sehen sich tendenziell mit dem NIMBY-Phänomen konfrontiert, weniger verschmutzungsintensive Betriebe werden eher angelockt, aber für letztere spielt die Höhe der Umweltstandards naturgemäß keine so entscheidende Rolle.

In einer Fallstudie konzentrieren sich Gray und Shadbegian (1998) auf die Papierindustrie. Innerhalb dieser Branche, die generell als verschmutzungsintensiv gilt, gibt es stark unterschiedliche Produktionstechnologien. Relativ umweltfreundlich sind Fabriken, die Altpapier wiederverwenden. Gray und Shadbegian weisen nach, daß die Unternehmen bei der Wahl ihrer Technologie auf die umweltpolitischen Schwerpunkte der US-Bundesstaaten wie erwartet und politisch beabsichtigt reagieren. „Schmutzige" Technologien sind bei neuen Betrieben in besonders strengen Bundesstaaten weniger wahrscheinlich. Dies bedeutet zunächst: Die Umweltpolitik der Staaten ist offenbar effektiv. Führt sie auch zur Flucht der Papierindustrie? Die Unternehmen reagieren auf generell strenge Umweltstandards wie erwartet mit tendenziell niedrigeren Investitionssummen, aber der entsprechende Koeffizient ist höchstens schwach signifikant und der Effekt ist auch nur schwach ausgeprägt. Gray und Shadbegian erkennen darin die Absicht der Unternehmensleitungen, bestehende Betriebe am Laufen zu halten, wozu allerdings „Grandfather"-Regeln beitragen könnten.

Ratnayake (1998) weist darauf hin, daß sich viele Studien auf die USA und damit auf einen großen Akteur im Welthandel konzentrieren. Er untersucht den Zusammenhang zwischen Handel und Umweltpolitik deshalb für die kleine offene Volkswirtschaft Neuseeland, die recht hohe Umweltstandards aufweist. Die umweltpolitische Strenge wirkt sich jedoch in keinem Fall signifikant aus. Auf die Exporte in OECD-Länder scheint sie eher einen positiven Einfluß zu haben.

Insgesamt deutet die empirische Relevanz sehr stark darauf hin, daß die Ängste vor „Umweltdumping" oder einem „Race to the bottom" bei weitem übertrieben sind - oder sogar bewußt künstlich geschürt werden. Die hier zitierten Studien, die in den Tenor vieler weiterer Untersuchungen einstimmen, weisen einen höchstens schwachen und meist insignifikanten Einfluß von Umweltstandards nach. Das ist insofern erstaunlich, als wir daraus mit einiger Vorsicht auch folgern können, wie niedrig der Preis ist, den eine normativ orientierte Regierung für ihren Umweltstandard zahlen muß. Leider geht keine der Studien noch einen Schritt weiter und fragt nach bewußten Verzerrungen der Umweltstandards. Die Frage ist aber im Licht der vorliegenden Evidenz wohl auch eher müßig, denn wenn der Außenhandel nicht sehr stark von differierenden Umweltstandards bestimmt ist und auch die Unternehmen bei ihrer Standortwahl nur recht schwach darauf reagieren, scheidet dieser Parameter als Mittel der Strukturpolitik weitgehend aus.

Seit den ersten Studien in den 70er Jahren enden viele der Autoren mit einem Hinweis, der sinngemäß so lautet: Der Effekt ist zwar schwach, aber in Zukunft könnte er mit steigender Regulierungsdichte viel gravierender werden. Dieses Argument ist nicht von der Hand zu weisen, und mit viel gutem Willen können wir etwas „bessere" Ergebnisse aus den neueren Studien herauslesen. Interessanterweise konzentrieren sich die neueren Studien entweder auf US-Bundesstaaten (Levinson 1996, 1993, Gray 1997, Gray/Shadbegian 1998) oder OECD-Länder (van Beers/van den Bergh 1996, 1997). Möglicherweise liegt es nicht nur am neueren Datenmaterial, daß sie zumindest teilweise signifikante Effekte nachweisen können. Ähnlich wie Sozialstandards sind auch Umweltstandards vielleicht eher im Wettbewerb zwischen vergleichbar entwickelten Ländern und Regionen mit grundsätzlich strengeren Anforderungen bedeutsam.

Dann ist aber wiederum schon der Ansatz unlogisch, einheitliche Mindeststandards festzulegen, die faktisch nur für wenig entwickelte Länder bindend wären.

2. Lassen sich die Forderungen nach Mindeststandards politökonomisch erklären?

Die empirischen Untersuchungen zum Einfluß von Standard-Unterschieden erwecken einen ähnlichen Eindruck wie die theoretischen Überlegungen zu diesem Problemkomplex: Der Einfluß ist offenbar nicht sehr groß, meist auch nicht signifikant, und mitunter schlägt sogar das Vorzeichen um. Dann kann noch nicht einmal zuverlässig gesagt werden, ob komparative Vorteile und Standortattraktivität eines Landes nun unter höheren Sozial- und Umweltstandards leiden oder eher profitieren. Es erscheint deshalb auch nach dem Blick auf empirische Ergebnisse unter normativen Gesichtspunkten rätselhaft, wieso Mindestklauseln eingefordert werden. Der Verdacht läßt sich nicht länger unterdrücken, daß diese Klauseln nicht so sehr „Dumping“ oder zerstörerische Konkurrenz unterbinden, sondern bestimmte Interessen befriedigen sollen. Aus diesem Grund wird im abschließenden Kapitel versucht, diesen unterliegenden und häufig nicht explizit geäußerten Interessen nachzuspüren.

2.1 Die politökonomische Sichtweise

Wir können uns der politökonomischen Perspektive annähern, indem wir auf die Bedeutung von Transaktionskosten eingehen (Ursprung 1992). In einer Welt ohne Transaktionskosten würde der politische Prozeß zum normativen Optimum führen, und zwar unabhängig davon, wie die Verteilung der Eigentumsrechte ausgestaltet ist. In dieser fiktiven Situation könnte das Coase-Theorem seine volle Wirkung entfalten. Alle Beziehungen zwischen den Wirtschaftssubjekten, auch jene, die zunächst außerhalb der Marktmechanismen wirken, könnten über Verhandlungen zwischen den verschiedenen Interessenten ausgestaltet werden. Im Umkehrschluß ist angesichts vielfältiger Suboptimalitäten unmittelbar klar, daß ein realistisches Modell des politischen Prozesses Transaktionskosten berücksichtigen muß. Der Coase-Idee ist zudem kritisch entgegenzuhalten, daß nicht alle Akteure in Verhandlungen das gleiche Gewicht in die Waagschale werfen können, was einem demokratischen Grundkonsens widerspricht.

Viele politökonomische Ansätze verkehren die Null-Transaktionskosten-Voraussetzung des Coase-Theorems in ihr Gegenteil: Es wird angenommen, die Kosten von Verträgen zwischen Privaten seien prohibitiv hoch. Aus diesem Grund kommt es zu übergeordneten politischen Entscheidungen. Arrows Unmöglichkeitstheorem zeigt allerdings, welche Probleme die dazu notwendige Aggregation der individuellen Präferenzen in Wahlen aufwirft. Die sogenannten Wahlmodelle belassen es bei dieser Annahme und führen keine weiteren Transaktionskosten in die Betrachtung ein. Insbesondere wird unterstellt, der einzelne Wähler wisse ganz genau, wie sich eine politische Maßnahme auf seinen persönlichen Nutzen auswirkt. Zu unterscheiden sind das Medianwähler-Modell und die räumlichen Modelle des Wahlwettbewerbs. Das Medianwähler-Modell ist nur für eine direkte Demokratie, in der jede einzelne politische Entscheidung per Volksabstimmung getroffen wird, und bei eingipfligen Präferenzen der Wähler angemessen. In diesem Fall setzen sich die Präferenzen des Medianwählers im politischen Prozeß durch. Direkte Referenden über jede einzelne Politikentscheidung dürften allerdings selbst prohibitiv hohe Transaktionskosten verursachen, so daß zumindest die Reinform einer direkten Demokratie unrealistisch ist. In den räumlichen Modellen des Wahlwettbewerbs, die auf eine repräsentative Demokratie abstellen, entscheidet sich der Wähler für einen von zwei Bewerbern um ein politisches Amt. Geht es dabei nur um ein politisches Thema, legen beide Politiker ein übereinstimmendes Programm vor, das den Interessen des Medianwählers entspricht. Im Prinzip gilt dies zwar auch, wenn die Programme ein ganzes Bündel von Politikmaßnahmen enthalten. Da es dann aber in der Regel keinen Wähler mehr gibt, der Medianwähler in allen Dimensionen ist, tun sich diese Modelle schwer mit Vorhersagen. Probabilistische Wahlmodelle wiederum weisen diese Schwäche nicht auf.

Unbefriedigend ist aber vor allem die passive Rolle, die den Politikern dabei zukommt. Sie sind letztlich nur Agenten des Medianwählers. Realistischer läßt sich die Position der Politiker beschreiben, wenn weitere Transaktionskosten eingeführt werden, und zwar in der Gestalt von Informationskosten der Wähler. Sobald der einzelne Wähler aufgrund dieser Kosten nicht mehr vollständig informiert ist, wird er manipulierbar - es eröffnet sich eine Gelegenheit für Wahlpropaganda. Der einzelne Wähler ist rational uninformiert, weil seinem minimalen Einfluß auf die Wahlentscheidung nicht unerhebliche Informationskosten gegenüberstehen (Magee/Brock/Young 1989). Die Politiker sind nicht mehr eins zu eins an die Präferenzen der Wähler oder speziell des Medianwählers gebunden, sondern gewinnen einen diskretionären Spielraum, in dem sie Renten schaffen und verteilen können. Sie nutzen den Spielraum, um ihre eigenen Interessen zu verfolgen, analog zum nutzenmaximierenden Wähler und dem gewinnmaximierenden Unternehmen. Infolgedessen formieren sich auch Interessengruppen, die um die politisch bestimmten Renten konkurrieren. Wir betrachten dann Interessengruppen-Modelle (Endres/Finus 1996, Gawel 1995).

Dabei werden üblicherweise zwei Varianten unterschieden; entweder wird die Unterstützung eines Politikers durch Interessengruppen modelliert (Political support function approach), oder die Konkurrenz um Renten steht im Vordergrund (Rent seeking approach). Im ersten Fall werden die Interessengruppen nicht als eigenständige Akteure aufgefaßt, ihr Verhalten stellt lediglich eine Nebenbedingung der Unterstützungsfunktion dar. Der Politiker maximiert seine politische Unterstützung und stellt sein Politikbündel so zusammen, daß sich Grenzgewinne durch die Begünstigung einiger Gruppen und Grenzverluste infolge widerstrebender Interessen anderer gerade die Waage halten. Die Rent-seeking-Modelle weisen dagegen den Interessengruppen die entscheidende Rolle zu. Sie maximieren die politisch zugewiesenen Renten, indem sie Politiker gezielt in ihrem Sinne beeinflussen. Als Mittel dazu verwenden sie Lobby-Ausgaben, die zugleich den erzielten Rentenzuwächsen gegenübergestellt werden müssen. Diese Ausgaben bedeuten normativ gesehen eine reine Verschwendung von Ressourcen. Der Politiker reagiert passiv auf die Lobbybemühungen und setzt somit in diesen Modellen die Nebenbedingung. Rent-seeking-Modelle sind geprägt durch die strategische Interaktion der verschiedenen Interessengruppen, die um politische Erträge buhlen.

Der kurze Überblick zeigt, daß alle Ansätze nur Teilaspekte des politischen Prozesses aufgreifen. Die Interessengruppen-Modelle sind dem Geschehen in einer repräsentativen Demokratie besser angepaßt, blenden aber den Wähler völlig aus und vernachlässigen jeweils eine Seite der Beziehung von Politikern und Interessenten. Deswegen geht der sogenannte Interest-group cum electoral competition approach, der auch als Multi-lobby-multi-party-Modell bekannt ist, noch einen Schritt weiter (Rauscher 1995c). Lobbyausgaben wirken sich hier nur noch indirekt auf das Politikbündel, direkt aber auf die Wahlchancen der Kandidaten aus. Andererseits entscheiden die Interessengruppen sehr wohl abhängig von den politischen Zusagen darüber, wieviel sie einem Politiker zukommen lassen. Interessengruppen und Politiker verfolgen gleichzeitig aktiv ihre Ziele. Erstere wollen Renten ergattern, letztere möchten ins Amt gelangen. In Gang kommt ein doppeltes Tauschgeschäft: Die Politiker bieten Zusagen an und fragen Wahlkampfhilfe im weitesten Sinne nach, die Interessengruppen bieten diese Hilfe an (in Konkurrenz untereinander) und fragen rentenerhöhende politische Maßnahmen nach. Der Wähler ist dabei mehr als bloß ein Zünglein an der Waage. Für den Politiker entscheidet sich letztlich mit dem Wahlverhalten, ob er sein Ziel erreicht. Und Interessengruppen, die große Wählerpotentiale mobilisieren können, wuchern mit diesem Pfund (Endres/Finus 1996, Ursprung 1992).

2.2 Interessen und Einfluß der einzelnen Akteure

Zunächst soll hier der Charakter der wichtigsten Akteure skizziert werden, ebenso ihre grundsätzliche Haltung gegenüber (nationalen) Sozial- und Umweltstandards. Problematisch ist dabei häufig, daß ein Individuum zu mehreren Gruppen gehört (Gawel 1995). Ein Unternehmer konsumiert selbstverständlich ebenso wie ein Gewerkschaftsmitglied. Die Gruppe der Wähler umfaßt nahezu alle ganz unterschiedlichen inländischen Akteure und steht auch deshalb in den

Interessengruppenmodellen eher am Rande. Falls ein Individuum als Mitglied verschiedener Gruppen widersprüchliche Interessen hat, wird dennoch meist ein Ziel dominieren, andernfalls ist sein Verhalten unentschlossen. Wie groß der Einfluß der einzelnen Gruppen ist, hängt vor allem davon ab, wie stark die Gruppe von Standards betroffen ist; wie gut sie sich organisieren läßt; und wie ihre Lobby-Aktivitäten wahrgenommen werden. Nur am Rande sei darauf hingewiesen, daß auch gruppenübergreifende Faktoren das Gleichgewicht der Interessen verschieben können, so etwa die konjunkturelle Lage, die ideologische Ausrichtung der derzeitigen Regierung und die „öffentliche Meinung" der Bevölkerung (Endres/Finus 1996: 104ff.)

2.2.1 Unternehmen

Wie wir zu Beginn dieser Arbeit gesehen haben, hat die Internalisierung externer Effekte bei der Produktion von Gut X auf dem unmittelbar betroffenen Gütermarkt üblicherweise zwei Konsequenzen: Die produzierte Menge geht zurück, und der Preis des Gutes X steigt. Ob die X-Produzenten deshalb die Internalisierung ablehnen, hängt von den Umständen ab. Wenn es den Konsumenten schwerfällt, Gut X durch ein anderes Gut zu substituieren, dominiert der Preiseffekt, während die Menge kaum zurückgeht. Die Produzenten bleiben weitgehend unbelastet, weil sie einen Großteil der zusätzlichen Kosten auf die Konsumenten überwälzen können. Sind die Substitutionsmöglichkeiten hingegen gut, werden diese Unternehmen stark getroffen, sie werden die Internalisierung ablehnen. Nun zieht sich aber wie ein roter Faden durch diese Arbeit, daß die Substitutionsmöglichkeiten dann besonders gut sind, wenn freier Handel mit anderen Ländern zugelassen wird. Wenn die dortigen Unternehmen sehr ähnliche Güter mit sehr ähnlichen Produktionstechnologien herstellen, aber keinen oder schwächeren Standards unterliegen, wird heimische Produktion durch Import ersetzt. Damit ist aber unmittelbar klar, daß sich die heimischen X-Produzenten mit aller Vehemenz gegen die Kombination von Sozial- oder Umweltstandards und Freihandel stemmen werden, während exakt diese Kombination, wie wir gesehen haben, aus normativen Gründen anzustreben ist (Bommer 1996). Die ausländischen Produzenten der Importgüter haben dagegen großes Interesse an den inländischen Standards.

Die am stärksten betroffene Gruppe, also die inländischen X-Produzenten, ist sehr gut organisierbar. Bei Umweltstandards wird es sich meist um eine kleinere und relativ homogene Gruppe handeln; umso mehr, je spezifischer die konkrete umweltpolitische Maßnahme ist. Das kann auch bei minimalen Sozialstandards so sein, wenn beispielsweise nur in wenigen Branchen (Teppichherstellung) auf Kinderarbeit gesetzt wird. Falls doch viele Unternehmen betroffen sind (zum Beispiel von einer breit angelegten CO_2-Steuer), existieren immerhin in aller Regel bereits Unternehmensverbände, die eine effektive Lobbyarbeit gegen die Standards erleichtern.

Die Unternehmen müssen verdeckt gegen höhere Standards eintreten, da sie ansonsten öffentlich in Mißkredit geraten könnten. Sofern es anderen Akteuren, etwa den Umweltschutzgruppen, gelingt, sie zu entlarven, wird ihr politischer Einfluß geschwächt. Andererseits gelingt es den Unternehmen in Zeiten hoher Arbeitslosigkeit leicht, diese Schwäche zu überspielen, indem sie auf den drohenden Verlust ihrer Wettbewerbsfähigkeit hinweisen. Dann ist es sogar vorteilhaft, ganz gezielt an die Öffentlichkeit zu gehen. Da außerdem die Information zwischen den Unternehmen und den politischen Entscheidungsträgern asymmetrisch verteilt ist, kann es sich auch im politökonomischen Prozeß lohnen, Teile des Unternehmens aus strategischen Gründen ins Ausland zu verlagern. Den Politikern wird damit die vermeintlich starke Gefährdung des Standorts signalisiert, so daß sie auf höhere Standards verzichten (Bommer 1995).

Insgesamt erscheinen die betroffenen Produzenten als eine Gruppe mit eindeutigem Widerwillen gegen die Kombination von Freihandel und anspruchsvollen Standards, die zudem ein ganz erhebliches Einflußpotential aufweist. Dieser Widerwille könnte sich freilich dann verflüchtigen, wenn die betroffenen Unternehmen ohnehin planen, niedrigere Standards im Ausland per Direktinvestition auszunutzen (Falke 1997: 223). Ihnen gegenüber stehen jene Unternehmen, die von einer Substitution profitieren würden. Zum einen sind dies die inländischen Produzenten von „sauberen" oder „sozialverträglichen" Alternativprodukten, zum anderen die ausländischen Importlieferanten. Die erste Gruppe ist klein, deshalb zwar gut organisierbar, aber möglicherweise zu klein, um wahrgenommen zu werden[27]. Letztere ist eher groß, aber im Idealfall homogen. Das Interesse an ungehindertem Marktzugang ist im allgemeinen substantiell, so daß die ausländischen Konkurrenten unter Umständen einen gewissen Einfluß entfalten können.

2.2.2 Konsumenten

Die Konsumenten des Gutes X teilen sich mit den Produzenten die Last höherer Standards. Das Gut X macht jedoch nur einen mehr oder weniger geringen Anteil des gesamten konsumierten Güterbündels aus. In der Regel sind die Konsumenten deshalb systematisch geringer belastet als die Produzenten, sieht man davon ab, daß auch ein Unternehmen ein sehr stark diversifiziertes Güterbündel

---

[27] Ursprung (1992) hält den Einfluß dieser Gruppe zwar auch für klein, aber er beschreibt sie als eine große und heterogene Gruppe. Letztlich kommt es darauf an, wie breit wir die Substitutionsmöglichkeiten definieren. Hier seien jene Substitute in den Vordergrund gestellt, die „sozial anspruchsvoller" hergestellt werden, bisher nur Nischen bedienen, aber problemlos die höheren Standards erfüllen.

herstellen könnte. Die Konsumenten profitieren von guten Substitutionsmöglichkeiten und haben deshalb ein Interesse am ungehinderten Import von ähnlichen oder identischen Gütern.

Die Gruppe der Konsumenten ist sehr groß und sehr inhomogen. Deshalb ist es äußerst schwierig, ihre Interessen wirksam zu vertreten. Gerade die Gruppe der Konsumenten leidet unter einem gravierenden Schwarzfahrerproblem. Auch wenn jeder einzelne Konsument von Freihandel profitieren könnte, wird kaum einer dazu bereit sein, selbst einen Teil der Lobbykosten zu tragen.

Ist es erst einmal gelungen, eine Verbraucherschutzinitiative zu formieren, erfreut sich diese einer breiten Wahrnehmung in der Öffentlichkeit. Das muß jedoch nicht immer von Vorteil sein. So liegt nahe, daß sich ein Automobilclub gegen umweltpolitisch motivierte Energiesteuern wendet. Dann muß er dies aber, ähnlich wie die entsprechenden Produzenten, entweder möglichst versteckt tun, oder er muß ein übergeordnetes Interesse beschwören - beispielsweise den Schutz von Arbeitnehmern in strukturschwachen Regionen mit langen Arbeitswegen.

Sowohl die Betroffenheit als auch der Einfluß der Konsumenten erscheint also eher gering. Erst recht gilt dies für die ausländischen Konsumenten der Importgüter und die inländischen Konsumenten von umwelt- und sozialverträglichen Produkten, die tendenziell unter einem Preisanstieg aufgrund der Substitutionsprozesse leiden. Wir können sogar davon ausgehen, daß letztere erfreut sind, wenn die „besseren" Produkte vermehrt nachgefragt werden und deshalb den Preisanstieg hinnehmen.

2.2.3 Umweltschutzgruppen

Die „Umweltschützer" verbuchen es als Erfolg, wenn die inländische Umweltbelastung zurückgeht. Zu den „Umweltinteressierten" gehören jene Menschen, die direkt unter den externen Effekten leiden, unter Umständen auch Unternehmen beispielsweise in der Tourismusbranche, die negativ von Umweltzerstörung betroffen wären. Außerdem könnten die Hersteller von Schadensbeseitigungstechnologie von höheren Umweltstandards profitieren, ohne daß sie notwendigerweise unter negativen Externalitäten leiden. Schließlich sind auch die typischen Umweltschützer vertreten, die sich aus Prinzip oder als Sachwalter der Interessen anderer Menschen und künftiger Generationen engagieren. Psychische Externalitäten beeinflussen das Verhalten der letzten Gruppe stark (Chittka 1996: 35ff.). Die physischen externen Effekte von Emissionen und Umweltzerstörung sind häufig sehr breit gestreut, einer von vielen Betroffenen erleidet nur geringe Nutzeneinbußen. An sich deutet sich somit ein geringer Einfluß dieser Interessen an. Dem widerspricht aber, daß sich eine Reihe schlagkräftiger Umweltschutzverbände formieren konnte. Offenbar existiert also eine relativ kleine Teilmenge von Umweltinteressierten, die sich wohl auch physisch, vor allem jedoch sehr stark psychisch betroffen fühlen und deshalb organisierbar sind.

Wie die Umweltschutzgruppen von der Kombination Umweltstandard/Außenhandel betroffen sind, hängt vom Charakter dieser Gruppen und von der Quelle des externen Effektes ab. Als „Grüne" lassen sich jene Akteure bezeichnen, die lediglich an einer Minimierung der inländischen Umweltprobleme interessiert sind, während die „Super-Grünen" eine möglichst saubere globale Umwelt anstreben. Die Existenz von Super-Grünen kann unterschiedlich begründet werden. Eine gewisse Tendenz zum supergrünen Verhalten könnte schon entstehen, weil jemand auch an seinem Urlaubsziel gesunde Luft atmen will. Möglicherweise motivieren auch psychische Externalitäten wie die drohende Ausrottung einer Tierart supergrüne Ideen, oder die Akteure verhalten sich altruistisch. In einem Fall jedoch ist es gar nicht vorstellbar, „nur grün" zu agieren: Bei globalen Umweltproblemen muß jeder rationale Akteur in einer Umweltschutzgruppe ein Super-Grüner sein (Hillman/Ursprung 1992: 198). Im folgenden werden wir uns an diese Einteilung in Grüne und Super-Grüne halten. Inhaltlich vergleichbar ist die weitere, sprachlich ebenfalls sehr prägnante Dichotomie von „NIMBY"- versus „BANANA"-Umweltschützern. Während erstere das national-egoistische „Not in my backyard" betonen, sind letztere der Ansicht „Build absolutely nothing anywhere near anyone!" (VanGrasstek 1992: 233).

Des weiteren müssen wir nun explizit zwischen Produktions- und Konsumexternalitäten unterscheiden. Je nach Situation begrüßen die Umweltschutzgruppen die Substitution von heimischer Produktion durch Importe, oder sie lehnen sie ab. Ein klarer Fall ist die Position der Grünen bei Konsumexternalitäten. Sie wirken darauf hin, den inländischen Konsum von Gut X zu minimieren. Die Substitution durch ökologisch produzierte inländische Güter ist also durchaus erwünscht. Dagegen stößt die Substitution durch Importe, die beim Konsum ebenfalls schädliche externe Effekte auslösen, auf massiven Widerstand. Die Grünen werden sich deshalb eindeutig gegen Freihandel wenden und vielmehr fordern, komplementär zu höheren Umweltstandards auch höhere Importbarrieren zu errichten. Sie streben einen möglichst großen Preisanstieg für „schmutzige" Güter an, um den inländischen Konsum zu minimieren. Allerdings ist die Schlußfolgerung, die Grünen hätten ein protektionistisches Interesse, nur dann richtig, wenn es nicht gelingt, die Konsumexternalitäten direkt an der Quelle zu erfassen. An sich wäre die First-best-Lösung, also etwa eine gleichmäßige Besteuerung des Konsums von Gut X, egal ob es im In- oder Ausland produziert wurde, in ihrem Interesse. Auch dann müßten die ausländischen Produzenten die Last mittragen, aber die Besteuerung wäre keine protektionistische Maßnahme. Ist die First-best-Lösung jedoch nicht durchsetzbar und setzt der Standard stattdessen bei der inländischen Produktion an, werden die Grünen einen protektionistischen Begleitschutz einfordern.

Bei einer Produktionsexternalität verhalten sich die Grünen genau umgekehrt. Da sie nur die inländischen Schäden im Blick haben, befürworten sie eine möglichst weitgehende Substitution inländischer Produktion durch Importe. Von diesem freihändlerischen Verhalten nehmen sie allerdings in dem Maße Abstand, wie grenzüberschreitende negative Rückwirkungen der ausländischen Mehrproduktion drohen.

Die Super-Grünen dagegen treten stets für Protektionismus ein. Ihr Ziel ist die Minimierung der weltweiten Schäden, und dieses Ziel ist am leichtesten erreichbar, wenn keine Substitution von Gütern aus verschiedenen Ländern möglich ist.

2.2.4 Gewerkschaften und Menschenrechtsgruppen

Die Gewerkschaften sind nicht so leicht einzuordnen, wenn wir sie im Zusammenhang von Sozialpolitik und außenwirtschaftlicher Verflechtung betrachten. Einerseits können wir sie in dieser Situation häufig dem Unternehmerlager zurechnen. Sie sind ebenso wie die Arbeitgeber gefährdeter Branchen an einem Schutz dieser Branchen interessiert und schrecken deshalb vor Freihandel zurück. Substitution inländischer durch ausländische Güter sollte auch ihrer Ansicht nach erschwert werden. Andererseits werden sie jedoch, ganz im Gegensatz zu den Unternehmensvertretern, im Interesse ihrer Klientel für hohe Sozialstandards im Inland eintreten. Letztlich ähneln sie damit sehr stark den „Grünen“ unter den Umweltschützern. Hohe Standards im Inland sind erwünscht, die Substitution durch Importe und damit die internationale Arbeitsteilung stoßen auf ihren Widerstand. Daß der Lebensstandard von Arbeitnehmern in anderen Ländern durch Freihandel gesteigert werden könnte, dürfte ein eher unbeachtetes oder unbekanntes Motiv der gewerkschaftlichen Arbeit sein. Die Interessen der Gewerkschaften kollidieren insbesondere dann mit den Interessen der Unternehmen, wenn letztere die komparativen Vorteile des Auslandes durch Direktinvestitionen ausnutzen können. Dies zeigte sich in aller Deutlichkeit im Lauf der NAFTA-Verhandlungen. Gewerkschafter beklagten sich heftig darüber, daß Tochtergesellschaften von US-Unternehmen in Mexiko Zwischenprodukte montieren, um anschließend die Endprodukte in die USA zu exportieren (Friedman 1992).

Daneben haben jedoch auch „altruistische“ Gruppen ein Interesse an den Sozialstandards des Auslandes. Die Wohlfahrt von Menschen in anderen Ländern ist ein Element in den Nutzenfunktionen der Mitglieder dieser Gruppen (Srinivasan 1996). Sie seien hier als Menschenrechtsgruppen bezeichnet. Die Position dieser Gruppen ist nun weitgehend vergleichbar mit der von supergrünen Umweltschützern. Den Mitgliedern dieser Gruppen ist grundsätzlich gleichgültig, wo etwas geschieht, das sie als unrecht empfinden. Gewisse Rechte sollen für alle Menschen weltweit gelten. So wie die Super-Grünen Umweltschutz weltweit durchsetzen wollen, verfechten die Menschenrechtsgruppen die universale Durchsetzung gewisser Grundrechte. Sie stützen sich dabei auf eine moralische Legitimation. Wenn die Sozialstandards anderswo einer moralischen Norm nicht genügen, gilt der resultierende ökonomische Wettbewerb als moralisch illegitim und unfair. Allerdings sind wirklich universal akzeptierte moralische Normen wohl äußerst selten. Die Menschenrechtsgruppen sehen sich einer Diskussion darüber ausgesetzt, ob ein kulturspezifischer Arbeitsstandard auch tatsächlich mit einem universal geltenden Menschenrecht gleichgesetzt werden kann (Bhagwati 1998).

2.3 Wer profitiert von Sozial- und Umweltklauseln?

Die bisherige Betrachtung hat bereits einige Hinweise erbracht, warum gerade die Kombination von inländischer Sozial- und Umweltpolitik und freiem Handel mit anderen Ländern den Interessen einiger Akteure zuwiderläuft. Sozial- und Umweltklauseln setzen nun exakt an beiden Dimensionen dieser Politikkombination an. Erstens soll der ungehinderte Welthandel ersetzt werden durch einen konditionierten Welthandel; nur wer gewisse Mindestverpflichtungen einhält, soll ein vollwertiges Mitglied der weltwirtschaftlichen Gemeinschaft sein. Zweitens stellen die Konditionen gezielt auf die sozial- und umweltpolitischen Bemühungen der Handelspartner ab. Somit entstünde ein institutionalisiertes Instrument, das die Möglichkeit böte, nationale Interessen in diesen Bereichen auch extraterritorial durchzusetzen. Im folgenden wird versucht, das Interesse verschiedener Gruppen an diesem janusköpfigen Instrument herauszuarbeiten.

Für die Umweltschutzgruppen sind Klauseln auf jeden Fall in ihrer zweiten Dimension interessant. Sie erscheinen als ein sehr direktes Mittel, die Umweltschutz-Ziele über den nationalen Wirkungskreis hinaus auszudehnen. Ob es sich dabei um ein volkswirtschaftlich effizientes Mittel handelt, ist für diese Gruppen völlig irrelevant. Im nationalen Kontext werden sich Umweltschützer häufig um ein Verbot schädlicher Aktivitäten oder um eine Emissionsquotierung bemühen. Ohne Zweifel sind direkte Regulierungen die „sichersten" Instrumente, und, sofern sie kostengünstig überwacht werden können, auch die einfachsten. Preisliche Instrumente wie eine Emissionsbesteuerung bergen dagegen die Gefahr, daß die Verursacher etwa bei exogen fallenden Faktorpreisen ihre Produktion und damit die Emissionen ausweiten (Hoekman/Leidy 1994). Ein Verbot schließt langwierige Diskussionen über Grenzwerte und vor allem über die monetäre Bewertung von Umweltschäden aus. Zudem sind die finanziellen Mittel dieser Gruppen häufig knapp. Informationen über die volkswirtschaftlichen Auswirkungen bestimmter Instrumente zu beschaffen, ist kostspielig und zugleich für die Umweltschützer nicht wirklich wichtig. Sie wenden ihre Ressourcen eher für die Suche nach publikumsträchtigen Umweltschäden und für das Lobbying auf. Umweltklauseln als einfaches, nicht-marktliches, sondern regulatives Instrument mit einem großen, internationalen Adressatenkreis fügen sich sehr gut in dieses Zielsystem ein.

Zudem können sie die Anliegen der Umweltschützer in zweierlei Hinsicht voranbringen. Zum einen können sie darauf hoffen, daß die einheimischen Unternehmen weniger Widerstand gegen höhere Umweltstandards leisten werden, wenn zugleich auch die ausländischen Konkurrenten zu einem gewissen Ausmaß höhere Anforderungen erfüllen müssen. Klauseln reduzieren zunächst die internationale Differenz der Umweltkosten, so daß sich ein neuer Spielraum nach oben in den Hochstandardländern eröffnet. Zum anderen sind die Super-Grünen einer Nation wesensgemäß daran interessiert, Einfluß auf die Umweltpolitik anderer Länder zu erlangen. Generell zweifeln sie an der Effizienz der Umweltpolitik anderer, insbesondere ärmerer Länder. Sie setzen sich „altruistisch“ für die Geschädigten in diesen Ländern ein. Klauseln sind hier das ideale Mittel zum Zweck. Selbst wenn sie mangels effektiver Sanktionen wenig erreichen und vorwiegend deklamatorischen Charakter besitzen, sind die Super-Grünen daran interessiert. Sie können immerhin noch auf die Signalwirkung dieser Klauseln zählen und ihre Vorgaben als prägnante „Benchmark“ in regelmäßigen Abständen in die politische Diskussion einstreuen.

Die uneingeschränkt positive Bewertung hängt auch damit zusammen, daß die Klauseln aus Sicht der Umweltschützer nahezu keine Kosten verursachen. Der protektionistische Gehalt von einheitlichen Klauseln dürfte vielen Umweltschützern keine Gewissensbisse bereiten. Ohnehin ist ein Teil dieser Gruppen generell mißtrauisch gegenüber Märkten oder gar jeglicher wirtschaftlicher Aktivität. Sie sind nicht in der Lage oder nicht willens, die Umwelt als ein ökonomisches Gut anzusehen, das wie jedes andere Gut in der Produktion oder im Konsum verwendet wird und lediglich einen korrekten Preis erhalten muß. Ursprung (1992: 19) bringt diese Einstellung auf den Punkt: „They see the idea that somebody should have the right to pollute if only he pays the appropriate price for it, as immoral if not downright obscene“. Möglicherweise schlägt sich die „Ideologie“ oder der „Altruismus“ von Umweltschützern auch in einer gewissen Sympathie für (niedrigqualifizierte) Arbeitnehmer in importkonkurrierenden Branchen nieder (Chittka 1996: 60). Außerdem dürfte auch hier die rationale Uninformiertheit eine wichtige Rolle spielen. Es ist vermutlich einigen Umweltschützern unbekannt, oder es erscheint ihnen unplausibel, daß Freihandel längerfristig positive ökologische Wirkungen entfalten könnte. Dagegen fallen die unmittelbar auftretenden Belastungen duch vermehrte Produktion und Konsum sowie zusätzlichen Gütertransport unmittelbar ins Auge. Das latente Mißtrauen gegenüber ökonomischer Aktivität äußert sich verstärkt gegenüber dem Außenhandel.

Nach den vorangehenden Überlegungen könnten wir erwarten, daß dieser eindeutigen Stimmung zumindest im Fall von Produktionsexternalitäten das Interesse der national-egoistischen „Grünen" entgegensteht. Wie wir gesehen hatten, begrüßen die Grünen es grundsätzlich, wenn Produktionsexternalitäten verstärkt im Ausland entstehen, also inländische Produktion durch Importe ersetzt wird. Bei genauerer Betrachtung zeigt sich aber gerade im Hinblick auf internationale Klauseln, daß dieses indirekte Interesse am Freihandel dem mangelnden Einfluß auf die ausländische Politik entspringen kann. Am besten wäre für die national-egoistischen Grünen in einer Situation mit zwei Ländern nämlich, das jeweils *andere* Land verhielte sich protektionistisch, während das eigene Land freien Handel zuläßt. Absatz und Produktion der heimischen Importkonkurrenten würden minimiert. Die nationalen Grünen-Gruppen befinden sich offenbar in einem Gefangenendilemma: Gegenseitiger Freihandel entspricht gar nicht ihren wahren Interessen, ist aber das einzige, wofür sie sich einsetzen können, weil ihre Interessen und ihr Einfluß national begrenzt sind.

Unter bestimmten Voraussetzungen würden die Grünen beider Länder aber auch gegenseitigen Protektionismus dem gegenseitigen Freihandel vorziehen. Inländische Protektion führt zwar c.p. zu einem Anstieg der inländischen Produktion, was unerwünscht ist. Ausländische Protektion jedoch schränkt die Absatzmöglichkeiten und damit die Produktion der umweltverschmutzenden Branchen ein. Dominiert der zweite Effekt den ersten, sind die egoistischen Grünen beider Länder an Protektionismus interessiert, sofern auch das andere Land sich protektionistisch verhält. Diese Situation tritt umso häufiger auf, je schlechter die Importgüter durch im Inland hergestellte Güter ersetzbar sind. Protektion erzeugt dann nur einen schwachen heimischen Output-Effekt, und die Umwelt wird insgesamt gegenüber der Freihandels-Situation entlastet.

Auch die Marktstrukturen im In- und Ausland spielen eine Rolle. Nehmen wir an, in Land A liege ein enges Oligopol vor, während in Land B vollkommener Wettbewerb herrscht. Öffnet sich Land A für Freihandel, wird es mit einem starken Importangebot konfrontiert. Das inländische Oligopol leidet sehr unter der neuen Konkurrenz und ein Großteil des inländischen Angebots wird durch Importe ersetzt. Für Land B verändert sich dagegen bei einer Öffnung relativ wenig, weil die ausländischen Oligopolisten allenfalls geringe Mengen in Land B absetzen werden. Die Grünen in Land A haben in dieser Situation ein sehr starkes Interesse an Freihandel und sind vermutlich nicht dazu bereit, sich für gegenseitigen Protektionismus einzusetzen. Daran wird erkennbar, warum das Gefangenendilemma ganz allgemein droht: Die national-egoistischen Umweltschützer versuchen, die heimische Umweltqualität als Schwarzfahrer auf

Kosten des Auslandes zu sanieren. Dieser Schwarzfahreranreiz ist umso größer, je mehr inländische Produktion bei Freihandel durch Importe aus dem Ausland ersetzt wird. Im Umkehrschluß gilt aber auch, daß sich die Grünen beider Länder bei geringen Substitutionselastizitäten und ähnlichen Marktstrukturen für protektionistische Kandidaten einsetzen, sofern sie zu bindenden Absprachen fähig sind (Hillman/Ursprung 1994, 1992).

Sofern grenzüberschreitende Externalitäten vorliegen, steigt die Attraktivität von Klauseln weiter. Sie helfen aus Sicht der Umweltinteressierten, und zwar auch der normalen Grünen, die unvermeidlichen Leck-Effekte nationaler Umweltpolitik zu verringern. Sie sind zwar höchstens das zweitbeste Instrument, aber möglicherweise leichter erreichbar als internationale Abkommen. Sie könnten auch ein einfaches und hartes Instrument gegen Trittbrettfahrerverhalten darstellen. Dazu ist freilich notwendig, sich von dem Prinzip uneingeschränkter Souveränität der Staaten zu verabschieden. Klauseln funktionieren auch und gerade in diesem Zusammenhang nur, wenn sie sanktionsbewehrt sind. Wie wir bereits gesehen haben, ist es außerdem schwierig, effektive - geschweige denn effiziente - Sanktionen zu konstruieren. Mit der „Hausmacht" einer großen Nation oder einer einflußreichen Ländergruppe im Rücken könnten sanktionsbewehrte Klauseln jedoch wirksam werden. Gerade die Umweltschützer in diesen Ländern könnten also für oktroyierte Klauseln eintreten, statt mühsames Lobbying für ausgeklügelte internationale Abkommen zu betreiben. Zudem sind vermutlich einige Umweltschützer eher an schnellen Erfolgen interessiert als an einer ökonomisch sauberen Lösung. Schließlich ist es angesichts der begrenzten eigenen Einflußmöglichkeiten sicherlich rational, für ein Instrument einzutreten, das auch die Interessen anderer Gruppen erfüllt. Das gilt auch und gerade, wenn Protektionismus ins Spiel kommt. Shafik (1992: 323) zieht diese Schlußfolgerung für internationale Harmonisierungsbestrebungen allgemein: „Even if harmonization is an eigth-best instrument, it is far easier to influence trade policy at home than to try to change environmental policies in developing countries (...)".

Für die Gewerkschaften sind Sozialklauseln ebenfalls von Vorteil. Sie entschärfen den Wettbewerb mit Arbeitnehmern aus anderen Ländern. Falls sich ein anderes Land nicht in der Lage sieht, bestimmte Standards einzuhalten, wird es Beschränkungen seines Außenhandels hinnehmen müssen; der Druck des Strukturwandels auf den Arbeitsmärkten nimmt ab. Paßt sich das andere Land aber an die vorgeschriebenen Standards an, nimmt sein komparativer Vorteil bei arbeitsintensiven Gütern ab und die Arbeitnehmer in Hochstandardländern profitieren ebenfalls. Die Auswirkungen von Sozialklauseln sind zwar vermutlich gering; sie können den Wettbewerbsdruck nur wenig lindern (Krueger 1997: 288). Anders als direkt protektionistische Instrumente - die den Wettbewerbsdruck wirkungsvoller reduzieren könnten - lassen sich Sozialklauseln aber damit begründen, daß man lediglich das beste für die ausländischen Arbeitnehmer erreichen wolle. Die Gewerkschaften können sich wieder die internationale Solidarität auf ihre Fahnen schreiben. Nicht zufällig haben Gewerkschaftsaktivisten im Zuge der NAFTA-Verhandlungen stark herausgestrichen, wie erbarmungswürdig das Schicksal mexikanischer Arbeitnehmer in den sogenannten Maquiladoras (vergleichbar mit den Exportförderzonen mancher Entwicklungsländer) gegenwärtig sei (z.B. Friedman 1992). Die Durchsetzungsfähigkeit der „Sozialaktivisten" steigt, weil sich die Argumentation der Gewerkschaften derjenigen der Menschenrechtsgruppen nähert. Letzteren ist möglicherweise nicht ganz klar, daß niedrige Löhne und Sozialstandards angesichts einer niedrigen Produktivität der Arbeitnehmer nicht so einfach per Dekret erhöht werden können. Den zu befürchtenden Effekt gut gemeinter Mindeststandards kann man auch zynisch beschreiben: „(...) Mexicans would then enjoy the full benefits of being priced out of employment." (Steil 1994). Allerdings sind die Menschenrechtsgruppen wohl nicht die Motoren einer Bewegung für internationale Sozialklauseln. Sie könnten sich für direktere Mittel einsetzen, beispielsweise ihre Regierung drängen, alle Immigrationsbeschränkungen aufzuheben. Die Bewegungsfreiheit von Menschen über politische Grenzen hinweg ließe sich mindestens ebensogut wie Arbeitnehmerrechte als universales Menschenrecht darstellen (Srinivasan 1996). Weil solche Forderungen aber politisch kaum durchsetzbar sind, werden die Menschenrechtsgruppen keinen großen Widerstand gegen eine Vereinnahmung durch Gewerkschaftsinteressen leisten.

Auch für die importkonkurrierenden Unternehmen ist der Doppelcharakter internationaler Klauseln sehr attraktiv. Nicht, weil sie originär an den vermeintlich oder tatsächlich positiven Wirkungen auf die soziale Qualität und Umweltqualität andernorts interessiert wären; aber umso mehr, weil diese Effekte in den Vordergrund gerückt werden können. Es ist sicherlich einfacher, politische Unterstützung zu gewinnen, indem man sich über das perfide, unfaire Verhalten der anderen beklagt. Der protektionistische Charakter dieser Klauseln wird im Idealfall verdeckt durch die in weiten Kreisen akzeptierte „gute Absicht" internationaler Mindeststandards. Generell erscheinen Standards weniger protektionistisch als Preisinstrumente wie eine Besteuerung von unerwünschten Importgütern (Rauscher 1995c). Das ist auch deshalb von Vorteil, weil offen protektionistische Instrumente möglicherweise am Widerstand stark exportorientierter inländischer Unternehmen scheitern könnten. Diese Unternehmen müssen nämlich Retorsionsmaßnahmen des Auslandes fürchten. Klauseln sind nun so subtil protektionistisch, daß sie kaum eine harte Retorsion herausfordern. Zudem werden sie in der Regel Länder treffen, die kein übermäßig großes Retorsionspotential haben. Darüber hinaus bieten Klauseln, noch stärker als die klassischen Antidumpingmaßnahmen, erheblichen Spielraum bei der Bewertung einer „Ökodumping-" oder „Sozialdumping"-Marge (Bhagwati 1995a: 22).

Des weiteren bietet es sich an, „gute Absichten“ in den Vordergrund zu rücken, weil das Verlangen nach Schutz vor unfairem Wettbewerb wenig glaubwürdig erscheinen könnte. Wie wir gesehen hatten, deuten alle empirischen Untersuchungen auf einen eher geringen Einfluß differierender Standards auf die Wettbewerbsfähigkeit hin. Weder läßt sich ein signifikanter Einfluß auf die Außenhandelsströme durchgängig erkennen, noch scheint die Flucht vor hohen Standards ein weitverbreitetes Phänomen zu sein. Die politischen Entscheidungsträger lassen sich unter Umständen durch entsprechende Drohungen kaum einschüchtern, sie können sie, sofern sie gut informiert sind, mit einem Achselzucken zur Kenntnis nehmen. Es kann also auch in dieser Hinsicht sinnvoll sein, nicht so sehr über die erlittenen Schäden zu klagen, sondern vielmehr auf „das Prinzip“ zu pochen. Allerdings ist darauf hinzuweisen, daß die empirischen Ergebnisse selbst schon das Ergebnis politökonomischer Prozesse reflektieren könnten. Möglicherweise gelingt es den Verursachern, die potentiellen Kosten höherer Standards weitgehend abzuwälzen. Faktisch bestünden dann gar keine so großen Unterschiede bei der effektiven Kostenbelastung der Konkurrenten und aus diesem Grund auch kein starker Einfluß auf die Wettbewerbsfähigkeit. Zudem könnte eine höhere effektive Last infolge der Sozial- oder Umweltstandards durch anderweitige Kompensationen wieder ausgeglichen werden (Hoekman/Leidy 1994, Verbruggen 1993).

Für die Importkonkurrenten ist im übrigen unwesentlich, ob sich die bisher nicht-konformen Länder an die auferlegten Klauseln halten oder nicht. Falls ja, müssen die ausländischen Konkurrenten höhere Kosten tragen; falls nein, können die „unzulässigen“ Importgüter an der Grenze abgewehrt werden. Der Schutzeffekt für die heimischen Produzenten wird so oder so erreicht, auch wenn der Schutzeffekt für die Umwelt höchst ungewiß ist. Vermutlich sind auch gerade jene Unternehmen im politischen Prozeß besonders aktiv, die von Sozial- und Umweltklauseln profitieren würden. Es handelt sich dabei um Importkonkurrenten, die besonders umwelt- oder arbeitsintensiv produzieren. Ein Großteil der Branchen, die sich so charakterisieren lassen, dürfte zu den niedergehenden Wirtschaftsbereichen in entwickelten Industrieländern gehören. Gerade diese „Sunset industries“ betreiben aber besonders viel Lobbyarbeit; ein Vergleich mit den aufstrebenden „Sunrise industries“ erhellt die Hintergründe. Die Sunrise industries sind profitabel und locken deshalb ständig neu eintretende Unternehmen an. Es ist unmöglich, heute vorauszusagen, welche Unternehmen morgen oder übermorgen in diesen Branchen tätig sein werden. Wenn nun die zur Zeit im Markt befindlichen Unternehmen in Lobbyismus investieren, laufen sie Gefahr, daß später eintretende Konkurrenten an den Erträgen dieser Investition partizipieren. Sofern es nicht gelingt, dieses Schwarzfahrerverhalten einzudämmen, indem Markteintrittsbarrieren errichtet oder Nachzügler zur Mitfinanzierung verpflichtet werden, entfalten die Unternehmen in Sunrise industries keine nennenswerten Lobby-Aktivitäten. In niedergehenden Branchen droht dagegen kein Schwarzfahrer-Problem. Die verbliebenen Unternehmen sind nicht mehr besonders profitabel, häufig verdienen lediglich noch die an diese Branche gebundenen Faktoren gewisse Quasi-Renten. Deshalb ist kaum zu erwarten, daß neue Konkurrenten eintreten, die den Lobby-Ertrag verwässern könnten (Grossman/Helpman 1996).

Insgesamt zeichnet sich klar ab, daß der doppelbödige Charakter von Sozial- und Umweltklauseln wertvolle Vorteile für Umweltschützer und für interessierte Unternehmen bietet. Den Umweltschützern gelingt es, die wichtigste Hürde auf dem Weg zu politischem Erfolg zu überspringen. Häufig scheitern sie daran, daß Sozial- und Umweltpolitik als Internalisierung externer Effekte die Verursacher belastet, die sich dementsprechend gegen strengere Standards stemmen. Klauseln umgehen diese Hürde elegant, indem sie wenigstens einen Teil der Last auf die Allgemeinheit abwälzen. Der Verursacher wird zwar scheinbar belastet, durch den protektionistischen Gehalt der Klauseln aber vor negativen Auswirkungen geschützt. Der großen Gruppe der Konsumenten dagegen wird die Möglichkeit (teilweise) verwehrt, auf ausländische Produkte auszuweichen. Das gemeinsame Interesse von Umweltschützern und Importkonkurrenten läßt die Bildung von „unheiligen Allianzen" als sehr wahrscheinlich erscheinen.

Für die importkonkurrierenden Unternehmen ist dies ein zweifacher Vorteil. Erstens liefert das Engagement der Umweltschützer einen äußerst willkommenen Deckmantel für die eigenen, protektionistischen Absichten. Zweitens stellen die Lobby-Aktivitäten der Umweltschützer aber auch einen Transfer an die Gruppe der protektionistisch gesinnten Unternehmen dar. Schließlich leisten die Grünen und Super-Grünen einen Beitrag zu einem gemeinschaftlich nutzenstiftenden Clubgut (Hillman/Ursprung 1992). Wenden die Umweltschützer weniger für das Lobbying auf, als es die Unternehmen von sich aus tun würden, reduzieren letztere ihre Ausgaben um den Wert des Grünen-Engagements. Zwar bleiben die politischen Erfolgschancen damit unverändert, aber die Importkonkurrenten ersparen sich einen Teil ihrer Aufwendungen. Möglicherweise engagieren sich die Umweltschützer sogar stärker oder effektiver als die Unternehmen. Das kann der Fall sein, wenn die importkonkurrierende Branche aus vielen kleinen Unternehmen besteht, die individuell schwarzfahren und weniger gut organisierbar sind. Zudem ist vermutlich jede Mark (oder jeder Euro) aus den sauberen Taschen der Umweltschützer politisch effektiver, da ihnen lautere Absichten unterstellt werden. Die Importkonkurrenten gewinnen dann nicht nur, weil sie selbst kein Lobbying betreiben müssen, sondern auch, weil die Erfolgschancen steigen. Die Grünen betreiben den gesamten Einsatz für Umweltklauseln und werden Opfer des „Capture" durch die Unternehmen (Hillman/Ursprung 1992).

Der Thunfisch-Fall bietet auch hier interessantes Anschauungsmaterial. Seit den 70er Jahren fordern US-Umweltschützer, den Fang von Thunfisch im östlichen tropischen Pazifik (Eastern Tropical Pacific Ocean, ETP) einzuschränken. Thunfisch lebt dort in einer besonderen Symbiose mit Delphinen, so daß vor allem bei bestimmten Fangtechniken viele Delphine unbeabsichtigt ums Leben kommen. In den 70er und 80er Jahren wehrten sich die US-amerikanischen Hersteller von Thunfischkonserven gegen weitreichende Beschränkungen. Anfang der 90er Jahre verkündeten sie jedoch eine neue „Dolphin safe policy". Faktisch erklärten sie damit, künftig keinen Thunfisch aus dem ETP mehr zu verwenden. Die Umweltschützer feierten daraufhin ihren vermeintlichen großen Sieg. Tatsächlich aber hatten sich die Interessen der Thunfisch-Produzenten so gewandelt, daß sie nun nichts mehr gegen den Schutz der ETP-Zone einzuwenden hatten, ganz im Gegenteil. Zwischen 1979 und 1985 hatten die drei großen Hersteller elf von zwölf ihrer Betriebe in den USA geschlossen und stattdessen Kapazitäten in American Samoa und Puerto Rico aufgebaut. Niedrigere Arbeitskosten und erhebliche Steuervorteile ohne Zollnachteile (im Fall von American Samoa) gaben den Ausschlag. Eine wichtige Rolle spielte aber auch, daß das Angebot an rohem Thunfisch aus dem Indischen Ozean und dem westlichen tropischen Pazifik auf dem Weltmarkt stieg, so daß die Fänge im ETP an Bedeutung verloren. Die Konserven-Hersteller lösten ihre eigenen Fangflotten auf und kauften Thunfisch auf dem Weltmarkt. Das Verbot delphinschädigender Fangmethoden im ETP traf diese Unternehmen also kaum mehr. Das gleichzeitig verhängte Importverbot für mexikanischen Thunfisch dagegen erschien ihnen äußerst attraktiv, denn die schnell wachsenden mexikanischen Thunfischproduzenten stellten eine ernsthafte Bedrohung der eigenen Marktposition dar. Zudem überraschten die drei großen Konserven-Hersteller mit ihrer Umkehr auf den „grünen" Pfad einige kleinere inneramerikanische Konkurrenten, die noch stärker auf ETP-Thunfisch gesetzt hatten und jetzt in große Schwierigkeiten kamen, weil der Markt für „delphinschädlichen" Thunfisch praktisch über Nacht wegbrach (Körber 1998).

Für Politiker bieten Sozial- und Umweltklauseln ebenfalls Vorteile. Grundsätzlich unterliegen sie in Sachen Umweltpolitik einem Dilemma: Wenn sie eine stringente und effektive Internalisierung verfolgen, ziehen sie den Unmut der betroffenen Produzenten (und Konsumenten) auf sich, wenn sie es unterlassen, verlieren sie an Unterstützung bei den grünen Interessenten. Der einzige Ausweg besteht darin, Wählern und Umweltschutzgruppen zu suggerieren, es werde etwas getan, ohne die Verursacher wirklich zu belasten (Chittka 1996: 41). Internationale Umweltklauseln sind ein besonders elegantes Mittel zu diesem Zweck, da sie ohne riskantes Kaschieren und Lavieren auskommen. Die Umweltverschmutzung wird vorgeblich bekämpft, indem alle Länder bindenden Anforderungen unterworfen werden. Und die heimischen Produzenten in Hochstandardländern, die diese Mindestnormen ohnehin erfüllen, tragen keine zusätzliche Last, ja, sie profitieren sogar von der Benachteiligung ihrer Konkurrenten. Es ist leichter, ausländische Unternehmen zu belasten, als die eigenen Anbieter (VanGrasstek 1992). Wenn es sogar zu Koalitionen der an sich widerstreitenden Interessengruppen kommt, wäre es völlig irrational, wenn sich der Politiker diesen Koalitionen entgegenstellen würde. So ist es auch nur scheinbar paradox, wenn in internationalen Verhandlungen ehrgeizige Ziele auf dem Papier fixiert werden, obwohl im nationalen politischen Prozeß Internalisierungsbestrebungen nur sehr zögerlich vorangetrieben werden. Auf der internationalen Ebene dominiert bei allen Parteien der Wunsch, *andere* höheren Anforderungen zu unterwerfen, während die Gefahr gering ist, daß daraus bindende Restriktionen erwachsen.

Ein weiteres ist zu bedenken: Der Politiker sieht sich beständigem Druck von Unternehmen ausgesetzt, die in Andeutungen oder ganz offen damit drohen, Produktionsstätten ins Ausland zu verlagern. Wie wir im theoretischen Teil dieser Arbeit gesehen haben, ist ein Standortwechsel erst dann sinnvoll, wenn der Umweltstandard ein kritisches Niveau überschreitet. Für den Politiker besteht jedoch stets eine große Unsicherheit über die Folgen strengerer Standards, weil er auf Informationen aus den Unternehmen und deren Verbänden angewiesen ist. Strategisch handelnde Unternehmen könnten sogar schon vor Erreichen des kritischen Niveaus einige Aktivitäten verlagern, um einen Anstieg der inländischen Standards zu verhindern. Unternehmensverlagerungen, wiewohl sie der Impuls für einen wohlfahrtssteigernden Strukturwandel sein können, werden dem Politiker stets als Übel angekreidet. Einheitliche Mindestklauseln bringen vor diesem Hintergrund wenigstens eine partielle Entlastung im politischen Wettbewerb, weil dem Standortwettbewerb die Spitze genommen wird.

Zusammenfassend gesehen, erinnern Sozial- und Umweltklauseln im politischen Wettbewerb an die Theorie des „Optimal obfuscation“ (Magee/Brock/Young 1989: 257ff.). Ihr protektionistischer Gehalt ist für den rational uninformierten Wähler nicht auf den ersten Blick zu erkennen. Dies gilt insbesondere dann, wenn Umweltschützer das Thema in der Öffentlichkeit vertreten und ihre guten Absichten im Vordergrund stehen. Der stimmenmaximierende Politiker kann damit den Verlust von Wählern, die Interesse am Freihandel haben, gering halten. Er muß allerdings bedenken, daß diese Verhüllung auch einen Preis hat. Die indirekte und versteckte Protektion verspricht keine so große Schutzwirkung wie unverhüllter Protektionismus mit den klassischen Instrumenten. Deshalb wird auch die Unterstützung des Politikers durch protektionistisch gesinnte Interessengruppen geringer ausfallen. Allerdings ist zweierlei zu bedenken: Die direkteren protektionistischen Instrumente stehen nur noch in sehr eingeschränktem Umfang zur Verfügung, und Sozial- und Umweltklauseln werden ja eben nicht allein wegen ihres protektionistischen Gehalts gefordert, sondern auch, weil sie sozial- und umweltpolitische Interessen befriedigen können. Insofern ist zu vermuten, daß diese Klauseln dem optimalen Niveau der Verwirrung nahekommen könnten.

Teil V

Fazit

Braucht die Weltwirtschaftsordnung nun Umwelt- und Sozialstandards, oder sollten die Delegierten der WTO besser darauf verzichten, gewisse Mindestklauseln im Regelwerk dieser Organisation zu verankern? Die Botschaft dieser Arbeit ist überraschend: Es läßt sich mindestens ebensogut begründen, Höchststandards festzuschreiben, wie es sich begründen läßt, Mindestanforderungen zu definieren. Von daher sollten all jene, die sich so vehement dafür einsetzen, den Welthandel und die darüber hinausgehenden Bereiche an bestimmte Klauseln zu binden, sowohl eine Begrenzung nach unten als auch eine Obergrenze in ihre Forderungen einbeziehen.

Woran liegt es, daß rein theoretisch Überschreitungen der bei Autarkie effizienten Standards ebenso drohen wie Unterschreitungen? Es ergibt ökonomisch betrachtet nur dann einen Sinn, von den bisherigen Standards abzuweichen, wenn eine Nation im Außenhandel über beträchtliche Marktmacht verfügt. Zwei Situationen stechen dabei besonders hervor: Zum ersten ist dies der Fall großer Länder. Große Länder nach der Definition der Außenhandelstheorie zeichnen sich dadurch aus, daß sie bei einzelnen Gütern gewichtige Anteile am Weltmarkt erreichen. Im Grunde genommen sind es natürlich nicht die Regierungen dieser Länder, die erheblichen Einfluß auf dem Weltmarkt erreichen, sondern die nationalen Produzenten oder Konsumenten der Güter, die einen großen Teil der Weltmarktproduktion herstellen. Trotzdem können nur die Regierungen der großen Länder in einem Modell der traditionellen Außenhandelstheorie Einfluß entfalten. Die einzelnen Produzenten sind in diesem Fall zu klein und zu zerstreute, als daß sie aus eigener Kraft zu ihrem Vorteil agieren könnten. Nun kann ein Land aber sowohl ein großer Exporteur eines bestimmten Gutes sein als auch ein großer Importeur. Das Interesse des Landes ist aber grundsätzlich anders gelagert, wenn es diese Gut, nennen wir es X, exportiert, als wenn es dieses Gut importiert. Das exportierende Land möchte Gut X möglichst teuer auf dem Weltmarkt absetzen, um damit die nationale Wohlfahrt zu steigern. Das importierende Land dagegen will seinen Einfluß im Welthandel ausnutzen, um möglichst niedrige Preise für Gut X durchzusetzen. So ist es letztlich doch nicht so überraschend, daß sich auch das Verhalten dieser beiden Länder grundlegend unterscheiden wird. Während das eine dazu geneigt ist, die Standards besonders hoch zu setzen, falls damit der Preis von Gut X gesteigert werden kann, wird das andere exakt das Gegenteil davon anstreben.

Es gibt noch einen zweiten Fall, in dem es sich theoretisch begründen läßt, warum Länder von den bei Autarkie sinnvollen Standards abweichen. In diesem

Fall geht es zunächst nicht darum, daß die Länder große Akteure auf dem Weltmarkt sind - vielmehr verfügt ein im Inland ansässiges Unternehmen aus eigener Kraft über Einfluß im Außenhandel. Wir bewegen uns dann in engen Oligopolen, im Extremfall ist das inländische Unternehmen sogar ein Monopolist. Die Oligopoltheorie kennt aber wiederum zwei grundlegend unterschiedliche Situationen. In der einen ist das heimische Unternehmen, aus der Sicht inländischer Wohlfahrtsmaximierung heraus betrachtet, zu forsch. Es setzt so hohe Preise, daß es einen geringeren Marktanteil erzielt, als es aus Gewinnmaximierungsgründen angebracht wäre. Wie sollte die Regierung, sofern sie über Umwelt- oder Sozialstandards einen Einfluß ausüben kann, reagieren? Sie sollte den heimischen Oligopolisten dazu ermuntern, mehr anzubieten. Falls die Regierung nur über das Instrument der Standardsetzung verfügt, heißt der Schluß also: Sie sollte den grundsätzlich angemessenenen Standard aufweichen, damit der inländische Anbieter angesichts geringerer Grenzkosten mehr anbietet und so letztlich mehr zur Wohlfahrt beirägt. Es kann aber ebensogut sein, daß dieses Unternehmen auf dem Weltmarkt zu „schüchtern" agiert und niedrigere Preise verlangt, als sinnvoll wäre. Dann kehrt sich natürlich erneut die Empfehlung für das Verhalten der Regierung um: Sie sollte eher höhere Standards setzen, deren Kosten in höhere Preise des Anbieters einfließen, die er im Wettbewerb mit anderen Oligopolisten ohne weiteres durchsetzen könnte.

Eine Regierung müßte in jedem dieser Fälle über sehr fundierte Kenntnisse der jeweiligen Marktsituation verfügen. Wir sollten nicht davon ausgehen, daß sie diese Kenntnisse tatsächlich hat. Deshalb kann die wirtschaftspolitische Empfehlung also nur lauten: Finger weg vom Versuch, die Umwelt- und Sozialstandards zu senken oder auch zu erhöhen, um ein in der Theorie sicherlich nachweisbares strategisches Potential auszubeuten. Es scheint auch in der Realität nicht so zu sein, daß Regierungen regelmäßig strategisch agieren. Insofern ist ein Großteil der höchst unterschiedlichen Fälle, die in dieser Arbeit aufgezeigt wurden, zwar ohne Zweifel denkbar, aber wohl nur selten die Motivation für das Handeln einer Regierung. Erst recht gilt dies für alle Versuche, mit Hilfe von gezielt verzerrten Umwelt- oder Sozialstandards mobiles Kapital oder mobile Unternehmen ins Inland locken zu wollen. Eine Regierung, die unbedacht auf Billigkonkurrenz zu anderen Ländern setzt, könnte sich allzuleicht ins eigene Fleisch schneiden.

Diese, durchaus beruhigenden, Ergebnisse gelten allerdings nur dann, wenn die zugrundeliegenden Standards im Ausgangspunkt auch wirklich effizient waren. Deshalb ist eine weitere Botschaft dieser Arbeit: Wir brauchen uns keine Sorgen um unsere Standards zu machen, und die Delegierten der Welthandelsorganisation sollte sich ebenfalls nicht den Kopf deswegen zerbrechen, solange diese Standards effizient sind. Die vorliegende Arbeit hat begründet, wann dies gilt: Nämlich immer dann, wenn die Umwelt- oder Sozialstandards zu Allokationsverbesserungen führen. In puncto Umweltstandards ist das eher trivial: Die Umweltökonomen argumentieren ja allein deshalb für staatliches Handeln in der einen oder anderen Form, weil sie zur Erkennntnis gelangt sind, daß die Allokation verzerrt wird, sobald die Umwelt als freies Gut behandelt wird, obwohl verschiedene Nutzungen längst miteinander konkurrieren. In puncto Sozialstandards verbirgt sich allerdings eine schmerzhafte Botschaft hinter der Aussage, daß diese Standards nur „geschützt" sind, falls sie zu Allokationsverbesserungen führen. Häufig sind Sozialstandards verteilungspolitisch motiviert. Manchmal führen sie, quasi nebenbei, zu Allokationsverbesserungen - daran ändert dann auch der außenwirtschaftliche Wettbewerb nichts. Manchmal allerdings behindern sie die freie Allokation der Ressourcen - und geraten in einer freien Weltwirtschaft unter Druck. Das sollte allerdings kein Grund sein, deswegen die freie Weltwirtschaft nicht zuzulassen oder an Mindeststandards zu koppeln. Vielmehr könnte dieser Umstand als willkommene Gelegenheit gesehen werden, tradierte Normen und Vorschriften noch einmal zu überdenken. Häufig wird es effiziente, allokativ weniger verzerrende Wege geben, um die gesteckten Ziele zu erreichen.

Aber braucht die Weltwirtschaft nicht einheitliche Standards, damit grenzüberschreitende Marktunvollkommenheiten bekämpft werden können? Richtig ist: In diesem Fall müssen die Länder ihre Anstrengungen tatsächlich koordinieren. Deutlicher gesagt: Wenn sich nicht alle darauf einigen, gemeinsam etwas zu tun, wird bei hinreichend globalen Probleme überhaupt nichts getan werden. Sie müssen sich aber in eigens dafür ausgehandelten Abkommen einig werden. Die vorliegende Arbeit hat gezeigt, daß es sehr schwierig ist, erfolgreiche Abkommen dieser Art zu konstruieren. Es würde aber nicht helfen, den vermeintlich einfacheren Weg zu gehen und über den Daumen gepeilte Standards an die Welthandelsordnung zu koppeln. Nicht nur, daß dieses Vorgehen der Sache nicht gerecht würde, die sehr differenzierte Lösungen erfordert. Es wäre auch schädlich für die Welthandelsordnung, wenn sie Aufgaben erfüllen müßte, die mit dem Welthandel zunächst nur wenig zu tun haben. Grenzüberschreitende Marktunvollkommenheiten, gerade im Umweltbereich, wirken sich ganz unabhängig von Welthandelsbeziehungen aus. Auch autarke Volkswirtschaften müßten sich gemeinsam überlegen, was zu tun ist. Der Außenhandel spielt dabei allenfalls insofern eine Rolle, als die Drohung mit Handelssanktionen selbstverständlich die Unterzeichner eines Abkommens disziplinieren könnte. Wie wir gesehen haben, wären derartige Drohungen aber ein sehr gefährliches Instrument und zudem aller Wahrscheinlichkeit nach nicht sehr effektiv. Von daher wäre es sinnvoller, den Außenhandel bei der Lösung grenzüberschreitender Probleme ganz außen vor zu lassen.

Wie sieht es also, zusammenfassend betrachtet, mit der Welthandelsordnung aus? Sollte sie, ökonomisch korrekt, in Zukunft sowohl Mindest- als auch Höchststandards im Umwelt- und Sozialbereich enthalten? Nein. Die Anreize, einen grundsätzlich effizienten Standard nach unten oder oben zu verzerren, sind zu gering, die damit verbundenen Unwägbarkeiten zu groß, als daß wir uns ernsthaft deshalb Sorgen machen müßten. Und es kommt noch ein wichtiger Punkt hinzu: Schon bei Autarkie unterscheidet es sich von Land zu Land gravierend, welche Standards als effizient anzusehen sind. Wie sollte es also möglich sein, in einer Welthandelsordnung Standards festzulegen, die allen gerecht werden und zugleich so trennscharf sind, daß Verzerrungen nach unten wie auch nach oben sofort erkennbar würden? Das würde darauf hinauslaufen, für jeden einzelnen Mitgliedsstaat der WTO und für jeden einzelnen standardisierten Bereich ganz bestimmte Referenzwerte festzulegen, die dieser Staat weder unter- noch überschreiten darf. Das ist nicht nur faktisch ein Unding, es kann auch gar nicht im Sinne einer Welthandelsordnung sein, die mit möglichst durchschaubaren Regeln einen Rahmen, und nicht mehr als einen Rahmen, für die Weltwirtschaft setzen soll.

Wird es also keine Mindeststandards (und keine Höchststandards) in der WTO geben? In diesem Punkt können wir uns trotz allem nicht so sicher sein. Die Proteste auf den Straßen von Seattle haben gezeigt: Es gibt eine ganze Menge Menschen, die mit allem Nachdruck fordern, Mindeststandards (nicht Höchststandards!) in der Weltwirtschaftsordnung zu verankern. Möglicherweise werden sie sich durchsetzen. Viele von ihnen haben mit ökonomischem Denken wenig am Hut. Sie verlangen die Mindeststandards, weil sie der Ansicht sind, es dürfe einfach nicht sein, gewisse Länder am Welthandel zu beteiligen, die soziale Rechte weitgehend mißachten und ihre Umwelt nicht im geringsten schützen. Viele der Demonstranten behaupten auch gar nicht, Mindeststandards würden deshalb nicht beachtet, weil einige Länder daraus ökonomische Vorteile ziehen wollten. Es geht ihnen „nur“ darum, die mächtige Welthandelsorganisation dafür zu gewinnen, Druck auf einige Länder auszuüben, nun endlich bestimmte Mindestnormen einzuhalten.

Die WTO hat gewiß Macht, aber nur in einer Dimension: Sie kann Handelschancen gewähren - oder entziehen. Müßten alle Länder gewisse Mindeststandards einhalten, um am Welthandel teilnehmen zu dürfen, würde das für manche von ihnen - die effektiv nicht die Mittel dazu haben, diese Standards einzuhalten - bedeuten: Mit den Handelschancen ist es fürs Erste aus. Das wäre aber hochgradig kontraproduktiv. Der Außenhandel und die außenwirtschaftliche Verflechtung selbst sind Mittel dazu, den Wohlstand eines Landes zu steigern. Mit steigender Wohlfahrt, das zeigt nicht nur die Erfahrung Europas, sondern inzwischen auch die Erfahrung einiger Tigerstaaten in Südostasien, steigen aber auch die Ansprüche an Umwelt- und soziale Qualität. Die Standards, die so vehement eingefordert werden, wachsen auf die Dauer von selbst, sofern allen Ländern die Möglichkeit gegeben wird, auch die dazu notwendigen Mittel zu erwirtschaften. Im Umkehrschluß gilt aber auch: Wer zunächst von der Weltwirtschaft ausgeschlossen würde, weil er gewisse Standards noch nicht erfüllen kann, könnte dieses Standards möglicherweise auch in unabsehbarer Zukunft noch nicht erfüllen.

Noch einmal: Wird es nun Mindeststandards in der WTO geben, oder nicht? Nach den Erfahrungen im Dezember 1999 müssen wir sagen: Die „Chancen“ stehen nicht so schlecht, daß tatsächlich Mindeststandards in irgendeiner Form in die WTO einfließen. Zu stark erscheint der Protest der Straße - zu geneigt gegenüber solchen Forderungen erscheinen aber vor allem manche Regierungsvertreter. US-Präsident Bill Clinton stimmte sogleich in das Protestlied ein. Die politökonomische Analyse in dieser Arbeit hat Hinweise dafür gegeben, warum ihm das so leicht fiel. Es ist ja auch verlockend, welch bunte Vielfalt von Interessengruppen hinter den Bannern steht: Mächtige Gewerkschafter, Menschenrechtsgruppen und „Sozialaktivisten“ jeder Couleur, Umweltschützer, und, wenn sie auch nicht auf der Straße mitmarschieren, eine ganze Reihe heimischer Unternehmer, die der Ansicht sind, sie könnten etwas Schutz vor der außenwirtschaftlichen Konkurrenz brauchen, egal unter welchem Motto. Diesem Druck - und dieser politischen Chance - nicht nachzugeben, wäre schon beachtlich.

Zum Schluß ein Gedanke, der überraschen mag: Vielleicht wäre es gar nicht so schlimm, wenn tatsächlich Mindeststandards in die Weltwirtschaftsordnung aufgenommen würden. Warum? So, wie es derzeit aussieht, erweist sich die Forderung nach diesen Mindeststandards als ein gewaltiges Hindernis bei der weiteren Liberalisierung des weltweiten Handels und Kapitalverkehrs. Ökonomisch gibt es dafür zwar kaum einen Grund, wie diese Arbeit gezeigt hat. Aber auch emotionale Hindernisse, zumal, wenn sie politisch verwertbar sind, können die Weltwirtschaft stark bremsen. Insofern wären bescheidene und von allen Ländern erfüllbare Mindeststandards vielleicht hilfreicher als eine endlose Konfrontation innerhalb und vor den Toren der WTO.

Literaturverzeichnis

Abowd, John M., Francis Kramarz, Thomas Lemieux and David N. Margolis 1997: *Minimum Wages and Youth Employment in France and the United States*, NBER Working Paper No. 6111

Abrego, Lisandro, Carlo Perroni, John Whalley and Randall M. Wigle 1997: *Trade and Environment: Bargaining Outcomes from Linked Negotiations*, NBER Working Paper No. 6216

Adamy, Wilhelm 1994: *Internationaler Handel und Sozialstandards*, in: Wirtschaftsdienst, Bd. 74, Nr. 11, S. 577-591

Adlung, Rudolf 1997: *Umwelt- und Sozialdumping: Argumente gegen freien Welthandel?*, Wirtschaftspolitisches Forum, in: Zeitschrift für Wirtschaftspolitik, Bd. 46, Nr. 2, S. 168-177

Althammer, Wilhelm and Wolfgang Buchholz 1995: *Strategic Trade Incentives in Environmental Policy*, in: Finanzarchiv, N.F. Band 52, S. 293-305

Anderson, Kym 1992: *The Standard Welfare Economics of Policies Affecting Trade and the Environment*, in: Anderson, Kym and Richard Blackhurst (eds.): The Greening of World Trade Issues, Hertfordshire: Harvester Wheatsheaf, S. 25-48

Anderson, Kym 1996: *Social Policy Dimensions of Economic Integration: Environmental and Labour Standards*, NBER Working Paper No. 5702

Anderson, Kym 1997: *Environmental and Labour Standards: What Role for the World Trade Organization?*, University of Adelaide, Centre for International Economic Studies, Seminar Paper 97/04

Barrett, Scott 1992: *International Environmental Agreements as Games*, in: Pethig, Rüdiger (ed.): Conflicts and Cooperation in Managing Environmental Resources, Berlin: Springer, S. 11-36

Barrett, Scott 1994a: *Strategic Environmental Policy and International Trade*, in: Journal of Public Economics, Vol. 54, No. 3, S. 325-338

Barrett, Scott 1994b: *Self-Enforcing International Environmental Agreements*, in: Oxford Economic Papers, Vol. 46, S. 878-894

Barrett, Scott 1994c: *Trade Restrictions in International Environmental Agreements*, University of East Anglia and University College London, Centre for Social and Economic Research on the Global Environment, CSERGE Working Paper GEC 94-13

Barrett, Scott 1997a: *Towards a Theory of International Environmental Cooperation*, in: Carraro, Carlo and Domenico Siniscalco (eds.): New Directions in the Economic Theory of the Environment, Cambridge University Press, S. 239-280

Barrett, Scott 1997b: *Heterogeneous International Environmental Agreements*, in: Carraro, Carlo (ed.): International Environmental Negotiations: Strategic Policy Issues, Cheltenham/ Brookfield: Edward Elgar, S. 9-25

Barrett, Scott 1997c: *Economic Incentives for the Protection of Biological Diversity*, in: Siebert, Horst (Hrsg.): Elemente einer rationalen Umweltpolitik: Expertisen zur umweltpolitischen Neuorientierung, Institut für Weltwirtschaft an der Universität Kiel, Tübingen: Mohr, S. 319-336

Barrett, Scott 1998: *On the Theory and Diplomacy of Environmental Treaty-Making*, in: Environmental and Resource Economics, Vol. 11, Nos. 3-4, S. 317-333

Batabyal, Amitrajeet A. 1994: *On the Possibility of Attaining Environmental and Trade Objectives Simultaneously*, in: Environmental & Resource Economics, Vol. 4, No. 6, S. 545-553

Batabyal, Amitrajeet A. 1996: *An Agenda for the Design and Study of International Environmental Agreements*, in: Ecological Economics, Vol. 19, No. 1, S. 3-9

Baumol, William J. and Wallace E. Oates 1988: *The Theory of Environmental Policy*, 2nd ed., Cambridge University Press

Beers, Cees van 1998: *Labour Standards and Trade Flows of OECD Countries*, in: The World Economy, Vol. 21, No. 1, S. 57-73

Beers, Cees van and Jeroen C.J.M. van den Bergh 1996: *The Impact of Environmental Policy on Trade Flows: An Empirical Analysis*, Leiden University, Faculty of Law, Department of Economics, Research Memorandum 96,05

Beers, Cees van and Jeroen C.J.M. van den Bergh 1997: *An Empirical Multi-Country Analysis of the Impact of Environmental Regulation on Foreign Trade Flows*, in: Kyklos, Vol. 50, Nr. 1, S. 29-46

Beers, Cornelis P. van and Jeroen C. J. M. van den Bergh 1994: *Environmental and Foreign Trade Policies in a Small Open Economy*, in: Quantitative Economics for Environmental Policy, Erasmus University, Research Centre for Economic Policy, Papers and Proceedings, No. 9405, S. 1-21

Beghin, John, David Roland-Holst and Dominique van der Mensbrugghe 1997: *Trade and Pollution Linkages: Piecemal Reform and Optimal Intervention*, in: Canadian Journal of Economics, Vol. 30, No. 2, S. 442-455

Benedick, Richard E. 1991: *Ozone Diplomacy: New Directions in Safeguarding the Planet*, Cambridge (MA)/ London: Harvard University Press

Berthold, Norbert 1990: *Internationale Koordination der Ordnungspolitik - Eine effiziente institutionelle Innovation?*, in: Jahrbuch für neue politische Ökonomie, Bd. 9, S. 108-125

Berthold, Norbert 1997: *Entsolidarisiert der Markt?* in: Volkswirtschaftliche Korrespondenz der Adolf-Weber-Stiftung, 36. Jhrg., Nr. 8

Berthold, Norbert 1997: *Sozialstaat und marktwirtschaftliche Ordnung - Ökonomische Theorie des Sozialstaates*, in: Hartwig, Karl-Hans (Hrsg.): Alternativen der sozialen Sicherung: Umbau des Sozialstaates, Gespräche der List-Gesellschaft, N.F. Bd. 17, Baden-Baden: Nomos, S. 10-41

Berthold, Norbert und Eric Thode 1998: *Globalisierung - Drohendes Unheil oder schöpferische Kraft für den Sozialstaat?*, Bayerische Julius-Maximilians-Universität Würzburg, Wirtschaftswissenschaftliche Fakultät, Wirtschaftswissenschaftliche Beiträge des Lehrstuhls für Volkswirtschaftslehre, Wirtschaftsordnung und Sozialpolitik, Nr. 17

Berthold, Norbert und Jörg Hilpert 1996: *Wettbewerbspolitik, Industriepolitik und Handelspolitik in der EU*, in: Ohr, Renate (Hrsg.): Europäische Integration, Stuttgart: Kohlhammer, S. 77-109

Bhagwati, Jagdish 1995a: *Free Trade, „Fairness" and the New Protectionism: Reflections on an Agenda for the World Trade Organization*, 24. Wincott Memorial Lecture, IEA Occasional Paper No. 96

Bhagwati, Jagdish 1995b: *Trade Liberalisation and „Fair Trade" Demands: Addressing the Environmental and Labour Standards Issues*, Symposium: Does Free Trade Require Fair Trade and Harmonisation?, in: The World Economy, Vol. 18, No. 6, S. 745-759

Bhagwati, Jagdish 1996: *The Demands to Reduce Domestic Diversity among Trading Nations*, in: Jagdish Bhagwati and Robert E. Hudec (eds.): Fair Trade and Harmonization: Prerequisites for Free Trade?, Vol. 1, Economic Analysis, Cambridge (MA)/ London: MIT Press, S. 9-40

Bhagwati, Jagdish 1998: *Trade Linkage and Human Rights*, in: Bhagwati, Jagdish and Mathias Hirsch (eds.): The Uruguay Round and Beyond. Essays in Honor of Arthur Dunkel, Berlin: Springer, S. 241-250

Bhagwati, Jagdish and Marvin H. Kosters (eds.) 1994: *Trade and Wages: Leveling Wages Down?*, Washington (D.C.): The AEI Press

Bhagwati, Jagdish and T. N. Srinivasan 1996: *Trade and the Environment: Does Environmental Diversity Detract from the Case for Free Trade?*, in: Jagdish Bhagwati and Robert E. Hudec (eds.): Fair Trade and Harmonization: Prerequisites for Free Trade?, Vol. 1, Economic Analysis, Cambridge (MA)/ London: MIT Press, S. 159-223

Blackhurst, Richard and Arvind Subramanian 1992: *Promoting Multilateral Cooperation on the Environment*, in: Anderson, Kym and Richard Blackhurst (eds.): The Greening of World Trade Issues, Hertfordshire: Harvester Wheatsheaf, S. 247-268

Blankart, Charles B. 1991: *Öffentliche Finanzen in der Demokratie: Einführung in die Finanzwissenschaft*, München: Vahlen

Bletschacher, Georg und Henning Klodt 1992: *Strategische Handels- und Industriepolitik: Theoretische Grundlagen, Branchenanalysen und wettbewerbspolitische Implikationen*, Kieler Studie Nr. 244, Tübingen: Mohr

Bodecker, Matthias von 1997: *Internationale Umweltprobleme - Ökonomische Auswirkungen und Lösungsansätze*, Frankfurt a.M.: Lang

Bommer, Rolf 1995: *Environmental Policy and Industrial Competitiveness: The Pollution-Haven Hypothesis Reconsidered*, Universität Konstanz, Juristische Fakultät, Fakultät für Wirtschaftswissenschaften und Statistik, Diskussionsbeiträge des Sonderforschungsbereichs 178 „Internationalisierung der Wirtschaft“, Serie II, Nr. 262

Bommer, Rolf 1996: *The Environmental Regulation of Production Processes in the European Union: A Political-Economy Approach*, in: Aussenwirtschaft, 51. Jg., Nr. 4, S. 559-582

Bonus, Holger 1996: *Institutionen und Institutionelle Ökonomik: Anwendungen für die Umweltpolitik*, in: Gawel:, Erik (Hrsg.): Institutionelle Probleme der Umweltpolitik, Zeitschrift für angewandte Umweltforschung, Sonderheft 8, Berlin: Analytica, S. 26-41

Bothe, Michael 1996: *The Evaluation of Enforcement Mechanisms in International Environmental Law - An Overview*, in: Wolfrum, Rüdiger (ed.): Enforcing Environmental Standards: Economic Mechanisms as Viable Means?, Berlin/ Heidelberg/ New York: Springer, S. 13-38

Botteon, Michele and Carlo Carraro 1996: *Strategies for Environmental Negotiations: Issue Linkage with Heterogeneous Countries*, Fondazione Eni Enrico Mattei, POL - Environmental Policy, Nota di Lavoro 81.96

Botteon, Michele and Carlo Carraro 1997: *Burden Sharing and Coalition Stability in Environmental Negotiations with Asymmetric Countries*, in: Carraro, Carlo (ed.): International Environmental Negotiations: Strategic Policy Issues, Cheltenham/ Brookfield: Edward Elgar, S. 26-55

Brand, Diana und Ralf Hoffmann 1994: *„Sozial-Dumping“ oder Protektionismus? - Zur Kontroverse über eine Sozialklausel im internationalen Handelssystem*, in: IFO-Schnelldienst, Bd. 47, Nr. 25/26, S. 23-33

Brander, James A. and Barbara J. Spencer 1985: *Export Subsidies and International Market Share Rivalry*, in: Journal of International Economics, Vol. 18, S. 83-100

Brecher, Richard A. 1974a: *Minimum Wage Rates and the Pure Theory of International Trade*, in: Quarterly Journal of Economics, Vol. 88, No. 1, S. 98-116

Brecher, Richard A. 1974b: *Optimal Commercial Policy for a Minimum-Wage Economy*, in: Journal of International Economics, Vol. 4, S. 139-149

Bremer, Ralf 1996: *Umweltgüter und Internationale Wirtschaftsbeziehungen: Statische Wohlfahrtsaspekte und Nachhaltige Entwicklung*, Frankfurt a.M.: Lang

Brown, Drusilla K., Alan V. Deardorff and Robert M. Stern 1996: *International Labor Standards and Trade: A Theoretical Analysis*, in: Jagdish Bhagwati and Robert E. Hudec (eds.): Fair Trade and Harmonization: Prerequisites for Free Trade?, Vol. 1, Economic Analysis, Cambridge (MA)/ London: MIT Press, S. 227-280

Brown, Drusilla K., Alan V. Deardorff and Robert M. Stern 1997: *Issues of Environmental and Labor Standards in the Global Trading System*, for Presentation at the Conference on „Globalization, Technological Change, and the Welfare State", American Institute for Contemporary German Studies, The Johns Hopkins University, Washington/ D.C., June 9-10, 1997, Datei im Fernzugriff

Buchholz, Wolfgang and Kai A. Konrad 1994: *Global Environmental Problems and the Strategic Choice of Technology*, in: Journal of Economics (Zeitschrift für Nationalökonomie), Vol. 60, No. 3, S. 299-321

Buchholz, Wolfgang and Kai A. Konrad 1995: *Strategic Transfers and Private Provision of Public Goods*, in: Journal of Public Economics, Vol. 57, S. 489-505

Bui, Linda T. M. 1995: *Gains From Trade in the Optimal Control of Environmental Externalities: Evidence From Acid Rain Abatement in the Eastern United States and Canada*, University of Michigan, Department of Economics Working Paper Series, No. 95-06

Cable, Vincent 1996: *The new Trade Agenda: Universal Rules Amid Cultural Diversity*, in: International Affairs, Vol. 72, No. 2, S. 227-246

Cadot, Olivier and Nguyen Manh Hung 1997: *„Not in my Backyard": International Specialization and Environmental Standards*, R&D, INSEAD Centre for the Management of Environmental Resources, 97/ 81/ EPS, Fontainebleau

Card, David and Alan B. Krueger 1995: *Myth and Measurement: The New Economics of the Minimum Wage*, Princeton (N.J.): Princeton University Press

Carraro, Carlo 1997: *Introduction*, in: Carraro, Carlo (ed.): International Environmental Negotiations: Strategic Policy Issues, Cheltenham/ Brookfield: Edward Elgar, S. 1-8

Carraro, Carlo 1998: *The Structure of International Environmental Agreements*, Fondazione Eni Enrico Mattei, ENV - Environmental Economics, Nota di Lavoro 12.98

Carraro, Carlo and Domenico Siniscalco 1993: *Strategies for the International Protection of the Environment*, in: Journal of Public Economics, Vol. 52, S. 309-328

Carraro, Carlo and Domenico Siniscalco 1997: *R&D Cooperation and the Stability of International Environmental Agreements*, in: Carraro, Carlo (ed.): International Environmental Negotiations: Strategic Policy Issues, Cheltenham/ Brookfield: Edward Elgar, S. 71-96

Casella, Alessandra 1996: *Free Trade and Evolving Standards*, in: Jagdish Bhagwati and Robert E. Hudec (eds.): Fair Trade and Harmonization: Prerequisites for Free Trade?, Vol. 1, Economic Analysis, Cambridge (MA)/ London: MIT Press, S. 119-156

Castro, Juan A. de 1995: *Trade and Labour Standards: Using the Wrong Instruments for the Right Cause*, UNCTAD Discussion Paper No. 99

Cesar, Herman and Aart de Zeeuw 1996: *Issue Linkage in Global Environmental Problems*, in: Xepapadeas, Anastasios (Hrsg.): Economic Policy for the Environment and Natural Resources: Techniques for the Management and Control of Pollution, Cheltenham/ Brookfield: Edward Elgar, S. 158-173

Chander, Parkash and Henry Tulkens 1994: *A Core-Theoretic Solution for the Design of Cooperative Agreements on Transfrontier Pollution*, Université Catholique de Louvain, Center for Operations Research & Econometrics, CORE Discussion Paper No. 9448

Chander, Parkash and Henry Tulkens 1995: *The Core of an Economy with Multilateral Environmental Externalities*, Université Catholique de Louvain, Center for Operations Research & Econometrics, CORE Discussion Paper No. 9550

Chang, Howard F. 1996: *An Economic Analysis of Trade Measures to Protect the Global Environment*, in: Land Use & Environment Law Review, Vol. 27, Part II: Environmental Law, S. 611-693

Charnovitz, Steve 1987: *The Influence of International Labour Standards on the World Trading Regime*, in: International Labour Review, Vol. 126, No. 5, S. 565-584

Charnovitz, Steve 1992: *Environmental and Labour Standards in Trade*, in: The World Economy, Vol. 15, No. 3, S. 335-356

Charnovitz, Steve 1995: *Promoting Higher Labor Standards*, in: The Washington Quarterly, Vol. 18, No. 3, S. 167-190

Cheung, Steven N.S. 1970: *The Structure of a Contract and the Theory of a Non-exclusive Resource*, in: Journal of Law and Economics, Vol. 13, S. 49-70

Chillemi, Ottorino 1997: *International Environmental Agreements and Asymmetric Information*, in: Carraro, Carlo (ed.): International Environmental Negotiations: Strategic Policy Issues, Cheltenham/ Brookfield: Edward Elgar, S. 110-125

Chittka, Jörg 1996: *Das umweltpolitische Verursacherprinzip im GATT/WTO-Rahmen: Chancen und Risiken einer Institutionalisierung aus der Sicht der Neuen Politischen Ökonomie*, Nomos Universitätsschriften: Wirtschaft, Bd. 26, Baden-Baden: Nomos

Clarida, Richard H. and Ronald Findlay 1991: *Endogenous Comparative Advantage, Government, and the Pattern of Trade*, NBER Working Paper No. 3813

Common, Mick 1996: *Environmental Policy and International Competitiveness*, Environmental Economics Seminar Series, Background Paper, Commonwealth of Australia, Department of the Environment, Sport and Territories, Datei im Fernzugriff (http://www.environment.gov.au)

Conrad, Klaus 1993: *Taxes and Subsidies for Pollution-Intensive Industries as Trade Policy*, in: Journal of Environmental Economics and Management, Vol. 25, No. 2, S. 121-135

Conrad, Klaus 1996a: *Optimal Environmental Policy for Oligopolistic Industries Under Intra-Industry-Trade*, in: Carraro, Carlo, Yiannis Katsoulacos and Anastasios Xepapadeas (eds.): Environmental Policy and Market Structure, Dordrecht/ Boston/ London: Kluwer, S. 65-83

Conrad, Klaus 1996b: *Choosing Emission Taxes Under International Price Competition*, in: Carraro, Carlo, Yiannis Katsoulacos and Anastasios Xepapadeas (eds.): Environmental Policy and Market Structure, Dordrecht/ Boston/ London: Kluwer, S. 85-98

Cordella, Tito and Isabel Grilo 1998: *„Social Dumping“ and Relocation: Is There a Case for Imposing a Social Clause?*, CEPR Discussion Paper No. 1931

Cropper, Maureen L. and Wallace E. Oates 1992: *Environmental Economics: A Survey*, in: Journal of Economic Literature, Vol. 30, No. 2, S. 675-740

Cuervo, Javier and Ved P. Gandhi 1998: *Carbon Taxes: Their Macroeconomic Effects and Prospect for Global Adoption - A Survey of the Literature*, IMF Working Paper No. 98/73

Cumberland, John H. 1979: *Interregional Pollution Spillovers and Consistency of Environmental Policy*, in: Siebert, Horst, Ingo Walter und Klaus W. Zimmermann (eds.): Regional Environmental Policy - The Economic Issues, New York/ London, S. 255-287

Davis, Donald R. 1996: *Does European Unemployment Prop up American Wages?*, NBER Working Paper 5620

Devereux, Michael P. 1995: *Tax Competition and the Impact on Capital Flows*, in: Locational Competition in the World Economy: Symposium 1994, Institut für Weltwirtschaft an der Universität Kiel, Tübingen: Mohr, S. 169-202

Diwan, Ishac and Nemat Shafik 1992: *Investment, Technology and the Global Environment: Towards International Agreements in a World of Disparities*, in: Low, Patrick (ed.): International Trade and the Environment, World Bank Discussion Paper No. 159, Washington (DC), S. 263-285

Eaton, Jonathan and Gene M. Grossman 1986: *Optimal Trade and Industrial Policy Under Oligopoly*, in: Quarterly Journal of Economics, May 1986, S. 383-406

Eaton, Jonathan and Maxim Engers 1994: *Threats and Promises*, NBER Working Paper No. 4849

Ecchia, Giulio and Marco Mariotti 1997: *The Stability of International Environmental Coalitions with Farsighted Countries: Some Theoretical Observations*, Fondazione Eni Enrico Mattei, ETA - Economic Theory and Applications, Nota di Lavoro 14.97

Eckaus, Richard S. 1994: *Laissez Faire or Nationalization and Collective Control of the Global Commons*, in: : Carraro, Carlo (ed.): Trade, Innovation, Environment, Dordrecht: Kluwer, S. 283-299

Endres, Alfred and Michael Finus 1996: *Playing a Better Global Warming Game: Does it Help to be Green?*, Fernuniversität Hagen, Diskussionsbeiträge des Fachbereichs Wirtschaftswissenschaft, Nr. 235

Endres, Alfred and Michael Finus 1998: *Playing a Better Global Warming Game: Does it Help to be Green?*, in: Swiss Journal of Economics and Statistics, Vol. 134, No. 1, S. 21-40

Endres, Alfred und Brigitte Staiger 1995: *Umweltökonomie*, in: Norbert Berthold (Hrsg.): Allgemeine Wirtschaftstheorie: Neuere Entwicklungen, WiSt-Taschenbuch, München: Vahlen, S. 75-87

Endres, Alfred und Michael Finus 1996: *Umweltpolitische Zielbestimmung im Spannungsfeld gesellschaftlicher Interessengruppen. Ökonomische Theorie und Empirie*, in: Siebert, Horst (Hrsg.): Elemente einer rationalen Umweltpolitik: Expertisen zur umweltpolitischen Neuorientierung, Institut für Weltwirtschaft an der Universität Kiel, Tübingen: Mohr, S. 35-133

Eykmans, Johan and Stef Proost 1996: *Voluntary Supply of Greenhouse Gas Abatement and Emission Trading Equilibria*, in: van Ierland, Ekko C.: Economics of Atmospheric Pollution, NATO ASI Series 2, 14, Berlin: Springer, S. 69-98

Falkinger, Josef, Franz Hackl and Gerald J. Pruckner 1997: *A Fair Mechanism for Efficient Reduction of Global CO2-Emissions*, in: Finanzarchiv, N.F. Bd. 53 (1996/97), Heft 3/4, S. 308-331

Farrell, Joseph and Eric Maskin 1989: *Renegotiation in Repeated Games*, in: Games and Economic Behavior, Vol. 1, S. 327-360

Feess, Eberhard 1995: *Umweltökonomie und Umweltpolitik*, München: Vahlen

Feess, Eberhard 1996: *Umwelt und strategische Handelspolitik*, in: Globalisierung der Wirtschaft, Berlin, S. 144-154

Feld, Lars P. 1996: *Sozialstandards und die Welthandelsordnung*, in: Aussenwirtschaft, 51. Jg., Nr. 1, S. 51-73

Feser, Hans-Dieter, Wolfgang Flieger and Gerald Wiesch 1996: *Eco-Dumping Versus Eco-Imperialism?*, in: Gore, Charles, Gabriele Köhler, Utz-Peter Reich and Thomas Ziesemer (eds.): Questioning Development: Essays on the Theory, Policies and Practices of Development Interventions, Marburg: Metropolis, S. 275-290

Findlay, Ronald 1995: *The Philosophy of Locational Competition*, in: Locational Competition in the World Economy: Symposium 1994, Institut für Weltwirtschaft an der Universität Kiel, Tübingen: Mohr, S. 3-16

Finus, Michael and Bianca Rundshagen 1997: *Toward a Positive Theory of Coalition Formation and Endogenous Instrumental Choice in Global Pollution Control*, Fernuniversität Hagen, Fachbereich Wirtschaftswissenschaften, Diskussionsbeitrag Nr. 239

Finus, Michael and Bianca Rundshagen 1998: *Toward a Positive Theory of Coalition Formation and Endogenous Instrumental Choice in Global Pollution Control*, in: Public Choice, Vol. 96, Nos. 1/2, S. 145-186

Fischel, William A. 1975: *Fiscal and Environmental Considerations in the Location of Firms in Suburban Communities*, in: in: Mills, Edwin S. and Wallace E. Oates (eds.): Fiscal Zoning and Land Use Controls, D. C. Heath and Company, S. 119-173

Freeman, Richard B. 1994: *A Hard-Headed Look at Labor Standards*, in: Schoepfle, Gregory K. and Kenneth A. Swinnerton (eds.): International Labor Standards and Global Economic Integration: Proceedings of a Symposium, United States Bureau of International Labor Affairs, Washington (DC), S. 26-33

Freeman, Richard B. 1995: *Are Your Wages Set in Beijing?*, in: Journal of Economic Perspectives, Vol. 9, No. 3, S. 15-32

Friedman, Sheldon 1992: *NAFTA as Social Dumping,* in: Challenge, September/October, S. 27-32

Fritsch, Michael, Thomas Wein und Hans-Jürgen Ewers 1996: *Marktversagen und Wirtschaftspolitik: Mikroökonomische Grundlagen staatlichen Handelns*, zweite, überarbeite und ergänzte Auflage, München: Vahlen

Fudenberg, Drew and Jean Tirole 1991: *Game Theory*, Cambridge (MA), London: The MIT Press

GATT 1992: *Trade and the Environment - Advance Copy*, in: World Trade Materials, Vol. 4, No. 1, S. 41-86

Germain, Marc, Philippe Toint and Henry Tulkens 1996: *International Negotiations on Acid Rains in Northern Europe: a Discrete Time Iterative Process*, in: Xepapadeas, Anastasios (ed.): Economic Policy for the Environment and Natural Resources: Techniques for the Management and Control of Pollution, Cheltenham/ Brookfield: Edward Elgar, S. 217-236

Golub, Stephen S. 1997: *International Labor Standards and International Trade*, IMF Working Paper No. 97/37

Gray, Wayne B. 1997: *Manufacturing Plant Location: Does State Pollution Regulation Matter?*, NBER Working Paper No. 5880

Gray, Wayne B. and Ronald J. Shadbegian 1998: *Environmental Regulation, Investment Timing, and Technology Choice*, in: The Journal of Industrial Economics, Vol. XLVI, No. 2, S. 235-256

Grootaert, Christiaan and Ravi Kanbur 1995: *Child Labour: An Economic Perspective*, in: International Labour Review, Vol. 134, No. 2, S. 187-203

Grossman, Gene M. and Alan B. Krueger 1991: *Environmental Impacts of a North American Free Trade Agreement*, NBER Working Paper No. 3914

Grossman, Gene M. and Alan B. Krueger 1995: *Economic Growth and the Environment*, in: The Quarterly Journal of Economics, Vol. CX, S. 353-377

Grossman, Gene M. and Elhanan Helpman 1996: *Rent Dissipation, Free Riding, and Trade Policy*, in: European Economic Review, Vol. 40, S. 795-803

Großmann, Harald und Georg Koopmann 1995: *Social Standards in International Trade: A new Protectionist Wave?*, HWWA-Diskussionspapier Nr. 24

Guerrieri, Paolo and Pier Carlo Padoan 1996: *Strategic Trade Policy: A Review of the Theoretical Debate*, in: The International Trade Journal, Vol. 10, No. 1, S. 85-103

Güth, Werner and Rüdiger Pethig 1992: *Illegal Pollution and Monitoring of Unknown Quality - a Signaling Game Approach*, in: Pethig, Rüdiger (ed.): Conflicts and Cooperation in Managing Environmental Resources, Berlin, Heidelberg: Springer, S. 276-330

Hauser, Heinz und Kai-Uwe Schanz 1995: *Das neue GATT - Die Welthandelsordnung nach Abschluß der Uruguay-Runde*, München/ Wien: Oldenbourg

Heal, Geoffrey M. 1994: *Formation of International Environmental Agreements*, in: : Carraro, Carlo (ed.): Trade, Innovation, Environment, Dordrecht: Kluwer, S. 301-322

Helm, Carsten 1995: *Sind Freihandel und Umweltschutz vereinbar? - Ökologischer Reformbedarf des GATT/WTO-Regimes*, Hrsg. vom Wissenschaftszentrum Berlin für Sozialforschung, Berlin: edition sigma

Helpman, Elhanan and Paul R. Krugman 1989: *Trade Policy and Market Structure*, Cambridge, MA/ London: MIT Press

Hesse, Helmut 1996: *Internationale Konkurrenz: Ursache von Arbeitslosigkeit und Lohnungleichheit?* in: Gahlen, Bernhard, Helmut Hesse und Hans Jürgen Ramser (Hrsg.): Arbeitslosigkeit und Möglichkeiten ihrer Überwindung, Wirtschaftswissenschaftliches Seminar Ottobeuren, Band 25, Tübingen: Mohr, S. 331-358.

Hillman, Arye L. and Heinrich W. Ursprung 1992: *The Influence of Environmental Concerns on the Political Determination of Trade Policy*, in: Anderson, Kym and Richard Blackhurst (eds.): The Greening of World Trade Issues, Hertfordshire: Harvester Wheatsheaf, S. 195-220

Hillman, Arye L. and Heinrich W. Ursprung 1994: *Greens, Supergreens, and International Trade Policy: Environmental Concerns and Protectionism*, in: Carraro, Carlo (ed.): Trade, Innovation, Environment, Dordrecht: Kluwer, S. 75-108

Hilpert, Jörg 1997: *Führt der Wettbewerb um mobiles Kapital zu einem „race to the bottom"?*, in: WiSt, 26. Jg., Heft 12, S. 633-636

Hoekman, Bernard and Michael Leidy 1992: *Environmental Policy Formation in a Trading Economy: a Public Choice Perspective*, in: Anderson, Kym and Richard Blackhurst (eds.): The Greening of World Trade Issues, Hertfordshire: Harvester Wheatsheaf, S. 221-246

Hoekman, Bernard and Michael Leidy 1994: *„Cleaning up" While Cleaning up? Pollution Abatement, Interest Groups and Contingent Trade Policies*, in: Public Choice, Vol. 78, Nos. 3/4, S. 241-258

Hoel, Michael 1991: *Global Environmental Problems: The Effects of Unilateral Actions Taken by one Country*, in: Journal of Environmental Economics and Management, Vol. 20, No. 1, S. 55-70

Hoel, Michael 1992: *International Environment Conventions: The Case of Uniform Reductions of Emissions*, in: Environmental and Resource Economics, Vol. 2, No. 2, S. 141-159

Hoel, Michael 1993: *Cost-Effective and Efficient International Environmental Agreements*, University of Oslo, Department of Economics, Reprint Series, No. 441, S. 36-46 aus: International Challenges, Vol. 13, No. 2

Hoel, Michael 1994: *Environmental Policy as a Game Between Governments When Plant Locations are Endogenous*, University of Oslo, Department of Economics, Memorandum No. 21

Hoel, Michael 1997: *Environmental Policy With Endogenous Plant Locations*, in: Scandinavian Journal of Economics, Vol. 99, No. 2, S. 241-259

Hoel, Michael and Kerstin Schneider 1997: *Incentives to Participate in an International Environmental Agreement*, in: Environmental and Resource Economics, Vol. 9, No. 2, S. 153-170

Horstmann, Ignatius J. and James R. Markusen 1986: *Up the Average Cost Curve: Inefficient Entry and the New Protectionism*, in: Journal of International Economics, Vol. 20, S. 225-247

Karl, Helmut 1996: *Föderalismus und Umweltpolitik*, in: Gawel:, Erik (Hrsg.): Institutionelle Probleme der Umweltpolitik, Zeitschrift für angewandte Umweltforschung, Sonderheft 8, Berlin: Analytica, S. 139-156

Karl, Helmut und Omar Ranné 1997: *Öko-Dumping: Ein stichhaltiges Argument für ökologische Ausgleichszölle?*, in: WiSt, 26. Jg., Nr. 6, S. 284-289

Karp, Larry and Sandeep Sacheti 1995: *Limited Cooperation in International Environmental Agreements*, University of California at Berkeley, Department of Agricultural and Resource Economics, California Agricultural Experiment Station, Working Paper No. 763

Karp, Larry, Sandeep Sacheti and Jinhua Zhao 1997: *Common Ground Between Free-Traders and Environmentalists*, CEPR Discussion Paper No. 1598

Katsoulacos, Yiannis 1997: *R&D Spillovers, Cooperation, Subsidies and International Agreements*, in: Carraro, Carlo (ed.): International Environmental Negotiations: Strategic Policy Issues, Cheltenham/ Brookfield: Edward Elgar, S. 97-109

Katsoulacos, Yiannis and Anastasios Xepapadeas 1996a: *Emission Taxes and Market Structure*, in: Carraro, Carlo, Yiannis Katsoulacos and Anastasios Xepapadeas (eds.): Environmental Policy and Market Structure, Dordrecht/ Boston/ London: Kluwer, S. 3-22.

Katsoulacos, Yiannis and Anastasios Xepapadeas 1996b: *Environmental Innovation, Spillovers and Optimal Policy Rules*, in: Carraro, Carlo, Yiannis Katsoulacos and Anastasios Xepapadeas (eds.): Environmental Policy and Market Structure, Dordrecht/ Boston/ London: Kluwer, S. 143-150

Kennedy, Peter W. 1994: *Equilibrium Pollution Taxes in Open Economies with Imperfect Competition*, in: Journal of Environmental Economics and Management, Vol. 27, S. 49-63

Killinger, Sebastian 1995: *Indirect Internalization of International Environmental Externalities*, Universität Konstanz, Juristische Fakultät, Fakultät für Wirtschaftswissenschaften und Statistik, Diskussionsbeiträge des Sonderforschungsbereichs 178 „Internationalisierung der Wirtschaft“, Serie II, Nr. 264

Kirchgässner, Gebhard 1996: *Probleme internationaler Umweltpolitik*, in: Gawel, Erik (Hrsg.): Institutionelle Probleme der Umweltpolitik, Zeitschrift für angewandte Umweltforschung, Sonderheft 8, Berlin: Analytica, S. 157-172

Kirchgässner, Gebhard und Ernst Mohr 1996: *Trade Restrictions as Viable Means of Enforcing Compliance With International Environmental Law: An Economic Assessment*, in: Wolfrum, Rüdiger (ed.): Enforcing Environmental Standards: Economic Mechanisms as Viable Means?, Berlin/ Heidelberg/ New York: Springer, S. 200-231

Klemmer, Paul 1997: *Umwelt- und Sozialdumping: Argumente gegen freien Welthandel?*, Wirtschaftspolitisches Forum, in: Zeitschrift für Wirtschaftspolitik, Bd. 46, Nr. 2, S. 189-192

Klodt, Henning 1994: *Grundlagen der Forschungs- und Technologiepolitik*, Kieler Arbeitspapier Nr. 664

Knorr, Andreas 1997: *Umweltschutz, nachhaltige Entwicklung und Freihandel: WTO und NAFTA im Vergleich*, Schriften zu Ordnungsfragen der Wirtschaft, Bd. 54, Stuttgart: Lucius und Lucius

Ködding, Gerd 1997: *Lösungsansätze für grenzüberschreitende Umweltprobleme bei internationaler Handelsverflechtung*, Frankfurt a.M.: Lang

Körber, Achim 1998: *Why Everybody Loves Flipper: The Political-Economy of the U.S. Dolphin-Safe Laws*, in: European Journal of Political Economy, Vol. 14, S. 475-509

Krueger, Alan B. 1996: *Observations on International Labor Standards and Trade*, NBER Working Paper No. 5632

Krueger, Alan B. 1997: *International Labor Standards and Trade*, in: Michael Bruno and Boris Pleskovic (eds.): Annual World Bank Conference on Development Economics 1996, Washington (DC), S. 281-302

Krugman, Paul 1990: *Rethinking International Trade*, second printing, Cambridge/ MA, London: MIT Press

Krugman, Paul 1995: *Growing World Trade: Causes and Consequences*, Brookings Papers on Economic Activity 1995/ 1

Krugman, Paul and Robert Lawrence 1993: *Trade, Jobs, and Wages*, NBER Working Paper No. 4478

Kuhn, Michael 1997: *Environmental Policy, Firm Location and Product Differentiation: The Role of „Green" Preferences and Inter-firm Pollution*, Thünen-Series of Applied Economic Theory Working Paper No. 6, Rostock: Universität, Wirtschafts- und Sozialwissenschaftliche Fakultät, Lehrstuhl für VolkswirtschaftslehreKuhn, Michael and Thusnelda Tivig 1996: *Ecological Dumping and Environmental Capital Flight - the Economics Behind the Propaganda*, Universität Konstanz, Juristische Fakultät, Fakultät für Wirtschaftswissenschaften und Statistik, Diskussionsbeiträge des Sonderforschungsbereichs 178 „Internationalisierung der Wirtschaft", Serie II, Nr. 324

Kulessa, Margareta E. 1995: *Umweltpolitik in einer offenen Volkswirtschaft - zum Spannungsverhältnis von Freihandel und Umweltschutz*, Monographien der List Gesellschaft, N.F. Bd. 16, Baden-Baden: Nomos

Lal, Deepak K. 1996: *The Limits of International Cooperation*, in: Wood, Geoffrey E. (ed.): Explorations in Economic Liberalism, The Wincott Lectures, Basingstoke (Hampshire), S. 141-171

Landmann, Oliver und Michael Pflüger 1996: *Arbeitsmärkte im Spannungsfeld von Globalisierung und technologischem Wandel*, in: Külp, Bernhard (Hrsg.): Arbeitsmarkt und Arbeitslosigkeit, Freiburg: Haufe, S. 173-223

Landwehr, Ulrich 1996: *Industrial mobility and public policy*, Heidelberg: Physica

Lang, Winfried 1996: *Trade Restrictions as a Means of Enforcing Compliance with International Environmental Law - Montreal Protocol on Substances that Deplete the Ozone Layer*, in: Wolfrum, Rüdiger (ed.): Enforcing Environmental Standards: Economic Mechanisms as Viable Means?, Berlin/ Heidelberg/ New York: Springer, S. 265-283

Langhammer, Rolf J. 1997: *Umwelt- und Sozialdumping: Argumente gegen freien Welthandel?*, Wirtschaftspolitisches Forum, in: Zeitschrift für Wirtschaftspolitik, Bd. 46, Nr. 2, S. 178-188

Lempp, Hans-Volkhard 1995: *Die Vereinbarkeit einseitiger Maßnahmen der Vereinigten Staaten gegen das sogenannte Sozialdumping mit dem „GATT 1994" und dem Völkergewohnheitsrecht*, Juristische Fakultät der Bayerischen Julius-Maximilians-Universität, Inaugural-Dissertation, Würzburg

Levinson, Arik 1993: *Studies in the Economics of Environmental Regulation*, Columbia University, Ann Arbor: University Microfilms InternationalLevinson, Arik 1996a: *Environmental Regulations and Industry Location: International and Domestic Evidence*, in: Jagdish Bhagwati and Robert E. Hudec (eds.): Fair Trade and Harmonization: Prerequisites for Free Trade?, Vol. 1, Economic Analysis, Cambridge (MA)/ London: MIT Press, S. 429-457

Levinson, Arik 1996b: *Environmental Regulations and Manufacturers' Location Choices: Evidence From the Census of Manufactures*, in: Journal of Public Economics, Vol. 62, Nos. 1/2, S. 5-29

Levinson, Arik 1997: *A Note on Environmental Federalism: Interpreting Some Contradictory Results*, in: Journal of Environmental Economics and Management, Vol. 33, No. 3, S. 359-366

Lloyd, Peter J. 1992: *The Problem of Optimal Environmental Policy Choice*, in: Anderson, Kym and Richard Blackhurst (eds.): The Greening of World Trade Issues, Hertfordshire: Harvester Wheatsheaf, S. 49-72

Low, Patrick 1992: *Trade Measures and Environmental Quality: The Implications for Mexico's Exports*, in: Low, Patrick (ed.): International Trade and the Environment, World Bank Discussion Paper No. 159, Washington (DC), S. 105-120

Low, Patrick and Alexander Yeats 1992: *Do „Dirty" Industries Migrate?*, in: Low, Patrick (ed.): International Trade and the Environment, World Bank Discussion Paper No. 159, Washington (DC), S. 89-103

Low, Patrick and Raed Safadi 1992: *Trade Policy and Pollution*, in: Low, Patrick (ed.): International Trade and the Environment, World Bank Discussion Paper No. 159, Washington (DC), S. 29-52

Ludema, Rodney D. and Ian Wooton 1997: *International Trade Rules and Environmental Cooperation Under Asymmetric Information*, in: International Economic Review, Vol. 38, No. 3, S. 605-625

Mäler, Karl-Göran 1985: *Welfare Economics and the Environment*, in: Kneese, Allen V. and James L. Sweeney (eds.): Handbook of Natural Resource and Energy Economics, Vol. I, Amsterdam: North-Holland, S. 3-60

Markusen, James R. 1996: *Costly Pollution Abatement, Competitiveness, and Plant Location Decisions*, NBER Working Paper No. 5490

Markusen, James R. 1998: *Multinational Firms, Location and Trade*, in: Mini-Symposium - Geography, Trade and Investment, The World Economy, Vol. 21, No. 6, S. 733-756

Markusen, James R., Edward R. Morey and Nancy D. Olewiler 1992: *Noncooperative Equilibria in Regional Environmental Policies When Plant Locations are Endogenous*, NBER Working Paper No. 4051

Markusen, James R., Edward R. Morey and Nancy D. Olewiler 1993: *Environmental Policy When Market Structure and Plant Locations are Endogenous*, in: Journal of Environmental Economics and Management, Vol. 24, No. 1, S. 69-86

Markusen, James R., Edward R. Morey and Nancy D. Olewiler 1995: *Competition in Regional Environmental Policies When Plant Locations are Endogenous*, in: Journal of Public Economics, Vol. 56, No. 1, S. 55-77

Martin, Stephen 1994: *Industrial Economics: Economic Analysis and Public Policy*, 2nd ed., Englewood Cliffs (N.J.): Prentice Hall

Maskus, Keith E. 1997: *Should Core Labour Standards be Imposed Through International Trade Policy?*, World Bank Policy Research Working Paper No. 1817

Meyer, Dirk 1998: *Sozialstandards und neue Welthandelsordnung - Eine mikroökonomische Analyse*, in: Sozialer Fortschritt, 47. Jg., Heft 5, S. 105-111

Motta, Massimo and Jacques-Francois Thisse 1994: *Does Environmental Dumping Lead to Delocation?*, in: European Economic Review, Vol. 38, Nos. 3/4, S. 563-576

Murdoch, James C. and Todd Sandler 1997: *The Voluntary Provision of a Pure Public Good: The Case of Reduced CFC Emissions and the Montreal Protocol*, in: Journal of Public Economics, Vol. 63, No. 3, S. 331-349

Nett, Lorenz 1998: *Der Shapley-Wert: Ein Allokationsmechanismus für die Zuordnung von Gemeinkosten*, in: WiSt, 27. Jg., Heft 10, S. 525-528

Newbery, David M. 1990: *Acid Rain*, in: Economic Policy, Vol. 5, No. 11, S. 298-346 (including Discussion)

Oates, Wallace E. 1972: *Fiscal Federalism*, New York

Oates, Wallace E. and Robert M. Schwab 1988: *Economic Competition Among Jurisdictions: Efficiency Enhancing or Distortion Inducing?*, in: Journal of Public Economics, Vol. 35, No. 3, S. 333-354

Oates, Wallace E. and Robert M. Schwab 1996: *The Theory of Regulatory Federalism: The Case of Environmental Management*, in: Oates, Wallace E.: The Economics of Environmental Regulation, Economists of the Twentieth Century, Cheltenham, UK/ Brookfield, US: Edward Elgar, S. 319-331

Oates, Wallace E., Karen Palmer and Paul Portney 1993: *Environmental Regulation and International Competitiveness: Thinking About the Porter Hypothesis*, University of Maryland, Department of Economics Working Paper Series, No. 93-11Magee, Stephen P., William A. Brock and Leslie Young 1989: *Black Hole Tariffs and Endogenous Policy Theory*, Cambridge University Press

OECD 1994: *The Environmental Effects of Trade*, OECD Publication No. 47061, Paris

OECD 1996: *Trade, Employment and Labour Standards - A Study of Core Workers' Rights and International Trade*, Paris

Ostmann, Axel, Werner W. Pommerehne, Lars P. Feld und Albert Hart 1997: *Umweltgemeingüter?* in: Zeitschrift für Wirtschafts- und Sozialwissenschaften, Bd. 117, Nr. 1, S. 107-144

Pommerehne, Werner W. und Anselm U. Römer 1992: *Ansätze zur Erfassung der Präferenzen für öffentliche Güter - Ein Überblick*, in: Jahrbuch für Sozialwissenschaft, Bd. 43, Nr. 2, S. 171-210

Raaflaub, Patrick 1994: *Subventionsregeln der EU und des GATT - Theorie und Politik für die Hochtechnologie*, Zürich: Rüegger

Ratnayake, Ravi 1998: *Do Stringent Environmental Regulations Reduce International Competitiveness? Evidence from an Inter-industry Analysis*, in: International Journal of the Economics of Business, Vol. 5, No. 1, S. 77-96

Rauscher, Michael 1992: *On Ecological Dumping*, Kiel Working Paper No. 523

Rauscher, Michael 1995a: *Environmental Regulation and the Location of Polluting Industries*, in: International Tax and Public Finance, Vol. 2, No. 2, S. 229-244

Rauscher, Michael 1995b: *Strategic Environmental Policy in Oligopolistic Markets*, Fondazione Eni Enrico Mattei, POL - Environmental Policy, Nota di Lavoro 65.95

Rauscher, Michael 1995c: *Protectionists, Environmentalists, and the Formation of Environmental Policy in an Open Economy*, Kiel Working Paper No. 685

Rauscher, Michael 1997: *International Trade, Factor Movements, and the Environment*, Oxford: Clarendon

Reich, Robert B. 1994: *Keynote Address*, in: Schoepfle, Gregory K. and Kenneth A. Swinnerton (eds.): International Labor Standards and Global Economic Integration: Proceedings of a Symposium, United States Bureau of International Labor Affairs, Washington (DC), S. 1-5

Revesz, Richard L. 1994: *Rehabilitating Interstate Competition: Rethinking the „Race-to-the-Bottom" Rationale for Federal Environmental Regulation*, in: Land Use & Environment Law Review, Vol. 25, Part 2: Environmental Law, S. 373-417

Richter, Wolfram F., Helmut Seitz und Wolfgang Wiegard 1996: *Steuern und unternehmensbezogene Staatsausgaben als Standortfaktoren*, in: Siebert, Horst (Hrsg.): Steuerpolitik und Standortqualität - Expertisen zum Standort Deutschland, Tübingen: Mohr, S. 13-47

Robertson, David 1992: *Trade and the Environment: Harmonization and Technical Standards*, in: Low, Patrick (ed.): International Trade and the Environment, World Bank Discussion Paper No. 159, Washington (DC), S. 309-321

Rodrik, Dani 1996: *Labor Standards in International Trade: Do They Matter and What do we do About Them?*, in: Robert Z. Lawrence, Dani Rodrik und John Whalley: Emerging Agenda for Global Trade: High Stakes for Developing Countries, Overseas Development Council, Policy Essay No. 20, Washington (DC), S. 35-77

Rose, Klaus und Karlhans Sauernheimer 1992: *Theorie der Außenwirtschaft*, 11., völlig überarbeitete und erweiterte Auflage, München: Vahlen

Rotillon, Gilles et Tarik Tazdait 1996: *Jeux, Coopération et Problèmes Environnementaux Globaux*, in: Cahiers d'Economie et Sociologie Rurales, No. 39/ 40, S. 251-268

Safadi, Raed and Patrick Low 1992: *International Policy Coordination and Environmental Quality*, in: Low, Patrick (ed.): International Trade and the Environment, World Bank Discussion Paper No. 159, Washington (DC), S. 289-305

Samuelson, Paul A. 1949: *International Factor-Price Equalisation Once Again*, in: Economic Journal, Vol. 59 (234), S. 181-197

Sand, Peter H. 1996: *The Potential Impact of the Global Environment Facility of the World Bank, UNDP and UNEP*, in: Wolfrum, Rüdiger (ed.): Enforcing Environmental Standards: Economic Mechanisms as Viable Means?, Berlin/ Heidelberg/ New York: Springer, S. 479-499

Schelling, Thomas C. 1978: *Micromotives and Macrobehavior*, New York/ London: Norton

Schmidt, Carsten 1996: *The Noncooperative Provision of International Environmental Goods When Countries Differ in Size*, Universität Konstanz, Juristische Fakultät, Fakultät für Wirtschaftswissenschaften und Statistik, Diskussionsbeiträge des Sonderforschungsbereichs 178 „Internationalisierung der Wirtschaft“, Serie II, Nr.294

Schmidt, Carsten 1997: *Enforcement and Cost-Effectiveness of International Environmental Agreements*, Universität Konstanz, Juristische Fakultät, Fakultät für Wirtschaftswissenschaften und Statistik, Diskussionsbeiträge des Sonderforschungsbereichs 178 „Internationalisierung der Wirtschaft“, Serie II, Nr. 350

Schmidt, Ingo und Alexander Burger 1997: *Die Bedeutung und Beurteilung der Konzentration in der traditionellen und Neuen Industrieökonomik*, in: WiSt, 26. Jg., Nr. 12, S. 625-631

Schneider, Kerstin and Dietmar Wellisch 1995: *Eco-Dumping, Capital Mobility, and International Trade*, Dresdner Beiträge zur Volkswirtschaftslehre, Nr. 25/95

Schwarze, Reimund 1998: *Zur Internalisierung externer Effekte im Monopol*, in: WiSt, 27. Jg., Nr. 1, S. 27-28

Shafik, Nemat 1992: *Discussant's Comments* on Robertson 1992, in: Low, Patrick (ed.): International Trade and the Environment, World Bank Discussion Paper No. 159, Washington (DC), S. 323-324

Shapiro, Carl 1989: *Theories of Oligopoly Behavior*, in: Schmalensee, Richard and Robert D. Willig (eds.): Handbook of Industrial Organization, Vol. I, Amsterdam: North-Holland, S. 329-414

Siebert, Horst 1985: *Spatial Aspects of Environmental Economics*, in: Kneese, Allen V. and James L. Sweeney (eds.): Handbook of Natural Resource and Energy Economics, Vol. 1, Amsterdam: North-Holland, S. 125-164

Siebert, Horst 1992: *Transfrontier Pollution and Global Environmental Media*, Kiel Working Paper No. 499

Siebert, Horst 1995: *Economics of the Environment - Theory and Policy*, Fourth, Revised and Enlarged Edition, Berlin: Springer

Siebert, Horst 1996: *Trade Policy and Environmental Protection*, Kiel Working Paper No. 730

Silva, Emilson C.D. and Arthur J. Caplan 1997: *Transboundary Emission Control in Federal Systems*, in: Journal of Environmental Economics and Management, Vol. 34, Article No. EE971008, S. 173-186

Snape, Richard H. 1992: *The Environment, International Trade and Competitiveness*, in: Anderson, Kym and Richard Blackhurst (eds.): The Greening of World Trade Issues, Hertfordshire: Harvester Wheatsheaf, S. 73-92

Spencer, Barbara J. and James A. Brander 1983: *International R&D Rivalry and Industrial Strategy*, in: Review of Economic Studies, Vol. 50, S. 707-722

Srinivasan, T. N. 1994: *International Labor Standards Once Again!*, in: Schoepfle, Gregory K. and Kenneth A. Swinnerton (eds.): International Labor Standards and Global Economic Integration: Proceedings of a Symposium, United States Bureau of International Labor Affairs, Washington (DC), S. 34-39

Srinivasan, T. N. 1996: *Trade and Human Rights*, Yale University, Economic Growth Center, Center Discussion Paper No. 765

Stähler, Frank 1996: *Reflections on Multilateral Environmental Agreements*, in: Xepapadeas, Anastasios (Hrsg.): Economic Policy for the Environment and Natural Resources: Techniques for the Management and Control of Pollution, Cheltenham/ Brookfield: Edward Elgar, S. 175-196

Steil, Benn 1994: *„Social Correctness" is the New Protectionism*, in: Foreign Affairs, Vol. 73, No. 1, S. 14-20

Steiner, Urs 1997a: *Signalling in International Environmental Agreements: Using Pre-agreement Emission Level as a Signalling Device*, The Aarhus School of Business, Department of Economics, Faculty of Business Administration, Working Paper 97/9

Steiner, Urs 1997b: *Inefficient National Environmental Regulation as a Signal of High Abatement Costs*, The Aarhus School of Business, Department of Economics, Faculty of Business Administration, Working Paper 97/2

Stevens, Candice A. 1995: *Eco-Dumping: More Myth than Reality*, in: Internationale Politik und Gesellschaft, 1995/ 2, S. 174-180

Stranlund, John K. 1996: *On the Strategic Potential of Technological Aid in International Environmental Relations*, in: Journal of Economics, Vol. 64, No. 1, S. 1-22

Stückelberger, Christoph 1996: *Sozialklauseln im internationalen Handel - Wirtschaftsethische Kriterien*, Aussenwirtschaft, 51. Jg., Nr. 1, S. 75-100

Swinnerton, Kenneth A. 1997: *An Essay on Economic Efficiency and Core Labour Standards*, in: The World Economy, Vol. 20, No. 1, S. 73-86

Tiebout, Charles M. 1956: *A Pure Theory of Local Expenditures*, in: The Journal of Political Economy, Vol. 64, S. 416-424

Tobey, James 1990: *The Effects of Domestic Environmental Policies on Patterns of World Trade: An Empirical Test*, in: Kyklos, Vol. 43, Fasc. 2, S. 191-209

Tobey, James 1993: *The Impact of Domestic Environmental Policies on International Trade*, in: Environmental Policies and Industrial Competitiveness, OECD Document, Paris, S. 48-54

Ulph, Alistair M. 1992: *The Choice of Environmental Policy Instruments and Strategic International Trade*, in: Pethig, Rüdiger (ed.): Conflicts and Cooperation in Managing Environmental Resources, Berlin, Heidelberg: Springer, S. 111-129

Ulph, Alistair M. 1994: *Environmental Policy, Plant Location and Government Protection*, in: Carraro, Carlo (ed.): Trade, Innovation, Environment, Dordrecht: Kluwer, S. 123-163

Ulph, Alistair M. 1996a: *Environmental Policy and International Trade When Governments and Producers act Strategically*, in: Journal of Environmental Economics and Management, Vol. 30, No. 3, S. 265-281

Ulph, Alistair M. 1996b: *Strategic Environmental Policy and International Competitiveness*, in: Siebert, Horst (Hrsg.): Elemente einer rationalen Umweltpolitik: Expertisen zur umweltpolitischen Neuorientierung, Institut für Weltwirtschaft an der Universität Kiel, Tübingen: Mohr, S. 337-376

Ulph, Alistair M. 1996c: *Strategic Environmental Policy and International Trade - the Role of Market Conduct*, in: Carraro, Carlo, Yiannis Katsoulacos and Anastasios Xepapadeas (eds.): Environmental Policy and Market Structure, Dordrecht/ Boston/ London: Kluwer, S. 99-127

Ulph, Alistair M. 1996d: *Environmental Policy Instruments and Imperfectly Competitive International Trade*, in: Environmental and Resource Economics, Vol. 7, S. 333-355

Ulph, Alistair M. and David Ulph 1996: *Trade, Strategic Innovation and Strategic Environmental Policy - a General Analysis*, in: Carraro, Carlo, Yiannis Katsoulacos and Anastasios Xepapadeas (eds.): Environmental Policy and Market Structure, Dordrecht/ Boston/ London: Kluwer, S. 181-208

Ulph, Alistair M. and Laura Valentini 1996: *Plant Location and Strategic Environmental Policy With Inter-Sectoral Linkages*, University of Southampton, Department of Economics, Discussion Papers in Economics and Econometrics, No. 9623

Ulph, David 1994: *Strategic Innovation and Strategic Environmental Policy*, in: : Carraro, Carlo (ed.): Trade, Innovation, Environment, Dordrecht: Kluwer, S. 205-240

Ursprung, Heinrich W. 1992: *The Political Economy of Environmental Decision Making*, Universität Konstanz, Juristische Fakultät, Fakultät für Wirtschaftswissenschaften und Statistik, Diskussionsbeiträge des Sonderforschungsbereichs 178 „Internationalisierung der Wirtschaft“, Serie II, Nr. 176

VanGrasstek, Craig 1992: *The Political Economy of Trade and the Environment in the United States Senate*, in: Low, Patrick (ed.): International Trade and the Environment, World Bank Discussion Paper No. 159, Washington (DC), S. 227-243

Verbruggen, Harmen 1993: *The Trade Effects of Economic Instruments*, in: Environmental Policies and Industrial Competitiveness, OECD Document, Paris, S. 55-62

Wellisch, Dietmar 1995: *Locational Choices of Firms and Decentralized Environmental Policy With Various Instruments*, in: Journal of Urban Economics, Vol. 37, No. 3, S. 290-310

White, Michelle J. 1975: *Firm Location in a Zoned Metropolitan Area*, in: Mills, Edwin S. and Wallace E. Oates (eds.): Fiscal Zoning and Land Use Controls, D. C. Heath and Company, S. 175-201

Wied-Nebbeling, Susanne 1997: *Wohlfahrtswirkungen des Freihandels bei negativen externen Effekten*, in: WiSt, 26. Jg., Nr. 11, S. 574-580

Wilson, John D. 1996: *Capital Mobility and Environmental Standards: Is there a Theoretical Basis for a Race to the Bottom?*, in: Jagdish Bhagwati and Robert E. Hudec (eds.): Fair Trade and Harmonization: Prerequisites for

Free Trade?, Vol. 1, Economic Analysis, Cambridge (MA)/ London: MIT Press, S. 393-427

Wood, Adrian 1995: *How Trade Hurt Unskilled Workers*, in: Journal of Economic Perspectives, Vol. 9, No. 3, S. 57-80

WTO 1995: *Trade and Environment Bulletin*, verschiedene Ausgaben, Genf

Ypersele, Tanguy van and Pierre Wunsch 1995: *Comparative Advantage, Redistribution and the Political Process: A Perspective on Social Dumping*, Institut National de la Statistique et des Etudes Economiques, Série des Documents de Travail du CREST (Centre de Recherche en Economie et Statistique), n° 9604

Hans-Peter Schachner

Globalisierung – Chance oder Niedergang?

Versuch einer Konzeption für eine gerechte Weltwirtschaft

Frankfurt/M., Berlin, Bern, Bruxelles, New York, Oxford, Wien, 2001. 335 S., 9 Abb., 4 Tab.
Europäische Hochschulschriften: Reihe 20, Philosophie. Bd. 631
ISBN 3-631-38567-6 · br. € 50.10*

Globalisierung – heute ein Thema in aller Munde. Muß diese aber – wie vielfach behauptet – zu Lasten der Dritten Welt gehen? Es gilt, eine neue, global universalisierbare Ethik zu entwickeln – ohne unsere abendländischen Werte preiszugeben. Für den „Westen" scheint diese mit der Sozialen Marktwirtschaft gefunden zu sein. Sie könnte Ziel auch für die Entwicklung der Dritten Welt sein. Ein partnerschaftliches System scheint erfolgsversprechend, um die notwendigen finanziellen und Human Resources für die Dritte Welt verfügbar zu machen. Die Verbindung von Eigennutz und Caritas – wie dereinst beim Marshall-Plan – liegt den Überlegungen zu Grunde.

Aus dem Inhalt: Globalisierung: ist die Wirtschaft so böse wie vielfach behauptet? · Diskurs: eine Herausforderung an die Ethik der Welt · Partnerschaft: ein Modell mit Visionen

FSC
www.fsc.org
MIX
Papier | Fördert
gute Waldnutzung
FSC® C083411

Kolibri 360 GmbH
Ferdinand-Jühlke-Straße 7
99095 Erfurt, Deutschland
produktsicherheit@kolibri360.de

Druck:
CPI Druckdienstleistungen GmbH
im Auftrag der
Kolibri 360 GmbH
Ferdinand-Jühlke-Str. 7
99095 Erfurt